Unterwegs mit Fontane von der Ostsee bis zur Donau

GISELA HELLER

Unterwegs mit Fontane von der Ostsee bis zur Donau

NICOLAI

Lektorat: Evmarie Schmitt
Umschlagbild: Franz Skarbina, Promenade in Karlsbad, um 1891
Satz: Mega-Satz-Service, Berlin
Druck und Bindung: Clausen & Bosse, Leck

Printed in Germany
ISBN 3-87584-556-0

Vorwort

Wer den Namen Fontane hört, denkt zweifellos zuerst an Berlin und die Mark Brandenburg, denn in Neuruppin wurde er geboren, und in Berlin verbrachte er die längste Zeit seines Lebens; hier erlernte er den Beruf des Apothekers, stand 1848 hinter der Barrikade und erlebte hautnah – nicht nur im Widerschein der Lese-Cafés –, wie Berlin »vernobelte«. Besonders nach den Londoner Presse-Jahren schätzte er Berlin als »ein Centrum, wo entscheidende Dinge geschehn«, hier spürte er das Schwungrad der Geschichte rotieren und nahm in Kauf, daß es »gelegentlich zu dem bekannten Mühlrad« wurde. Seismographisch genau erfühlte er die an Schwung- und Mühlrad gebundenen Menschenschicksale von feinsinnigen oder verknöcherten Adelsdamen, liebenswerten Nähmädchen, schwadronierenden Gardeoffizieren, Fabrikanten und Lebe-Baronen. So wie Balzac für Paris steht, Dickens für London, Dostojewski für Petersburg, so bewahrte Fontane in seinen Romanen das Berlin des 19. Jahrhunderts für alle Zeiten auf. Und die Mark Brandenburg trat erst durch ihn als literarische Landschaft ins Bewußtsein des deutschen Lesers. Darum nannten wir Band 1 »Unterwegs mit Fontane in Berlin und der Mark Brandenburg«.

Aber es darf nicht vergessen werden, daß Fontane, der sich – ungeachtet seiner hugenottischen Herkunft – selbst »ein in der Wolle gefärbter Preuße« nannte, wie kaum ein anderer seiner schreibenden Zeitgenossen europäisch empfand, und daß es über Berlin-Brandenburg hinaus viele Orte und Landschaften gibt, die für ihn bedeutsam, ja prägend waren: Denn nicht im abgezirkelten Neuruppin entfalteten sich seine Kinderträume, sondern in Swinemünde, wo er vom siebten bis zwölften Lebensjahr »in freier Wildbahn« aufwuchs mit Abenteuern und Spukgeschichten, die bis in die späten Romane hineinspielen. Erste Liebe in Heringsdorf, Apothekers-Jahre in Burg, Leipzig und Dresden, wo die studentische Bewegung des Vormärz hohe Wellen schlug; Lieblingsplätze seiner »Wanderungen« jenseits der Oder, Küstrin, wo er genau ausmaß, aus welchem Fenster Kronprinz Fritz mit ansehen mußte, wie sein Freund und Fluchthelfer Katte enthauptet wurde, damit, wie des Königs Befehl lautete, »das Recht nicht aus der Welt käme«.

Was ist Recht? Wann darf es sich über menschlichen Glücksanspruch hinwegsetzen? Diese Frage beschäftigte Fontane nicht nur in Küstrin, in Tamsel und auf den friderizianischen Schlachtfeldern zwischen Kunersdorf und Zorndorf; auch an der Gruft der Familie Katte im altmärkischen Wust, im benachbarten Schönhausen, dem Geburtsort Otto von Bismarcks, und im Quitzow-Winkel.

Was ist Recht und wann darf man es sich nehmen, auch auf Kosten anderer? So stellte sich die Frage auch für den Berichterstatter Fontane, der die Kriegsschauplätze von Schleswig-Holstein und Böhmen bereiste. Oeversee und Düppel ließen ihn begreifen, daß Krieg kein Balladenstoff war, sondern sterbensgrauer Alltag. Die Erlebnisse und Erkenntnisse von Düppel und Alsen flackerten noch Jahrzehnte später in »Quitt«, »Graf Petöfy«, »Stine«, »Effi Briest« und im »Stechlin« wieder auf.

Auch als Wanderer durch die Mark geriet er bei peniblen Recherchen weit über die Landesgrenzen hinaus: Um hinter das Geheimnis der schönen, unglücklichen Krauten-Tochter zu kommen, trieb es ihn bis Ostfriesland, wo er im Familienarchiv der Grafen Knyphausen endlich Aufklärung fand. Und eine Entdeckung zog die andere nach sich: So stieß er im nahen Marienhafe auf den wehrhaften Schlupfwinkel Störtebekers und seiner Vitalienbrüder, die ihn seit Kindertagen und bis ans Ende seines Lebens beschäftigten. Wichtig, ja unerläßlich waren für ihn auch die »Sommerfrischen«, in die er regelmäßig flüchtete, wenn die Berliner Luft sich unerträglich auf die empfindlichen Magennerven legte.

Ohne diese Sommerfrischen (in die man nicht selten mit Kochtopf und Federbetten reiste) gäbe es Fontanes Romanwerk nicht. Oft lieferten Landschaften und regionale Ereignisse wieder Stoff für neue Novellen und Romane; so fand er im Riesengebirge den Stoff zu »Quitt«, in Wernigerode und Ilsenburg den Stoff zu »Ellernklipp«, in Tangermünde die Chronik über »Grete Minde«; Thale, Quedlinburg, Altenbrak und Bad Harzburg wurden zu Schauplätzen für »Cécile«. Manchmal genügte ein Aufenthalt von nur wenigen Tagen, um Jahrzehnte später dort seine Romanfiguren anzusiedeln, wie in Wien den Grafen Petöfy und in Schleswig-Holstein den Grafen Holk. Drei Tage in Kopenhagen, Roskilde und Frederiksborg gaben ihm Anregung für ein Dutzend Nordischer Balladen und den Hintergrund für »Unwiederbringlich«.

Manche Stadt suchte Fontane auf, weil er ihre heilkräftigen Quellen brauchte (Karlsbad und Kissingen), andere kamen ihm nahe, weil Freunde oder Bekannte dort wohnten (Rostock-Warnemünde, Kiel und Husum). All diese Orte – und viele andere – sind in den zweiten Band aufgenommen worden. Es wird geschildert, warum und aus welcher Lebenssituation heraus Fontane dorthin fuhr, was ihm dort passierte und wie er das Erlebte in seinem Werk verwendete. Manchen Ort besuchte er nur unter einem einzigen, besonderen Aspekt, zum Beispiel Bayreuth; hier wollte er sich endlich über sein zwiespältiges Verhältnis zu Richard Wagner Klarheit verschaffen – der Aufenthalt endete mit einem ironisch beschriebenen totalen Fiasko.

In Eger (Cheb) interessierte ihn die »von der Parteien Gunst und Haß« verzerrte Gestalt Wallensteins, über dessen Ermordung er eine Ballade geschrieben hatte; Wallenstein erinnerte ihn in frappierendem Maße – an Bismarck. Brünn (Brno) und den berüchtigten Spielberg besuchte er nur, um in seine Abhandlung über den »Deutschen Krieg von 1866« seine Ansichten über die verfehlte Wirkung von Staatsgefängnissen einzubringen. Das mecklenburgische Dobbertin geriet in seinen Gesichtskreis, als sich die mütterliche Freundin Mathilde von Rohr als Stiftsdame dorthin zurückzog. Hier fand er nicht nur den ungestörten Platz, um unter großem Zeitdruck »Aus den Tagen der Okkupation« niederzuschreiben, hier konnte er auch »konserviertes Mittelalter« studieren, wo mit Samthandschuhen lebenslängliche Fehden ausgetragen wurden. Die Atmosphäre von Kloster Wutz und die versteinerten Ansichten der Adelheid von Stechlin stammen aus Dobbertin.

Der besseren Übersicht wegen ist dieser Band in Landschaften gegliedert; wo es sich anbietet, wird essayartig Fontanes Verhältnis zu Land und

Leuten dargelegt (so in Schleswig-Holstein, Niedersachsen, Alt- und Neumark); danach folgen die einzelnen Orte, wie sie Fontane sah und wie sie zum Teil heute noch vorzufinden sind. Dem Kenner und Liebhaber Fontanes wird es sicher ähnlich ergehen wie der Autorin, die an vielen Punkten, oft unerwartet, jenen beglückenden Wiedererkennungseffekt verspürte, sei es in der Salesianergasse in Wien, auf dem romantischen Friedhof von Ilsenburg oder bei Rinkenaes, von wo man in der Ferne die Steildüne von Holnis erblickt, auf der Fontane das Schloß des Grafen Holk erstehen ließ. Es hat hier nie ein Schloß gegeben, aber wir sehen es, denn wir wissen: »Die Dinge selbst sind nicht richtig, aber *wir geben den Dingen den richtigen Platz*«.

Möge sich nun der Leser auf das Zauberspiel der Phantasie einlassen und Fontane und seine Romangestalten dort aufspüren, wo er sie bisher vielleicht nicht vermutete.

Gisela Heller, Mai 1995

Swinemünde

»Es giebt doch wirklich eine Art genius loci und während an manchen Orten die Langeweile ihre graue Fahne schwingt, haben andre unausgesetzt ihren Tanz und ihre Musik. Diese Beobachtung habe ich schon als Junge gemacht; wie spießbürgerlich war mein heimathliches Ruppin, wie poetisch das aus bankrutten Kaufleuten bestehende Swinemünde, wo ich von meinem 7. bis zu meinem 12. Jahre lebte und nichts lernte. Fast möchte ich hinzusetzen Gott sei Dank. Denn das Leben auf Strom und See, der Sturm und die Ueberschwemmungen, englische Matrosen und russische Dampfschiffe, die den Kaiser Nicolaus brachten, – das war besser als die unregelmäßigen Verba, das einzig Unregelmäßige, was es in Ruppin gab. Ja, Swinemünde war herrlich...« (an Georg Friedlaender, 22. 10. 1890)

Fontane sah den Ort zeitlebens in schwärmerischer, romantischer Verklärung; mit Siebzig errichtete er ihm ein literarisches Denkmal in dem autobiographischen Roman »Meine Kinderjahre«. Darin heißt es: »Von Pfahlbürgertum, von Engem und Kleinem überhaupt, existierte keine Spur. Und das gab dem ganzen Leben nicht bloß Reiz und Unterhaltlichkeit, sondern, aller Tollheiten unerachtet, doch auch etwas von einem höheren Stempel. Ich habe später in jugendlichen Künstler- und Dichterkreisen oft ähnliches erlebt, aber als *stadtbeherrschendem Ton* bin ich ihm nie wieder begegnet.« (Kapitel 8)

Vater Louis Henri Fontane, »ein großer, stattlicher Gascogner, dabei Phantast und Humorist, Plauderer und Geschichtenerzähler«, schien wie geschaffen für diesen Ort. Allerlei »noblen Passionen« huldigend, hatte er in Neuruppin ein kleines Vermögen verspielt und, um »aus der Bredouille herauszukommen«, seine dortige Apotheke gegen die wesentlich bescheidenere in Swinemünde vertauscht. Als der siebenjährige Theodor im Hochsommer 1827 – nach anstrengender dreitägiger Reise – dort eintraf, war er zunächst tief enttäuscht: Das neue Vaterhaus lag an einer Art »dörfischen Gänsewiese«, die »zugleich auch als Holzsägeplatz diente... Auf diesem völlig ungepflegten Platze ... ragte ein scheunenartiger Bau mit hohen Fenstern auf: die Kirche. Dieser gegenüber und nur durch die Straßenbreite von ihr getrennt, stand ein mit Feuerherdsrot gestrichenes Haus, dessen endlos aufsteigendes Dach wohl fünfmal so hoch war als das Haus selber.« Alles erschien dem Knaben roh und unkultiviert. Doch muß er schon damals die Gabe besessen haben, »das Gute gut zu finden, anstatt es durch krittlige Vergleiche totzumachen«, denn auf den zweiten Blick entdeckte er durch die Hintertür des mit häßlich-gelben Mauersteinen gepflasterten Hausflurs einen wildwuchernden Garten mit einer Geißblattlaube. »Dieser Anblick erfüllte mich mit etwas wie Hoffnung, und diese Hoffnung trog auch nicht. Es war ein wunderbarschönes Leben in dieser kleinen Stadt, dessen ich noch jetzt, wie meiner ganzen buntbewegten Kinderzeit, unter lebhafter Herzensbewegung gedenke.« (»Meine Kinderjahre«, Kapitel 3)

Im Rückblick erschienen dem Siebzigjährigen diese Jahre »nicht als eine Schul- und Lernzeit voll Gequält- und Gedrilltwerdens, sondern als eine Zeit unausgesetzten Spielens...«: die wenigen Wochen in der »Pantinenschule«; die fabelhafte »sokratische Lehrmethode« des Vaters; die Privatlehrer im Haus des Kommerzienrates Krause; Guckkastenbilder auf dem Jahrmarkt; akrobatischer Stelzenlauf; abenteuerliche Kletterpartien; zerschossene Fensterscheiben; Spukgeschichten; Vineta und Bernsteinhexe; Herbststürme und Überschwemmungen; Fahrt mit dem Boot zwischen treibenden Eisschollen zum Fährhaus, wo es – Gipfel der Wonne! – Eierpunsch und holländische Waffeln gab; bedenkliche pyrotechnische Spiele, bei denen der russisch-türkische Krieg nachvollzogen wurde; Rivalenkämpfe am Bollwerk mit Flucht von Schiff zu Schiff, Sprung übers eiskalte Wasser mit Rettung eines Spielkameraden; Seiltänzereien; Seeräuberromantik in Störtebekers Kul... All diese Bilder und Erlebnisse sanken auf den Grund einer empfindsamen Knabenseele und lagerten dort jahrzehntelang, bis sie im Alter poetisch geläutert wieder ins Bewußtsein emporstiegen.

1863, als er mit Bernhard von Lepel Swinemünde besuchte, war diese Zeit noch nicht gekommen. Aus dem Brief an seine Frau Emilie (24. 8. 1863) klang nur Enttäuschung: »Es ist alles anders geworden«, klagte er und meinte damit nicht nur die riesigen Befestigungsanlagen und den alles überragenden Leuchtturm oder ein Hotel von Berliner Ausmaßen, das sich an Stelle des altersschwachen Gesellschaftshauses erhob, in dem alljährlich die Ressourcen für Alt und Jung stattfanden. »Aber auch die Stadt selbst hat sich sehr verändert, und in abermals 30 Jahren wird sie den Charakter einer kleinen Schifferstadt mit Giebelhäusern völlig verloren haben.« Die alte Apotheke, »drin ich 5 Jahre lang gelebt, gelernt, gespielt, gelacht, geweint habe ... ist total *runtergekommen* ... alles ist dreckig und absolut ruppig geworden... Nur der Nußbaum steht noch, der damals seine noch jungen Zweige in das Fenster von Papas Stube ... hineinwachsen ließ. Ich bin in allen solchen Stücken so unsentimental wie möglich ... aber von leiser Wehmut, von einer gewissen Herbststimmung wird das Herz doch beschlichen... Dunkle Zypressen – / Ring dich nicht ab, / Es wird doch alles vergessen – so ähnlich sagt *Storm*, und er hat recht.«

Er irrte sich, glücklicherweise. Dreißig Jahre später, als er für den karrierebesessenen Landrat von Innstetten eine entsprechende Umgebung suchte, kam ihm die Szenerie von Swinemünde wieder in den Sinn. Wenn Baron Innstetten seiner blutjungen Effi das künftige Domizil schildert, so sieht dieses Kessin Swinemünde zum Verwechseln ähnlich; und auch der Ton, den er dabei anschlägt, immer belehrend und etwas von oben herab, wie man zu Kindern spricht, erinnert an Vater Fontane, wie er sich, Johanni 1827, bemühte, seinen Kindern das neue Zuhause schmackhaft zu machen:

»Was du hier landeinwärts findest, das sind sogenannte Kaschuben, von denen du vielleicht gehört hast, slawische Leute, die hier schon tausend Jahre sitzen und wahrscheinlich noch viel länger. Alles aber, was hier an der Küste hin in den kleinen See- und Handelsstädten wohnt, das sind von weither Eingewanderte ... Menschen, deren Eltern oder Großeltern noch ganz woanders saßen... Aber der Rest ist, Gott sei Dank, von ganz anderer Art ... vielleicht ein bißchen zu sehr Kaufmann, ein bißchen zu sehr auf ihren Vorteil bedacht und mit Wechseln von zweifelhaftem Wert immer bei der Hand... Aber sonst ganz gemütlich ...« (»Effi Briest«, Kapitel 6)

Innstetten erzählt Effi, um ihre Neugier und Phantasie anzuregen, von einem toten Chinesen, einem richtigen Schotten und von dem Wundarzt Beza, der, wie der berühmte General de Meza, aus Lissabon stammt und eigentlich nur ein Barbier ist. »Und dann haben wir flußaufwärts am Bollwerk – das ist nämlich der Quai, wo die Schiffe liegen – einen Goldschmied namens Stedingk, der aus einer alten schwedischen Familie stammt; ja, ich glaube, es gibt sogar Reichsgrafen, die so heißen ...« (ebenda)

Der Spuk um den toten Chinesen, der in »Effi Briest« eine Schlüsselrolle spielt, taucht in den »Kinderjahren« ebenso wieder auf wie der »richtige Schotte«, der McDonald hieß und, Baggermeister von Beruf, des kleinen Theodor »besonderer Gönner« war. Der aus jüdisch-portugiesischer Familie entstammende, später die dänischen Truppen kommandierende General de Meza erscheint bereits in Fontanes Kriegsbuch von 1864, und den Namen Stedingk verwandte er in dem Roman »Graf Petöfy« für den Vater Hannahs, der in einer kleinen »Hafen- und Handelsstadt« Küster und Totengräber war.

Nichts ging verloren, nicht das harmlose Vergnügen auf dem Ressourcenball in dem wackligen, aber gemütlichen Fachwerkhaus, und nicht die Schaukel in dem verwilderten Garten, deren Balken schon anfingen morsch zu werden. Wenn der übermütige Knabe Theodor seine Ehre dareinsetzte, so hoch wie möglich zu fliegen, »quietschten die rostigen Haken, und alles drohte zusammenzubrechen. Aber das gerade war die Lust, denn es erfüllte mich mit dem wonnigen und allein das Leben bedeutenden Gefühl: Dich trägt dein Glück.« (»Meine Kinderjahre«, Kapitel 4)

In »Effi Briest« wird aus der Erinnerung eine unheimliche Kutschfahrt von Pudagla nach Swinemünde heraufgeholt, auf der Mutter Fontane mit den Kindern beinahe vom Blitz getroffen worden wäre. Im Roman ist es eine Schlittenfahrt vom Forsthaus Uvagla nach Kessin, bei der Pferde und Gefährt um ein Haar im Schloon versinken.

Auch in »Graf Petöfy« wetterleuchtet Swinemünde aus der Ferne: Franziska Franz, gefeierte Schauspielerin am Wiener Burgtheater, wird in wohlwollenden katholischen Adelskreisen nach ihrer Kindheit befragt, und sie entwirft ein überaus heiteres Bild von dem preußisch-protestantischen Norden, mit dem der alte Graf nur die Vorstellung von Vineta verbindet: »poetisch, gruselig und ewig gefährdet«. Sie aber erzählt von frisch geweißten Giebelhäusern mit hohen Dächern, die alle so »aussehen, als wären sie gestern erst aus der Spielschachtel genommen«, und »...in jedem dieser Häuser hat ein anderes Land seinen Sitz und seinen Schutz, und während über dem einen der österreichische Doppeladler flattert, flattert über dem andern der türkische Halbmond oder der chinesische Drache. Es gibt nichts Bunteres und Lachenderes als das Flaggen einer solchen Hafen- und Handelsstadt ... die Flagge ... [ist] das flatternde Band am Hut, das dem Ganzen erst Ansehen und Charakter gibt.« Der Schulweg, den sie mit ihrer Freundin Hannah ging, entsprach dem des kleinen Theodor: »Es war immer ein weiter Weg und ging am Strom entlang, an dem die Schiffe schräg oder auch wohl mit ihrem Rumpfe nach oben lagen... Am Bollwerk hin aber und um geschwärzte, dreibeinige Grapen herum hockten Arbeiter und alte Matrosen und unterhielten das Feuer oder rührten in dem brodelnden Pech« oder schnitten Kartoffeln, Speck und Zwiebeln in riesige Bratpfannen über offenem Feuer.

Alljährlich im November kam der Nordweststurm und mit ihm die Angst, das Schicksal Vinetas zu teilen: »Oh, noch jetzt überrieselt's mich, wenn ich an jene Schreckensnächte denke. Die vom First abgerissenen Hohlsteine klinkerten über das Dach hin, in dem Rauchfang ging ein Geheul, alle Läden und Türen klappten ... und wenn dann mit eins eine Pause kam, so war es am schlimmsten und zitterten wir am meisten, denn dann hörten wir durch das tiefe Schweigen hin das Gebrause des Meeres draußen, das an die Dünen und Dämme schlug und die großen eingerammten Steine wie Kiesel aus der Westermole wusch. Am Bollwerk aber, trotz der Ziegel und Fahnenstangen, die niederstürzten, war alles Geschäftigkeit, und wir sahen ... wie sie drunten die Schiffe fester an die Pfähle banden, aber doch zugleich auch die Boote von Bord her ans Ufer brachten, um eine letzte Rettung zu haben für den Fall, daß es zum Schlimmsten käme. Denn der Nordwester staute nicht nur den Strom zurück, sondern trieb auch das Flutwasser mit solcher Gewalt von draußen in den Strom hinein, daß es am Kai hin oft nur noch zollbreit unter der obersten Balkenlage stand. Und einmal ... stieg es drüber hinaus, und im Nu war die niedriger liegende Stadt ein See ... und in unsern Flur hinein stürzte die Welle. Da schrien wir auf, denn nun erfüllte sich unser Schicksal, und wir mußten untergehen, wie Vineta untergegangen war.« Aber »was in der Nacht unser Entsetzen gewesen war, das war tags darauf unsere Lust und unsere Wonne. Die flottgemachten Boote fuhren jetzt hin und her: unser Nachbar, der Bäcker, landete mit seinen Wecken und Semmeln, und als es Tag geworden ... war, waren wir glücklich, ... zu Schiff in die Schule fahren zu können. ... Über Tonnen und Bretter hin ging der Verkehr, bis ... die große Sintflut verlaufen und ein dichter Schnee gefallen war. Und unter Schellengeläute ging's nun durch die verschneite Stadt hin, über deren Schneedächern die Wimpel und Flaggen jetzt wieder flatterten und beinahe lustiger noch flatterten als um Johannistag und um die Sommerzeit.« (»Graf Petöfy«, Kapitel 9)

Wie Fontane, so erschien auch Franziska die Kindheit in Swinemünde wie »unausgesetzt Tanz und Musik«.

Wenn Fontane 1863 bedauerte, daß alles, was er an dieser Stadt geliebt hatte, »auf dem Punkte war, zu verschwinden«, so kann man sich vorstellen, was davon bis heute übrigblieb: eigentlich nur noch der Leuchtturm und die Kirche, die Fontane damals schon als unansehnlich empfand. Swinemünde heißt seit 1945 Swinoujśie, und nicht nur der Name änderte sich. Das Bollwerk ist ausgebaut, der Nordweststurm verlor seinen Schrekken, aber verloren ging auch der Rest von romantischer Wimpelbuntheit; geblieben ist eine gewisse Unbedenklichkeit in der Lebensweise und ein weltweit zusammengewürfeltes Jahrmarkttreiben mit pittoresken Genreszenen für den, der ein Auge dafür hat. In jüngster Zeit versucht ein rühriger Museumsleiter, die Zeugnisse der Vergangenheit aufzustöbern und auszustellen.

Heringsdorf und das Usedomer Hinterland

Wenn man Glück hat, arrangiert die Kurverwaltung der Seebäder Ahlbeck und Heringsdorf »a sentimental journey« die Küste entlang und ins Hinterland, und dann wird man nachempfinden können, was Fontane bei seinem Besuch im Sommer 1863 in einem »Toast auf die Damen« ausdrückte:

»So schafft weithin der baltische Strand
dem Liede viel glückliche Stunden;
Doch ein allerschönstes Balladenland,
Das haben wir hier gefunden;
Am Strand hin schreitet die Bernsteinhex,
Es klingen Vinetas Glocken,
Und die Räuberkuhle Störtebecks
Passieren wir leis erschrocken.«
(Gedichte III)

»Störtebeckers Ku[h]l«, »eine Waldstelle, nahe bei Heringsdorf«, gehörte zu dem Abenteuerrevier der Swinemünder Jungenbande, die den gewandten und einfallsreichen Theodor zum Hauptmann erkoren hatte. Es war »ein mächtiger Erdtrichter, drin der Seeräuber Störtebecker … mit seinen Leuten gelagert haben sollte. Gerade so wie wir jetzt. Das gab mir ein ungeheures Hochgefühl: Störtebecker und ich… Die ›Kule‹ war sehr tief und bis zu halber Höhe mit Laub vom vorigen und vorvorigen Jahr überdeckt. Da lag ich nun an der tiefsten Stelle, die wundervollen Buchen über mir, und hörte, wenn ich mich bewegte, das Rascheln des trockenen Laubes, und draußen rauschte das Meer. Es war zauberhaft.« (»Meine Kinderjahre«, Kapitel 17)

Die Gestalt Störtebekers und der Vitalienbrüder, die um 1400 die Nord- und Ostsee beherrschten und zuletzt auf dem Hamburger Grasbrook allesamt hingerichtet wurden, beschäftigten Fontane sein Leben lang; nachdem er in Ostfriesland die authentischen Aufenthaltsorte besichtigt und zahlreiche Archivalien durchforstet hatte, wuchs sich der Stoff zu einem historischen Roman aus, der jedoch Fragment blieb.

Störtebekers Ku(h)l kann sich der phantasiebegabte Wanderer in dieser wundervollen Endmoränenlandschaft vielerorts vorstellen.

Aber bleiben wir noch ein wenig in Heringsdorf. So manchen Sommerferientag verbrachte der Schüler Theodor in einer der weißen Villen Am Kulm. Sie gehörte Kommerzienrat Krause, mit dessen Kindern er bereits in Swinemünde privat unterrichtet worden war. Als Schüler der Klödenschen Gewerbeschule traf Fontane Wilhelm Krause wieder. Was lag näher, als in den Ferien gemeinsam nordwärts zu fahren?

Heringsdorf war damals, um 1835, noch ein armes Dorf mit niedrigen, reetgedeckten Hütten, vor denen die Fischer Heringe einsalzten. Die ersten villenartigen Sommerhäuser nahmen sich dagegen wie unters Krähenvolk geratene weiße Raben aus. Der fünfzehnjährige Theodor genoß das gehobene, geistvolle Ambiente des Hauses: »...in dem großen Vorderzimmer hab' ich ...oft bewundernd gestanden, wenn Eduard Devrient und seine Wirthin, die dazumal bildschöne Commercien-Räthin Krause am Clavier spielten, sangen und deklamierten. Draußen aber, nach dem Walde zu, war es noch schöner; – da lief ich stundenlang dem schönen Backfisch der schönen Frau nach, und hatte Herzschmerzen, wenn ich die Gemüthsruhe der jungen Dreizehnjährigen sah, die saure Kirschen und aus der Speisekammer gestohlne Backpflaumen aß, während ganz andres Verlangen mir die Kehle zuschnürte.« (an Bernhard von Lepel, 21. 8. 1851)

Diesem Backfisch, Minna Krause, hatte Theodor seine ersten Verse gewidmet; sie waren »nicht allzu berühmt«, doch gibt es darin Zeilen, die an Heines »Buch der Lieder« heranreichen:

»Die hohen Himbeerwände
Trennten dich und mich,
Doch im Laubwerk unsre Hände
Fanden von selber sich...«
(»Im Garten«, Gedichte I)

Minna heiratete recht bald den Sohn des Gelehrten und Schuldirektors Carl Friedrich von Klöden. Anläßlich einer zufälligen Begegnung im Foyer des Berliner Opernhauses stürzte der junge Dichter noch einmal in helle Begeisterung: »Minna trug einen schottischen Mantel, eine Boa von Fé und einen eleganten weißen Atlashut, sah auch noch verklärt aus durch ›O, Huon, mein Gatte‹ ... jeder Zoll eine Prinzessin, eine Fee in Fé...« Als er sie mit Siebzig wiedersah, überfiel ihn gelindes Entsetzen: »...eine alte Backbeere, mit unglaublich wenig Zähnen und unglaublich viel Runzeln... Dabei nannte sie mich mit der größten Unbefangenheit ›Du‹, was mich gradezu rührte, denn man bleibt ein Schaf.« (an Martha Fontane, 28. 8. 1889)

1851 wohnte Bernhard von Lepel in der kommerzienrätlichen Villa, wahrscheinlich wollte er sich nach einem geeigneten Bauplatz umsehen, denn Heringsdorf kam langsam »in Mode«. Das spätere Adreßbuch verzeichnet tatsächlich unter Badstraße 13 den Namen »v. Lepel«. Er war es auch, der Fontane im August 1863 zum Bau eines Sommerhauses überredete. Der kleine Redakteur der »Kreuz-Zeitung« mit höchst unsicheren Nebeneinnahmen fing Feuer und schwärmte seiner Frau Emilie am 24. August 1863 von einem solchen Haus vor: »...hier in Heringsdorf selbst ist der Grund und Boden schon zu teuer, aber ... in Ahlbeck selbst, das eine Viertelmeile von hier gelegen ist und jetzt sehr in Aufnahme kommt«, wäre es wohl machbar; es koste etwa 2000 Taler, wenn sich Zöllners beteiligten, nur noch 1000, und wenn der eine oder andere aus dem großen Freundeskreise anbisse, nur noch 500 Taler... Es war eine enthusiastische Milchmädchenrechnung. Er kam nie wieder darauf zurück.

Aber die Gegend zwischen Swinemünde und Heringsdorf-Ahlbeck, die »Usedomer Schweiz«, Mellenthin, Pudagla und Koserow, Gothensee, Großer und Kleiner Krebssee, blieb sein Sehnsuchtsland. Auch wenn er sich hier kein Haus baute, so hob er sie doch für die Nachwelt in seinen Romanen auf: Da reitet zum Beispiel Effi mit Crampas – am Ende des 16. Kapitels – an der Mühle von Utpatel und am Kirchhof vorüber: »Gleich danach passierten sie den Hohlweg zwischen dem Kirchhof und der eingegitterten Stelle, und Effi sah nach dem Stein und der Tanne hinüber, wo der Chinese lag.« Utpatel entspricht dem traulichen Dörfchen Benz. Wer heute am Kirchhof vorbei den sandigen Hohlweg zur Windmühle hinaufstapft und zwischen Immortellen, Ginster und Windflüchtern zwei Reiter traben sieht, denkt unwillkürlich an Effi und Crampas; auch die tanzenden Bojen auf dem Meer erinnern an Effi, die darauf bestand: »... da liegt Vineta, da *muß* es liegen, das sind die Turmspitzen ...« (»Effi Briest«, Kapitel 17)

Im 18. Kapitel führt eine Schlittenfahrt zum Forsthaus Uvagla: »Zwischen Kessin und Uvagla (wo, der Sage nach, ein Wendentempel gestanden) lag ein nur etwa tausend Schritt breiter, aber wohl anderthalb Meilen langer Waldstreifen, der an seiner rechten Längsseite das Meer, an seiner linken, bis weit an den Horizont hin, ein großes, überaus fruchtbares und gut angebautes Stück Land hatte. Hier, an der Binnenseite, flogen jetzt die Schlitten hin ...«

Hausherr und Gastgeber ist Oberförster Ring, »ein stattlicher, militärisch dreinschauender Herr von Mitte Fünfzig, der den ersten Feldzug in Schleswig noch unter Wrangel und Bonin mitgemacht und sich bei Erstürmung des Danewerks ausgezeichnet hatte«.

Auf dem Rückweg (Kapitel 19) wählt die durch einen kräftigen Punsch angeregte Gesellschaft den Strandweg, »der, eine Meile lang, in beinahe gerader Linie bis an das Kessiner Strandhotel und von dort aus, rechts einbiegend, durch die Plantage hin, in die Stadt führte. Der Schneefall hatte ... aufgehört, die Luft war frisch, und auf das weite dunkelnde Meer fiel der matte Schein der Mondsichel. Kruse fuhr hart am Wasser hin, mitunter den Schaum der Brandung durchschneidend, und Effi, die etwas fröstelte, wickelte sich fester in ihren Mantel ...« Sie hörte etwas wie Musik, als sängen Meerjungfrauen. »In diesem Augenblicke hielt der Schlitten ..., Kruse wandte sich halb herum und sagte: ›Der Schloon, gnäd'ge Frau.‹«

Und Sidonie, die immer alles (besser) Wissende, klärte Effi auf: »... dieser Schloon ist eigentlich bloß ein kümmerliches Rinnsal, das hier rechts vom Gothener See her herunterkommt und sich durch die Dünen schleicht. Und im Sommer trocknet es mitunter ganz aus, und Sie fahren ruhig drüber hin und wissen es nicht einmal. ... im Winter, da ist es was anderes; nicht immer, aber doch oft. Da wird es dann ein Sog. ... und am stärksten immer dann, wenn der Wind nach dem Lande hin steht. Dann drückt der Wind das Meerwasser in das kleine Rinnsal hinein, aber nicht so, daß man es sehen kann. Und das ist das Schlimmste von der Sache, darin steckt die eigentliche Gefahr. Alles geht nämlich unterirdisch vor sich, und der ganze Strandsand ist dann bis tief hinunter mit Wasser durchsetzt... Und wenn man dann über solche Sandstelle weg will, die keine mehr ist, dann sinkt man ein, als ob es ein Sumpf oder Moor wäre.«

Der Schloon, Fallgrube der Naturelemente, in der der Unwissende versinkt – das mag Fontane schon als Kind fasziniert haben. Im Roman wird der Schloon Symbol für Effis Seelenlandschaft. Heutzutage hat er seinen Schrecken durch Melioration weitgehend verloren, doch für unkundige Wanderer kann er im Winter noch immer gefährlich werden.

Das Forsthaus Uvagla ist identisch mit dem Forsthaus Pudagla, das Fontane gut kannte. Die Schwester des Oberförsters Schröder, eine durch Blatternarben entstellte, aber herzensgute Person, besorgte die Wirtschaft der Familie Fontane in Swinemünde und der Herr Oberförster schickte dem Herrn Apotheker jedes Jahr einen selbsterlegten Hirsch als Weihnachtsbraten.

In dem Roman »Vor dem Sturm« gibt es eine Gräfin Pudagla, deren Besitzungen auf der Insel Usedom liegen; sie gehört zum Hof des Prinzen Heinrich in Rheinsberg; der von ihr bewunderte König ist Heinrich IV. von Frankreich, le bon roi, der das Toleranzedikt von Nantes erließ. Den Grafen zieht es hingegen nach England, denn dort sieht er »das einzige Staatenvorbild, dem nachzueifern sei«.

Ein Rittergut Pudagla wird man vergebens suchen. Vorbild könnte Mellenthin mit seiner Wasserburg sein. Die mächtigen Gewölbe in der Halle mit dem eigenwilligen, frühbarocken Kamin beeindrucken noch heute. Der Besitzer ließ sich selbst in einem römischen Streitwagen darstellen, den Satan lenkt. Im Hintergrund sind die Silhouetten weltberühmter Bauwerke, wie die Hagia Sophia zu Konstantinopel, zu sehen. Dies und auch die mittelalterliche Dorfkirche mit naiven Darstellungen des Jüngsten Gerichts und einem sagenhaften Mühlenstein als Weihwasserbecken müssen die Phantasie des Knaben angeregt haben. (Es kann aber auch sein, daß ihn das Lepel-Schloß inspirierte; der Familie von Lepel gehörten ausgedehnte Besitzungen auf dem Gnietz, einer Halbinsel südlich von Zinnowitz.)

Schauplatz eines wenig bekannten, salopp-ironischen Fontane-Werkes ist der Lieper Winkel, ein von der Peene und dem Achterwasser von der übrigen Insel abgeschnittener Teil Usedoms. Dorf Liepe wurde von Slawen bewohnt, die noch lange auf ihrer Eigenständigkeit beharrten. »Der letzte Liepewinkler« nannte er sein »Trauerspiel in 5 Akten«, dessen »Helden« sind:

»König Tier, der letzte Liepewinkler
Eulalia, seine Tochter
Kent, ein Mann von Courage
Falstaff, ein Feigling aus Instinkt
Der Narr
Packan, Prinz von Coserow
Liepewinkelsche und Coserowsche Krieger.«

Ein Heidenspaß, sehr frei nach Shakespeare. Von Rittersitzen gibt es in dieser Gegend keine Spur, doch wenn man auf der Warther Steilküste steht und übers Achterwasser und nach Koserow hinüberblickt, kann man sich »Romeo und Julia« in Pappmaché und auf gut Usedomsch vorstellen und ein Schmunzeln über diesen höchst ungewöhnlichen Fontane nicht unterdrücken.

Diese hemdsärmlige Shakespeare-Parodie erinnert an die ersten Schreibversuche des Elfjährigen. In dem festen Vorsatz, »mal Professor der Geschichte« zu werden, begann er, in einem dicken Schulheft Geschichten von Ludwig dem Frommen bis zum Spanischen Erbfolgekrieg mit eigenen Worten wiederzugeben. Da hieß es zum Beispiel: »Heinrich vermählte sich mit der Bertha nach her vertrieb er sie sahe aber zuletzt ein das es ohne einen Weibe nicht ginge und nahm sie sich wieder.«

Just zu dieser Zeit hatte er auch seine erste Begegnung mit einem »richtigen Dichter«. Es war »auf halbem Wege nach Dorf Koserow und dem Streckelberg«, zu dessen Füßen Vineta untergegangen sein soll. »Wir hörten mit phantasiegeschärftem Ohr die ›Abendglocken‹ klingen ... als wir eben diesen Abhang erstiegen, begegneten wir auf halber Höhe einem Herrn in jagdgrünem Rock und Gebirgshut...« Einer der Jungen klärte Theodor auf: »Er hat unsere Villa gekauft; er heißt Häring, aber sie nennen ihn *Willibald Alexis.* ›*Der?*‹ sagt' ich. Ich kannte seinen Namen wohl; mein Vater war all die Zeit über ein Walladmor-Bewunderer gewesen. Ich blickte dem Dahinschreitenden nach; – der erste Dichter, den ich sah. Sein Bild ist mir deutlich im Gedächtnis geblieben. Wer mir damals gesagt hätte, daß ich vierzig Jahre später über ihn schreiben würde, über ihn und seine Bücher, die damals selbst noch nicht geschrieben waren!« (»Willibald Alexis«)

Damals, 1872, hätte ihm auch niemand gesagt, daß er selbst einmal den hochgeschätzten Verfasser historischer Romane weit überflügeln und in den Schatten stellen würde.

Rügen

Vermutlich hatte der Freund Bernhard von Lepel, der in Glutzow aufwuchs und in Stralsund zur Schule ging, so sehr von der Insel Rügen geschwärmt, daß Fontane sie gern mit eigenen Augen sehen wollte. Doch es ergab sich erst im Herbst 1884. Er reiste, was selten genug vorkam, wie er aber im Fremdenbuch des Leuchtturmwärters Schilling auf Kap Arkona eigenhändig vermerkte, nur »zum Vergnügen«.

Im Tagebuch berichtete er nur in knappen, nichtssagenden Sätzen über diese Reise vom 7. bis zum 14. September 1884: »Am ersten Tage: Stralsund (Schill), Bergen (Rügen) und spät am Abend Eintreffen in Saßnitz, wo ich im Fahrenberg-Hotel ein gutes Zimmer erhielt. ...Den zweiten oder dritten Tag Ausflug nach Stubbenkammer, Hertha-See, Lohme, Arcona... Landschaftlich sehr schön, vielfach an Sorrent erinnernd ... im Detail natürlich alles arm und dürftig ... noch anderthalb Tage in Saßnitz ... dann in fünfstündiger Abend- und Nachtfahrt über Jagdschloß Prora nach Putbus ... im ›Fürstenhof‹ unfreundlich aber gut untergebracht... Den andern Vormittag ... in Putbus, sehr hübsch.« Von da aus fuhr er über Bergen und Stralsund zurück nach Berlin.

Die Insellandschaft wirkte auf Fontane viel stärker als diese lapidaren Sätze vermuten lassen. So schrieb er an Mete, Rügen habe ihn sehr an Skandinavien erinnert: »Buchen, Möwen und Kreideklippen.« (23. 9. 1895) Und seinem Freund Friedlaender riet er: »...lassen Sie sich doch quer über die weite Bucht nach Arcona hinüberrudern; diese Bootfahrt ist sehr schön, außerdem Arcona selbst interessant genug.« (29. 8. 1894)

Besonders für Fontane. In seine »Wanderungen« durch das Havelland hatte er einen umfassenden Essay über die slawischen Volksstämme in der Mark zwischen dem 6. und 12. Jahrhundert aufgenommen; darin heißt es im Unterkapitel »Rethra. Arkona«: »Rethra und Arkona repräsentierten auch die Orakel, bei denen in den großen Landesfragen Rats geholt wurde...« Wie im antiken Griechenland die Orakel von Delphi und Dodona miteinander konkurrierten, so gab es auch zwischen Rethra und Arkona eine gewisse Rivalität. Als der Bischof Burkhard von Halberstadt im Winter 1067 auf 1068 mit seinem Heer vor Rethra erschien und das dem Radegast geweihte weiße Roß entführte, verlor der Glaube an den alten Wendengott seine Kraft, und alle Verehrung richtete sich auf den vierköpfigen Svantevit im Tempel von Arkona. Der Kult um das Orakel war ähnlich demjenigen in Rethra: »Drei Paar gekreuzte Lanzen wurden in den Boden gesteckt«, und nun entschied der Fuß des heiligen Rosses, ob dem geplanten Unternehmen Glück oder Unglück beschieden war: rechter Fuß bedeutete Glück, linker Fuß Unglück und: »Entschiedenes Heil ... wenn das weiße Pferd über alle *drei* Lanzenpaare mit dem rechten Fuß hingeschritten war.«

Hundert Jahre nach dem Ende Rethras eroberte der Dänenkönig Waldemar I. Rügen, besiegte die Wenden, brachte ihren florierenden Handel mit den Ost- und Nordseeländern zum Erliegen und machte auch dem Svantevitkult ein Ende. Während bis heute niemand nachweisen kann, wo Rethra lag (wahrscheinlich zwischen Rheinsberger und Tollense-See), ist die »Jaromarsburg« als kultisches Zentrum der Westslawen auf Arkona in seiner Lage noch deutlich erkennbar: Die Tempelburg stand auf einer vierzig Meter hohen Kreidescholle, die im Laufe der Jahrhunderte von der Ostsee unterspült wurde. Der innere Erdwall, ursprünglich fast 200 Meter lang und noch immer sechs Meter hoch und fünfzehn Meter breit, ist heute noch begehbar.

Im Tagebuch notierte Fontane neben den Lageskizzen von Herthasee und Opfersteinen: »1. mit einer kleinen Rinne. Hier floß das Blut in einen unten stehenden ausgehöhlten Stein. (Alles kolossaler Schwindel.)« Tieropfer für Svantevit, den Gott des Krieges und der Fruchtbarkeit, sind nachgewiesen, doch der Rügener Fremdenführer muß wohl, der größeren Wirkung halber, etwas von Menschenopfern geraunt haben. Das faszinierte Fontane ungemein und getreu dem Motto »Ist's auch nicht wahr, so ist's doch gut erfunden« brachte er den »kolossalen Schwindel« als Volksmund in den Roman »Effi Briest« ein. Ohnehin entspricht die Rügen-Reise Innstettens mit seiner jungen Frau weitgehend der Fontaneschen Reiseroute: »Zunächst natürlich Stralsund, mit Schill, den du kennst, ... dann von Stralsund nach Bergen und dem Rugard, von wo man ... die ganze Insel übersehen kann, und dann zwischen dem Großen und Kleinen Jasmunder Bodden hin, bis nach Saßnitz.« (»Effi Briest«, Kapitel 24) Sie übernachteten in dem noblen Hotel Fahrenheit (was Innstetten zu dem Wortspiel veranlaßte: »Die Preise hoffentlich nach Réaumur«) und machten in bester Laune »noch einen Abendspaziergang an dem Klippenstrande hin und sahen von einem Felsenvorsprung aus auf die stille, vom Mondschein überzitterte Bucht. Effi war entzückt. ›Ach, Geert, das ist ja Capri, das ist ja Sorrent. Ja, hier bleiben wir.‹« Nur die Kellner in dem Hotel waren ihr zu gespreizt-vornehm, »man geniert sich, um eine Flasche Sodawasser zu bitten«, und sie hielt Ausschau nach einem geeigneten Privatquartier. Doch der nächste, reizvoll gelegene Ort hieß Crampas; der Name ließ sie zurückschrecken, und so fuhren sie weiter nach Stubbenkammer. Während man im Gasthof einen Imbiß richtete, führte sie ein Einheimischer an den nahen Herthasee: »Binsen säumten ihn ein, und auf der stillen, schwarzen Wasserfläche schwammen zahlreiche Mummeln. ›Es sieht wirklich nach so was aus‹, sagte Effi, ›nach Herthadienst.‹ – Ja, gnäd'ge Frau... Dessen sind auch noch die Steine Zeugen.‹« (Fontane benutzte hier offensichtlich den gestelzten Verschwörerton des ihm bekannten Fremdenführers.) »›Welche Steine?‹ – ›Die Opfersteine‹.« Etliche glattpolierte Steine lehnten an einer senkrecht abgestochenen Kies- und Lehmwand. »›Und was bezwecken *die*?‹ – ›Daß es besser abliefe, gnäd'ge Frau‹. – ›Laß uns gehen‹, sagte Effi...«

Die unschuldig-schuldige Kindfrau, die sich wegen ihrer heimlichen, kurzen Liebelei mit Crampas zermarterte, war bis auf den Grund ihrer empfindsamen Seele getroffen: Die Opfersteine, das Blut, das ohne Schuld geflossen war, erschienen ihr als dumpfes Menetekel; sie strebte so schnell wie möglich fort. Anderntags fuhren sie mit dem Dampfschiff weiter nach Kopenhagen.

Die Gruselgeschichten von den Opfersteinen am Herthasee werden heute noch mit Vorliebe von Einheimischen verbreitet; nur werden sie in unserem aufgeklärten Zeitalter entweder mit wissenschaftlicher Neugier oder mit ironischem Lächeln quittiert.

Rügen mit seinen heimeligen Dörfchen, den weiten, muschelübersäten Stränden und dem berühmten Caspar David Friedrich-Bild der Kreidefelsen ist heute noch eine Reise wert. Nur sollte man sich an die kleinen Orte, die kleinen Pensionen halten, denn in den großen Hotels richten sich die Preise inzwischen »eher nach Fahrenheit als nach Réaumur«.

Mecklenburg

»Ich bin gern in Mecklenburg, wie in allen Ländern und Städten, die man in dem öden und dämlichen Berlinerthum unsrer Jugend für Plätze zweiten Ranges hielt, während sie unsrem elenden Nest … immer überlegen waren.« (an Wilhelm Hertz, 6. 6. 1897)

Man darf diese Apotheose auf Mecklenburg nicht allzu wörtlich nehmen; Fontane empfand es nur als wohltuend im Gegensatz zu dem in Berlin vorherrschenden Borussentum mit seinem bis ins Unterbewußtsein gedrungenen Strammstehen. Bei genauerer Betrachtung kam auch der Mecklenburger Menschenschlag nicht ungeschoren davon: »… sie haben unbestreitbar eine wundervolle Durchschnittsbegabung, werden aber ungenießbar dadurch, daß sie einem dies Durchschnittsmäßige, dies schließlich doch immer furchtbar Enge und Kleinstädtische, als etwas ›Höheres‹, als das eigentlich Wahre aufdringen möchten. Ein Mecklenburger – wenn er nicht blos durch einen baren *Zufall* (wie Moltke) in Parchim oder Teterow geboren wurde – kann nie die ›Jungfrau von Orleans‹ oder die ›natürliche Tochter‹ schreiben; er bringt die Vornehmheit, den großen Stil nicht heraus, er bleibt bei Lining und Mining oder bei Bräsig oder bei Leberecht Hühnchen. Das sind nun alles allerliebste Figuren; aber sie rechtfertigen durchaus nicht die Dickschnäuzigkeit, womit sie einem präsentirt werden.« (an Georg Friedlaender, 19. 3. 1895)

Humor nennen sie, »wenn sie plötzlich, mit einem ziemlich unverschämten Gesicht, aus ihrem Mustopf herauskucken«. (an Georg Friedlaender, 8. 1. 1895)

Zwei Mecklenburger wollte er jedoch zumindest von diesen Vorwürfen ausgenommen wissen: Heinrich Seidel, den hochbegabten Ingenieur und Dichter, dessen Autobiographie »Von Perlin nach Berlin« Fontane mit ungeteiltem Vergnügen gelesen und mit dem er sich in Berlin sogar angefreundet hatte; und Fritz Reuter, der für ihn die Personifizierung aller liebenswerten Eigenschaften Mecklenburgs darstellte. »Ut min Festungstid« stand seit 1863 in Fontanes Handbibliothek; in dieses Buch vertiefte er sich, wenn er Knechte, Kutscher und Diener plattdeutsch sprechen lassen wollte. In »Ellernklipp« zum Beispiel orakelt der Knecht Joost mit der Magd Grissel über die rätselhafte Herkunft Hildes, und dabei kümmt up platt all dat wunnerlich Tüch vör, »wat mi mien Oll-Großmutter all ümmer vorseggen deih«.

In »L'Adultera« wird der treue, aber etwas begriffsstutzige Diener Friedrich »Pomuchelskopp« genannt nach einer der Hauptfiguren in Reuters »Stromtid«.

Und in »Effi Briest« bringt Fontane Fritz Reuter bewußt ins Spiel. Da heißt es über Effis Spielgefährtinnen in Hohen-Cremmen: »Zwei der jungen Mädchen – kleine, rundliche Persönchen, zu deren krausem, rotblondem Haar ihre Sommersprossen und ihre gute Laune ganz vorzüglich paßten – waren Töchter des auf Hansa, Skandinavien und Fritz Reuter eingeschworenen Kantors Jahnke, der denn auch, unter Anlehnung an seinen mecklenburgischen Landsmann und Lieblingsdichter und nach dem Vorbilde von Mining und Lining, seinen eigenen Zwillingen die Namen Bertha und Hertha gegeben hatte.« (Kapitel 1) Zu Effis Verlobung steuert Jahnke plattdeutsche Verse bei; und wenn es bei Mining und Lining eine »duwwelte Verlawung« mit zwei geistlichen Kandidaten gibt, so heiraten Bertha und Hertha auf einer Doppelhochzeit »zwei Lehrer in der Nähe von Genthin«.

Nur wenige wissen, daß Fontane 1871 das Ritterkreuz der wendischen Krone erhielt als Dank des Großherzogs von Mecklenburg-Strelitz für den Autor, der im zweiten Band seines Buches »Der Deutsche Krieg von 1866« den Einsatz mecklenburgischer Truppen unter Seiner Hoheit gewürdigt hatte. Der Dank des obersten Kriegsherrn, des Königs von Preußen, fiel dagegen ärmlich aus: Fontane erhielt für beide Kriegsbücher 1867 den Preußischen Kronenorden IV. Klasse, von dem jährlich 800 bis 1000 Stück in vier Klassen vergeben wurden. Der so Geehrte sprach geringschätzig von »Quincaillerie«: »Die ganze Ordensgeschichte wenn es nicht ordentlich kommt, hat doch wirklich etwas Kindisches.« (an Emilie Fontane, 3. 6. 1885)

Zehn Jahre später räumte er seinem karrierebewußten Sohn gegenüber ein, daß Orden zuweilen auch ihr Gutes haben: »Ich war damals auf der Kreuzzeitung und bedurfte solcher Dekoration, um nicht ganz unterm Schlitten zu sein... Man braucht die Sache der anderen halber und – lächelt darüber.« (an Theodor Fontane junior, 2. 11. 1895)

Zu diesem Zeitpunkt *konnte* er darüber lächeln oder solche altersweisen Gedichte schreiben wie »Eigentlich ist alles gleich...« oder seine Briefe mit überspitzt pointierten Urteilen beleben wie dem Loblied auf das »im ganzen übrigen Deutschland und speziell in Preußen verspottet[e]« altmodisch-patriarchalische Landesregiment Mecklenburgs, welches doch beweise, »daß es auf Verfassungen und Freiheitsparagraphen (die *wirkliche* Freiheit hat keine Paragraphen) gar nicht ankommt... Man freut sich seines Daseins, trinkt Rotwein und liest kleine Blätter.« (an James Morris, 13. 7. 1897)

Zwölf Monate im Jahr hätte Fontane das zweifellos nicht genügt, doch für einen Sommerfrischenaufenthalt war es für den mehr und mehr Ruhebedürftigen genau das Richtige. Und so wählte er im hohen Alter nicht mehr Schlesien und Harz, nicht Wyk auf Föhr oder Norderney, sondern Waren an der Müritz und Augustabad am Tollensesee.

Und Mecklenburg bedankte sich bei ihm, indem es Straßen und Ausflugsdampfer nach ihm benannte; in Waren an der Müritz gibt es auch Fontane-Apotheke und Fontane-Buchhandlung; und in Schwerin-Krebsförden ein Restaurant Fontane, mit behaglicher Gartenterrasse, wie sie der Menschenbeobachter liebte. Beides gehört zum Hotel Arte, das zu den Schönen Künsten auch die Kunst der Gastlichkeit zählt. Dort fühlt man sich wirklich an den alten Fontane erinnert, der ja anerkanntermaßen in allen Künsten ein kritischer Feinschmecker gewesen ist.

Neubrandenburg – Augustabad

»Am Mittwoch will ich mit Frau und Tochter nach ›Niejen Brannenburg‹ abdampfen, um Preußen zu vergessen, wozu Fritz Reuters Heimath – als eine Art Gegensatz – die beste Gelegenheit bietet. Ich stelle Rothspohn und Onkel Bräsig höher als den ganzen Borussismus, diese niedrigste Kulturform die je da war. Nur der Puritanismus (weil total verlogen) ist noch schlimmer. Im Augusta-Bad bei Neubrandenburg, am Ufer des Tollénse-Sees ... will ich auch endlich an die Correktur bez. Anordnung meiner Gedichte für die 5. Auflage gehn und bitte ganz ergebenst mir 2 Exemplare zu diesem Zwecke zur Verfügung stellen zu wollen.« (an Wilhelm Hertz, 6. 6. 1897)

Der 77jährige Fontane hatte, als er am 9. Juni 1897 mit Frau und Tochter nach Neubrandenburg reiste, nicht nur die beiden Gedichtbände im Gepäck; am schwersten wogen die 500 Seiten des »Stechlin«-Manuskriptes, das er noch einmal durchsehen und zum Vorabdruck für die Illustrierte Wochenzeitschrift »Über Land und Meer« einrichten wollte. Immer fand er noch etwas »am Stil anzuputzen«, er war und blieb »ein unverbesserlicher Tüftler und Bastler«.

Zum Glück erwies sich das eine Viertelmeile vor Neubrandenburg gelegene, eben eröffnete Augustabad als angenehmes, alle drei Fontanes gleichermaßen zufriedenstellendes Domizil, eine Art Synthese aus Hotel und Sanatorium.

Die unternehmungsfreudigen Damen fuhren öfter in die Stadt, besuchten das Reimannsche Konzerthaus am Stargarder Tor oder die Städtische Kunstsammlung, vielleicht auch das Museum am Treptower Tor, das erste im Großherzogtum Mecklenburg-Strelitz, das allen Bürgern zugänglich war. Gelegentlich werden sie auch zu dritt einen Nachmittag in der Hofkonditorei Zanderling am Markt verplaudert haben; die meiste Zeit verbrachte Fontane auf dem Balkon des hübschen Appartements, bestehend aus zwei Schlafzimmern, einem kleinen Vorzimmer und dem Wohnraum, dessen Hauptzierde ein mit geblümtem, hellblauem Atlas überzogenes Rohrsofa darstellte; damals allerneuste Mode.

Das Schönste aber war der Rundblick von dem Balkon: Von rechts her grüßte der Turm der Marienkirche über die mittelalterlichen Backsteinmauern Neubrandenburgs, vom jenseitigen Ufer des Tollensesees blinkten die hellen Säulen des großherzoglichen Belvederes. Alle drei fühlten sich so wohl wie selten.

In diese Idylle brach die Nachricht vom Tod Karl Zöllners, dem letzten Freund aus vergangenen »Rütli«- und »Ellora«-Tagen. Sein Tod kam nicht unerwartet, dennoch erschütterte er den alten Fontane so sehr, daß Mete an seiner Statt zur Beisetzung fahren mußte. Er vergrub sich – ein letztes Mal – in seine Gedichtsammlung aus sechs Jahrzehnten, und unversehens flogen ihm neue Verse zu, abgeklärte, heiter-resignierte, aber auch sarkastische wie die »Neueste Väterweisheit«, in der es heißt: »Quäl dich nicht mit ›wohlerzogen‹, / Vorwärts mit den Ellenbogen / Und zeig jedem jeden Falles: / ›*Du* bist nichts und *ich* bin alles‹.« (Gedichte I)

Er hatte nicht aufgehört, die Menschen zu beobachten.

Augustabad ist, nachdem es jahrzehntelang vom allgemeinen Leben abgeschottet war, wieder zugänglich. Erkannte man das langgestreckte Gebäude früher an seinem imposanten Fachwerk, so ist die Fassade nun mit Schieferplatten verkleidet; unverkennbar aber sind die gläsernen Loggien zur Seeseite hin. Eine Gedenktafel für den alten Fontane gibt es nicht. Noch nicht.

Waren an der Müritz

»*Waren*, (Mecklenburg-Schwerin),
d. 28. August 1896
Villa Zwick.

Hochgeehrter Herr und Freund.
… Sollte … Ihre Gesundheit einer Aufbesserung bedürfen, so kann ich Ihnen … keinen bessern Platz empfehlen, als, um mit Storm zu sprechen, diese ›graue Stadt am Meer‹. Die Müritz ist nämlich so was wie ein Meer, wie der Viktoria-Njanza oder der Tanganjika, und wenn der Michigan sein Chicago hat, so hat die Müritz ihr Waren. Sehen Sie die Dinge, je nachdem, durch ein Vergrößerungs- oder Verkleinerungsglas, an, so ist wirklich eine große Ähnlichkeit da, und wie Chicago Stapelplatz ist für die Produkte der Midlandstaaten, so Waren für die Produkte von Mittelmecklenburg, ein Stück Land, das sonderbarerweise den Namen der ›mecklenburgischen Schweiz‹ führt. Der Obotritengrande lagert hier sein Korn und sein Holz ab, und so ist denn die Seespitze, dran die Stadt liegt, von Mahl- und Sägemühlen umstellt, deren Getriebe zuzusehen, ein beständiges Vergnügen für mich ist.« (an Friedrich Stephany, Chefredakteur der »Vossischen Zeitung«)

Vom 21. August bis zum 15. September 1896 hielt sich Fontane mit Frau und Tochter in Waren auf. Ein Gewaltritt lag hinter dem 76jährigen: die Arbeit am ersten Entwurf des »Stechlin«. Nun wollte er weiter nichts tun, als sich seines Daseins freuen, Rotwein trinken und kleine Blätter lesen. Waren mit seiner tief in die Geschichte des Slawentums reichenden Vergangenheit – daher der Name »Obotritengrande« für den mecklenburgischen Rittergutsbesitzer – begann damals gerade, sich seiner Entwicklungsmöglichkeit zum Binnenbadeort bewußt zu werden; Fontane, der sich hier sehr wohl fühlte, suchte diese Entwicklung mit seinen Mitteln zu befördern und schloß den Brief an den Chefredakteur: »...wenn Sie mir bei meiner Rückkehr nach Berlin eine halbe Spalte zur Verfügung stellen wollen, so hab' ich vor, den Berliner Sommerfrischler auf dies prächtige Stück Erde aufmerksam zu machen.«

Auch Karl Zöllner gegenüber schwärmte er am 30. August 1896: »Es ist sehr schön hier, eine frische Luft, eine behäbige Bevölkerung und eine feudale Verpflegung... Die hohe Sand-Düne auf der wir wohnen ... führt den Namen die ›Eck-Tannen‹ und ist zur Zeit mit 3 nebeneinander gelegenen Villen besetzt, von denen die mittlere den bedenklichen Namen Villa Zwick führt. Es hat uns aber noch nichts gezwickt, weder moralisch noch physisch.«

Die Sommervilla zur Linken gehörte dem Berliner Bildhauer Thomas, dessen Tochter gleich am ersten Abend »in Huldigung des neuen Nachbarn« »Archibald Douglas« anstimmte. Er konnte also in Eck-Tannen, je nach Bedürfnis, Ruhe oder Geselligkeit pflegen, was mit dazu beigetragen haben mag, daß Fontane diesen Aufenthalt »eine seiner glücklichsten Sommerfrischen« nannte. Verheißungsvoll erschien ihm das Schicksal Thomas', »der sich, in einem kolossalen Tattrichzustande (er weinte immer), von Berlin aus hierher zurückgezogen und bei Kürbis- und Melonenzucht seine Nerven wiederhergestellt hat.« (ebenda) Vielleicht erhofften die Fontanes für sich eine ähnlich günstige Wirkung. Ein zweiter Familienaufenthalt für Theodor und Emilie Fontane ergab sich nicht, nur Mete kehrte wenige Jahre später nach Eck-Tannen zurück.

Zwei Jahrzehnte lang hatte sie alle auftauchenden Heiratskandidaten an ihrem geliebten Vater gemessen und alle für »zu leicht« befunden. Sie war fast vierzig, als der alte Fontane mit unverhüllter Herzensfreude Anna Witte in Rostock mitteilte: »Es geschehen Zeichen und Wunder... Martha hat sich verlobt. Der Beglückte und Beglückende ist der Architekt Fritsch, Wittwer neuesten Datums ... ein kluger und gescheidter Mann von guter Gesinnung und sogar guter Kasse, was mir persönlich nicht viel bedeutet, aber den Mann wenigstens nicht entwerthet.« (24. 1. 1898)

Fritsch gehörte zu Fontanes weitreichendem Bekanntenkreis, er schätzte Marthas Liebenswürdigkeit und Esprit seit langem; in ihr glaubte er eine echte Partnerin im Geiste gefunden zu haben. Mete hatte ihre ungewöhnlichen Begabungen nie in aller Fülle entfalten können, sie war sich immer vorgekommen »wie einer, der klavierspielen könne, aber kein Klavier habe«. Nun wollte sie an der Seite des sechzigjährigen Architekten und Herausgebers der »Deutschen Bauzeitung« endlich ganz nach ihrem Gusto leben.

Die Mutter blieb der offiziellen Verlobung im September 1898 fern; ihr widerstrebte, daß das Trauerjahr nicht eingehalten worden war. Vater Fontane, der hoffte, der lebenserfahrene und leidgeprüfte Fritsch werde seine Tochter in allen Dingen wirklich verstehen, war dankbar, diesen Tag noch erleben zu können; er fühlte, daß ihm nicht mehr viel Zeit blieb: »Allerorten umklingt mich wie Rauschen im Wald: ›Was du tun willst, tue bald‹.« Tatsächlich schloß er wenige Tage nach diesem »Zauberfest« die Augen für immer.

Martha Fontane und Karl Emil Otto Fritsch heirateten am 4. Januar 1899. Im Jahr darauf kauften sie die Sommervilla des Bildhauers Thomas in Eck-Tannen, wohl in der Hoffnung, daß auch Mete von ihrem »Nervenelend« genesen würde. Es folgte eine Zeit des Planens und Bauens, 25 000 Quadratmeter des angrenzenden Kiefernwaldes wurden erworben, dem großen Haus ein turmartiger Anbau mit Balkon angefügt, eine »kleine Villa« aus dunklem Fachwerk und roten Ziegeln errichtet, mit Giebeln nach allen Seiten, und im gleichen Stil auch ein Gärtnerhaus. Es folgten Gewächshäuser und auf der höchsten Erhebung der Sanddüne ein Pavillon mit einem Eiskeller darunter. Es kamen viele Gäste, nicht nur um von hier aus die schönste Aussicht über die Müritz auf die Stadt Waren zu genießen. Neffen, Nichten und Patenkinder nisteten sich öfter und für längere Zeit ein; neben dem Gärtner sorgten Köchin und Dienstmädchen dafür, daß der große Haushalt funktionierte. Mete blieb leidend, Milz, Galle, Leber und Magen extrem anfällig; hinzu kamen Schlaflosigkeit, Migräne, Depressionen. Eine ausgebildete Krankenschwester war stets »als Gesellschafterin« um sie. Den Winter verbrachte das Ehepaar in Berlin und genoß Theater- und Konzertbesuche. Auch in Waren fanden sich kulturell aufgeschlossene Menschen: Musikdirektor Köhler und Dr. Michaelis arrangierten Hauskonzerte und Matinees, an denen die musikalisch talentierte Mete, nunmehr Frau Professor Fritsch, lebhaften Anteil nahm. Auch Professor Wossidlo vom Warener Gymnasium, der sich bereits auf dem Gebiete der mecklenburgischen Volkskunde einen Namen erworben hatte, war in Eck-Tannen gern gesehener Gast. Nicht zu vergessen Tante Elise, die jüngste und Lieblingsschwester Theodor Fontanes, die dem Wanderer durch die Mark so oft bei Recherchen behilflich gewesen war; die Witwe verbrachte nun als Stiftsdame ihren Lebensabend in Waren.

1904 erfüllte Mete den Lieblingswunsch ihrer Mutter und gab das Büchlein »Von Toulouse nach Beeskow« heraus, die Erinnerungen ihres Urgroßvaters mütterlicherseits, der sich, besonders in der »Franzosenzeit«, als Stadtkämmerer von Beeskow bleibende Meriten erworben hatte. Wesentliche Lebensaufgabe war aber die Sichtung des väterlichen Nachlasses. »Mathilde Möhring« war noch ungedruckt, es gab eine Fülle von Entwürfen, Skizzen und eine unübersehbare Menge von Briefen, Aufzeichnungen und Notizen. Wohlweislich hatte Fontane neben dem Freund Paul Schlenther und dem Justizrat Paul Meyer auch seine Tochter Martha testamentarisch in die kleine Nachlaßkommission berufen. Sie stand seinem Herzen am nächsten, besaß scharfen Verstand, großes Einfühlungsvermögen und genügend schriftstellerisches Talent, um die richtige Auswahl zu treffen. Es bedeutete eine immense Arbeit, die weitverstreuten Briefe aufzuspüren und einzusammeln; 1905 erschien der erste Band »Briefe an die Familie«, Briefe, die ihn vor aller Welt als »talent epistolaire« offenbarten und den jungen Thomas Mann zu dem begeisterten Satz hinrissen: »Sind noch mehr da? Man soll sie herausgeben!«

Professor Fritsch, mit editorischer Arbeit vertraut, ordnete die Briefe in Abschnitte von je zwei bis drei Jahren, Mete stellte jedem Abschnitt eine kurze Darstellung der Lebensumstände des Dichters voran, die – wenn auch nur andeutungsweise – die erste Fontane-Biographie ergaben. Nur sie hatte das leisten können; doch im Titel erschien allein der Name ihres Mannes.

Acht Jahre vor ihrer Heirat hatte sie einmal ihrem Vater gegenüber geäußert, man müsse, nachdem, was sie rumdum erlebe, »jede Ehe, die sich nicht in Furchtbarkeiten ergeht, eine glückliche Ehe« nennen. Mit dieser bescheidenen Erwartungshaltung könnte ihre Ehe mit Fritsch glücklich genannt werden.

Im Winter 1913 bekannte sie in einem Brief an das befreundete Ehepaar Schlenther, das nun leider ins ferne Wien gezogen war: »Bei uns sieht es zudem so aus, daß wir am besten allein in Geduld die Tage hinnehmen. ...meinen Mann werden Sie traurig verändert finden; Gicht u. Niere haben seine schöne Rüstigkeit gebrochen, u. wir kommen aus der Krückenatmosphäre nicht mehr heraus; fast ständig haben wir eine Schwester im Haus ... u. mein Verhältnis zur Apotheke ist fast inniger als das meiner Vorfahren.« Noch immer klingt etwas ihr Humor an, doch ist es mehr ein Lächeln, das das Weinen verbirgt.

Im Sommer 1915 starb Professor Fritsch im Alter von 77 Jahren an Herzschwäche. Mete gab die Berliner Wohnung auf; Theater und Konzerte hatten ihre Anziehungskraft verloren. Im Jahr darauf starb auch Paul Schlenther, zuverlässigster Freund ihres Vaters, der auch ihr in der gemeinsamen Nachlaßarbeit unentbehrlich geworden war. Wie eigenes Abschiednehmen klingt Metes Brief an Paula Schlenther: «...dankbar gedenke ich der Stunden, wo Sie beide den Lebensabend meiner Eltern mit Glanz und Schimmer umgaben. Durch unvergeßliche Zeiten immer verbunden, Ihre alte Martha Fritsch.« (1. 5. 1916)

Acht Monate später, im Januar 1917, stürzte sich Mete in einem schwarzen, unbewachten Augenblick vom Balkon ihres Hauses in den Tod.

Sehenswertes

Die »Mecklenburgische Schweiz«, für deren Bekanntwerden Fontane sich damals sehr engagierte, ist inzwischen ein beliebtes Ausflugsziel geworden und Waren so stark frequentiert, daß man großzügige Straßen, Brücken und Tunnel innerhalb der Stadt bauen mußte, um den Durchgangsverkehr flüssig zu halten. Zwischen *Altem und Neuem Markt* jedoch, zwischen

Georgen- und Marienkirche und in den engen buckligen Gassen am *Katträmel,* der *mittelalterlichen Befestigungsanlage,* kann sich der Betrachter in jenes behäbige Waren zurückversetzen, das Fontane so gut gefiel.

Noch zu Lebzeiten Professor Fritschs entwickelte sich *Eck-Tannen* zu einer Sommervillen-Kolonie; 28 Pensionen und Fremdenheime entstanden. Aber erst 1946 wurde die Villenstraße in *Fontanestraße* umbenannt. Den Häusern auf der Seeseite wurden die geraden, denen der Waldseite die ungeraden Zahlen zugeordnet. Auf dem Grundstück *Nummer 4* erkennt man noch das *Gärtnerhaus* und das Stallgebäude, in *Nummer 6* die *»kleine Villa«*, Metes Refugium, mit roten Ziegeln und dunklem Fachwerk. Die *»große Villa«* mit dem turmartigen Anbau wurde baulich stark verändert, so daß man den Balkon vergeblich sucht.

Auf dem *Friedhof* fand Martha Fritsch, geborene Fontane, rechts von der Totenhalle, auf dem Feld IA ihre letzte Ruhestätte. Als die Stelle 1968 aufgelassen wurde, pflanzte dort der treue, inzwischen uralte Gärtner Ulrich Priep eine Pinus ponderosa. Dies war jahrzehntelang die einzige Erinnerung an eine hochbegabte Frau, deren Unglück darin bestand, daß ihr der Platz im Leben verwehrt wurde, auf den sie ihren Fähigkeiten nach gehörte. Erst ein Menschenalter nach Metes Tod wurden ihre Briefe an die Eltern veröffentlicht, sie offenbaren dem entzückten Leser die Geistes- und Wesensverwandtschaft mit dem geliebten Dichter-Vater.

Nach der Lektüre dieser Briefe ist Waren-Eck-Tannen der rechte Ort, ihr nahezukommen. Atmosphärischer ist nicht die Fontanestraße, sondern der Uferweg an der Binnenmüritz entlang. Wenn letzte Abendsonnenstrahlen über der weiten Wasserfläche flimmern und die Dämmerung aus dem Buschwerk der Sanddüne kriecht, wenn man über den Wipfeln der Kiefern und Tannen das Fachwerk des vielgiebeligen Hauses mehr ahnen als erkennen kann, dann glaubt man, im Plätschern der Wellen, im Rascheln des Laubwerks die Stimme des alten Fontane zu hören:

»Such nicht immer, was dir fehle,
Demut fülle deine Seele,
Dank erfülle dein Gemüt.
Alle Blumen, alle Blümchen,
Und darunter selbst ein Rühmchen
haben auch für dich geblüht.«
(»Zuspruch«, Gedichte I)

Dobbertin

»Den ganzen vorigen Monat habe ich in dem benachbarten Großherzogtum Mecklenburg zugebracht, wohin ich mich zurückgezogen hatte, um ganz ungestört arbeiten zu können. Zuerst befand ich mich in einem Fräuleinstift, ... das bis diese Stunde, trotz seines protestantischen Charakters, den Namen führt: ›Kloster Dobbertin‹. Wir haben solcher ›Klöster‹ hier sowohl, wie auch in meiner heimatlichen Provinz Brandenburg, mehrere; Stiftungen, die etwa dreißig Jahre nach der großen deutschen Kirchenbewegung, aus dem katholischen Glauben in das lutherische Bekenntnis übertraten, mit Ausnahme dieses einen Unterschiedes aber, *in allem andern völlig unverändert blieben.*« (So heißt es im Dankesbrief vom 5. 10. 1871 an den Kardinal-Erzbischof von Besançon Césaire Mathieu, der sich im Jahr zuvor für die Freilassung Fontanes aus französischer Gefangenschaft eingesetzt hatte.)

Dobbertin, das anmutig am nordöstlichen Ufer des gleichnamigen Sees gelegene Dörfchen, rückte 1869 in Fontanes Blickfeld, als Mathilde von Rohr ihren Platz im Konvent des dortigen adligen Fräuleinstiftes einnahm. Jahrzehntelang hatte sie in der Behrenstraße 70 zu Berlin einen kleinen literarischen Zirkel unterhalten, in den der junge Fontane 1852 durch Bernhard von Lepel eingeführt worden war. Anfangs fand er den dort gebotenen Tee besser als ihre Urteile über Literatur, doch mit der Zeit wandelte sich seine Skepsis und mündete in hochachtungsvolle Verehrung. Kurz nach ihrem Tode 1889 schrieb er ihr eine entzückende Huldigung, in der er sie als »...spezifisch märkisch und ... zu denen, an denen man alle guten und auch einige schwache Seiten des alten Märkertums ... studieren konnte« gehörend schilderte; »... ihre ... Sätze haben«, so gestand er, »durch ein Menschenalter hin einen großen Einfluß auf mich geübt...« »...sie war auch persönlich ein wahres Anekdotenbuch und eine brillante Erzählerin alter Geschichten aus Mark Brandenburg, besonders in bezug auf adlige Familien aus Havelland, Prignitz und Ruppin. Den Stoff zu meinem kleinen Roman ›Schach von Wuthenow‹ habe ich mit allen Details von ihr erhalten...« (»Mathilde von Rohr«, in: »Dörfer und Flecken im Lande Ruppin«, »Wanderungen« VI)

In Dobbertin verfügte jede der 32 Stiftsdamen über eine eigene Wohnung mit acht Zimmern. Gäste aus dem Verwandten- oder Freundeskreis waren sehr willkommen, um »die Abgeschlossenheit des engsten Zirkels« ein wenig aufzulockern. Auch Fontane hielt sich mehrfach dort auf. Seine Anspielungen auf adlige Fräuleinstifte in »Vor dem Sturm«, »Grete Minde« und »Schach von Wuthenow«, vor allem aber das treffend gezeichnete Lokalkolorit des Klosters Wutz im »Stechlin«, dieses »wohlkonservierten Stück Mittelalters«, gehen auf Beobachtungen und Studien im Kloster Dobbertin zurück.

Der erste Besuch – August 1870 – fiel mit dem von Hurrageschrei begleiteten Kriegsbeginn zusammen. Emilie war mit den drei Söhnen aus der Warnemünder Sommerfrische nach Berlin zurückgekehrt, Fontane gönnte sich auf dem Heimweg noch einen ruhevollen Moment in der Dobbertiner Abgeschiedenheit. Von dort aus erschien ihm der ganze hysterische Trubel »wie eine kolossale Vision, eine vorüberbrausende Wilde Jagd, man steht und staunt und weiß nicht recht, was man damit machen soll... Es ist, wie wenn es in einem Theater heißt: ›es brennt‹; fortgerissen einem Ausgange zu, der vielleicht keiner ist, mitleidslos gedrückt, gestoßen, gewürgt, ein Opfer dunkler Triebe und Gewalten. Manche lieben das, weil es ein ›excitement‹ ist; – ich bin zu künstlerisch organisiert, als daß mir wohl dabei werden könnte.« (an Emilie Fontane, 5. 8. 1870)

Im allgemeinen Taumel von nationalistischer Überheblichkeit und blindwütigem Franzosenhaß war diese Haltung etwas durchaus Seltenes und er behielt sie, ungeachtet aller anfänglich hochtönenden Siegesmeldungen. Nach Berlin zurückgekehrt und von Lepel über die wahre Lage an den Fronten unterrichtet, schrieb Fontane am 26. August 1870 an Mathilde von Rohr: »Welche Siege, welche Verluste! Lepel, der gestern eine Stunde bei uns war, sagte sehr richtig: noch zwei solcher Siege und – wir sind ruinirt ... heiter und singend ziehen Tag und Nacht immer neue Tausende hinaus, um die entstandenen Lücken zu füllen. Ohne einen gewissen Leichtsinn wäre es jetzt gar nicht auszuhalten.«

Außer diesem »gewissen Leichtsinn« sah er keinen Sinn in den ungeheuren Blutopfern. Da er sich jedoch mit seinen Büchern über die Kriege von 1864 und 1866 bereits als »patriotischer Schriftsteller« ausgewiesen hatte, verpflichtete ihn der Königliche Hofbuchdrucker Rudolf von Decker, ein drittes zu schreiben. So brach er – entgegen allen Bitten Emiliens – am 27. September 1870 nach Frankreich auf. Wer den Krieg beschreiben will, sagte er, der kann »nicht bloß, auf seinem Drehstuhl reitend, auszugsweise mit der Papierschere vorgehen ... wer, wenn weiter nichts, so doch wenigstens die Szenerie kennenlernen will, um hinterher sein Bild zu malen, der hat den Beruf, sich die Sache anzusehn.« (»Kritische Jahre – Kritikerjahre«, Kapitel »Parkettplatz Nr. 23«)

Merkwürdigerweise sollte dieses Kriegsbuch fast bis zum letzten Kapitel mit dem stillen Dobbertin verbunden bleiben.

Zunächst einmal gerieten Buch und Autor in höchste Gefahr: Am 4. Oktober 1870 hatte Fontane Toul erreicht, wo sich derzeit die Frontlinie befand. Ungeachtet dieser zur Vorsicht mahnenden Tatsache kutschierte er ins vierzig Kilometer entfernte Domrémy, um das Geburtshaus der Jeanne d'Arc zu besichtigen, für die er schon als Schüler geschwärmt hatte; dabei wurde er von Franktireurs als »preußischer Spion« festgenommen. Wochenlang schwebte er unter dieser Anklage in Lebensgefahr. Man expedierte ihn quer durch Frankreich in verschiedene Gefängnisse. Namhafte Persönlichkeiten aller politischen und konfessionellen Couleur setzten sich für seine Rettung ein, unter anderem der Kardinal-Erzbischof der Festungsstadt Besançon Césaire Mathieu.

Bei seiner Freilassung mußte sich Fontane lediglich verpflichten, »gegen Frankreich weder irgend etwas sagen, noch schreiben, noch tun zu wollen.« Dies zu versprechen fiele ihm leicht, antwortete er, »da in meinem Herzen nichts lebe, was als eine Empfindung ›*contre* La France‹ gedeutet werden könne.« (»Kriegsgefangen«, »Frei«, Kapitel 1)

Am 5. Dezember 1870 traf er wieder in Berlin ein. Er hatte in den drei Monaten, obwohl in großer Lebensgefahr, sorgfältig Tagebuch geführt, so daß er dank dieser Aufzeichnungen bereits am 25. Dezember 1870 in der »Vossischen Zeitung« das erste von 32 Kapiteln über seine Kriegsgefangenschaft veröffentlichen konnte. Wenige Wochen später erschien dieser Bericht bei Decker in Buchform. Er war im Handumdrehn ausverkauft. Viele, die um ihre Angehörigen im Felde fürchteten, waren Fontane für seine vorurteilslosen Schilderungen dankbar. Das offizielle Preußen hingegen gab ihm unverblümt zu verstehen, daß er in Preußen unter solcher Anschuldigung ohne Federlesen an die nächste Wand gestellt worden wäre.

Das eigentliche Buch über den Krieg stand aber noch aus. Aus diesem Grund begab sich Fontane im April 1871 noch einmal nach Frankreich, wo er bei der Mühle von Sannois mit eigenen Augen sah, »wie die dreifarbige und die rote Republik [die Pariser Commune] miteinander rangen«. Er beobachtete und er schrieb auf. Ohne Haß und Vorbehalte. Er fühlte sich nicht nur durch seine hugenottische Herkunft dem französischen Volk wesensverwandt und litt darunter, daß Angehörige seiner Nation sich oft unmenschlich beleidigend und überheblich aufspielten; er litt auch darunter, daß ein einzelner bei allem guten Willen wehrlos und ohnmächtig war zwischen den Fronten der Kanonen und der chauvinistischen Leidenschaften. Die großen politischen Probleme darzustellen, vermied er bewußt, doch ließ er keinen Zweifel daran, daß er die Kriegsziele des jungen deutschen Kaiserstaates für bedenklich und Elsaß und Lothringen für rechtmäßige französische Provinzen hielt.

Mit Absicht wählte er für das Buch den schlichten Titel »Aus den Tagen der Okkupation. Eine Osterreise durch Nordfrankreich und Elsaß-Lothringen 1871«. Es mußte konzentriert und unter großem Zeitdruck geschrieben werden. Da ihn in Berlin zuviel ablenkte, bat er Mathilde von Rohr Mitte August 1871 um zwei Wochen Asyl in Dobbertin. »So viel Zeit brauche ich nämlich, um etwa ein Dutzend Kapitel für mein neues Buch zu schreiben. Ich rechne so: jeden Vormittag ein Kapitel. Derweilen plaudern und promeniren Sie mit meiner Frau, während ich oben Stuben-Arrest habe.« Und so geschah's.

Zu Weihnachten erschienen beide Bände; er widmete sie der mütterlichen Freundin, denn: »Die beiden letzten Kapitel des I. Bandes und die

9 ersten Kapitel des II. Bandes (bis ›Beaumont‹ inclusive) wurden in Dobbertin geschrieben... In den nächsten Tagen werde ich beide Bände, wie auch ›Kriegsgefangen‹ dem Kaiser überreichen lassen ... hier wird man es wohl wieder zu ›franzosenfreundlich‹ finden, weil ich nicht ausgesprochen habe jeder Franzose muß zur Strafe seiner Sünden lebendig gebraten werden. Daß mich dies alles wenig anficht, werden Sie glauben.« (19. 12. 1871)

Von seinem 45. bis zum 57. Lebensjahr veröffentlichte Fontane neben den »Wanderungen durch die Mark Brandenburg« und Theaterkritiken fast 3400 großformatige Druckseiten über militärische Ereignisse. Abgesehen vom Preußischen Kronenorden IV. Klasse wurde ihm von seiten des Staates keinerlei offizielle Anerkennung zuteil. Schlimmer noch, als 1876 sein letzter Versuch scheiterte, sich um gesicherter Einkünfte willen als Beamter zu etablieren, war er genötigt, um eine Unterstützung aus dem kaiserlichen »Fonds für förderungswürdige Literaten« zu bitten. Sie wurde rundweg abgelehnt. In zorniger Enttäuschung schrieb er am 30. November 1876 an Mathilde von Rohr: »Zwölf Jahre habe ich an diesen Kriegsbüchern Tag und Nacht gearbeitet, sie feiern, nicht in großen aber in empfundenen Worten, unser Volk, unser Heer, unsren König und Kaiser; ich bereiste 1864 das gegen uns fanatisirte Dänemark, war 1866 in dem von Banden und Cholera überzogenen Böhmen, und entging in Frankreich, nur wie durch ein Wunder, dem Tode. Unabgeschreckt, weil meine Arbeit das Wagniß erheischte, kehrte ich an die bedrohlichen Punkte zurück. Dann begann meine Arbeit. Da steht sie, wenn auch weiter nichts, das Produkt großen Fleißes, ihrem *Gegenstande* nach aber das einzige repräsentirend, dem gegenüber man eine Art *Recht* hat das Interesse des Kaisers, als des persönlichen Mittelpunkts, des Helden dieser großen Epopöe (ich spreche nur vom Stoff) zu erwarten. Und eben dieser Held und Kaiser, gefragt ›ob er einen Grund habe dem Verfasser dieses umfangreichen Werkes wohlzuwollen oder gnädig zu sein‹ verneint diese Frage... Für ein einziges niederländisches Genrebild sind 140,000 Francs gezahlt worden und wenn man will, so fliegt das Geld nur so. Mir gegenüber wollte man einfach nicht. Eh bien, es muß auch *so* gehn.«

Dieser Satz stand so manchesmal als Schlußstrich unter einem enttäuschenden Kapitel seines Lebens. Ihm war seit Jahrzehnten klar, daß er sich nur als freier Schriftsteller ungehindert und glücklich würde entfalten können. Wider besseres Wissen hatte er das Amt eines Sekretärs der Akademie der Künste angenommen, um es nach kurzer Zeit und gehörigem Eklat wieder niederzulegen. Alle Welt schalt ihn, seinen Worten zufolge, »kindisch, verdreht, hochfahrend«. Niemand konnte oder wollte ihn verstehen, ausgenommen Mathilde von Rohr. Vielleicht verstand sie ihn deshalb so gut, weil sie, die gerechtigkeitsliebende, selbst unter den ehrpusseligen und stets eifersüchtig auf Rangordnung bedachten adligen Stiftsdamen zu leiden hatte. Sie pflichtete dem Dichter bei, wenn er über den verlorenen Akademie-Posten schrieb, es sei doch eine »unsinnige Vorstellung«, daß es »eine ungeheure Ehre sei«, in dieser »confusen Maschinerie, die sich Staat nennt« mitzuarbeiten. »Das ›Frühlingslied‹ von Uhland oder eine Strophe von Paul Gerhard ist mehr werth als 3000 Ministerial-Reskripte.« Daß Fontane mit seinem Schritt recht gehandelt hatte, sollte sich bald erweisen: Frei von unannehmbaren, weil als sinnlos empfundenen Zwängen, vervielfachten sich seine schöpferischen Kräfte. Wirtschaftlich balancierte die Familie zwar noch eine Zeitlang am Rande des Abgrunds, doch insgesamt hatte er bei der scheinbaren gesellschaftlichen Misere nur gewonnen. Die Arbeit an seinem ersten Roman, die zehn Jahre ruhen mußte, ging sichtbar voran und – er hatte *sein* Thema gefunden: der Widerspruch von Ehre und Schein-Ehre in der etablierten Gesellschaft Preußens, ein Thema, das sich durch das gesamte Werk ziehen sollte.

Er bat Mathilde von Rohr, ihm noch einmal in aller Ausführlichkeit die Skandalgeschichte des schönen, leichtlebigen Leutnants von Schack zu erzählen, die 1815 nicht nur die Adelsgemüter erhitzt hatte. Er transponierte sie ins Jahr 1806; aus Schack wurde Schach von Wuthenow, klassischer Vertreter einer Paradearmee, die bei der ersten Begegnung mit Napoleons Truppen versagt – weil sie statt der Ehre nur noch den Dünkel und statt der Seele nur noch ein Uhrwerk hat.

»Ohne *Ihre* Erzählung«, schrieb Fontane später an Fräulein von Rohr, »existirte auch die meinige nicht.« (3. 1. 1883) Sie beschenkte die Familie

Fontane mit dem vorzüglichsten Spargel, den Dichter mit Anekdoten und poetischen Stoffen und den Wanderer mit freundlichen Empfehlungsbriefen, die ihm den Zugang zu manchem sonst verschlossen gebliebenen Herrenhaus und mancher aufschlußreichen Familienchronik ermöglichte.

Es blieb von ihr nur ein weißes Kreuz unter anderen weißen Kreuzen auf dem grasüberwucherten Stiftsdamenfriedhof und ein Name, der dem heutigen Betrachter nichts mehr sagt, es sei denn, er hat Fontane gelesen.

Sehenswertes

Dobbertin liegt noch immer »abgelegen vom Weltverkehr« im beschaulichen Winkel, und man sieht dem Dorfkern an, daß er von der Bauhütte des Stifts geprägt wurde. Das weite Areal des ehemaligen Klosters – Kreuzgangflügel und Refektorium aus dem 13. Jahrhundert, das Haus des Klosterhauptmanns im ländlichen Barock, die zwanzig Damenhäuser im klassizistischen Stil – gehört heute zur Landesnervenklinik Mecklenburg-Vorpommern. Die Kirche, nach dem Vorbild der von Schinkel entworfenen Friedrichswerderschen Kirche zu Berlin, steht – wie alle anderen Gebäude auch – unter Denkmalschutz. An allen Ecken und Enden wird restauriert, vor allem die Kirche, in der jeden Sommer Konzerte stattfinden. Die Nonnenempore mit reich geschnitztem Gestühl und den in Kupfer und Zinn getriebenen Familienwappen der adligen Stiftsdamen scheint über den Köpfen der übrigen Gläubigen zu schweben; sie ist nur vom Kreuzgang aus zu betreten, war also gewöhnlichen Sterblichen nicht zugänglich.

Welches der Damenhäuser Mathilde von Rohr dreizehn Jahre lang bewohnte, wo dann auch Fontane an seinem Frankreich-Buch schrieb, wußte niemand mehr. Vielleicht erging er sich, um von seinem literarischen Ritt zur Festung Sedan auszuruhen, im schattigen Kreuzgang; vielleicht saß er auch plaudernd unter der mächtigen Buche neben der Kirche, wo unter sandsteinernen Grabplatten die Äbtissinnen ruhen, eine immer noch älter als die andere. Die Örtlichkeit atmet, heute wie damals, zeitlose Ruhe und Stille, und der gegenwärtige Besucher wird die Verse nachempfinden können, die Fontane in dem dramatischen Sommer 1871 schrieb und nie vollendete:

»Die Tage von Dobbertin

Die Sonne ist im Scheiden,
Das Boot fährt über den See,
Die Erlen und die Weiden
Spiegeln sich im See;

Die Schwäne stillere Kreise
Im weiten Wasser ziehn,
Ich denk an die goldenen Tage,
An die Tage von Dobbertin.«
(Gedichte II)

Vollrathsruhe

Vollrathsruhe ist ein Ort, der gesucht sein will; er liegt nordwestlich von Waren, zwischen Krakower und Malchiner See, und sein einziger Reiz ist seine Weltabgeschlossenheit. Das einst stattliche Herrenhaus gehörte zum ausgedehnten Besitz der Familie von Maltzahn, und es ereignete sich hier um die Mitte des vorigen Jahrhunderts jenes Drama, von dem niemand mehr wüßte, wäre es nicht durch Fontanes Novelle »Unwiederbringlich« in die Literaturgeschichte eingegangen.

Der Stoff war ihm gewissermaßen in den Schoß gefallen: Eine Cousine des Hauses Maltzahn und Verehrerin des Dichters hatte ihm in einem langen Brief aus Italien die Familientragödie mitgeteilt, und Fontane fühlte sich sogleich von ihr angeregt. Nun lag das Unglück zwar dreißig Jahre zurück, doch die Dame, die es seinerzeit ausgelöst hatte, lebte noch. Das machte die Sache für den Autor noch diffiziler, als sie ohnehin schon war. Drei Jahre und länger bewegte er die Geschichte in seinem Herzen, bis er sie – am 21. November 1888 – dem Herausgeber der »Deutschen Rundschau« Julius Rodenberg folgendermaßen offerierte: Er, »...Kavalier comme il faut, Ehrenmann, lebte seit 18 Jahren in einer glücklichen Ehe. Die Frau 37, noch schön, etwas fromm... Er Kammerherr. Als solcher wird er zu vorübergehender Dienstleistung an den Strelitzer Hof berufen. Hier macht er die Bekanntschaft eines jungen pommerschen Fräuleins, v. Dewitz, eines Ausbundes nicht von Schönheit, aber von Piquanterie. Den Rest brauche ich Ihnen nicht zu erzählen. Er ist behext ... und sagt seiner Frau: sie müßten sich trennen, so und so. Die Frau, tödlich getroffen, willigt in alles und geht. Die Scheidung wird gerichtlich ausgesprochen. Und nun kehrt der Baron nach Strelitz zurück und wirbt in aller Form um die Dewitz. Die lacht ihn aus. Sie steht eben auf dem Punkte, sich mit einem ebenso reichen, aber unverheirateten Herrn aus der Strelitzer Gesellschaft zu verloben. Der arme Kerl, er hat die Taube auf dem Dach gewollt und hat nun weder Taube noch Sperling. Alles weg. Er geht ins Ausland, ist ein unglücklicher, blamierter und halb dem Ridikül verfallener Mann. Inzwischen aber ist die älteste Tochter, die beide Eltern gleich schwärmerisch liebt, herangewachsen, es spielen allerhand Szenen in der Verwandtschaft, Versöhnungsversuche drängen sich, und das Ende vom Liede ist: es soll alles vergessen sein. Zwei Jahre sind vergangen. Die Frau willigt ein, und unter nie dagewesener Pracht, darin sich der Jubel des ganzen Landes Strelitz mischt, wird das geschiedne Paar *zum zweiten Male getraut.* Alles steht Kopf, der Hof nimmt teil, Telegramme von Gott weiß woher, Musik und Toaste. Plötzlich aber ist die wieder Getraute, ... die wieder scheinbar Glückliche von der Seite ihres Mannes verschwunden, und als man nach ihr sucht, findet man sie tot am Teich. Und auf ihrem Zimmer einen Brief, der nichts enthält als das Wort: *Unwiederbringlich.*«

Fontane lag es fern, ein Mitglied der Familie von Maltzahn oder gar die vertrauensvolle Briefschreiberin in Verlegenheit zu bringen, darum mußte er die noch erinnerungsfrische Skandalgeschichte verschlüsseln, in eine andere Gegend transponieren: »Ich ging sämtliche deutsche Höfe durch, nichts paßte mir, als ich aber Nordschleswig und Kopenhagen gefunden hatte, ›war ich raus‹.« (ebenda)

Bei der geographischen Verlagerung kam Fontane mancherlei zugute: Erstens war der Strelitzer Hof mit dem dänischen Königshaus versippt; zweitens herrschten an diesem Hofe zu der Zeit tatsächlich lockere Sitten; drittens kannte der Autor den zeitgeschichtlichen Hintergrund der politischen Spannungen zwischen Dänemark und Scheswig-Holstein aus eigener Anschauung. Für sein Buch »Der Schleswig-Holsteinsche Krieg im Jahre 1864« hatte er alle Orte besucht, die sich nun als Schauplätze der Handlung anboten. Verschiedene dänische Offiziere aus dem Kriegsbuch erschienen als Nebenfiguren in der Novelle, was den Anschein des Authentischen erhöhte. Die beiden Hauptpersonen blieben in Mentalität und Lebensanschauung erhalten: Caroline von Maltzahn (Gräfin Holk), ganz liebende Gattin und Mutter, ein fast penetrantes Muster an Tugend, und Karl von Maltzahn (Graf Holk), ein bei Hof sehr geschätzter Spezialist in Sachen Pferdezucht. Froh, der heimischen Gebetsmühle ehrenvoll zu entkommen, sucht er zwar nicht das Abenteuer, wird jedoch allzuleichte Beute. Die Schuldfrage taucht gar nicht erst auf: »Wer ohne Schuld ist, der werfe den ersten Stein…«

Als »Unwiederbringlich« in der »Deutschen Rundschau« erschien, empörten sich die Moralapostel aller Schattierungen. Rodenberg stellte sich hinter Fontane: Er habe »gezeigt, wie sich auch gewagte Dinge so sagen lassen, … frei von Prüderie, aber auch frei von jedem überflüssigen Ausbreiten heikler Situationen … mit voller dichterischer Unbefangenheit, mit der feinen Ironie eines Weltmannes und der Arglosigkeit eines guten Kindes zugleich.« Conrad Ferdinand Meyer bestätigte ihm, »Unwiederbringlich« sei das »Vorzüglichste, was die ›Rundschau‹ in der reinen Kunstform des Romans *je* gebracht hat: feine Psychologie, feste Umrisse, höchst lebenswahre Charaktere und über alles doch ein gewisser poetischer Hauch…« Dieses Urteil war die erste uneingeschränkte Anerkennung, die dem Romancier Fontane zuteil wurde.

Reisende durch Schleswig-Holstein, die »Unwiederbringlich« gelesen haben, werden versucht sein, sich Schloß Holkenäs auf der in die Flensburger Förde hineinragenden Landzunge vorzustellen, dort, wo sich auf dänischer Seite das kleine Rinkenäs und auf deutscher Seite das noch kleinere Holnis gegenüberliegen. Dort hat es nie ein Schloß gegeben. Die Tragödie ereignete sich in Vollrathsruhe; und wer auf Spurensuche geht, findet sie im benachbarten Kirchgrubenhagen. In der schlichten Feldsteinkirche aus dem 13. Jahrhundert steht der Marmorgedenkstein für Karl von Maltzahn, der 1864 das Innere neogotisch ausgestalten ließ; auch auf frühbarocken Epitaphen taucht immer wieder der Name Maltzahn auf. Nur Gräfin Caroline wird man vergebens suchen: Als Selbstmörderin wurde sie draußen, an der Außenseite der Kirche begraben.

Das Schloß in Vollrathsruhe, zuletzt im Besitz des Grafen Thiele-Winkler, verfiel seit Ende des Zweiten Weltkriegs mehr und mehr; der Park verkam zu einem Urwald aus Holunder und Brennesseln; der Teich verlandete zum Sumpfloch.

Der Erbe besah sich das Schloß seiner Väter – und verzichtete. Nun muß das arme, kleine Dorf damit fertigwerden und weiß nicht wie. Die

Brennesseln sind inzwischen gerodet, der Teich entschlammt. Zur Not könnte sich eine unglückliche Seele wieder darin umbringen. Wer von der bröckelnden Terrasse einen Blick in den »Gartensalon« wirft, erinnert sich unwillkürlich des Liedes, das im vorletzten Kapitel von »Unwiederbringlich« gesungen wird und in dem es ahnungsvoll heißt:

»›Denkst du verschwundener Tage, Marie,
Wenn du starrst ins Feuer bei Nacht?
Wünschst du die Stunden und Tage zurück,
Wo du froh und glücklich gelacht?‹

›Ich denke verschwundener Tage, John,
Und sie sind allezeit mein Glück,
Doch die mir am liebsten gewesen sind,
Ich wünsche sie *nicht* zurück.‹«

Rostock

»Von der Wasserseite her präsentiert sich Rostock am besten«, befand Fontane. »Die Lebensader dieser alten Hansestadt ist die Warnow, deren Breite und Tiefe es einer ganzen Flotte von Kauffahrern gestattet, zwei Meilen landeinwärts bis unmittelbar an die Speicher und Warenhäuser vorzudringen. In Wintertagen liegen hier ... dreihundert Schiffe. Die meisten derselben sind in Rostock selbst gebaut... Im Sommer ... weht ein Danebrog oder flattern die Stars and Stripes der Union vom hohen Mast; der Handel, während er am geschäftigsten ist, scheint zu ruhen, und nur die Flußdampfer gehen auf und ab, die den Verkehr mit Warnemünde unterhalten.« (»Briefe aus Mecklenburg« I, Kapitel »Rostock«)

Fontane war Mitte Juli 1870 mit seiner Familie an die Ostsee gefahren, um Freunde in Rostock zu besuchen und in Warnemünde »in Stille zu arbeiten oder in Stille spazieren zu gehen«. Wie immer versuchte er, das Angenehme mit dem Nützlichen zu verbinden, sich »scharf umzukucken«, seine Eindrücke in einem Feuilleton, den »Briefen aus Mecklenburg«, zusammenzufassen und in klingende Münze umzusetzen. Doch mit der Stille war es nichts: Am 2. August brach der Krieg gegen Frankreich aus, alle Zeitungen ergingen sich in Kriegshetze, niemand war an Genreszenen aus windstillen Winkeln interessiert. So blieben die Mecklenburger Briefe in der Schublade und wurden erst fünf Jahre später im Blatt des Johanniter-Ordens abgedruckt.

Trotz aller Zeitbezogenheit blieben sie lesenswert, denn Fontane hatte – wie in den »Wanderungen« – Gegenwart und Vergangenheit kunstvoll verknüpft. Zwei Gestalten aus der Geschichte der stolzen, sturmumbrausten Hansestadt griff er heraus, und die Auswahl spricht für sich: Der erste Exkurs galt Gebhard Leberecht Blücher, dem mitreißenden, besonders volkstümlichen Feldmarschall der Befreiungskriege. 1819 hatten die Rostocker ihrem berühmten Sohne unter großen finanziellen Opfern ein

Denkmal errichtet; Fontane fand es, gelinde gesagt, »eigentümlich«. Schadow, »der schon zwanzig Jahre früher in seinem Zieten und Alten Dessauer die Bahn des Realismus beschritten hatte«, war hier – vermutlich auf Anraten des alten Goethe – »in eine gewisse Klassizität« zurückgefallen. Es harmonierte so gut wie nichts: »Zu dem modernen Säbel und den realistischen Reiterstiefeln will der römische Rock nicht recht passen, noch weniger das als Mantel dienende Löwenfell.« Am meisten irritieren die Reliefdarstellungen, die den Sockel umgeben, Szenen aus der Waterloo vorausgehenden Schlacht bei Ligny, die an den Betrachter ähnliche Anforderungen stellen wie ein »jetzt in Mode gekommene[r] Puppenbogen«, bei dem man »aus Kopf und Kleid, aus Hut und Schirm sich die Kaiserin Eugenie« zusammensetzen muß. Ganz und gar mißraten aber fand Fontane die Symbolisierungsversuche: »Belle-Alliance … wird dadurch ausgedrückt, daß sich zwei nackte Engel, Preußen und England, die Hand reichen. Sie sehen aus wie badende Sekundaner. Um sie zu charakterisieren, ist der eine mit einem Dreizack, der andere mit einem Eisernen Kreuz bekleidet.«

Reisende, die auf Fontanes Spuren heutzutage den Blücherplatz mit der Statue des Feldmarschalls besuchen, werden dem Kritiker schmunzelnd recht geben. Goethes Inschrift auf der Rückseite des Sockels macht allerdings vieles wieder gut, »was er als Kunstberater verdorben hatte«: »In Harren und Krieg / In Sturz und Sieg, / Bewußt und groß, / So riß er uns von Feinden los.« Fontane, der sich aus freundschaftlicher Verpflichtung mehrere Male der Mühe unterzogen hatte, Grabinschriften zu verfassen, wußte, wie schwer es ist, in wenigen Zeilen der zu würdigenden Persönlichkeit gerecht zu werden.

Die zweite historische Gestalt, die er in seinen »Briefen aus Mecklenburg« hervorhob, blieb namenlos: »Eine Art … Wat Tyler, wie sie das Mittelalter überall erstehen sah, stellte sich an die Spitze des Volkes, stürzte das Patriziat, erlag aber endlich und bezahlte seine Auflehnung mit dem Leben. Sein Kopf wurde auf den Sims des Steintors gestellt; noch jetzt (freilich im Bilde nur) blickt das Haupt des Demagogen auf die Stadt hernieder, eine stille Mahnung, auch das jetzige ›Senatorentum‹ in seinem Regimente nicht zu stören.«

Dieser Hinweis auf »das jetzige Senatorentum« entbehrt nicht einer gewissen Pikanterie: Fontane kannte zumindest zwei sehr gut: Friedrich Witte und Karl Eggers.

Witte trat als Lehrling in die Schachtsche Apotheke zu Berlin ein, als der zehn Jahre ältere Fontane dort als zweiter Rezeptar arbeitete. Sie waren sich auf Anhieb sympathisch. Auch Witte hatte poetische Neigungen, wurde sogar Mitglied des Berliner literarischen Clubs »Tunnel über der Spree«, doch das Prosaische bekam ihn immer fester in den Griff, vor allem, nachdem er 1853 die väterliche Hirsch-Apotheke an der Marienkirche in Rostock übernahm. Bereits drei Jahre später erwarb er den alten Speicher in der Schnickmannstraße und gründete darin »eine Fabrik moderner chemischer Präparate wie Teein, Koffein, Pepton, Pepsin etc.« und erhob sie »zu einem Weltgeschäft«. Neidlos wie in alten Zeiten bedichtete Fontane den Welterfolg des Freundes mit einem Vierzeiler, der eine Schachtel mit Schokoladenkatzenzungen zierte: »Wem vor vielen Jahren es gelungen, / Sich durch Schweinemagen / Reichtum zu erjagen, / Der versuch es jetzt – mit Katzenzungen.« (Gedichte III) (Pepsin wird aus Schweine bzw. Kälbermagen gewonnen.)

Die Stadt Rostock wählte Witte 1864 zum kaufmännischen Senator; 1878 zog er als Abgeordneter der National-Liberalen in den Reichstag ein, wo er am 25. Februar 1879 eine vielbeachtete Rede gegen Bismarck hielt. Mußte er zu Sitzungen nach Berlin, versäumte er es nie, Fontanes zu besuchen, so daß diese nicht nur über die politischen Debatten, sondern auch über deren Hintergründe gut informiert waren. »Zoll- und Steuerfragen waren Wittes Spezialität.«

Es störte Fontane kaum, daß seine Werke bei Witte auf wenig Verständnis stießen; das Menschliche überwog. Am 22. März 1885, nach der Feier zu Metes 25. Geburtstag, schrieb er in sein Tagebuch: »Es ist doch etwas um wirkliche, alte, bewährte, durch 1000 Dinge und Erinnerungen fest aufgebaute Freundschaft.« Friedrich Witte hatte die Tochter seines einstigen Berliner Lehrherrn, Anna Schacht, geheiratet; ihre gemeinsame Tochter Lise wurde Metes beste Freundin. Mete verbrachte oft mehrere Wochen in dem musisch-geistreichen Patrizierhaus. Als Lise den Gutsbesitzer Richard Mengel aus Schwiggerow bei Güstrow heiratete, stand Mete beim ersten Kind Pate. Es war ein Mädchen, Gertrud, die mit sechzehn den alten Fontane durch ihren Liebreiz bezauberte. Wie eng die Beziehungen auch in der zweiten und dritten Generation waren, mag man aus der Tatsache ersehen, daß Gertrud Emilie Fontane an dem Tag beistand, da man den Dichter zu Grabe trug. Gemeinsam lasen sie Fontanes schönste Balladen und erwiesen ihm so die letzte Ehre.

Das Haus der Wittes in Rostock ist leider nicht erhalten.

Ebenfalls freundschaftlich verbunden, wenn auch nicht so uneingeschränkt wie bei Witte, blieb Fontane den Brüdern Friedrich, Karl und Gustav Eggers, Söhnen eines wohlhabenden Rostocker Holzkaufmanns. Alle drei erhielten ihre Ausbildung in Berlin. Gustav, der jüngste, komponierte Fontane eine Ouvertüre zu dessen früher Novelle »James Monmouth«. Zu Neujahr 1861 sollte der 25jährige als Dirigent nach Berlin berufen werden, doch er starb in der Nacht zuvor an galoppierender Schwindsucht.

Der Älteste, Friedrich, wurde Kunstwissenschaftler und auch Herausgeber des »Deutschen Kunstblattes«, mit dem er sich auf die charmanteste und ehrenvollste Weise ruinierte; seit 1863 war er Professor an der Berliner Akademie der Künste, Gelegenheitsdichter und »ein Gesellschaftsgenie... Er war klug, gütig, liebenswürdig, schöner Mann – und humoristisch angeflogener Sonderling«. Zu seinem 36. Geburtstag 1855 gratulierte Fontane am 24. November aus London dem Freund »Anakreon« (»Tunnel«-Name): »Ich wünsche Dir, würdiger Freund, daß Du der Welt erhalten bleiben mögest, d.h. dem Tunnel, dem Rütli, der Ellora, dem Kunstblatt, dem evangelischen Verein, dem Verein für mittelalterliche Kunst, dem Verein für Einführung bunter Männertrachten, dem Verein zur Aufbewahrung männlicher Keuschheit usw. ...« Der heiter-ironische »Rütli«-Umgangston versagte auch in schwierigen Situationen nicht, in denen sich beide beistanden; so druckte Friedrich Eggers im »Literaturblatt« des »Deutschen Kunstblattes« Fontanes Berichte über das englische Theaterleben; er setzte sich 1859 auch beim Kultusministerium für ihn ein, was aber – aufgrund von Mißverständnissen auf beiden Seiten – erfolglos bließ. Eingestreute freundschaftliche Seitenhiebe, zum Beispiel auf Eggers Bratkartoffelverhältnisse oder dessen fürstliche Sammlung bunter Samt- und Seidenwesten, machen das Friedrich Eggers in »Von Zwanzig bis Dreißig« gewidmete Kapitel zu einem der launigsten.

»Außer *Friedrich Eggers* hatten wir noch seinen jüngeren Bruder, *Karl Eggers,* Senator der Stadt Rostock.« (Im »Tunnel« »Barkhusen« genannt.) »Der ältere Bruder hatte mehr Elan, ...an poetischem Talent aber, und zwar besonders auf humoristischem Gebiete, war, glaub ich, der jüngere Bruder dem älteren überlegen.« (»Von Zwanzig bis Dreißig«, »Der Tunnel über die Spree«, Kapitel 3) Karl Eggers war Literaturhistoriker; seine Reputation im Rostocker Senat verdankte er vermutlich eher seinem Doktortitel der Rechtswissenschaften. Wegen eines Brustleidens lebte er mehrere Jahre in Italien, später in Berlin, wo er nach dem Tod seines älteren Bruders 1872 dessen große Biographie über Christian Daniel Rauch vollendete und die »Tremsen« (Kornblumen) veröffentlichte, eine Sammlung plattdeutscher Gedichte, die Fontane im März 1876 in der »Vossischen Zeitung« einer geneigten Leserschaft empfahl.

1876 war Fontanes Unglücksjahr mit dem Einbruch als Sekretär der Akademie der Künste und »totaler Nervenpleite«. Als sich im Frühjahr des darauffolgenden Jahres noch immer keine Besserung abzeichnete, bot Karl Eggers spontan an, »im Fall einer Bad- oder Gebirgskur die nötigen Mittel vorzustrecken«. Fontane war gerührt, lehnte aber dankend ab: »Mit Bad und Brunnen ist mir nicht mehr beizukommen...« (16. 5. 1877) Statt dessen fuhr er in den Harz, um tief durchatmen und – an seinem ersten Roman weiterschreiben zu können. Diese Art, sich selber aufzuhelfen, bewährte sich lebenslang.

Das stattliche Eggers-Haus in Rostock, Rosa-Luxemburg- Ecke Hermann-Straße, überstand in seiner Solidität alle Stürme der Zeit. Ansonsten hat die Hansestadt in Krieg und Nachkrieg viel gelitten – aber auch gewonnen: Der internationale Schiffsverkehr spielt sich nun weit draußen, im Überseehafen ab; am Bollwerk der Warnow ist es ruhiger geworden; statt der altersschwachen Dampferchen, mit denen Fontanes noch nach Warnemünde schipperten, verkehrt eine Schnellbahn; der von Fliegerbomben schwer heimgesuchte Markt mit seinem prächtigen Rathaus, darin die Herren Senatoren ein- und ausgingen, wurde stilgetreu wieder aufgebaut; die Universität hat ihren guten Ruf bestätigt; Blücher hält unangefochten seinen Feldherrnstab in der Rechten, und am Steintor warnt das »Demagogenhaupt« die braven Bürger noch immer vor Aufrührern jeglicher Art.

Warnemünde

»Warnemünde ... ist eins der vielen Seebäder an unserer Ostseeküste, nicht besonders elegant, aber darin schön und anziehend, daß seine beste Straße unmittelbar am Meer hinzieht, so daß die Wellen, an einem Sturmtage, beinahe die Schwellen der Häuser berühren. Es ist ein ins Klein-Bürgerliche übersetztes Dieppe, ein Ort, der mir gerade durch die geringen Prätensionen, die er macht, seit Jahren lieb und wert geworden ist ... Der Anblick Warnemündes und des anbrandenden Meeres rief mir die August-Tage des vorigen Jahres, die ich daselbst zubrachte, wieder vor die Seele. Jeden Tag aufregende Nachrichten von Straßburg und Metz und unmittelbar vor uns (nicht minder aufregend) die französische Flotte, die in der Ostsee kreuzte und von der wir allnächtlich einen Landungsbesuch erwarteten. Wie vieles liegt dazwischen!« (aus einem Dankesbrief an Kardinal-Erzbischof Césaire Mathieu, 5. 10. 1871)

Was dazwischen lag? Im Jahr zuvor, auf den Tag genau, war der Kriegsberichterstatter Fontane unter Spionageverdacht von Franzosen verhaftet worden, unmittelbar vor dem Geburtshaus der Jeanne d'Arc in Domrémy. Wochenlang schwebte er in höchster Lebensgefahr; doch da sich viele hohe und höchste Persönlichkeiten für ihn einsetzten (u.a. Bismarck und Mathieu, Kardinal-Erzbischof der Festungsstadt Besançon), kam er frei. Da er selbst in Todesangst ausführlich Tagebuch geschrieben hatte, konnte die »Vossische Zeitung« zu Weihnachten bereits mit dem Abdruck der Reportage »Kriegsgefangen« beginnen.

Mitte Juli 1870, als sich die Familie Fontane zur Erholung nach Warnemünde begab, waren derartige dramatische Turbulenzen nicht im Entferntesten abzusehen. Zwar kriselte es in der großen Politik, doch niemand nahm das allzu ernst. Selbst als Frankreich am 19. Juli offiziell der Krieg erklärt wurde und Gerüchte umgingen, die französische Flotte nähme Kurs auf die Ostsee, neckte Fontane seine ängstliche Frau: »Die

Franzosen können jede Nacht landen und entführen Dich; was fang ich dann an?« (aus »Kritische Jahre – Kritiker-Jahre«, Kapitel »Parkettplatz Nr. 23«)

Mit den Kindern ging man »täglich die Mole hinunter bis ans Spill, um einen Seehund zu sehen oder die Segel am Horizont zu zählen« (Tagebuch). Man fühlte sich wohl in der Pension Hübner, in der sie auf Vermittlung Mathilde von Rohrs ein Wohn- und zwei Schlafzimmer (mit Küchenbenutzung) gemietet hatten. Tilla kochte, denn an der Table d'hôte wurde um zwölf Uhr serviert. Das war Fontane zu früh (und für fünf Personen wohl auch zu teuer). Haus Hübner galt den adligen Stiftsdamen aus Dobbertin als Geheimtip, denn der Reeder Gustav Hübner, der außer einem Warmbadehaus und kalten Seebadeanstalten seit 1853 auch dieses Hotel betrieb, leistete sich nicht nur kulante Preise, er behandelte auch alleinreisende Damen mit außerordentlicher Rücksicht und Zuvorkommenheit.

Fast jede dieser »Ferienwohnungen« besaß einen verglasten Balkon – Fontanes Lieblingsplatz. Hier blieb er ungestört. Um sich für sein neues Amt als Theaterkritiker der »Vossischen Zeitung« vorzubereiten, hatte er Goethe als Lesestoff mitgenommen, doch die äußeren Umstände dieses Sommers waren alles andere als poetisch: Die angekündigten vierzehn französischen Panzerschiffe blieben selbst als bloße Drohung am Horizont nicht ohne psychologische Wirkung; der achtzehnjährige George bat dringend um Geld, er müsse gleich von der Kriegsschule aus ins Feld, seine Ausrüstung koste und außerdem habe er (wieder mal) Spielschulden... »In diesen Nöthen flieh ich zum alten Göthen«, schrieb Fontane an Karl Zöllner (23. 7. 1870), »und lese die ›natürliche Tochter‹ und die ›Wahlverwandtschaften‹; ich bewundre es und finde es tief-langweilig. Als Beobachtung des Lebens und Weisheits-Ansammlung klassisch, aber kalt und farblos.« (Es war derselbe Einwand, den Friedrich Witte Fontanes Werken gegenüber erhoben hatte.) Goethe hatte die Gedanken der Französischen Revolution in einer Trilogie künstlerisch umsetzen wollen, aber nach dem ersten Teil (am 2. 4. 1802 in Weimar uraufgeführt) aufgegeben. In Unkenntnis dessen nahm Fontane diesen Teil für das Ganze und mußte demzufolge unbefriedigt bleiben. Seiner Begeisterung für »die ganze Fülle

Goethe'scher Weisheit« und dessen klassischer Sprache tat dies allerdings keinen Abbruch.

Vier Wochen Warnemünde waren geplant. Wie immer hatte sich der unermüdliche Arbeiter viel vorgenommen: Zumindest an seinem ersten Roman und an dem Band »Havelland« der »Wanderungen« wollte er weiterkommen. Es wurde nichts daraus. Ein einziges Feuilleton, fünf Jahre später als »Briefe aus Mecklenburg« abgedruckt, spricht von den Empfindungen, die ihn, und nicht nur ihn, bewegten, wenn er am Spill saß, »plaudernd, wenn es sein muß, aber schweigend, wenn es sein kann«, und dem Versinken der Sonne folgte. Er genoß jenen süßen »Dämmer der Empfindung, der uns Leid und Freud nur wie verschiedene Formen ein und derselben Sache ... erscheinen läßt... Das Lärmen und Streiten, das Rennen und Jagen, alles weckt nur die Frage ›wozu‹, und Krieg und Frieden, Fanatismus und Idyll ... ziehen in einem gewissen Gleichklang an uns vorüber, alles verklingend in dem ewigen Brausen des Meeres.« Ungewöhnliche Töne in einer Zeit, die sich im Taumel erster Siegesmeldungen überschlug.

Am 1. August fuhr Emilie Fontane mit Tilla und den Kindern heim; Fontane machte noch einen Umweg über Dobbertin, Güstrow und Schwerin und traf sieben Tage später in Berlin ein. Hofbuchdrucker von Decker erwartete ihn schon: Das dritte Kriegsbuch war fällig.

Im September 1871 fuhr Fontane wieder nach Warnemünde; diesmal zuerst nach Dobbertin, wo er in Klosterabgeschiedenheit zügig die Rohfassung seiner »Osterreise nach Nordfrankreich und Elsaß-Lothringen« zu Papier brachte, dann nach Warnemünde, wieder zu Hübner. Der »Glaskasten« verwandelte sich in ein Arbeitszimmer. Den Rechnungen für Kerzen zufolge muß er bis in die Nächte hinein geschrieben haben. Da er allein war, war er auf Hübners Mittagstisch angewiesen; eine nicht unwillkommene Abwechslung, wie aus einem Brief an Emilie Zöllner vom 19. September 1871 hervorgeht: »Als ich eintraf ... waren wir 40 bei Tisch, gestern waren wir 15, heute werden wir 9 sein. Geheimnisvolle, poetisch anmuthende Zahl! Die Aristokratie beiderlei Geschlechts, d.h. Mecklenburgs und Israels, ist längst wieder daheim; stattdessen sind Onkel Braesig und Tiddelfitz en bataillon hier eingezogen. Sporadisch taucht etwas

Pastorales auf... Die Abende verbring ich beim Thee auf meinem Zimmer. Es giebt Sardelle und in Scheiben geschnittene Boulette... Der Cognac steht der Kartoffel näher als nöthig. Das Bett ist ein Sommerbett...«; dennoch schien er mit seinem Aufenthalt vollauf zufrieden. Er faßte die »Osterreise« als eine Art »Wanderung« auf, schilderte kaum Kriegshandlungen, meist Begegnungen mit Land und Leuten und ließ alle Schlösser und Kathedralen, die er gesehen hatte, samt ihrer Geschichte noch einmal Revue passieren. Er war froh, daß es in Warnemünde keine Sehenswürdigkeiten gab, denn »ich bin so kathedralen- und galerienmüde, wie man es nur sein kann, und jedes Schloß, das ich nicht zu sehen brauche, ist ein Segen für mich«. (an Mathilde von Rohr, 15. 9. 1871)

Zu den wenigen Unterbrechungen, die er sich gestattete, gehörte ein Besuch in Friedrich Wittes »Sommerresidenz« in der »Rostocker Reihe«. (Karl Eggers erwarb seinen Warnemünder Sommersitz, »Haus Tweelinden«, erst später.) Auch gönnte er sich kleine Kaffeepausen mit Annette von Bülow, einer Freundin Mathilde von Rohrs. Bei diesen Plaudereien gewann er Einblicke in »Kloster-Atmosphäre«, was ihm in »Grete Minde« und zuletzt im »Stechlin« zugute kam.

Um sich zu entspannen und sich die Beine zu vertreten, machte er seinen täglichen Spaziergang. Zuerst am Strand hin, entlang der »Berliner Reihe« (»die freilich ... den offiziellen Namen *Seestraße* führt«); hier hatte er »eine immer frische Brise und de[n] Blick ins Weite«; dann längs der Warnow hin, wo die Rostocker ihre Sommerquartiere hatten. Hier war »alles Stille und Behagen«, aber »auch eine gewisse Enge«; und dann war da, als gesellschaftliches Muß, das Spill: »Was der Prater für die Wiener ist, die Theresienwiese für die Münchener, das ist das ›Spill‹ für die Warnemünder. Waren Sie heute schon am Spill? Werden Sie heute noch am Spill sein? Um diese beiden Fragen dreht sich die hiesige Existenz.« Das Spill, ursprünglich eine Schiffswinde, um bei ungünstigen Windverhältnissen die Segelschiffe in die Einfahrt zu ziehen, gab später der ganzen Westmole ihren Namen.

Das Spill tauchte Jahre später noch einmal in einem satirischen Gedicht Fontanes auf: »Der Sommer- und Winter-Geheimrat«. Darin heißt es: »Um die Sommerzeit sind sie wie andere Menschen / Aus Schwiebus, Reppen oder Bentschen... / Und sind auch verschieden der Menschheit Lose, / Gleichmacherisch wirkt die Badehose... / Aber nun bricht der Winter an...«, man trifft sich zufällig, »beim Botschafter S. ist Gala-Fete, / Dein Spill-Freund ist mit an der Tête. ...« doch: »Von dem, mit dem du den Seehund umstanden, / Von dem ›sommerlichen‹ ist nichts mehr vorhanden, / Statt seiner der ›winterliche‹ ...Du frierst. / Suche, daß du dich rasch verlierst.« (Gedichte I)

Das Spill ist heute noch eine beliebte Flaniermeile. Noch immer weht hier »Bollwerksluft, in der sich, den ganzen Juli hindurch, Lindenblüte und Teer und Seetang eigentümlich mischen«.

Eigentümlich ist auch der »Warnemünder Baustil«. »Er besteht darin, daß man an die Fronten der Häuser einen Glaskasten anklebt, der, unter den verschiedensten Namen auftauchend, als Balkon, Veranda, Pavillon, doch immer der alte Glaskasten bleibt, wovon Sein oder Nichtsein aller Gäste und zuletzt ganz Warnemündes hängt... Diese gläsernen An- und Vorbaue geben dem Ort seinen Charakter und dem Badegast sein Behagen. Sie sind wirklich ein Schatz.«

Wenn Fontane 1870 schrieb, die Zeit, zu der es »hier nichts gab wie Flundern und klamme Betten«, sei vorbei, so gilt dies im besonderen für die Gegenwart. Und wenn er behauptete, Warnemünde sei »seinem Renommee nach eine Art Aschenputtel unter den Badeplätzen (was er allerdings »gar nicht so übel« fand), so ist es jetzt dabei, sich zum Tanze zu putzen, ohne seinen Charakter zu leugnen. Sogar das Hotel Hübner, das jahrzehntelang als »Strandhotel« ein müdes Dasein fristete, ist wieder geöffnet und hält sich etwas darauf zugute, den deutschen Dichter Theodor Fontane zu vollster Zufriedenheit beherbergt zu haben.

(Zitate, soweit nicht anders vermerkt, aus »Briefe aus Mecklenburg«, Kapitel »Warnemünde«.)

Seebad Doberan (Heiligendamm)

»*Seebad* Doberan, im Gegensatz zu der eine halbe Meile landeinwärts gelegenen *Stadt* Doberan, liegt hart am Meere, am sogenannten ›Heiligen Damm‹.« An diesen Namen knüpfte Fontane »die Vorstellung von etwas Großem, poetisch Gewaltigem«, aber er fand, als er von Warnemünde aus hinüberfuhr, nur einen mit jungen Buchen bestandenen »Uferrand, zu dessen Füßen viele Kieselsteine liegen ... das Ganze von einem Grabenwasser durchlaufen«. Es hätte beim besten Willen nicht einmal ein Feuilleton in der »Vossischen Zeitung« abgegeben, wäre nicht die Erinnerung an »das Goldene Zeitalter Mecklenburgs« gewesen, »wo sich die Ritter des Landes um ihren König Arthur sammelten. Dieser König Arthur hieß Großherzog Friedrich Franz.« Seine Zeit lag ein Menschenleben zurück. Damals wohnte man in Stadt Doberan. »Dort gab es Hoftheater und Hofkonzerte, Wettrennen, Roulette und Farospiel, und in prächtigen Equipagen fuhr man allmorgens ins Bad und wieder zurück, um dann sechs Stunden später die Fahrt zum *zweitenmal* und zwar zum Diner im Kurhause ... am Heiligen Damm ... zu machen. Hier präsidierte dann der Großherzog, alle Anwesenden waren in gewissem Sinne seine Gäste«. Ihm am nächsten saßen »nicht die ersten Adligen, sondern die ersten Ankömmlinge ... die später Eintreffenden rückten nach dem Datum ihrer Ankunft allmählich in den Sommerzirkel ein. Das Leben damals, mit allem, was ihm fehlen mochte, hatte immerhin einen gewissen aristokratischen Glanz... Man war heiter, glücklich, natürlich, weil man *unter sich* war. Alles war versippt und verschwägert. Eine große Familie.«

Aber mit dem Tod von Friedrich Franz gingen die »goldenen Tage« zu Ende. »Der Heilige Damm, der bis dahin nur *Bad* und *Kurhaus* gewesen, [wurde] mehr und mehr zum Wohnsitz der Badegäste.« Der Geldadel rückte ein. Logierhäuser entstanden im Kastell- oder im englischen Landhaus-Stil, »Heiligendamm« nannte sich nun der ganze Ort. Fontane meinte, nur ein Spötter könne ihm diesen hochtönenden Namen gegeben haben. In Wahrheit, so empfand *er* es jedenfalls, ging es mit ihm bergab: Das Meer nagte stetig Teile aus dem Heiligen Damm, »die alten Buchen wurden niedergeschlagen und alltägliches Jungholz wuchs nach... Die Unbefangenheit der alten Tage ist dahin; aus der Seeluft ist Sumpfluft geworden.« Selbst das Meer fand er öde, bleiern und langweilig: »Kein Boot, kein Schiff, das sichtbar wurde.« Er muß in jeder Beziehung einen Schlechtwettertag erwischt haben. Auch die »Gesöllschaft« kam ihm öde und bleiern vor. Die Herren »lesen die Zeitung, spielen Billard oder Whist und frühstücken... Die Damen baden und schlafen, machen viermal Toilette, genießen die multrige Sumpfluft ›unter den Buchen‹... Der Löwe der Gesellschaft aber, von Herren und Damen gleich bewundert ... ist der hannoversche Graf X., von dem die Heldensage geht: er habe den König von Preußen *nicht* gegrüßt. Wenn er vorübergeht, so folgen ihm aller Augen, als sei er der Träger von Deutschlands Zukunft. Selbst der jüdische Bankier folgt ihm mit Interesse, aber mit einem anderen. Er weiß am besten, daß es mit dem Grafen nicht lange mehr dauern kann.« Fontane behalf sich mit Historie, Histörchen und Gesellschaftsklatsch mit politisch hintergründigen Andeutungen (der mecklenburgische Adel hielt, im Widerspruch zu Preußen, noch lange zum Welfenhaus).

In der »Nebenresidenz Stadt Doberan« machte Fontane nur die üblichen Reisenotizen: »Kloster. Gründung. Die Geschichte vom Schwan. Der große Granit-Sarkophag, in dem Friedrich Franz ruht. Die Bildnisse ... des Herzogs aus der Wallenstein-Zeit. König Albrecht von Schweden, geborener Herzog von Mecklenburg. Reliquien ... Titel von Beschreibungen, auf die man gegebenenfalls zurückgreifen kann.« Doch er kam nicht mehr darauf zurück.

Das Feuilleton in den »Briefen aus Mecklenburg«, geschrieben 1870, war alles. Und sie wären wohl unveröffentlicht geblieben, hätte sich nicht Karl Herrlich, 1. Sekretär der Johanniter-Ordens-Balley Brandenburg, ihrer angenommen. Er wohnte mit Fontane im selben Haus, Potsdamer Straße 134c.

(Alle Zitate aus »Briefe aus Mecklenburg«, III »Doberan«.)

Güstrow

Güstrow war für Fontane immer nur Aufenthalt zwischen zwei Zügen oder zwischen der Ankunft des Rostocker Zuges und der Abfahrt der Postkutsche nach Dobbertin. Im Sommer 1870 hat er sich – vermutlich zusammen mit dem Sohn des Dobbertiner Arztes Dr. Sponholz – wohl doch zu einem Stadtbummel entschlossen, denn er berichtete von einer Besichtigung des alten Schlosses, das gewiß von einem Architekten erbaut worden war, der »lange Zeit Frankreich bereiste und die Abbilder der französischen Schlösser hierher versetzte«.

Er kann das Schloß nur sehr oberflächlich betrachtet haben, denn es war offensichtlich ein Renaissanceschloß auf den Grundmauern einer slawischen Burg; überdies konnte es nicht besichtigt werden, denn es war gerade als Landesarbeitshaus und Strafanstalt für Obdachlose und Bettler zweckentfremdet worden, und mürrische Wachtposten hielten jeden Neugierigen in respektvoller Distanz. Hatte Fontane die vergitterten Fenster nicht bemerkt? Wollte er sie nicht bemerken?

Die Güstrower nehmen ihm heute noch ein wenig übel, daß Fontane ihre Stadt so vollkommen links liegen ließ; zumindest die Häuser in der Gleviner Straße, in denen einst Zar Peter der Große und August der Starke abgestiegen waren, hätten ihn doch interessieren müssen. Aber er wird nur im Café Krüpper in der Domstraße einen Kaffee getrunken und die neuesten Zeitungen mit den Meldungen vom Kriegsschauplatz überflogen haben. Güstrow lag für ihn zu *dem* Zeitpunkt »out of mind«.

Schwerin

In Seebad Doberan, am Heiligen Damm, hatte Fontane so viel Angenehmes, fast Schwärmerisches über den nun in der Doberaner Klosterkirche ruhenden Großherzog Friedrich Franz gehört, daß er den Wunsch verspürte, sich dessen Schloß in der Residenzstadt Schwerin anzusehen. Die Gelegenheit ergab sich am 6. August 1870 auf der Heimreise von Dobbertin nach Berlin. Er wurde nicht enttäuscht: Die Lage der Stadt fand er entzückend, die Partie am Pfaffenteich vergleichbar mit dem Hamburger Alster-Bassin. Auch sonst empfand er viel »Wohltuendes«: »Behagen, Wohlhabenheit, frische Luft, Gesundheit«.

Seinen Eindruck des Schlosses faßte er in einem Wort zusammen: »Brillant. ...Alles wirkt reich und überaus malerisch«, Schloß Chambord an der Loire vergleichbar. Die Innenräume konnte er nicht besichtigen, sie wurden von der Familie des derzeit regierenden Großherzogs bewohnt. Unter sonstigen Sehenswürdigkeiten notierte er: Das Arsenal, »halb im italienischen Kastell-, halb im englischen Tudorstil ... sehr hübsch; das einzige sonderbar Berührende ist das, daß man hinter diesen Mauern die Kriegsmacht einer Großmacht aufgespeichert wähnt.« Den Dom mit Särgen der großherzoglichen Familie und verschiedener Herzöge aus dem 16. Jahrhundert beurteilt Fontane: »Im Innern schön, imposant, bedeutend, trefflich restauriert«; die Paulskirche: »Sehr hübsch. Farblich von höchst angenehmer Wirkung... Fast wirkt es wie eine gut gemalte gotische Kirche oder ein hübsches Kirchenmodell... Es hat den Charakter ... einer fleißigen Examenarbeit.« Architektonische »Neuerscheinungen« hatten es schwer, Fontanes Zustimmung zu finden. Fazit: »Mit den Sehenswürdigkeiten ist man an einem Nachmittag fertig.«

In Schwerin wohnten zwei Herren aus Fontanes weiterem Bekanntenkreis: der mit der Tochter Schinkels verheiratete Dichter, Kunstschriftsteller und Intendant des Hoftheaters Alfred Freiherr von Wolzogen; und der für dieses Theater sehr engagierte Jurist und Verfasser plattdeutscher Verse Eduard Hobein. Er besuchte sie jedoch nicht. Vielleicht waren die Herren in Theaterferien, vielleicht wollte er nicht unangemeldet ins Haus fallen; er war ja nicht allein, in seiner Begleitung befand sich der Sohn des Dobbertiner Arztes Dr. Sponholz.

Da es ein heiterer Augusttag war, fuhren beide »über den wunderschönen See … aßen im Hotel Stern und erhielten hier die Nachricht vom zweiten, größren Sieg des Kronprinzen.« (an Mathilde von Rohr, 7. 8. 1870)

Nach dem Abendessen im Hotel Stern trennte er sich von Sponholz; da ihm eine Übernachtung in diesem Hotel oder im Hôtel du Nord zu kostspielig erschien, nahm er den Nachtzug und traf am 7. August, einem Sonntag, früh gegen 5 Uhr in Berlin ein.

(Zitate, soweit nicht anders vermerkt, aus »Schwerin«, in: »Arbeiten und Entwürfe zum thematischen Umfeld II«, »Wanderungen« VII.)

Schleswig-Holstein

»Es zieht mich nach dem *Norden* hin, und ich empfind ihn mehr und mehr als meine Herzensheimat«, bekennt Melanie van der Straaten. (»L'Adultera«, Kapitel 18) Aus Melanie spricht der Autor; »Ich bin Nordlandsmensch, und Italien kann, für *mich,* nicht dagegen an«, bekannte er am 11. 2. 1896 Ernst Gründler gegenüber.

Die Liebe zum Norden begann schon in Kindertagen; die kleine, so gänzlich unkonventionelle Hafenstadt Swinemünde war für ihn gleichbedeutend mit Freiheit, Weite und Abenteuer, und unvergeßlich blieben ihm das poetisch versunkene Vineta und die Raufereien in Störtebekers Kul. Zwar sah er – sehr viel später – auch Paris und Wien, Rom und Venedig, doch seine Balladenstoffe fand er nicht auf diesen Tummelplätzen des Bildungsbürgertums, sondern im kühlen Edinburgh, auf der Heide von Culloden, in Schleswig und Roskilde. Der große Roman über die Likedeeler beschäftigte ihn ein Leben lang, blieb allerdings Fragment; auch ein anderer Entwurf, »Korfiz Uhlefeld«, der in Seeland, Jütland, Malmö, Kopenhagen, Roskilde und Frederiksborg spielen sollte, wurde nicht ausgeführt; doch findet sich die nordische Szenerie in »Unwiederbringlich« wieder, und sie ist mehr als nur Kulisse.

Nicht nur die herbe Schönheit der Landschaft, auch der Charakter des dort lebenden Menschenschlages sagte ihm zu. Über die den Niedersachsen verwandte schleswig-holsteinische Bevölkerung bemerkte er: »Es ist eine *ruhige* Art, fest, oft trotzig, allem Geprahle feind, aber selbstbewußt. Muth und Freiheitsliebe sind ein jahrtausend altes Erbe; jedes Jahrhundert sah diese sächsischen Stämme bereit, für ihre Unabhängigkeit in oft ungleichen Kampf zu zihen. Länger als anderswo hielt sich hier der hohe Freiheitssinn, der immer bereit ist, das eigne Leben um des Ganzen willen einzusetzen....« (»Der Schleswig-Holsteinsche Krieg im Jahre 1864«, Kapitel »Land und Leute«)

Diesem Mut und Freiheitswillen hatte er 1851 ein großes Poem gewidmet: »Der Tag von Hemmingstedt«. Es war der 17. Februar 1500, an dem die Bauern von Dithmarschen ihr dem Meer abgerungenes Land gegen Fürstenhabgier verteidigten. Auch in dem Buch »Der Schleswig-Holsteinsche Krieg im Jahre 1864« schildert Fontane zuerst die Menschen der »cimbrischen Halbinsel«, die, solange sie denken konnten, ihr Land zwischen Nord- und Ostsee gegen den Machtanspruch Dänemarks schützen mußten. Dänemark wiederum sah sich seit der Zeit Karls des Großen gezwungen, den nach Norden drängenden deutschen (manchmal auch slawischen) Heeren Einhalt zu gebieten. Die Natur kam ihm dabei zu Hilfe: Die zur Nordsee fließende sumpfige Eider und die in die Ostsee mündende breite, buchtenreiche Schlei bildeten einen unüberwindlichen Schutzwall. Die dazwischenliegende gefährdete Landenge versperrte »ein Wunder der Fortifikation«, das Danevirke (Dannewerk). Über tausend Jahre hielt es stand und gab den Dänen das Gefühl der Sicherheit.

Unabhängig davon flammten jedoch immer wieder Streitigkeiten darüber auf, wem das Land nördlich der Eider untertan sein sollte. Im Ripener Vertrag von 1460 »gaben endlich die *Stände* von Schleswig und Holstein den Ausschlag. Sie wählten Christian I. zum Herrn beider Landestheile«. (»Der Schleswig-Holsteinsche Krieg von 1864«, Kapitel »Schleswig-Holstein von 1460 bis zum ›Königsgesetz‹ 1665«) Er war der Mächtigste weit und breit, sein Arm reichte über die Ostsee bis ins Baltikum. Es wurde aber auch festgeschrieben, daß beide Landesteile »up ewich tosamende ungedeelt« bleiben sollten. – Was so einfach und unmißverständlich schien, wurde im Laufe von vier Jahrhunderten immer komplizierter: Es ergab sich, daß Schleswig weiterhin zum Königreich Dänemark gehörte, die Herzogtümer Holstein und Lauenburg hingegen nur unter dänischer Oberhoheit standen, aber deutsche Bundesländer waren. Solange der jeweilige König von Dänemark weise genug war, die deutsche Bevölkerung zu tolerieren – wie Friedrich VI., der allseits geliebte –, konnten ernsthafte Konflikte vermieden werden. Als Friedrich 1839 starb, ließ sein Nachfolger keinen Zweifel darüber, daß er willens war, Holstein und Lauenburg enger mit Dänemark zu verbinden. Damit verstieß er nicht nur gegen die Interessen des Deutschen Bundes, er goß auch Öl ins Feuer der schleswig-holsteinischen Unabhängigkeitsbewegung. Ermutigt von den revolutionären Erhebungen in Paris, Wien und Berlin forderte sie in Kopenhagen das »up ewich ungedeelt« ein, was so gedeutet wurde, daß auch Schleswig dem ersehnten Deutschen Nationalstaat angehören sollte. Der Dänenkönig drohte »*mit Gewalt der Waffen*... Die Herzogthümer rüsteten dagegen, so entstand der *erste schleswig-holsteinsche Krieg.*« (Kapitel »Die Epoche von 1765 bis 1852«) Das Deutsche Bundesheer beeilte sich, die Dänen bis Düppel und Alsen zurückzudrängen. Fontane, dessen »Herz mit den Freischaren war«, versetzte sich in einen Schleswiger hinein und begrüßte mit dichterischer Emphase die konzertierte Hilfsaktion, vor allem den Führer der Freischar, den Freiherrn von der Tann, in einem doppelten Hurra:

»Hurra, hurra,
Von der Tann ist da!
Von der Tann ist da, den schicket uns Bayern,
Nun werden die andern nicht lange mehr feiern,
Die Schwaben und Franken, die Sachsen und Hessen,
Die werden am Ende uns auch nicht vergessen...«
(Gedichte I)

Er täuschte sich über die wahren Hintergründe dieser »Hilfsaktion«. Bereits im August wurde das Bundesheer zurückgezogen und die Armee der bürgerlich dominierten Unabhängigkeitsbewegung ihrem Schicksal überlassen. Fontane empörte sich, daß Preußen dieses schäbige Spiel mitspielte und bat seinen Freund Lepel um »eine alte, aber gute Büchse«, um den Freischärlern beizustehen; im Sommer 1850 machte er sich selbst auf den Weg, um von der Tann seine Dienste als Feldapotheker anzutragen. Doch die Niederlage der Schleswig-Holsteiner war bei Idstedt bereits besiegelt. Die europäischen Herrscher, die den Schock der Revolution schnell überwunden hatten, erledigten den Rest auf diplomatischem Wege und gaben die aufständischen Provinzen dem König von Dänemark preis.

Die dort lebende deutsche Bevölkerung wurde nun mit drakonischen Maßnahmen gestraft. Viele suchten im Ausland ihr Heil. Auch Theodor Storm mußte seine Anwaltspraxis in Husum aufgeben und fand in Potsdam eine (bescheiden dotierte) Stellung am Kreisgericht und in den Künstlervereinigungen »Tunnel« und »Rütli« wahre Freunde.

Der »Frieden« von 1851 trug schon den Keim zu neuem Kriege in sich. Der brach aus, als König Friedrich VII. von Dänemark im November 1863 starb, ohne männliche Erben zu hinterlassen. Die Großmächte einigten sich auf den Erbprinzen Christian aus dem Hause Glücksburg, der als Christian IX. König von Dänemark und gleichzeitig Herr über die »incorporirten Herzogthümer Schleswig-Holstein und Lauenburg« war. Prinz Friedrich, »der Augustenburger«, als Oberhaupt der Unabhängigkeitsbewegung, begehrte auf und verlangte wenigstens für die zum Deutschen Bund gehörenden Herzogtümer Freiheit und Autonomie. Der Deutsche Bund bestätigte den Augustenburger umgehend und ließ Holstein und Lauenburg von sächsischen und hannoverschen Truppen besetzen; auch Österreich und Preußen machten mobil, um in der zu erwartenden kriegerischen Auseinandersetzung nicht zu kurz zu kommen. Die Truppentransporte geschahen nachts. Es war im Winter 1863 auf '64. Fontane, der als Redakteur der »Kreuz-Zeitung« sein karges Brot verdiente und in den Abend- und Nachtstunden über den ersten Kapiteln seines ersten Romans saß, konnte von seiner Wohnung aus auf die Gleise des Anhalter Bahnhofs sehen, auf denen die österreichischen Brigaden nordwärts fuhren. »...und wenn zuletzt die Geschütze kamen, zitterte das ganze Haus, und ich lief ans Fenster und sah auf das wunderbare Bild: die Lowries, die Kanonen, die Leute hingestreckt auf die Lafetten, und alles von einem trüben Gaslicht überleuchtet.« (an Ernst Gründler, 11. 2. 1896) Zum *dem* Zeitpunkt wußte er noch nicht, daß er bald ihren Spuren folgen würde...

Die Entscheidung in Schleswig-Holstein fiel – mit Waffengewalt. »Zwischen Rendsburg und Kiel, an der Eider entlang, stand am 31. Januar die verbündete Armee. In und um Rendsburg ... standen die *Oestreicher*, ... in und um Kiel ... standen die *Preußen*.« (Kapitel »Die verbündete Armee«) Dazwischen lag das Dannewerk. Auch diesmal waren sich die

Dänen sicher: »Eine starke Armee, eine noch stärkere Stellung« und als Befehlshaber General de Meza, dem sie den Sieg von Idstedt im Jahre 1850 verdankten. »Auf die Frage eines fremdländischen Officiers: ›wie lange er die Dannewerkstellung zu halten glaube?‹ sollte de Meza geantwortet haben: sechs Tage. ›Und am siebenten?‹ *Am siebenten werden wir in Holstein einrücken.*« (Kapitel »Das Dannewerk und die dänische Armee«) *Er* sollte sich irren. Österreicher und Preußen griffen zwar vergebens frontal an, doch ihre Hauptkräfte mit dem Ziel, die Jahrtausendfestung mit dem Gros der dänischen Armee einzuschließen, überwanden die natürlichen Hindernisse Eider und Schlei. De Meza erkannte die Gefahr im letzten Augenblick und gab den höchst unpopulären Befehl zum Rückzug auf der einzigen Straße über Oeversee nach Flensburg und weiter nach Fredericia und Düppel, wo sich der Feind an den Schanzen die Zähne ausbeißen sollte.

Der Weg dorthin war eine einzige Verfolgungsjagd mit blutigen Intermezzi bei Schneestürmen und Eisglätte, später bei Dauerregen und grundlosem Morast. Opferreich und nervenaufreibend war die Belagerung für die preußischen Truppen. Endlich, am 18. April, konnte zum Sturmangriff mit aufgepflanztem Bajonett geblasen werden. Als dieser an der Undurchlässigkeit der Schanzen zu versiegen drohte, gab es Todesmutige, die mit einem Pulversack am Leib eine Bresche in die Palisaden sprengten, durch die sich die Nachfolgenden einen Weg bahnten.

Der Redakteur Fontane verfolgte das Geschehen nicht nur mit journalistischem Interesse, sondern auch mit emotionaler Anteilnahme. Unter dem unmittelbaren Eindruck schrieb er das Gedicht »Der Tag von Düppel«, in dem er Heldenmut und Tapferkeit auf beiden Seiten rühmte, den dänischen Leutnant Anker von Schanze II und den preußischen Pionier Klinke …:

»… Sie fallen tot, sie fallen wund, –
Ein Häuflein steht am Alsen-Sund.

Palisaden starren die Stürmenden an,
Sie stutzen; wer ist der rechte Mann?

Da springt von achten einer vor:
›Ich heiße *Klinke, ich öffne* das Tor!‹ –
Und er reißt von der Schulter den Pulversack,
Schwamm drauf, als wär's eine Pfeif Tabak.
Ein Blitz, ein Krach – der Weg ist frei, –
Gott seiner Seele gnädig sei!
Solchen *Klinken* für und für
Öffnet Gott selber die Himmelstür.«

Am Ende schaut deutlich »der Kreuz-Zeitungszipfel« heraus:

»Von Schanze eins bis Schanze sechs
Ist alles deine, Wilhelmus Rex;
Von Schanze eins bis Schanze zehn,
König Wilhelm, deine Banner wehn.
... Und durch die Lande, drauß und daheim,
Fliegt wieder hin ein süßer Reim:
›Die Preußen sind die alten noch,
Du Tag von *Düppel* lebe hoch!‹ –«
(Gedichte I)

Später, als er die Kriegsschauplätze gesehen und viele Augenzeugen befragt hatte, war seine Sicht der Dinge nicht mehr so poetisch-fanfarenhaft und die obligate Huldigung an König Wilhelm blieb maßvoll. Sie wäre zweifellos noch zurückhaltender ausgefallen, wenn er von einem Gespräch Kenntnis gehabt hätte, das am 5. April im Berliner Stadtschloß stattfand: Flügeladjutant Prinz Kraft von Hohenlohe-Ingelfingen gab S. M. den täglichen Frontbericht und bat dringend, von einem Sturm auf die Düppeler Schanzen Abstand zu nehmen, da diese zu fest gebaut und auch vom Meer her nicht einzunehmen wären; er halte dafür, lieber Jütland zu besetzen, dies sei leichter und unblutiger und nähme dem Feind soviel Land und Mittel, daß er zum Frieden gezwungen würde. »Der König wurde darauf sehr lebhaft und sagte, ob Düppel eine Bedeutung habe oder nicht, das sei ihm ganz egal. Darauf käme es ihm gar nicht an. Er habe es aber nötig, der Welt zu zeigen, daß die preußischen Truppen noch imstande seien, Festungen zu stürmen... Damit ganz Europa Respekt vor den preußischen Armeen habe, dazu brauche er Düppel. Dabei schlug er mit der Faust auf den Tisch.« Diese Bekenntnisse veröffentlichte Hohenlohe-Ingelfingen sehr viel später in seinen Lebenserinnerungen.

Fontane kannte diesen Hintergrund nicht, und so machte er sich am 19. Mai 1864 unbeeinflußt und unbefangen auf zu den Schauplätzen des Krieges, der soeben von einem Waffenstillstand unterbrochen worden war; in seiner Begleitung Redaktionskollege Dr. Heffter. Über Hamburg, Pinneberg, Elmshorn, Neumünster brachte sie der Zug nach Kiel, wo sie spät abends in Muhls Hôtel Quartier fanden. Von da an kann man sich an Fontanes Reisetagebuch halten, in dem der Krieg eigentlich nur am Rande vorkommt: »*Freitag d. 20.* Flanirt in den Straßen Kiels und am Hafen. Das alte Schloß... Jetzt ist es Lazareth. So sieht es auch aus. Oder Zuchthaus oder Landarmenhaus; ... Die Stadt voll von Militair... Bald nach 11 Dampfschiff-Fahrt den Kieler Hafen hinunter. Erst: Schloß, dann Bade-Anstalt, dann Düstern-Broock, dann Bellevue, dann Holtenau, dann Friedrichsort, dann rüber nach Laboe auf der Propsteier Seite ... heut war dort Pfingstfest ... die Propsteier Mädchen in rothen Röcken und allem Pomp ihrer Nationaltracht... Auf der Rückfahrt in *Bellevue* abgestiegen. Sehr gutes Diner ... durch den Buchenwald von Düstern-Broock zurück in die Stadt.«

»...*Sonnabend d. 21.* von Kiel nach *Schleswig.*« In Rendsburg versuchte er, sich im Vorbeifahren über die Lage der Festungswerke klarzuwerden. »Von *Klosterkrug* aus ... passirt man nun den Kern der *Dannevirke-Linie* namentlich den alten Margarethen-Wall. Vorher hat man den dominirenden *Königsberg* zur Rechten, den die Oestreicher erstürmten und dadurch die Sache au fond entschieden.« Dieser »au-fond-Sieg« bezog sich auf das Jahr 1848; 1864 floß am Königsberg viel Blut – auf beiden Seiten. »Gegen 1 Uhr Ankunft in Schleswig ... zuerst nach Schloß Gottorp... Es liegt auf einer Insel ... nach der Front hin fällt das Erdreich in Böschungen ab... Im Schloß ... liegen kranke Oestreicher; aber man sieht auch Gesunde von allen Waffengattungen; ungarische Grenadiere –

wunderschöne Leute – ...steirsche Jäger mit Stutzhut und Federbusch ... Auf Wache waren 35er, bitterböse auf die 8.er. ›Diese Kerle sind nur 2 mal im Feuer gewesen; sie kommen, laufen unsinnig vor, werden zurückgeschlagen, nehmen nachher mit 2 Compagnien am Sturm Theil, und nun hat das Leib-Regiment alles gemacht, zieht nach Kiel, kriegt gute Quartiere, Blumen und Lorbeerkränze. Als wir in Schleswig einzogen, haben wir kaum ein Glas Bier gekriegt.‹« – Nichts mehr von poetischer Beleuchtung, sondern das ungeschminkte Soldatenleben.

In Schleswig wohnte er in dem berühmten Hôtel Esselbach, in dem auch zahlreiche höhere und höchste Offiziere abgestiegen waren. »Um $3^{1}/_{2}$ zu Boot (Dampfschiff) um nach Missunde und nach Cappeln zu fahren«, wo die Preußen Anfang Februar bei Eiseskälte in einem dramatischen Versteck-und-Fangen-Spiel schließlich bei Arnis über die Schlei setzten. Doch die Bootsfahrt endete in Louisenlund, »wohin fast alle Passagiere wollten, um den Prinzen *Friedrich Carl* (der in Louisenlund sein Hauptquartier hat) ihre Huldigungen durch Blumen, weißgekleidete Jungfrauen etc. darzubringen«. Fontane schloß sich den jungen Damen an (»einige recht hübsch, alle munter, manierlich und ohne jede dumme Ziererei«) und traf unterwegs auf Turnvereine, Sängerbünde und Veteranen, die mit Musik vor Schloß Louisenlund marschierten. Doch war kein Prinz zu sehen. Moltke milderte die peinliche Situation, indem er wenigstens die Damen empfing. Alles war »sichtlich aigrirt«, brachte dennoch einen Hochruf auf den Prinzen aus, denn sie wußten, daß *er*, nicht der uralte Wrangel, die Kriegsgeschicke siegreich entschieden hatte. Dann begab man sich auf den Heimweg. Zuerst wurden Marschlieder gesungen, später Spottlieder auf die Dänen, was Fontane ärgerte: »Haß laß ich mir gefallen; aber die Dänen zu verspotten, ich bezweifle, daß die Schl. Holst. ein Recht dazu haben.«

»*Sonntag d. 22.te* Schlechtes Wetter. Im Hotel geblieben. Zu Tisch mit lauter Offizieren: Artillerie, 35er, ein Kaplan, Graf Spee, General v. Hobe, General v. Canstein; alles heiter und Kreuz-Zeitung lesend. Der alte Wrangel geht vorüber im Reisekostüm ... kommt aber nicht in den Eßsaal.« Fontane notiert die Ausstattung des Hotels mit schweren Nußbaummöbeln und verschossenen Damastgardinen; Portraits von Prinzen und Prinzessinnen, Alhambra-Szenen und Lola Montez; Riesenschinken, auf denen dänische Waffentaten verherrlicht werden. Bis vor kurzem verkehrten noch dänische Offiziere hier. Das alles hatte nichts mit dem Krieg zu tun, aber: Man weiß nie, wie und wo man es wieder brauchen kann.

»...gegen 3 Uhr *Fahrt nach Missunde*. ... Das schöne Angeln. Kostbares, frisches saftiges Hügel- und Heckenland; saubre Bauernhäuser... Bald nach 5 im *Fährkrug von Missunde*... Alles sauber: Stube, Küche. Das Dach-Zimmer wo die Granate einschlug...« Was er besonders betonte: die gebildeten Fährleute »mit einer Sprechweise, wie sie unsre Exzellenzen sehr oft nicht haben.«

»*Montag d. 23. Mai* Regenwetter. In den Schleswiger Dom. Sehr schön. Der berühmte Schnitzaltar. Die Kette und das rothe Stückchen Mütze...« Die großen Grabkammern der Herzöge, selbst den prachtvollen, von Karyatiden umstellten Kenophag mit der Liegefigur König Friedrichs I. notierte er nur, verweilte hingegen bei dem roten Mützchen im Reliquienschrein des Bordesholmer Altars. König Erich Plogpenning soll es getragen haben, als er von seinem machthungrigen Bruder 1250 beim Schachspiel auf Schloß Gottorp entführt und, mit Ketten an ein Boot gefesselt, ermordet wurde. Brudermord aus Macht- und Habgier zieht sich dann auch als balladeskes Leitmotiv durch Fontanes sich an den Erzählton der »Wanderungen« anlehnende Aufsätze »Missunde« und »Aus dem Sundewitt«, die einzige publizistische Ausbeute dieser Reise.

Noch *Montag d. 23.* »nach *Flensburg*. Abgestiegen in Rasch-Hôtel. Zu Tisch mit Zedlitz-Neukirch, ... 2 Söhnen vom Grafen Hardenberg (beide vom 18.) verschiedenen andren Aerzten und Offizieren. Gang nach Bellevue ins Johanniter-Lazareth... Der Flensburger Friedhof. Das Dänen-Monument...«

Während Dr. Heffter sich auf aktuelle Berichterstattung beschränkte, schwebte Fontane ein umfassendes Buch über diesen Krieg und seine Ursachen vor, mit weitreichender Vorgeschichte, mit Schilderung von Landschaften und heimischen Volksstämmen – deren Lebensumstände zwar seit jeher spannungsreich, aber doch über lange Zeiträume friedlich waren –, endend mit den jüngsten Ereignissen. Auf Fakten kam es ihm an, aber auch auf das, was er »poetische Wahrheit« nannte. Er wollte den Krieg für den Leser begreifbar machen, indem er das offiziell vermittelte Bild bereicherte, durch vielerlei Facetten brach, die ihm Offiziere, einfache Soldaten, Verwundete aus eigenem unmittelbarem Erleben lieferten. Noch war ihm unklar, wie er aus der Überfülle der oft widersprüchlichen Darstellungen diejenigen herausfinden sollte, die vor der Geschichte würden bestehen können. Um faktengetreu *und* vorstellbar schildern zu können, fuhr er »*Dinstag d. 24. … nach Düppel* … in einem offenen Wagen … Rinkenis …, Gravenstein, Atzbüll, Nübel, Büffelkoppel, Wielhoi, Freudenthal…« Hier begann »das eigentliche Düppel-Terrain … Schanze 1, die fast ganz am Abhang liegt, dem Wenningbund zu. Dann nördlich hinauf … bis Schanze 2, 3 und 4.« (Von Schanze 10 aus sollte wenig später Prinz Friedrich Karl mit Generalleutnant Moltke den Übergang nach Alsen beobachten.) In den Gräben fand Fontane noch »Tornister, Patronentasche … Kochkesselreste … Kommißbrot, Stiefel … *Granatsplitter* und Kugeln«. Auf dem Rückweg über »Broaker, reiches, schönes Dorf, mehrere Gasthäuser, drei Lazarethe… Die *Bewohner meist dänisch gesonnen.* Hauptquartier aller Correspondenten… Interessant ist sein Propst, sein Schleppegrell, …als Heerlager für die halbe Armee und als Flankenposition, seine Gammelmark-Batterien, seine Kirche… Von hier aus wurde die feindliche Stellung mit dem Auge beherrscht… Die verwundeten Dänen im Lazareth. Das Hinterstübchen, der Todtengräber und die beiden Krankenpfleger … die Brüderschaft trinken…« Das alles findet sich, auf den historischen Hintergrund appliziert, in dem Kriegsbuch wieder.

»*Mittwoch d. 25.* Gang durch die Stadt [Flensburg]. Ins Ständehaus (jetzt Lazareth) wo der zerstückelte Idstedter Löwe liegt. Viele Soldaten getroffen vom 35. und 60. vom 24. und 64. Regiment; auch einige Dänen…« Auf dem Heimweg nach Berlin »das Dannewerk wieder passirt«, in Rendsburg »abgestiegen in Pahls Hôtel«; dort machte Fontane Skizzen von Kronwerk, Altstadt und Neuwerk, wo die Österreicher am 1. Februar über die Eider gesetzt waren. »Das Wetter scheußlich … gelesen und geschrieben.« »*Donnerstag d. 26* Früh nach Altona. Kloppstocks Grab in Ottensen.« Über Hamburg nach Hause.

Daheim lief das Leben in den gewohnten Bahnen weiter mit Redaktionsarbeit, »Wanderungen« und Ärger mit Hofbuchdrucker von Dekker, der eine Prachtausgabe des Kriegsbuches mit großen Schlachtentableaux wünschte, und das so schnell wie möglich. Erdrückt von der Fülle des Materials und den unrealistischen Verlegerwünschen rebellierten Fontanes Nerven, er fühlte sich »recht leidend, matt und hinfällig«, verfolgte nur noch mit halber Aufmerksamkeit die Berichte vom Fortgang des Krieges: Am 29. Juni gelang es den preußischen Truppen von einer für die Dänen überraschenden Stelle aus, die Insel Alsen aufzurollen. Die militärische, vor allem aber die moralische Wirkung war ungeheuer und der Krieg entschieden, auch wenn sich die Kampfhandlungen noch drei Wochen hinzogen. Am 18. Juli wurde in Christiansfeld der offizielle Frieden geschlossen und am 1. August bestätigt. Der König von Dänemark entsagte zu Gunsten des Kaisers von Österreich und des Königs von Preußen allen seinen Rechten auf Schleswig, Holstein und Lauenburg.

Fontane hätte nun die noch ausstehenden Kriegsschauplätze bereisen müssen, doch Mark Brandenburg hielt ihn fest: Wilhelm Hertz kündigte für Jahresende die zweite Auflage der »Grafschaft Ruppin« an (»der erste wirkliche Erfolg!«), und Fontane wollte den Band umarbeiten und mit bürgerlichen Charakterbildern wesentlich bereichern. Das kostete – in einem Gewaltritt – den ganzen August. So trat er erst am 9. September seine zweite Reise nach Norden an. Zwischen den Zeilen seines Reisetagebuches spürt man das Aufatmen nach einer abgeschlossenen Sache. Erste Station: »*Lübeck*... Man könnte es das spitzthürmige Lübeck nennen.« Er stieg in Düffckes Hôtel ab, besichtigte trotz Regens die Altstadt und war angetan von der klaren Schönheit der Backsteingotik. Er erkundigte sich am Hafen nach einem Schiff, das ihn nach Kopenhagen bringen sollte, und entschied sich für die »Bager«, die trotz steifen Nordwestwindes nach sechzehn Stunden Überfahrt glücklich in Kopenhagen anlandete. Noch konnte er nicht ahnen, daß er den Schauplatz seines künftigen Romans »Unwiederbringlich« betreten hatte.

Angesichts der nordischen Geschichtsdenkmäler trat der jüngste Krieg für ihn in den Hintergrund; er wurde von ihm erst wieder eingeholt, als er auf dem Rückweg die zerstörte Festung Fredericia sah, Kolding, Hadersleben, Sonderburg, Alsen und Düppel (letzteres »schon wieder im Friedensgewand«). Von Flensburg aus fragte er bei Storm an, ob ein Besuch genehm sei. Storm drahtete ohne Zögern: »Kommen Sie!« – Über das Wiedersehen äußerten sich beide befriedigt, denn das Menschliche, die Dichterseelen siegten über politische Divergenzen und charakterliche Reibeflächen.

Wieder daheim begann Fontane, das wuchernde Material aufzubereiten und von Decker von *seiner* Konzeption zu überzeugen. Das war nicht einfach. Schon der Titel »Der Schleswig-Holsteinsche Krieg im Jahre 1864« deutete auf politische Zurückhaltung hin, nichts von einem legitimen Rechtsanspruch Preußens auf Schleswig, das ihm nun zugefallen war. Was den Balladendichter reizte, dieses erste Kriegsbuch zu schreiben, war das Handeln, Aufbegehren, Dulden oder Sich-Aufopfern in außergewöhnlichen Situationen; bravouröse Attacken, tollkühne Reiterei, Verbrüderung im Feldlazarett, das alles gab es, aber nur als Randerscheinung. Der Kriegsalltag war sterbensgrau, Plackerei und schwarzer Humor. Fontane mußte einsehen: »Der Kampf wird seiner poetischen Glorie entkleidet, wenn er in gewissem Sinne zu einem Scheibenschießen wird, bei dem die Treffer ... mit arithmetischer Nüchternheit berechnet ... werden. ... Der Krieg ist längst zu einer ›*Wissenschaft* des Tödtens‹ geworden und die Erfolge, beispielsweise der verbesserten Schußwaffe, müssen dementsprechend mit nüchtern-wissenschaftlicher Genauigkeit festgestellt werden, wie wenig diese Art von Wissenschaftlichkeit unserer Empfindung entsprechen mag.« (Kapitel »Über den Limfjord«)

Diese Darstellungsweise mißfiel dem Hofbuchdrucker. Nach über einem Jahr harter Arbeit, in dem »Das Havelland« und »Vor dem Sturm« in der Schublade blieben, schwebte der Autor, noch immer ohne Vertrag, im Ungewissen; er mußte bei Hertz um Vorschuß bitten, um für Decker das Kriegsbuch schreiben zu können. Als er es endlich beendet hatte, war bereits das nächste fällig: »Der Deutsche Krieg von 1866«.

Den Militärs waren beide zu wenig patriotisch und zu vieles weggelassen, was *ihnen* wichtig erschien; den Literaturkritikern waren sie »zu mühselig kompilatorisch«, »ermüdend durch die Anhäufung von Schlachtenbeschreibungen« und »fast unlesbar«. In der Tat hört der Leser manchmal den Autor seufzen, wenn er wieder einmal den Gang der Handlung unterbrechen muß, »um sich nach detachirten Compagnien … umzusehn, das ist es was eine völlige Abrundung fast unmöglich macht. Die Details und die Empfindungen mit der sie vorgetragen werden, müssen dafür entschädigen.« (an Franz von Zychlinski, 22. 11. 1867)

Fontane stand bis zuletzt zu seinen Kriegsbüchern, auch wenn er 1894 eine Neuauflage ablehnte; ja, er betonte, er sei durch sie »erst zu einem richtigen Schriftsteller« geworden. Der Balladensänger hatte seinen Sinn fürs Historische geschärft. »Im letzten ist Kriegsgeschichtsschreibung doch nichts anderes als Geschichtsschreibung überhaupt und unterliegt denselben Gesetzen.« (»Meine Kinderjahre«, Kapitel 12) Am Ende bekannte der Autor, nachdem er auf 4600 Seiten Krieg und Kriegserlebnisse geschildert hatte: »Heldentum ist eine wundervolle Sache, so ziemlich das Schönste, was es gibt, aber es muß echt sein. Und zur Echtheit, auch in diesen Dingen, gehört Sinn und Verstand. Fehlt das, so habe ich dem Heldentum gegenüber sehr gemischte Gefühle.« (»Von Zwanzig bis Dreißig«, »Der achtzehnte März«, Kapitel 1)

Die tagespolitische Ausbeute beider Nordlandreisen war relativ gering, »nur« Reisebriefe im Wanderungsstil; erst später reiften die Balladenstoffe und im Alterswerk finden sich überall Erinnerungssplitter: In »Graf Petöfy« schockiert die Nachricht vom Selbstmord des Freiherrn von Gablentz ganz Wien und steht als Menetekel für den unglücklichen Ausgang der Geschichte. Gablentz befehligte 1864 das österreichische Armee-Corps und ist im Kriegsbuch bereits charakterisiert.

Dem Befehlshaber der preußischen Truppen, Prinz Friedrich Karl, der später als Hausherr einer erlesenen Tafelrunde im Jagdschloß Dreilinden glänzte, widmete Fontane in »Fünf Schlösser« ein umfangreiches Kapitel. (Der Prinz hatte als Dank für hervorragende militärische Leistungen etliche Quadratmeilen Land zwischen Berlin und Potsdam erhalten, auf denen später zwei Siedlungen gegründet wurden, nach den Stätten seines Ruhmes »Düppel« und »Alsen« genannt.)

Wie sehr die Düppeler Schanzen ins Bewußtsein der einfachen Leute gedrungen waren, schimmert in mehreren Romanen durch. Kommerzienrat Treibel räsonniert über »das innere Düppel einer Ehe«, in »Stine« philosophieren Graf Haldern und die Witwe Pittelkow aus sehr unterschiedlichen Erfahrungen heraus über die schrecklichen Folgen des Krieges für den einzelnen; für Therese von Poggenpuhl gilt überhaupt nur einer als akzeptabel, der »dabeigewesen« ist. (Übrigens hatte Fontane im Dezember 1864 fürs Dabeigewesensein auch die Düppel- und Alsen-Gedenkmedaille erhalten!)

In »Quitt« renommiert Kaulbars: »Ich habe bei die Vierundzwanziger gestanden, Hauptmann von Goerschen, fünfte Companie. Haben Sie von dem mal gehört? ... wir nannten ihn ›unseren Otto‹, und war schon mit bei Düppel, Schanze drei. Ich sag Ihnen, die Schanze war weg wie Schnupftabak. Ja, so sind die Vierundzwanziger...« (»Quitt«, Kapitel 21)

In »Effi Briest« tagt eine fidele Punsch-Gesellschaft bei Oberförster Ring im Forsthaus Pudagla. Ring wird geschildert als ein »stattlicher, militärisch dreinschauender Herr von Mitte Fünfzig, der ... sich bei der Erstürmung des Danewerks ausgezeichnet hatte« (Kapitel 18). Für den Freund und Sekundanten des Baron von Innstetten wählte Fontane den Namen von Wüllersdorf, angelehnt an den Namen des österreichischen Contre-Admirals von Wüllerstorff-Urbair; und noch zuletzt, im »Stechlin«, erzählt Veteran Kluckhuhn von dem dänischen Panzerschiff »Rolf Krake«, dessen scheinbare Unverwundbarkeit Angst und Schrecken verbreitete: »...da lag das schwarze Biest immer dicht neben uns und sah aus wie 'n Sarg. Und wenn es gewollt hätte, so wär es auch alle mit uns gewesen und bloß noch plums in den Alsensund. Und weil wir das wußten, schossen wir immer drauflos, denn wenn einem so zumute ist, dann schießt der Mensch immerzu.« (Kapitel 17)

Der Kriegsberichterstatter Fontane hatte 1864 nach einem Besuch des Schlosses Gravenstein den ahnungsvollen Satz notiert: »All die Schlösser dieses Landes haben einen verwandten Charakter... Alles so glau, so unschuldig, und dabei ist doch etwas unheimlich Märchenhaftes um diese weißen, sonnenbeschienenen Wände her, daß man denken möchte, hier sehen Gespenster zu Mittag aus allen Fenstern heraus.« Ein solches Schloß ließ der Romancier Fontane dreißig Jahre später für den Grafen Holk erstehen. »Holk war krasser Aristokrat, der nie zögerte, den Fortbestand seiner Familie mit dem Fortbestand der göttlichen Weltordnung in den innigsten Zusammenhang zu bringen...« (»Unwiederbringlich«, Kapitel 13) Er war Schleswiger aus tiefverwurzelter Tradition – und gleichzeitig Kammerherr am Hof einer dänischen Prinzessin; für ihn kein Widerspruch. Das eine war Herzens-, das andere Gesetzesangelegenheit; die Verhältnisse lagen eben so, daß der König von Dänemark auch Herr über Schleswig war. Jedenfalls lagen sie so zu der Zeit, in der Fontane seinen Roman »Unwiederbringlich« spielen läßt, also – bis zum 30. Kapitel – 1859. Die alte, weise gewordene Prinzessin erkennt die Unvereinbarkeit in Holks Leben besser als er selbst: »...sagen Sie nichts von Ihrer Loyalität; ich weiß, Sie haben so viel davon, wie Sie haben können, aber wenn es zum Letzten kommt, ist doch der alte Stein des Anstoßes immer wieder da, und jenes furchtbare ›sallen blewen ungedeelt‹ ... zieht wieder die Scheidelinie.« (Kapitel 12) Ebenso unvereinbar auch seine Ehe mit der stets in Moll gestimmten Gräfin Christine. Er beklagt sich, daß »Spiel und Tanz« bei ihr längst vorbei seien und daß sie sich »von sich weg erkältet«. Bei den Herrnhutern zur Pflichterfüllung erzogen, hat sie verlernt, Gefühle zu zeigen, und verdeckt dieses Unvermögen mit einer doktrinären Haltung. Da die Liebe versagt, erwartet sie wenigstens Belohnung für ihre Tugendhaftigkeit. Ihre politische Einstellung teilt sie mit den benachbarten Adelsfamilien: »Deutsch, aber nicht preußisch, so soll es sein!« (Kapitel 4)

Diese nachdenkliche Geschichte einer Ehe ist ganz aus der Melancholie der Landschaft zwischen Fjord und Meer geboren. Wer die Luft der durch Vergnügen und Kabale geprägten Endzeit König Friedrichs VII. atmen, wer das Denken und Fühlen der Menschen zwischen Schleswig und Kopenhagen am Vorabend des Krieges von 1864 begreifen will, sollte »Unwiederbringlich« lesen.

Der Weg vom Dannewerk bis Düppel – heute

Vollzieht man die Reiseroute Fontanes nach – immer auf den Spuren der kämpfenden Truppen –, kann man die unzähligen Kriegergräber nicht übersehen: eiserne Kreuze, Findlinge als Gedenksteine, auch weithin sichtbare aufwendige Denkmäler; und alle auffallend gut erhalten und gepflegt. Die Inschriften sind behutsam und verhalten:

> »Mögen in Frieden sie ruhen / die siegend im Kampfe erlagen / Österreich sandte sie her / unsre Befreier zu sein.«
> 6. Februar 1864

oder:

> »Oeversees Feld sah Deutsche / und Dänen in heißestem Kampfe / Was sich im Leben bekämpfte / ruhet jetzt friedlich vereint.«

Man gewinnt allerorten den Eindruck, als hätten Deutsche und Dänen gelernt, nun auch friedlich vereint zu *leben.*

Danevirke – Dannewerk

In Danevirkegården, dem Dannewerk-Museum, begreift man, welche strategische und moralische Bedeutung der Schutzwall besaß, der sich von Haithabu an der Schlei bis Hollingstedt an der Treene erstreckte. Auf einer großen Tafel sind, originell und einprägsam, alle Dänenkönige und -königinnen porträtiert, die dieses »Wunder der Fortifikation« gründeten, ausbauten und erhielten; von der legendären Thyra Danebod bis zu Friedrich VII. mit seiner »putzmacherlichen Gräfin«. Fast karikaturenhaft sind alle dargestellt, so daß einem sofort ihre Beinamen – Gorm Grymme oder Sven Gabelbart – einleuchten. Von dem tausend Jahre als unüberwindlich geltenden Wall sind noch Teile des Margarethenwalls, der Waldemarsmauer und der Thyraburg erhalten; auch der Runenstein, den Sven Gabelbart setzen ließ, ist Zeuge aus grauer Vorzeit.

In Danevirkegården wird ein Film gezeigt, der nacherlebbar macht, wie verheerend die Nachricht von der kampflosen Räumung des Dannewerks durch den Oberbefehlshaber de Meza im Februar 1864 wirken mußte. Schrieb Fontane in seinem Kriegsbuch: »Es gebührt ihm das Verdienst, die hartbedrohte Stellung nicht einen Moment zu früh, aber auch nicht einen Moment zu spät aufgegeben zu haben«, so sahen das viele Dänen anders. »Die Kopenhagener haben ihn abgebildet, wie er von Dannevirke zurückreitet, ein Fortepiano über der Kruppe, worauf er spielt«, notierte Fontane am 20. 9. 1864 in sein Reisetagebuch. De Meza als Spottfigur? Als Verräter? Er entsprach nicht dem Klischee eines hohen Militärs, deshalb fand ihn Fontane auch so interessant. Er nannte ihn eine »künstlerisch angelegte Natur, ein Stück Genie. ...leidenschaftlicher Musiker und Componist. Seine Nerven sind so fein, dass ihm der Straßenlärm ein Greul ist ... in der Schlacht stört ihn aber der Kanonendonner keineswegs. So ist es auch mit seiner Empfindlichkeit gegen Zug; die Kopenhagener sagen scherzweise von ihm, ›er kann nicht aushalten, dass im Nebenzimmer die Commode aufsteht‹. In der Campagne schläft er aber auf blosser Diele… Nach dem Rückzug aus dem Dannewirke und Oeversee setzte er sich in Flensburg gleich ans Klavier und componierte weiter.« (ebenda) Für Fontane war dies kein Zeichen von Gleichgültigkeit, sondern eine notwendige Handlung, um sich von unerträglichem psychischem Druck zu befreien (ähnlich wie Friedrich der Große mit seinem einsamen Flötenspiel nach Kunersdorf).

In »Unwiederbringlich« läßt Fontane de Meza noch einmal aufleben, das heißt, das Für und Wider um ihn: In Kapitel 10 geraten in Holks Beisein die Herren Pentz und Erichsen aneinander. Für Pentz ist de Meza nur »ein portugiesischer Jude«, der immer friert, »und was andere frische Luft nennen, nennt er Zug oder Wind oder Orkan«; Erichsen hält dagegen (und aus ihm spricht der Autor, der auch selten ohne Cachenez ausging): »Ich weiß, de Meza steckt in Flanell … aber sein fröstelnder Zustand hat ihn nicht abgehalten, bei Fridericia Anno 49 sehr viel und bei Idstedt, das Jahr darauf, eigentlich alles zu tun.« »Sie werden schließlich noch beweisen wollen, daß man absolut ohne Wolle leben muß, um überhaupt als Soldat zu gelten.« (Kapitel 10) Nervöse, künstlerisch veranlagte Menschen mit einem Schuß Genialität, aber mit einem Spleen, waren von jeher Fontanes Lieblingsromangestalten.

Schleswig

»Der Reisende, der von Süden kommt, ist gewöhnlich entzückt über die reizende Lage Schleswigs, das sich hufeisenförmig um die Schlei ausbreitet und von sanft ansteigenden Höhen eingeschlossen ist... Je näher man kommt, desto angenehmer ist der Eindruck, den Stadt und Landschaft ausüben. Der altehrwürdige Dom mit seinem winzigen Thürmchen, das prächtige Schloß Gottorp ... die Michaeliskirche und selbst die Windmühle auf dem Gallberge, ... vor allem der Blick auf die *Schlei* (sammt der sagenreichen Möweninsel), ... schaffen hier einen Zauber, dem sich wenige, die zuerst dieser Stadt ansichtig wurden, zu entziehen wußten. Stille ist hier, Behagen, Sauberkeit, dazu jener romantisch-historische Ton, den alte Städte immer zu haben pflegen.« (»Der Schleswig-Holsteinsche Krieg von 1864«, Kapitel »Schleswig. Oeversee«) So schrieb Fontane 1864 und so könnte heute noch eine Reportage über Stadt Schleswig beginnen; nur das »winzige Thürmchen« müßte wegfallen, es wurde auf Wunsch des Preußenkönigs von einem 112 Meter hohen Turm abgelöst, über dessen Notwendigkeit man bis heute geteilter Meinung ist.

Der *Dom St. Petri* und *Hôtel Esselbach* wurden beide von Fontane kommentiert. Im Dom verbrachte er einen ganzen Vormittag (23. 5. 1864); so lange braucht man auch mindestens, um alle geschichtsträchtige Schönheit auf sich wirken zu lassen. Acht Jahrhunderte präsentieren sich hier in wunderbaren Kunstwerken: vom romanischen Petri-Portal über den gotischen Hohen Chor mit Marien-Szenen und den lebensgroßen Figuren der Heiligen Drei Könige bis zu der reichgeschnitzten Kanzel und dem edlen Marmor-Freigrabmal in holländischer Renaissance. Barocke Büsten und Allegorien zieren zahlreiche Fürstengrüfte. Höhepunkt ist unbestritten der Bordesholmer Altar. Vor ihm verweilte Fontane lange, sein Blick fiel »...wie suchend, gedämpft und mild / Auf das eichengeschnitzte Altarbild, / Auf die zwanzigfeldrige breite Wand / Von Meister

Brüggemanns eigener Hand«; und vor seinem geistigen Auge zog der Ostergottesdienst 1848 vorüber, als die Gemeinde »Jesus, meine Zuversicht« sang und plötzlich ein »Ostergewitter« losbrach: Preußische Truppen verjagten in einem Überraschungsangriff die dänische Besatzung. Aus dieser Vision vor dem Altar wurde vier Jahre später das Gedicht »Schleswigs Ostertag 1848«.

Esselbachs Hôtel, wo Fontane ohne Instanzenweg mit Kaplanen und Generalstabsoffizieren ungezwungen beim Tee plaudern konnte, galt seit 1818 als Dorado der höheren Gesellschaftskreise; daher die mondäne Ausstattung: »Hohe Stehspiegel mit eingeschraubten Candelabern, deren große Glasbehänge laut klingeln und tingeln ... weiß lackierte Sophas ... mit himmelblauem Damast...« (Reisetagebuch 22. 5. 1864). Alles auch wieder mit einem Schuß Demimonde, wie es für den jüngst verstorbenen König mit seiner Gräfin Danner charakteristisch war.

Die Hotelbesitzerin, die Witwe Doris Esselbach, hatte sich den veränderten Umständen rasch angepaßt: statt »Fædrelandet« lagen nun im Lesezimmer Hamburger, Schleswig-Holsteiner und zwei Exemplare der »Kreuz-Zeitung« aus. »Ueberall Reste alten Glanzes, aber ein Trauerflor liegt über dem Ganzen; nur die Preise grünen weiter.« (ebenda)

Hôtel Esselbach brannte 1908 ab und wurde an gleicher Stelle (Lollfuß 108) im Jugendstil wieder aufgebaut. Als distinguiertes Haus wird es unter dem Namen »Stadt Hamburg« bis auf den heutigen Tag geführt.

Gottorf – Luisenlund

Schloß Gottorf (Gottorp) vor den Toren der Stadt Schleswig erschien Fontane zwar als »ein sehr stattlicher Bau, aber ohne all und jede Schönheit« (Reisetagebuch, 21. 5. 1864). Dem wird der Besucher schwerlich beipflichten. Wahrscheinlich verstellten stöhnende Verwundete und räsonnierende, gelangweilte Grenadiere den Blick auf die allein schon von der Natur vorgegebenen Schönheiten. Es *ist* ein stattlicher Bau mit einer Front von 27 Fenstern Breite, der durch seine klare Gliederung und betonte Zurückhaltung wirkt; einziger Blickfang ist die laternenbekrönte, barocke Haube. Offensichtlich hatten die Herzöge von Gottorp Repräsentations-, Wohn- und Verwaltungsräume unter einem Dach.

Wenn Fontane notierte, das Beste daran seien »seine historischen Erinnerungen«, so trifft dies heute mehr denn je zu, denn das Schloß mit seinen weiträumigen Kreuzgewölben beherbergt mittlerweile in idealer Weise das Schleswig-Holsteinische Landesmuseum. Eindrucksvoll und lebendig ist dargestellt, was sich Fontane mühselig zusammensuchen und -dichten mußte. Wie nahe er der Realität, auch in seinem Roman »Unwiederbringlich«, war, begreift man in einigen Räumen des Museums: Da trifft man auf Interieurs, die dem Salon des Grafen Holk, dem Wohnzimmer des Seminardirektors Schwarzkoppen oder der »Döns« des Pastors Petersen erstaunlich ähnlich sehen.

Louisenlund, 1864 Hauptquartier des preußischen Feldherrn Prinz Friedrich Karl, ist nach wie vor eine Wanderung wert. In einem Buchenwald gelegen, ehemals »freundlich, hell, still, geborgen, hübsche Blicke auf Wasser und Wald, sonst aber ausgerüstet mit dem Stempel charakterloser Langeweile« (Reisetagebuch, 21. 5. 1864), dürfte davon heute kaum mehr die Rede sein, denn der einstige Sommeraufenthalt der Herzöge von Gottorp beziehungsweise der dänischen Statthalter dient nun als Internat.

Missunde

»Dorf Missunde ist ein altes Fischerdorf ... malerisch gelegen, aber ärmlich; zwanzig Häuser bilden eine einzige Gasse, die sich gegen die Schlei hin in einzelne Gehöfte auflöst«; ... am Nordufer liegt das Fährhaus.« (»Der Schleswig-Holsteinsche Krieg von 1864«, Kapitel »Missunde«) – Fontane blieb nicht viel Zeit, sich umzusehen: Wegen starken Nordwestwindes hatte das Dampfboot erst am Nachmittag gegen 15 Uhr in Schleswig abgelegt und nach 17 Uhr Missunde erreicht. Er nutzte die Gelegenheit, einen kleinen Imbiß zu nehmen und sich von den erstaunlich gebildeten Fährleuten erzählen zu lassen, wie *sie* den Übergang der Preußen über die Schlei erlebt hatten; dann mahnte der Kapitän auch schon zur Rückfahrt. So entging Fontane, daß Missunde eigentlich aus zwei Teilen bestand: dem gar nicht so ärmlichen Bauerndorf auf der Nordseite und dem Kätnerdorf am Südufer.

Vor allem wollte er das Haus sehen, in das man – 1250 – den ermordeten König Plogpenning gebracht hatte, doch die elende Fischerhütte war längst abgerissen. Die Fährleute wußten aber noch manche Sage, die sich um dieses düstere Geschehen rankte: So soll der mörderische Herzog Abel noch immer als »wilder Jäger« die Gegend verunsichern; »... andere sagen, er sei in die Möwen verzaubert, die auf der Möweninsel zwischen Schleswig und Haddebye ihre tausend Nester haben. Bei *Missunde* aber ist das Terrain König Erich's. ... mancher, der um die Zeit des Sonnenunterganges über die große Breite hinfährt, glaubt bis diesen Tag, den König Erich in rothem Mantel treiben zu sehn, die linke Hand gen Himmel erhoben. Viel Blut floß bei Missunde, auch noch in neuer Zeit ...« (ebenda)

Man spürt, wie sehr sich der Balladendichter hier zurücknehmen mußte, um dem Kriegsberichterstatter das Wort zu überlassen ...

Missunde wirkt auch heute noch malerisch und weltverloren; man ist eher geneigt, sich dort eine Sagen- und Märchenwelt vorzustellen, als das blutige Frontgeschehen des 19. Jahrhunderts, wie Fontane es geschildert hat.

Oeversee

Als der österreichische Befehlshaber von Gablentz am 5. Februar 1864 feststellte, daß de Meza völlig unerwartet das Dannewerk verlassen hatte, gab er Befehl, ihm unverzüglich nachzusetzen. Mit den Preußen war abgestimmt, daß sie bei Missunde, Arnis und Kappeln die Schlei überwinden sollten, um das Gros der dänischen Armee in die Zange zu nehmen. Nun war ihnen de Meza entwischt und es begann eine abenteuerliche Verfolgungsjagd. Die Österreicher stießen von Südwesten, die Preußen von Südosten vor; in Flensburg wollte man sich treffen.

Fontane verfolgte den Weg, den von Gablentz genommen hatte. Er entspricht etwa der heutigen B76. Wer jetzt schnell und bequem dort entlangbraust, wird sich kaum vorstellen, wie mühselig es damals war: »Die Pferde glitten … in die mit Schnee angefüllten Gräben und konnten nur mit großer Mühe wieder herausgeschafft werden … der scharfe Ostwind … machte den Schnee zu harten Eisstücken, so daß alles die Augen schließen mußte… Und doch hieß es ›Vorwärts um jeden Preis.‹« (»Der Schleswig-Holsteinsche Krieg von 1864«, Kapitel »Der Marsch durch Angeln. Besetzung Flensburgs«) Am 6. erreichten sie das Terrain von Oeversee: »Hügel rechts und links, durch die sich die Chaussee beinahe hohlwegartig hindurchzieht.« (Kapitel »Schleswig. Oeversee«) Plötzlich gab es Gewehrfeuer von allen Seiten. De Meza hatte hier mehrere Kompanien postiert, um die Verfolger aufzuhalten. Die überrumpelten Österreicher warfen ihre Tornister in den Graben und versuchten, mit aufgepflanztem Bajonett (die nassen Gewehre versagten) die Hänge bis zum Waldrand zu erklimmen. Ein Teil umging den Sankelmarker See und griff von der Flanke aus an. Es gab schwere Verluste auf beiden Seiten. Anderntags bot das Gelände nördlich von Oeversee, »obschon inzwischen viel Schnee gefallen war, dennoch einen furchtbaren Anblick. Die Oestreicher, stattliche Leute in ihren langen weißen Mänteln, mit durchschossenen

Köpfen und zerschmetterten Gliedmaßen, getödtete Pferde, umgeworfene dänische Munitionswagen, lagen zu beiden Seiten des Weges, und den Abhang hinunter sah man in wildem Durcheinander Leichen, Czakos, Tornister, Patrontaschen und zerstreute Waffen aller Art... Viele Verwundete ... mögen hier in Folge der harten Kälte zu Grunde gegangen sein... Tiefe Stille ruhte auf der unheimlichen Stätte.« (ebenda) So berichtete ein Reisender, der am nächsten Tag Oeversee passierte. Fontane nahm den Bericht in sein Kriegsbuch auf, denn als er sechzehn Wochen später an den Ort kam, begann hier schon Gras zu wachsen. Von Verwundeten in den Lazaretten in Gottorp und Flensburg ließ er sich die Geschehnisse erzählen.

Der ahnungslose Reisende, der heutzutage die Bundesstraße 76 entlangfährt und – weil die Gegend so reizvoll ist – am »Historischen Krug« eine kleine Rast einlegt, sieht sich plötzlich mit der Vergangenheit konfrontiert: Das Gasthaus bewahrt viele eindrucksvolle Zeugnisse des blutigen Dramas auf. Vielleicht wird der Gast, nachdenklich geworden, auch die steinernen Zeugen in unmittelbarer Nachbarschaft aufsuchen; sie liegen dicht an der Bundesstraße 76, werden aber im Vorüberfahren meist übersehen: Da ist der Denkmal-Findling am Ufer des Sankelmark-Sees und, auf der gegenüberliegenden Hügelkette, übereinandergetürmte Granitquader, über denen der Doppeladler thront; drumherum sechzehn eingegrabene Kanonenrohre, mit schweren Ketten verbunden; und wenige hundert Schritte weiter in Richtung Flensburg unter hohen Bäumen ein neogotisches Tabernakel. »Hier ruhen / 43 Oesterreicher / Und / 14 Dänen / † 6. Februar 1864.«

Solche Erinnerungsstätten begleiten den Wanderer auf Fontanes Spuren bis Düppel und Alsen und bis weit nach Norden.

Flensburg

In Flensburg wohnte Fontane vom 23. bis 25. Mai 1864 in Rasch's Hôtel am Nordermarkt (heute Kaufhaus Meesenberg). Das Hotel war zu dieser Zeit bis unter die Dachsparren ausgebucht, galt es doch quasi als zweites Hauptquartier des preußischen Generalstabs; Offiziere aller Grade und Gattungen boten Fontane und seinem »Kreuz-Zeitungs«-Kollegen Dr. Heffter unerschöpfliche Informationsquellen. Wenn es in Fontanes Reisetagebuch unter dem 23. 5. heißt: »Zu Tisch mit Zedlitz-Neukirch«, so verbirgt sich dahinter eine solche »Quelle«. Konstantin Freiherr von Zedlitz-Neukirch, ein Johanniter-Ordensritter, war als preußischer Zivilkommissar in Schleswig eingesetzt; ihm oblag auch die Gründung von Johanniter-Hospitälern für verwundete Soldaten, die 1864 zum erstenmal in Erscheinung traten und sich bei aller Improvisation segensreich auswirkten. Er vermittelte Fontane aufschlußreiche Gesprächspartner im Flensburger Lazarett, das im Ständehaus eingerichtet worden war. (1964 wurde dieses Haus als nicht mehr repräsentativ genug abgerissen; heute steht dort das Kaufhaus Hertie.)

Im Ständehaus sah er auch den Idstedter Löwen, den ein Schüler Thorwaldsens geschaffen hatte, zum Gedenken an den Sieg der Dänen bei Idstedt 1850. Am 25. Juli 1862 war er auf dem Flensburger Friedhof aufgestellt worden, und zwar mit soviel chauvinistischem Vorausspektakel, daß de Meza, dem der Sieg eigentlich zu verdanken war, nicht daran teilnahm. Auf gewaltigem Postament wachte er wie ein Souverän über den Hain mit den Gräbern der Gefallenen der Jahre 1848 bis 1851. – 1864 begannen Altonaer Arbeiter, ihn zu demontieren; Wrangel ließ ihn deshalb im Ständehaus sicher verwahren. 1865 kam der Löwe nach Berlin und symbolisierte – nun als Flensburger Löwe – den Sieg Preußens unter Prinz Friedrich Karl. Ihm zu Ehren wurde am Kleinen Wannsee, zwischen den neugegründeten Wohnkolonien Düppel und Alsen eine Kopie des Löwen errichtet. Das Original gab man 1945 den Dänen zurück, die es in Kopenhagen aufstellten.

In Flensburg, auf dem nun aufgelassenen und zum stillen Park umgestalteten Friedhof, blieb der monumentale Sockel leer, die vielen Gedenksteine um den düsteren Rhododendronhügel sprechen auch ohne Löwen eine eindrucksvolle Sprache. Es ruhen hier deutsche, österreichische, dänische und schwedische Soldaten aus den Kriegen 1848 bis 1851 und 1864; auch solche, die erst später im Lazarett ihren Verletzungen erlagen. Der Name Schleppegrell fällt dem Fontane-Freund auf; wir treffen ihn nicht nur im Kriegstagebuch, sondern auch in »Unwiederbringlich« wieder.

In jedem Juli, wenn der Jahrestag der Schlacht bei Idstedt naht, flakkert in den Altherrenriegen der patriotischen Vereine hüben wie drüben hin und wieder die Diskussion auf, wo denn der Löwe rechtens hingehöre, nach Flensburg oder Kopenhagen. Aber es wird eigentlich nur noch aus Tradition, gewissermaßen formell die Frage erörtert. Fontane hätte dazu nur leise gelächelt und auf einen Satz verwiesen, den er am 18. März 1879 an Wilhelm Hertz geschrieben: »Nie wird sich die Frage entscheiden lassen, ob die Dänen mehr zu bedauern waren, daß sie mit den Schleswig-Holsteinern leben mußten, oder umgekehrt.« (Diesen Satz wird man im Kriegsbuch vergeblich suchen!)

Im übrigen ist diese Frage entschieden: Es gibt in ganz Europa kaum ein Grenzland, in dem verschiedene Volksgruppen so gut miteinander auskommen wie hier.

Aus dem Sundewitt

Das Sundewitt heißt die zwischen Flensburger Förde und Apenrader Meerbusen gelegene Halbinsel; sie hat nach Südosten eine Art Appendix, die kleine Halbinsel Broacker (Broager). Fontane bereiste diese Landschaft am 24. Mai 1864 von Flensburg aus in einem offenen Wagen, was er besonders liebte, und erzählt davon in den Reisebriefen »Aus dem Sundewitt«; erzählt von sauberen Dörfern mit sagenumrankten Kirchtürmen, von hübschen Mädchen, die zum Melken auf die Weiden hinausfahren, und von diesen Weiden, eingefaßt von niedrigen, mit Buschwerk bestandenen Erd- und Steinwällen, den Knicks. Zum Schutze gegen den ständig wehenden Wind gedacht, boten sie im Kriege ideale Deckungsmöglichkeiten. So spielt bei aller Idylle und kulturgeschichtlichen Exkursion immer wieder der Krieg hinein. Es konnte auch nicht anders sein, die Erstürmung der Düppeler Schanzen lag kaum fünf Wochen zurück. Daher ist auch vieles aus den »Reisebriefen« ins Kriegsbuch übernommen worden.

In *Rinkenis (Rinkenaes)* wies ihn der Kutscher auf einen Garten hin, in dem zwei 1848 gefallene Dänen begraben lagen. (Die Gräber werden heute noch gepflegt.) Merkwürdig, dachte Fontane, daß die ersten und die letzten Toten eines Krieges immer den stärksten Eindruck hinterlassen; die vielen dazwischen verblassen zur Statistik. Er wollte gegen das Vergessen anschreiben.

In *Gravenstein (Gråsten)* skizzierte er das Schloß, das noch bis vor kurzem Prinz Friedrich Karl als Hauptquartier diente; er fand es »so unschuldig und dabei doch etwas unheimlich«. Heute hat man das unheimliche Gefühl nicht mehr, obwohl es meist still und verlassen liegt, wenn nicht gerade Königin-Mutter Ingrid, Witwe Friedrichs IX., mit kleinem Gefolge hier in Sommerferien weilt.

»Das nächste Dorf ist *Atzbüll* [Adsbølo]. Neben der Kirche steht ein hölzerner Flaggenturm, dessen Balken und Bretter eine große Lücke zeigen. ›Was ist das?‹ fragen wir den Kutscher. ›Das ist vom »Rolf Krake!«‹ antwortet er mit einer Miene, als ob es sich um eine selbstverständliche Sache handelte. Dieselbe Antwort erhalten wir den ganzen Tag über immer wieder; überall … wo ein *besonders* großes Loch geschlagen, ein besonders fester Brückenbalken … zerstoßen ist, da ist es auch der ›Rolf Krake‹ gewesen … der eigentliche poetische Held dieses Krieges … Fabelhaft, wie der Rolf Krake des nordischen Heldenliedes, an den sich ödipusähnliche Sagen knüpfen, ist auch das Schiff geworden, das seinen Namen führt. Keinen Naturgesetzen, keiner Erwägung von ›möglich oder nicht‹ unterworfen, paßt er so recht zu dem phantastischen Bedürfnis der Menge und wird zu einem heroischen Überall und Nirgends, der wunderbar, wie er selber erscheint, auch alles Wunderbare getan haben muß«. (»Aus dem Sundewitt«, Kapitel I) »Rolf Krake« war das erste Panzerschiff; es verbreitete Angst und Schrecken und spukt bei Fontane noch bis in den »Stechlin«. Da läßt er den Veteranen Kluckhuhn räsonnieren: »Ich sag euch, was sie jetzt die soziale Revolution nennen, das liegt neben uns wie damals ›Rolf Krake‹; Bebel wartet bloß, und mit eins fegt er dazwischen.« (Kapitel 17)

Märchenhaftes und Realistisches bunt gemischt machen den Zauber der Reisebriefe aus dem Sundewitt aus. Im Dorf Atzbüll erinnert heute noch ein großes schwarzes Eisenkreuz nahe der Kirche an den Krieg. Kein Friedhof weit und breit, der nicht seine Gedenksteine trüge.

Wer das Kämpfen und Leiden um die Düppeler Schanzen begreifen will, kann in einem Bild-Ton-Vortrag im gläsernen Geschichtszentrum Dybbøl-Banke nacherleben, was in den zehn Wochen der Belagerung und am Tage des Sturmes geschah. Zu allen Jahreszeiten trifft man hier dänische und deutsche Schulklassen, denen kluge Lehrer vor Augen führen, wie unsinnig es ist, um Grenzverläufe Blut zu vergießen.

Es gibt auch Führungen über die zum Teil noch erhaltenen Schanzen und zu der rekonstruierten, einst heiß umkämpften Mühle von Dybbøl, in der heute ein Museum eingerichtet ist. Wer danach durch das Land fährt und gar noch Fontanes Kriegsbuch gelesen hat, dem wird sich die weite, sturmzerzauste Landschaft mit historischen Szenen beleben: »Bis zum 13.

[Februar] herrschte bittre Kälte, dazu blies ein schneidender Nordost. … ›Mehr als zehn, höchstens zwanzig Schritt, konnten wir nicht auf einmal gehn; wir mußten stille halten, den Rücken gegen den Wind kehren und athmen … es war, als ob uns Stiche die Lunge zerrissen; …‹ In der Nacht … schlug es um. Dorfstraßen und Feldwege wurden zu einem Morast, auf dem die Wagen- und Geschützkolonnen zu versinken drohten…«

Auf den Gammelmarker Höhen sollten neue 24Pfünder mit gezogenen Rohren postiert werden. Diese Höhen, die uns heute so harmlos wie Rodelberge anmuten, erschienen den Kanonieren damals riesig, denn die schweren Pferde, die die Geschütze zogen, versanken im Morast, »alle Stränge zerrissen sofort, man bekam die Geschütze nicht aus der Stelle.« Endlich »spannten sich 200 Mann« davor. »Sie leisteten, was 20 Pferde nicht leisten konnten.« Große Mengen von Strauchwerk und Bohlen waren nötig, um festen Untergrund zu schaffen. Nun schossen die 26 Geschütze über den Wenningbund nach Düppel. Eine Kugel traf sogar das Schloß von Sonderburg auf Alsen. (Heute befindet sich in diesem Schloß das Museum für die Geschichte Südjütlands, unter anderem mit Sammlungen aus den Kriegen 1848 bis 1850 und 1864.)

Um von Westen aus nach Düppel zu schießen, bauten Pioniere Mitte Februar eine Pontonbrücke von Alnor nach Ekensund, doch »Rolf Krake« kam, »unheimlich … wie ein großer schwimmender Sarg auf die Batterieen von Alnoer zu« und zerstörte die Brücke. Er »erhielt 66 Schüsse und jeder von diesen war genügend, ein hölzernes Schiff sinken zu machen…« »Rolf Krake« entfernte sich, angeschlagen, aber nicht erledigt. – Wo die Pontonbrücke gewesen war, führt heute eine Straßenbrücke über die enge Stelle der Flensburger Förde hinter Nübel Nor.

Unendlich mühsam arbeiteten sich die Preußen an die Düppelstellungen heran, die von Natur aus drei große Vorteile hatten: Sie beherrschten das Terrain, auf dem der Angreifer schutzlos vorging; sie waren in Rücken und Flanke durch Wenningbund und Alsensund geschützt und hatten nur eine relativ kurze Linie zu verteidigen. »Vorsichtig, wie der Fuchs beim Schleichen, avancirten wir von Knick zu Knick…« »…Dornenhecken, Wassergräben, aufgeweichtes Ackerland, schwer, zäh, lehmig, in dem fast die Stiefel stecken blieben.« Wochenlanger Kleinkrieg um jeden Knick, jedes Wäldchen, jeden Friedhof. Parallelen wurden ausgehoben (d.h. Gräben parallel zu denen innerhalb der Befestigungsanlagen) und durch Approchen und Communicationen (im Zickzack angelegte Laufgräben) verbunden. So schoben sich die preußischen Soldaten bis auf 1500 Schritt, dann bis auf 600 Schritt an die Schanzen heran. Am 18. April »um 4 Uhr früh begann der Donner aus allen Batterieen.« Fünf Minuten vor zehn sprach ein Geistlicher Mut zu, ein anderer erteilte Generalabsolution. »...dann schlugen die Tambours den Sturmmarsch, drei Regimentschöre spielten: ›Ich bin ein Preuße‹, und mit tausendstimmigem Hurrah ging es auf die Schanzen los.« – Nach Fontanes Schilderung muß der Angriff vorbildlich durchgeführt worden sein: »In unaufhaltsamem Dauerlaufe wurden die 600 Schritt zurückgelegt. ...die Pioniere ... [hatten] bereits wakker vorgearbeitet und weder Wolfsgruben noch Eggen, weder Pallisaden noch Drahtzäune vermochten die Stürmenden aufzuhalten. Bald war die Brustwehr erklommen, von Traverse zu Traverse wurde gekämpft und eher trat die Ruhe nicht ein, als bis alles, was sich nicht ergab, niedergemacht worden war.«

Hierher gehört die dramatische Episode von dem Pionier Klinke, die Fontane so poetisch in Verse gebracht hatte. Vor Ort vernahm er, daß es mehrere Todesmutige wie ihn gegeben hatte; andere wiederum behaupteten, es sei nur ein Unfall gewesen, Klinke habe sich nicht rechtzeitig in Sicherheit bringen können. – Fontane blieb bei seiner Version: »Mit der historischen Aufhellung – die ohnehin höchst mißlich ist und oft noch mehr vorbeischießt als die Dichtung – ist dem Bedürfniß des Volkes nicht immer am meisten gedient.« Mit anderen Worten: Das Volk, das so viele Opfer gebracht hatte, wollte sich seinen Klinke nicht nehmen lassen; und es sollte ihn haben.

Der Vollständigkeit halber muß hier eingefügt werden, daß Fontane auf der Rückreise von Kopenhagen im September 1864 auch die nördlichen Kriegsschauplätze besuchte, auf denen sich vornehmlich die Österreicher tapfer geschlagen hatten. Er besuchte das zerstörte Fredericia, die Vejle-Stellungen, übernachtete in Kolding, wo man ihm von dem »Brillant-Ritt des Majors von Alvensleben« berichtete, der unfreiwillig in eine Gruppe dänischer Dragoner geriet und sich à la d'Artagnan durchschlug. So begierig Fontane auf solche Husarenstückchen war, in seinem Buch endet er den Bericht mit einem Hoch – auf das Pferd.

Kurzer Halt in Hadersleben (Haderslev), wo Preußen und Österreicher gemeinsam fochten. (Ein großes, weißes, neogotisches Denkmal am Apenrader Weg erinnert noch heute daran.) Es folgte ein Ruhetag in Flensburg. Am 26. September fuhr Fontane mit dem »Tunnel«-Freund Lucae nach Alsen (Als) und zum Satruper Holz, von wo die minutiös vorbereitete und für den Gegner völlig überraschende Landung ausging. Er hatte ein Dutzend Augenzeugenberichte dazu eingeholt, alle klangen wie Geländespiel; doch der »Tag von Alsen« hatte die Preußen 373 Tote und Verwundete gekostet und die Dänen das Zehnfache. Für sie bedeutete es die endgültige moralische Niederlage.

Die Alsen-Schilderungen waren so abenteuerlich, daß es Fontane bedauert hätte, sie nur im Kriegsbuch verwenden zu können. Da die »Vierundzwanziger«, das in Neuruppin beheimatete Regiment, maßgeblich daran beteiligt waren, arbeitete er sie später in die »Wanderungen« ein.

Broacker (Broager) scheint für Fontane der interessanteste Ort gewesen zu sein insofern, als er dort über die politische Haltung der Sundewitter Aufschluß bekam. Was er darüber schrieb, stimmte allerdings mit der preußisch lizensierten Meinung kaum überein. Da wurde Broacker verteufelt als ein Hort dänischer Fanatiker, die unter Pastor Schleppegrell intrigierten und spionierten. Schleppegrell, hieß es, sei eigentlich dänischer Artillerie-Offizier gewesen und von den Dänen als »schwarzer Gendarm« eingesetzt worden, um die Dänisierung in Wort und Schrift voranzutreiben.

In der Tat, hielt Fontane dagegen, sei der Theologie-Student und Artillerie-Offizier von 1848 bis 1850 »mit nichts als seiner Uniform« nach Broacker gekommen; der Krieg hatte ihn »vor den Klippen und Untiefen der letzten Examina« bewahrt, aber man solle sich nicht darüber entrüsten, daß nach einem Kriege »die Examensfrage tolerant« behandelt worden sei; »auch bei uns war es seinerzeit so... Es sind das Zeiten, in denen der

Mensch wieder mehr gilt als das *Examen,* und solche Zeiten haben auch ihr Gutes. Was speziell unseren Schleppegrell angeht, so waren nicht alle Preußen in Broacker unbedingt schlecht auf ihn zu sprechen. Einigen Anteil in dieser milderen Beurteilung mochten seine fünf Töchter haben, schöne Mädchen, von denen jede einzelne immer dann am schönsten war, wenn sie den Preußen triumphierend versicherte: diese Schanzen werden euch die halbe Armee kosten und ihr werdet sie *doch* nicht bezwingen.« (»Aus dem Sundewitt«, Kapitel II)

Diese Anekdote erzählte Fontane sowohl in den Reisebriefen als auch im Kriegsbuch. Daneben verschwieg er nicht, daß Schleppegrell Hauptinformant der englischen und französischen Korrespondenten war, die in Broacker Quartier genommen hatten. Nachrichten erhielt er aus erster Hand von seinem Kirchturm, wo ein wagemutiger Schiffskapitän »auf einer eisernen Querstange reitend, den Wetterhahn unmittelbar über sich ... halbe Tage lang hier, das Auge am Fernrohr, seine Beobachtungen machte.« Der Kirchturm von Broacker war also das »Observatorium«, von dem aus man die Stellungen der preußischen Belagerer »nicht nur überblicken, sondern zum guten Theil auch in dieselben *hinein*blicken« konnte. Fontane nannte ihn »eine Art historische Lokalität und unzertrennlich von der Düppel-Belagerung überhaupt«. (ebenda)

Wer um diese Geschichte weiß, wird in der 800 Jahre alten, doppeltürmigen Kirche von Broager mehr sehen als nur die mittelalterlichen Wandmalereien. – Auf dem sauber geharkten Kirchhof liegen zahlreiche »tapfere Landsoldaten, die ihr Gelöbnis gehalten«. Dänen und Preußen. Einer der Steine ist dem Pionier Karl Klinke gewidmet.

Bei Rinkenis stand Fontane und sah über die flimmernde Wasserfläche nach Südwesten hinüber, wo auf der Hohen Düne preußische Kanoniere den Zugang zur inneren Flensburger Förde schützen sollten; und er stellte sich vor, welch lähmendes Entsetzen sie gepackt haben mochte, als »Rolf Krake« »wie ein großer schwimmender Sarg« an ihnen vorbeiglitt, ohne daß ihm die Granaten etwas anhaben konnten.

Irgendwo hinter dieser hellgelb aufragenden Steilküste lag – gewissermaßen als historisches Pendant – Schloß Glücksburg, wo König Friedrich

VII. noch im Herbst 1863 lustige Tage verlebte; aber schon im November starb er dort.

So fest prägte sich dieses Landschaftsbild in Fontanes Gedächtnis ein, daß er es Jahrzehnte später abrufen und damit seinen Roman »Unwiederbringlich« beginnen konnte: »Eine Meile südlich von Glücksburg, auf einer dicht an die See herantretenden Düne, lag das von der gräflich Holkschen Familie bewohnte Schloß Holkenäs... Es war ein nach italienischen Mustern aufgeführter Bau, mit gerade so viel Anklängen ans griechisch Klassische, daß der Schwager ... Baron Arne auf Arnewiek, von einem nachgeborenen ›Tempel von Pästum‹ sprechen durfte. Natürlich alles ironisch.«

Auf der Hohen Düne von Holnis hat nie ein Schloß gestanden, schon gar keines mit antiker Säulenhalle; aber wer »Unwiederbringlich« gelesen hat, wird es dort liegen sehen.

(Zitate, soweit nicht anders vermerkt, aus »Der Schleswig-Holsteinsche Krieg im Jahre 1864«. Kapitel »Bis zum 29. Februar«, »Bis zum 17. März«, »Die Dänen und die Düppelstellung«, »Der Sturm«.)

Kiel

Von Kiel aus begannen 1864 die militärischen Operationen der preußischen Truppen gegen Dänemark; darum wählte es Fontane auch als Ausgangspunkt seiner Reise. In das Tagebuch (20./21. 5. 1864) floß der Krieg kaum ein; der Dichter hatte sich wohl noch nicht in die Rolle eines Kriegsberichterstatters eingefunden und betrachtete den Kiel-Besuch als eine Art erweiterte Wanderung. Der Kleinen Kunsthalle im Alten Zollhaus widmete er seine Aufmerksamkeit und setzte sich kritisch mit Moritz von Schwinds Historienbild »Kaiser Rudolfs Ritt zum Grabe« auseinander. Den breitesten Raum aber nimmt in den Reisenotizen eine Dampferfahrt ein, die ihn durch den Kieler Hafen bis Laboe führte. Man kann sie heute noch nachvollziehen. Die gepriesenen Buchenwälder von Düsternbrook sind herrlich wie eh und je, in Bellevue bekommt man noch immer ein »sehr gutes Diner«, und Laboe, wenngleich auch kein »wohlhabendes Schifferdorf« mehr, ist mit seinem feinen Sandstrand beliebtes Ausflugsziel; die Kieler Bucht wurde inzwischen zum Treffpunkt der Wassersportler.

Das Bild der Altstadt hat sich durch die Bomben des zweiten Weltkrieges und den großzügigen, im hanseatisch-skandinavischen Backsteinstil belassenen Wieder- und Neuaufbau sehr verändert; doch gilt nach wie vor Fontanes Urteil: »Viel Wohlstand, ohne – namentlich in den Häusern – alle Pracht.« Fontane empfand es als wohltuend, dieses preußische: »Mehr sein als scheinen.«

Vierzehn Jahre später kam er noch einmal nach Kiel, diesmal aus angenehmeren Gründen: Zusammen mit seiner Frau Emilie war er eine Woche lang Gast in »Haus Forsteck« in der Kieler Bucht. Die Villa (die nicht mehr existiert) gehörte dem Kaufmann und Meeresforscher Adolf Meyer, der im Reichstag die Fortschrittspartei vertrat, was ihn öfter nach Berlin rief. Meyers waren mit der hochmusikalischen Familie Stockhausen verwandt, mit der auch die Fontanes befreundet waren. So kam die Einladung zustande. Wer alles in dem gastlichen Hause verkehrte, geht aus Fontanes Dankeschön-Gedicht hervor:

»Das Gittertor am Parke schließt sich nie,
Die hohen Fenster, ›komm nur‹ sprechen sie,
Und Virchow kommt und feiert Nach-Kongreß,
Stockhausen kommt und schwelgt in Fug' und Mess',
Und Niepa kommt, vom Zeitungsdienste müd,
Und Lindau kommt, im Glanz von ›Nord und Süd‹,
Und einer noch (es zögerte sein Fuß
Im Abschieds-Augenblick) ... und hier – sein Gruß.«
(2. 10. 1878, »An Marie und Adolf Meyer«, Gedichte III)

Für Fontane bedeutete diese Woche ein befreiendes Atemholen zwischen dem eben beendeten vierbändigen Erstlingsroman »Vor dem Sturm« und der neuen Arbeit an »Allerlei Glück«. Das Beste an diesen erfüllten Forsteck-Tagen aber war wohl das Zusammentreffen mit Klaus Groth, über den er bereits 25 Jahre zuvor in »Unsere lyrische und epische Prosa seit 1848« geschrieben hatte: »Die plattdeutsche Sprache hat in allerneuester Zeit Dichtungen von wunderbarer Schönheit hervorgebracht. Der Verfasser des ›Quickborns‹ ... hat einmal wieder an den *Quellen* der Poesie gesessen. Da liegt's! So viele unserer Dichter dichten nach dem *Buche* statt nach dem *Leben.*« (Kapitel »Theodor Storm«) Am 19. März 1853 wandte sich Fontane an den im Potsdamer Exil lebenden Theodor Storm, er möge seinen Landsmann Groth zur Mitarbeit an dem geplanten Jahrbuch »Argo« bewegen. Kurz darauf nahm er jedoch selber Kontakt zu Groth auf und bat um: »...eine Novelle, eine Erzählung, ein Lebensbild, oder dem ähnliches...« (2. 5. 1853) Doch Groth lag damals schwer krank danieder und konnte erst für den Jahrgang 1857 zwei Gedichte beisteuern. Im gleichen Jahr nahm Fontane aus dem »Quickborn« Gedichte in die vierte Auflage des »Deutschen Dichteralbums« auf.

1871 schrieb Klaus Groth an die Redaktion der »Kreuz-Zeitung« und bat Fontane, über eine Forschungsexpedition in der Ostsee zu berichten, an der Adolf Meyer führend beteiligt war. Der Brief erreichte den Adressaten zu spät; er war als Theaterkritiker zur »Vossischen Zeitung« gewechselt und hatte überdies mehr als genug mit seinen Kriegsbüchern zu tun.

Aber Fontane vergaß ihn nicht: 1876 besprach er einen Gedichtband der »Tunnel«-Freunde Friedrich und Karl Eggers und bedauerte darin die geringe Wirkungsmöglichkeit der niederdeutschen Dichtung: »...vielleicht gibt es keinen einzigen Hochdeutschen, der drei Lieder von Klaus Groth zu rezitieren imstande wäre.« Und doch stehe Klaus Groth den zweifelsfreien Lyrikern – wie dem Engländer Tennyson oder dem Amerikaner Longfellow – »als Lyriker mindestens gleich.«

1878 begegneten sich Fontane und Groth in Kiel zum ersten Mal. Groth, der an der Kieler Universität einen Lehrstuhl für deutsche Sprache und Literatur innehatte, litt damals noch unter dem Tod seiner Frau Doris; sie hatte ihm als kluge Partnerin in allen Dingen den Rücken freigehalten und, obwohl häufig kränkelnd, fünf Kinder geboren; zwei davon allerdings bald wieder verloren. Ihr Schicksal ähnelte dem Emiliens, vielleicht mochte das eine besondere Saite in Fontane berührt haben. Der fast Sechzigjährige zog in seinem »Toast auf Klaus Groth« – zu dessen Ehren in beachtlichem Niederdeutsch – eine Art Resümee des eigenen dichterischen Lebens und einen Schlußstrich unter all »minen Balladenkroam / Mit all de groten schott'schen Noam: / ...Wat süll all de Lärm? Woto? Up min Seel, / Dat allens bummst un klappert to veel: / ...Wat läuschig ist, *dat* wihr so mine Oart, / Dat Best bliewt doch ümmer dat Menschenhart.« Er beschreibt nun, wie er all die eisernen Ritter »samt Schillen un Speeren« in den Kasten packt: »...vörbi wihr nu dat Puppenspeel. / ...Un ick hürte nu blot noch, wat sünsten ick mied: / Dat Mignon- und dat Harfner-Lied; –/ Doa hat ick das *Beste* för dat, wat grot, / Hatte Goethe, Möricke und Klaus Groth.« (Gedichte III)

Urfaust, Pole Poppenspäler und »Min Jehann« werden im Läuschen- und Riemels-Ton miteinander verwoben, heiter, scheinbar spielerisch, gedankentief; die Tonart seiner Alterslyrik kündigte sich an.

Im Jahre 1891 erhielt Fontane zusammen mit Klaus Groth den Schiller-Preis; wenig später erschien »Unwiederbringlich«, darin eingeflochten eine kleine Hommage an Klaus Groth: »...wißt ihr denn schon, daß sich in Kiel und Rostock eine plattdeutsche Dichterschule gebildet hat, oder eigentlich zwei, denn die Deutschen, wenn sich irgendwas auftut, zerfallen immer gleich wieder in zwei Teile. Kaum ist das Plattdeutsche da, so haben wir auch schon wieder itio in partes, und die Mecklenburger marschieren unter ihrem Fritz Reuter und die Holsteiner unter ihrem Klaus Groth. Aber Klaus Groth hat einen Pas voraus, weil er Lyriker ist und komponiert werden kann, und davon hängt eigentlich alles ab.« (»Unwiederbringlich«, Kapitel 2)

Klaus Groth war und blieb für Fontane eine Autorität.

Sein »Haus Quickborn« in Kiel, an der Schwanenallee 26, gehört heute zu dem weiten Areal der Universitätskliniken. Sein Denkmal, drei Meter hoch und in Bronze gegossen, wurde aus Bombentrümmern gerettet und am Kleinen Kiel wiederaufgestellt. Doch wer Charakter und Lebensart Groths kennenlernen will, sollte nach Heide in Holstein fahren, in sein Geburtshaus, Lüttenheide 48, mit dem grünen Brettergiebel. Es ist nicht zu verfehlen: Lütt Matten, de Has, de Voß und de Krei weisen den Weg.

Husum

»Storm kam Weihnachten 1852 von Husum nach Berlin, um sich hier, behufs Eintritts in den preußischen Dienst, dem Justizminister vorzustellen. Er sah sich im Ministerium ... entgegenkommend, in literarischen Kreisen aber mit einer Auszeichnung empfangen, die zunächst dem Dichter, aber beinahe mehr noch dem Patrioten galt. Denn alle anständigen Menschen in Preußen hatten damals jedem Schleswig-Holsteiner gegenüber ein gewisses Schuld- und Schamgefühl.« (»Von Zwanzig bis Dreißig«, »Der Tunnel über der Spree«, Kapitel 4) Bei allem Wohlwollen spürte der empfindliche Storm doch, daß in Berlin selbst gebildete Kreise »den Schwerpunkt nicht in die Persönlichkeit, sondern in Rang, Titel, Orden und dergleichen Nipps« legten (an Fontane, 23. 3. 1853). Fontane, obwohl er sich oft genug ob seiner Rang- und Titellosigkeit zurückgesetzt fühlte, widersprach merkwürdigerweise: »Es gibt nirgends in der Welt ... so wenig eine ›exklusive Gesellschaft‹ wie hier ... Geburt, Reichtum, Rang, Talent und Wissen vertragen sich hier in wunderbarer Weise, und Graf Arnim, mit einem halben Fürstentum hinter sich, verkehrt mit dem Lokomotivenbauer Borsig oder mit Prof. Dove völlig ebenso wie mit seinesgleichen.« (2. 5. 1853) Storm konterte: »Fragen Sie Ihren Grafen Arnim doch einmal, ob er dem Professor Dove oder dem Maschinenbauer Borsig auch seine Tochter zu Ehe geben wolle!« (5. 6. 1853)

Storm vertrat die französische Forderung nach Egalité viel radikaler, war überhaupt radikaler in politischen Fragen und »zog vor, den politischen Ankläger zu machen«. Wenn er sich »mit seiner kleinen, feinen Stimme« über das »Inferiore preußischen Wesens« ausließ, fühlte Fontane sich persönlich attackiert. Es kam zu Überreaktionen auf beiden Seiten. Während Fontane die patriotisch-heroische Seite preußischer Bildung hervorhob, erwiderte Storm: »Mich interessiert mehr der Mensch als die Menschheit«, lenkte aber ein, es sei wohl »das Pflanzenhafte seiner

Natur«, das ihn so empfinden ließe: »Mir fehlt wohl das, was man historischen Sinn nennt.« (5. 6. 1853)

Sie gerieten nicht nur politisch aneinander, auch ihre Temperamente, ihre Ansichten vom Leben, ihre Anschauungen, was sittlich oder nicht, was frivol und was prüde sei, führten zu Kontroversen; doch was sie immer wieder aneinander band, war das gemeinsame Schicksal junger Dichter-Ehen: zu wenig Geld, überforderte Frauen, Kinder, die im Säuglingsalter starben, Ausbleiben von Anerkennung... Und was ihnen nie verloren ging: die gegenseitige Wertschätzung. Wenn sich Fontane wieder einmal über Storms Ansichten geärgert hatte, las er nur in dessen Gedichten, und alle Dissonanzen lösten sich auf. Eine Liebe, eine Welt-Anschauung verstand er in sechs Zeilen zu fassen.

»Für Constanze
So komme, was da kommen mag,
Solang *du* lebest, ist es Tag.
Und geht es in die Welt hinaus,
Wo du mir bist, bin ich zu Haus,
Ich seh dein liebes Angesicht,
Ich sehe die Schatten der Zukunft nicht.«

Neidlos erkannte Fontane an, das seien »Worte, wie sie kein Dichter je schöner geschrieben hat«. (»Von Zwanzig bis Dreißig«, »Der Tunnel über der Spree«, Kapitel 4)

1856 trennten sich ihre Wege für lange Zeit: Fontane ging wieder nach London, Storm als Kreisrichter nach Heiligenstadt, wo er bis zum Frühjahr 1864 blieb. Er hatte sich also gerade erst wieder in Husum eingerichtet, als Fontane, auf der Rückreise von Kopenhagen, aus Flensburg bei Storm anfragte, ob ein Besuch »auf 1/2 Stunde« genehm sei; er habe für 14 Tage »die cimbrische Halbinsel unsicher« gemacht und stünde nun »als Gewölk über Husum«. Hinter diesem launig-forschen Ton verbarg sich eine leise Unsicherheit, ob sein Besuch wirklich erwünscht sei; doch Storm antwortete ohne Zögern: »Hand auf's Herz, das ist wirklich eine große Freude. Sie sind natürlich zu jeder Stunde ... willkommen; leider wohnen wir ›eng, aber mit Liebe‹, so daß, da eine Verwandte auf Besuch ist, die Unmöglichkeit ist, Ihnen Nachtquartier zu schaffen. Aber in den Hotels ist überflüssig Platz, und ein paar Nächte müssen sie hier bleiben. Für den Tag nehmen wir Sie natürlich gänzlich in Beschlag. Da werden also ein paar Trümmer des seligen Rütli mal wieder zusammenkommen.« (26. 9. 1864) Storm, der als Landvogt und Amtsrichter das alte Prediger-witwenhaus in der Süderstraße 12 bezogen hatte, holte Fontane vom Bahnhof ab; in seiner Begleitung die beiden ältesten Söhne, die Fontane noch von Potsdam her kannte. Man ging zuerst zu Thoma's Hotel, dann zu Storm nach Hause, wo es, wie Fontane dem Tagebuch anvertraute, ihm gefiel: »Husum und Storms Haus sehr nett. Idyll. Garten, Kinder... Die Marsch, die Geest, der Deich, die Koogs ... das *Meer*, das Watt, die Flut – ich zähle es nur auf, wer wollte es beschreiben«. Es gab nur eine Hand, die es in vollendeter Meisterschaft bereits beschrieben hatte: »Diese Hand ist die Th. Storms«.

In Potsdam war der »Husumer Theekesselkult« des heimwehkranken Storm für Fontane oft Anlaß zu Spötteleien gewesen, nun spürte er, daß er eine Notwendigkeit war; denn hier war Storm ein anderer, »einer, der Grund gespürt hatte«, einer, der auf seinem ureigenen Boden angekommen war. Sie schieden mit seltener Herzlichkeit und Storm berichtete ihrem gemeinsamen Freund Pietsch von Fontanes Besuch: »...er ist trotz seiner Mitredaktionsschaft an der † † † [»Kreuz-Zeitung«] doch ein traitabler Mensch und – ein Poet. Wir haben uns in den paar Stunden fast um den Hals geredet.«

Doch bald darauf kam es zu erneuten Irritationen: Fontane hatte – wie übrigens auch Klaus Groth – die heimkehrenden preußischen Truppen mit einem »Einzugslied« begrüßt und Storm gebeten, auch eines »aus der Sicht eines Schleswig-Holsteiners« zu schreiben. Das traf genau dessen neuralgischen Punkt und er wetterte zurück: »Liebster Fontane, Hol Sie der Teufel! Wie kommen Sie dazu, daß *ich* eine Siegeshymne dichten soll!... Ihr Einzugslied ist so außerordentlich gut, daß ich gründlich dazu gratuliren muß, obgleich der Zipfel der verfluchten Kreuzzeitung aus jeder Strophe heraushängt. Möchten Sie der letzte Poet jener, doch Gott sei Dank und trotz alledem dem Tode verfallenen Zeit sein, worin die That des Volkes erst durch das Kopfnicken eines Königs Weihe und Bedeutung erhält. Ihr … meisterliches Lied feiert lediglich die militairische Bravour, wodurch der Beifall des Königs … erworben ist, von einem sittlichen Gehalt der That weiß es nichts. Sie hat auch dießmal keinen.« Nachdem er unmißverständlich seinen Standpunkt kundgetan, kam er zum Wesentlichen: Er dankte für die Freundesgabe »Jenseit des Tweed« und bat, auch weiterhin gegenseitig Bücher auszutauschen. (19. 12. 1864)

Fontane schickte die erbetenen »märkischen Bücher«, Storm revanchierte sich mit »Bulemanns Haus« und dem »Spiegel des Cyprianus« und fügte hinzu: »…bleiben Sie ferner gut dem *Storm,* wie er nun einmal beschaffen.« (27. 12. 1864) In demselben Brief dämpfte er den Optimismus Fontanes in bezug auf Preußens Toleranz und prophezeite: »…nur das wird Preußen ungefressen lassen was ihm … verwehrt wird.« Er sollte Recht behalten. Preußen schickte sich nach dem Sieg von 1866 an, aus Schleswig-Holstein eine preußische Provinz zu machen. Zähneknirschend klagte Storm in einem Brief an Pietsch: »Wir fühlen alle, daß wir lediglich unter der Gewalt leben; das ist umso einschneidender, da sie von denen kommt, die wir gegen die fremde Gewalt zu Hilfe riefen und die uns jetzt selbst als einen besiegten Stamm behandeln, nachdem sie uns von der andern Gewalt befreit haben.« (16. 8. 1867)

Im Mai 1868 nahm Fontane Storms Gedichte mit in die Harzer Sommerfrische, las sie zum »ich weiß nicht wievielten Male in meinem Leben« und gestand, daß ihm »beim Lesen von ›Herbst 1850‹, ›Ein Epilog 1850‹ und vor allem von ›Abschied 1853‹ wieder die dicken Wonnethränen übers Gesicht liefen…« Und aus dieser Stimmung heraus stiftete er Storm aus vollem Herzen einen Dankesbrief: »Ja, lieber *Storm,* Sie sind und bleiben nun mal mein Lieblingsdichter und ich bin dessen ganz gewiß, Sie haben auf der ganzen weiten Welt keinen größren Verehrer als mich.« (22. 5. 1868)

Als Fontane im Spätherbst 1870 unter dem Verdacht der Spionage auf der Festung d'Oléron gefangensaß, bat er seine Frau, ihm »einige Strophen verschiedener Gedichte« (15. 11. 1870) Storms abzuschreiben, nicht nur zur eigenen Aufrichtung; er verwandte sie als Motto für zwei Kapitel des Buches »Kriegsgefangen«. Von den Prosa-Arbeiten liebte er besonders »Die Chronik von Grieshuus«, er nannte sie »ein Genre-Bilderbuch ohne Gleichen«. Storm wiederum schwärmte für Fontanes Balladen, vor allem für Archibald Douglas. »Da wollen wir fischen und jagen froh / als wie in alter Zeit...« ging in den Hausschatz, in die Haushaltssprache der Familie Storm ein. Seiner Mutter las Storm »Ein Sommer in London« und »Jenseit des Tweed« vor. Von Fontanes Romanen kannte er nur »Grete Minde«, »Schach von Wuthenow« und »Graf Petöfy«; alle anderen, die Fontane eigentlich berühmt machten, erschienen erst nach Storms Tod 1888.

Als Fontane seine Lebenserinnerungen zusammentrug, fand er für die Kontroversen während der Potsdamer Zeit eine einfache Erklärung: »Wir waren *zu* verschieden. *Er* war für den Husumer Deich, *ich* war für die Londonbrücke; sein Ideal war die schleswigsche Heide mit den roten Erikabüscheln, mein Ideal war die Heide von Culloden mit den Gräbern der Camerons und MacIntosh.« Mit zunehmendem Alter verblaßte alles Trennende, wozu nicht nur die Weisheit der Jahre, sondern auch die Annäherung ihrer gesellschaftspolitischen Standpunkte beitrug. Zweimal noch waren sie sich in Berlin begegnet: einmal bei dem alten »Rütli«-Freund Karl Zöllner, das andere Mal zu Storms 70. Geburtstag, als ihm zu Ehren im Englischen Haus ein großes Fest gegeben wurde. Und mit dem »reinen, schönen Poeteneindruck«, den Fontane von ihm empfangen hatte, schloß er auch das Storm-Kapitel in »Von Zwanzig bis Dreißig«: »In allem Guten war er der alte geblieben, und was von kleinen Schwächen ihm angehangen, das war abgefallen. Alt und jung hatten eine herzliche Freude an ihm und bezeugten ihm die Verehrung, auf die er so reichen Anspruch hatte. Als Lyriker ist er, das Mindeste zu sagen, unter den drei, vier Besten, die nach Goethe kommen. Dem Menschen aber, trotz allem, was uns trennte, durch Jahre hin nahegestanden zu haben zählt zu den glücklichsten Fügungen meines Lebens.«

Husum heute

1866 zog Storm in die Wasserreihe 31, ein Kaufmannshaus aus dem Jahre 1730, heute Storm-Museum. Es vermittelt neben dem Literarhistorischen auch die Lebensweise des Dichteres und seiner Familie: Da ist das dem Leser von »Viola tricolor« wohlvertraute Wohnzimmer, der runde Sofatisch, an dem Storm seine Werke vorzulesen pflegte und Frau Constanze auch den Tee serviert haben dürfte; da ist das angebaute »Poetenstübchen«, in dem »Pole Poppenspäler« und zwanzig andere Novellen zu Papier gebracht wurden; da ist der von vier geschnitzten Eulen getragene Schreibtisch aus dem späteren Hademarschenhaus, an dem »Der Schimmelreiter« entstand.

Das Storm-Haus genießt den Vorzug – oder ›des Vorzugs‹, wie Fontane gesagt haben würde –, in allem original zu sein; es atmet den Geist des eigenwilligen, unverwechselbaren Dichters, von dem Fontane im Alter sagte: »Als ich ihm nahe stand, hatte ich viel an ihm auszusetzen, als er mir ein Drüberstehender war, also etwa von Anno 70 ab, habe ich ganz auf seiner Seite gestanden...« (»Erinnerungen an Theodor Storm«, 1888)

Wyk auf Föhr

Im Sommer 1891 war Fontane guter Dinge: Arbeits- und erfolgreiche Monate lagen hinter ihm, erste Entwürfe zu den »Poggenpuhls« und zu »Mathilde Möring«, »Frau Jenny Treibel« hatte er »angeputzt«, im April – zusammen mit Klaus Groth – den Schiller-Preis erhalten, mit dem 3000 Mark ausgezahlt wurden; so hatte er sich mit Frau Emilie eine Kur in Bad Kissingen geleistet. Im August sollte das alte Johanniterhaus in der Potsdamer Straße 134c saniert und die Wohnung der Fontanes renoviert werden; für den Dichter Grund genug, sich weitab ein ruhiges Plätzchen zu suchen. Die gewohnte Riesengebirgslandschaft lockte ihn diesmal nicht, denn sein Lieblingsgesprächspartner Georg Friedlaender, Amtsgerichtsrat in Schmiedeberg, verbrachte den Sommer mit Familie in Wyk auf Föhr, das, wie es im »Bade-Anzeiger« hieß, »für schwache Constitutionen besonders geeignet« sei. Kurzentschlossen bat Fontane seinen Freund, ihm dort auch eine kleine Wohnung zu mieten, was dieser mit Vergnügen tat.

So ließ Fontane am 6. August 1891 Berlin aufatmend hinter sich, sah sich am Tag darauf ein wenig in Hamburg um, erreichte am 8. Niebüll, gegen zwei Uhr nachmittags Dagebüll und landete nach umständlichem Manöver gegen halb vier Uhr in Wyk auf Föhr.

Friedlaender hatte unweit des Hafens, Am Sandwall 32, in der Privatpension Lolly ein angenehmes Quartier besorgt, in dem sich Fontane sogleich wohl fühlte: »Wyk erinnert außerordentlich an Warnemünde, die Straße an der Warnow entlang; schöne Baumreihen, hier aber Blick aufs Meer. Alles sehr anmuthig, solide, nicht theuer…« (an Mete Fontane, 9. 8. 1891)

Mit dem Briefschreiben hielt er sich auffallend zurück, erst am 21. August berichtete er seiner Frau, daß es eigentlich nichts zu schreiben gäbe. (Das behauptete er meistens, wenn er fleißig gearbeitet hatte.) »Die Tage vergehen im Gleichmaß; erst kurz vor 9 Uhr auf, von 12–2 Uhr gearbeitet, bis 3 1/2 zu Tisch, dann bis 5 Uhr in meiner Wohnung Zeitung gelesen, dann eine Plauderstunde beim Kaffee und dann wieder nach Hause, um bei Thee und Schinken den Tag zu beschließen. Ist das Wetter gut, so fällt in die Zeit von 5–8 Uhr auch ein längerer Spaziergang entweder am Strand hin oder nach dem reizenden Dorfe Boldixum; stürmt und regnet es aber, so fallen diese Spaziergänge natürlich aus.«

Doch der empfindliche Dichter, der selbst bei strahlendem Sonnenschein nie ohne »Shawl« ausging, fing sich, wie zu erwarten, trotz aller Vorsicht eine Erkältung ein. Zwei Tage später gestand er Emilie: »Mir geht es nicht sehr gut; gestern war mir miserabel, und ich blieb ein und hungerte, heute ist es etwas besser, aber ich kann nicht ausgehn und muß meine Hungerkur fortsetzen... Alles Arbeiten habe ich einstellen müssen...«

Draußen Sturm und Regen, drinnen allein mit Husten, Schnupfen und streikendem Magen, da kamen ungewollt Selbstmitleid und Sentimentalität auf. Philosophierend versuchte er, Contenance zu bewahren, und schrieb seiner Frau, die es im Kampf gegen Maurerdreck und Tapetenkleister auch nicht leicht hatte: »Ich beschäftige mich damit, mein Leben zu überblicken, allerdings in etwas kindischer oder doch mindestens in nicht sehr erhabener Weise;... Das Endresultat ist immer eine Art dankbares Staunen darüber, daß man von so schwachen wirtschaftlichen Fundamenten aus, überhaupt hat leben, 4 Kinder großziehn, in der Welt umherkutschieren und stellenweis (z.B. in England) eine kleine Rolle spielen können. Alles auf nichts andres hin als auf die Fähigkeit, ein mittleres lyrisches Gedicht und eine etwas bessere Ballade schreiben zu können. Es ist alles leidlich geglückt, und man hat ein mehr als nach einer Seite hin bevorzugtes und namentlich im kleinen künstlerisch abgerundetes Leben geführt, aber, zurückblickend, komme ich mir doch vor wie der ›Reiter über den Bodensee‹ in dem gleichnamigen Schwabschen Gedicht, und ein leises Grauen packt einen noch nachträglich. Personen von solcher Ausrüstung, wie die meine war, kein Vermögen, kein Wissen, keine Stellung, keine starken Nerven, das Leben zu zwingen – solche Menschen sind überhaupt keine richtigen Menschen, und wenn sie mit ihrem Talent und ihrem eingewickelten 50-Pfennig-Stück ihres Weges ziehn wollen (und das muß man ihnen schließlich gestatten), so sollen sie sich wenigstens nicht verheiraten. Sie ziehen dadurch Unschuldige in ihr eigenes fragwürdiges Dasein hinein ... ein Apotheker, der anstatt von einer Apotheke von der Dichtkunst leben will, ist so ziemlich das Tollste, was es gibt.« (23. 8. 1891)

Zwei Tage später, die sentimentalen Anwandlungen waren längst verflogen, schrieb er an Mete, launig, realistisch wie immer: »Alles in allem habe ich mich..., trotz andauernder Wetterunbill, meines hiesigen Aufenthalts zu freuen gehabt und selbst der kapitale Bellhusten, an dem ich seit 4 Tagen laborire, hat mich nicht andren Sinnes gemacht. Der Anblick des Meeres erfreut immer wieder, die Luft ist schön, die Verpflegung vortrefflich und der Verkehr mit Friedländers (ohne den es freilich nicht gegangen wäre) sorgt für Zerstreuung und läßt das grausige Einsamkeitsgefühl nicht aufkommen. Zugleich bin ich dem Berliner Hausspektakel entgangen, einer argen Unbequemlichkeit, die durch Mamas philosophisch wenig abgeklärte Stellung zu derlei Lästigkeiten, nicht gerade gemildert wird.« (25. 8. 1891)

Am 27. August reisten Friedlaenders ab. Fontane begleitete sie »bis an den kleinen Dampfer, der dann bis an die mitten im Wattmeer liegende ›Cobra‹ heranfährt und Gepäck und Passagiere umlädt. Immer eine sehr komplizierte Geschichte, die sich, wegen der geringen Tiefe des Wattmeers, selbst bei Flut nicht vermeiden läßt.« (an Emilie Fontane, 27. 8. 1891)

Es hielt nun auch den halbwegs wiederhergestellten Dichter nicht länger auf der immer noch stürmischen Insel. Nur einen Tag noch genoß er das entzückende Bild vor seinem Fenster: »...die breakers, die ihren Schaum ans Ufer rollen, die Boote, die Möwen, die auf dem Wasser tanzen, und zahlreiche Kinder in roten und weißen Kappen, die am Strand ihre Festungen bauen.« Dann rüstete auch er zur Heimreise. Fazit: »Es ist ein sehr angenehmer Aufenthalt, ohne alles Häßliche oder sonst Störende, nur das Wetter hat es nicht gut mit mir gemeint.« (ebenda)

Da er sich so zufrieden über den Inselaufenthalt äußerte, darf man schließen, daß er auch mit seinem Arbeitsergebnis zufrieden war. Zweifellos war er mit dem Brouillon zu »Mathilde Möhring« gut vorangekommen. Zu Hause packte er es allerdings in die Schublade. Anderes drängte in den Vordergrund, vor allem »Frau Jenny Treibel«. Auch in diesem Roman versucht die weibliche Hauptfigur, die kluge, aber mittellose Corinna, über die Heirat mit dem unbedarften Leopold Treibel einen eigenständigen Weg in der männerorientierten Gesellschaft zu erzwingen. Doch sie verwirft diesen Weg sehr bald; Mathilde Möring aber emanzipiert sich wirklich. Es ist zu bedauern, daß der Entwurf unvollendet blieb. Erst 1906 erschien die Novelle, von Josef Ettlinger redigiert, in der »Gartenlaube«. »...diese eigenwüchsige, mit dem Sinn fürs Höhere begabte Tochter des Berliner Kleinbürgertums«, so kommentierte er 1907 im Vorwort des Nachlaßbandes, «...ist ihrer ganzen realistischen Lebensanschauung nach einer Corinna Schmidt, einer Witwe Pittelkow, einer Manon von Poggenpuhl in gerader Linie verschwistert.«

Nachsatz

Wyk auf Föhr erreicht man heutzutage von Dagebüll aus mit der Fähre wesentlich unkomplizierter als zu Fontanes Zeiten. Der Ort, wenngleich um einiges erweitert, ist noch immer »sehr anmuthig, solide«, nur hat er inzwischen »halbe Sankt-Moritz-Preise«.

Das Haus Am Sandwall 32 ist leicht zu finden; das Photogeschäft Ingwersen befindet sich dort. Wenn man Glück hat, kann man beim alten Herrn Ingwersen eine Photographie des Hauses aus der Zeit von Fontanes Wyk-Aufenthalt erwerben. Dem besonders Interessierten wird er sogar seine persönliche Meinung zu Fontane anvertrauen, die da lautet: »Er war ja ein gebildeter Mensch, sprach sehr gut englisch und hat auch über die schottische Geschichte geschrieben, – aber sonst war er sehr eigenartig: Er hatte mehrfach die Chance, Beamter zu werden, aber er wollte nicht. Seine Frau hat ihm das sehr übelgenommen. Kann man verstehn. Die Arbeit hat er wohl nicht erfunden, aber sonst kann man ihm in Wyk nichts Schlechtes nachsagen. Er hat sogar dafür gesorgt, daß Leni Lolly das

Trinkgeld fürs Stiefelputzen nachgereicht bekam, das er am Tag seiner Abreise vergessen hatte...«

Unerachtet dieser individuellen, durchaus ambivalenten Meinung über den Dichter, von dem er nie etwas gelesen hat, ließ Herr Ingwersen an seinem Haus eine schöne Tafel anbringen, auf der goldene Buchstaben verkünden, hier habe vom 9. bis 28. August 1891 der berühmte Theodor Fontane gewohnt.

Dänemark

»Wenn man's nur erwarten kann, so geht einem zuletzt doch alles in Erfüllung, – ich bin nun in Kopenhagen. In meinen Jugendträumen stiegen drei Zauberstädte auf: Edinburgh, Stockholm, Kopenhagen. Nur Stockholm fehlt noch, sonst sind die Träume Wirklichkeit geworden, und ich kann nicht einmal sagen, daß die Wirklichkeit hinter der Traumwelt zurückgeblieben sei.« So beginnt Fontane seinen Aufsatz über »Kopenhagen«.

Das Dampfschiff »Bager« hatte am Nachmittag des 9. September 1864 Lübeck verlassen und nach sechzehn Stunden zum Teil stürmischer Überfahrt Kopenhagen erreicht. Schon die Passage durch den Sund zwischen Seeland und der schwedischen Küste, über der die Nebel brauten, ließ ihn vergessen, daß er ausgezogen war, über den soeben zu Ende gegangenen Deutsch-Dänischen Krieg zu berichten; und als die »Bager« in Kopenhagen einlief, übermannte ihn vollends das Gefühl: »Du bist in einer neuen Welt.«

Dänemark war für ihn nicht »Feindesland«, vielmehr das Land Hamlets, das er »mit der Seele suchen« und begreifen wollte. Bereits in jungen Jahren hatte er versucht, Shakespeares Hamlet ins Deutsche zu übertragen; mit Vierzig hatte er Gelegenheit gehabt, in England und Schottland die blutgetränkten Szenen der Geschichte nachzuempfinden; nun war er da angekommen, wo Linlithgow und Roskilde gewissermaßen miteinander verschmolzen. Historischer und poetischer Sinn Fontanes waren aufs Äußerste sensibilisiert, das Ergebnis erstaunlich; zumal man bedenken muß, daß ihm nur gut zwei Wochen zur Verfügung standen für Kopenhagen, Roskilde, Helsingör, Frederiksborg, Limfjord, Ålborg, Sundbye, Limfjordfahrt, Nykøbing, Skive, Viborg, Århus; und dann, vom 22. bis 26. September für die Kriegsschauplätze Vejle, Skanderbog, Fredericia, Colding, Alsen und Düppel. (Letzteres hatte er allerdings schon im Mai gründlich recherchiert.)

In diesen an Überraschungen reichen zwei Wochen versuchte er »abends von 7 bis 10« zu schreiben: »Reisebriefe aus Jütland«, Aufsätze über »Kopenhagen« und »Roeskilde« für die »Kreuzzeitung«. Dabei vertäute er die gesehenen Bilder so fest, daß er sie 25 Jahre später in »Unwiederbringlich« lebensfrisch wieder hervorrufen konnte. Graf Holk, als er, von Holnis kommend, seinen Dienst als Kammerherr am Hofe der dänischen Prinzessin antritt, nimmt denselben Weg, den auch Fontane gegangen war: »... das Bollwerk entlang, erst auf den Sankt-Annen-Platz und von hier aus in kurzer Biegung auf die Dronningens-Tvergade zu, wo gleich links das zweistöckige Haus der Witwe Hansen gelegen war.« (Kapitel 10) Und von diesem Haus »bis zu Vincents Restaurant am Kongens Nytorv war nur ein Weg von fünf Minuten«. Bei Vincent, dem späteren Hotel d'Angleterre, stieg auch Baron von Innstetten mit seiner Effi ab. Es war das Hotel, das Fontane am besten kannte: Er hatte im September 1864 hier gewohnt.

Von der nächtlichen Überfahrt noch etwas »derangirt«, verschob er Thorvaldsen-Museum und Tivoli auf einen späteren Zeitpunkt, machte sich aber auf den Weg, das Charakteristische seiner erträumten Stadt zu finden. Sein »romantisches Bedürfnis« wurde voll befriedigt: »Da ist der ›Runde Turm‹; Runensteine sind in sein Mauerwerk eingefügt, halb entzifferte Inschriften in lateinischen und hebräischen Buchstaben ... und eine Wendeltreppe schlängelt sich bis zur äußersten Plattform, bis zu welcher Peter der Große, so geht die Sage, hinaufgeritten ist. – Die *Erlöserkirche* hat auch eine Wendeltreppe, aber sie windet sich ... *außerhalb* des Turmes, der der höchste in ganz Dänemark ist, empor ...« Überall begegneten ihm Absonderlichkeiten: Die Orgel der Erlöserkirche wurde von zwei Elefanten getragen; vier Drachen bildeten mit ihren Schwänzen den Turm der Börse; Fratzen und Fabelwesen an Pilastern und Friesen; »... eine machalitfarbene Kupferkrone, die grotesk auf einem Dachfirst reitet; wunderlich geformte Turmspitzen, deren phantastische Formen im Nebel noch phantastischer erscheinen«, kurzum, er fand Kopenhagen »*pittoresk*, poetisch interessant, so recht eine Stadt zum Lieben, von der ich es sehr wohl begreife, daß das Herz seiner Bewohner aufs innigste daran hängt ...«

Die Liebe der Dänen zu ihrer Heimat, symbolisiert durch den in jedem Vorgarten wehenden Danebrog, konnte Fontane wohl nachfühlen, aber nicht den übersteigerten Nationalismus, der zu dem damaligen Zeitpunkt hohe Wellen schlug; er gipfelte für Fontane in »dem blasphemischen Dogma des alten Professors Grundtvig, ›daß Gott am Jüngsten Tage in *dänischer* Sprache zu Gericht rufen würde‹ ...«.

Dieser ironische Seitenhieb auf das übersteigerte Selbstwertgefühl vieler Dänen ist das einzige, was auf das Entstehungsjahr der Reisebriefe hinweist: das Kriegsjahr 1864. Alles andere sind Ausflüge in die abenteuerreiche Geschichte Dänemarks, Impressionen von Landschaften und Menschen. Weil sie, im Gegensatz zu den »Wanderungen durch die Mark Brandenburg«, nur einem relativ kleinen Zeitungsleserkreis zugänglich waren, haben Heinrich Marohl und Herbert Roch sie fast hundert Jahre später noch einmal herausgegeben unter dem Sammeltitel: »Unbekannte Wanderungen«, an die wir uns in diesem Kapitel halten wollen und auch halten können, denn die Reiseroute Fontanes mit allen am Wege liegenden Sehenswürdigkeiten ist heute noch ziemlich genau nachvollziehbar. Dabei haben wir das Vergnügen, den aktuellen Baedeker durch Fontanes Reiseschilderungen und kleine Szenen aus »Effi Briest« und »Unwiederbringlich« illustrieren und ergänzen zu können.

Kopenhagen

Für Gräfin Holk ist Kopenhagen nur »Tanzsaal, Musik, Feuerwerk ... eine Stadt für Schiffskapitäne, die sechs Monate lang umhergeschwommen und nun beflissen sind, alles Ersparte zu vertun und alles Versäumte nachzuholen. Alles in Kopenhagen ist Taverne, Vergnügungslokal.« So sehen es viele Touristen heute noch – und deshalb fahren sie hin, denn sie sehen es nicht mißbilligend wie die herrnhutisch-strenge Gräfin, sondern voller Lebenslust; aber die meisten besichtigen doch auch das »Thorvaldsen Museum und die nordischen Altertümer« und halten – bei aller Liebe – das Tivoli nicht »für einen Eckpfeiler der Gesellschaft«.

Wie Fontane beginnen viele am Kongens Nytorv, dem Königs-Neumarkt, mit dem Stadtbummel, flanieren durch die Strøget zum Rathausplatz mit dem attraktiven Rathaus. Aber Vorsicht! Es ist weder italienische Renaissance noch dänisches Mittelalter, sondern beidem nachempfunden. Zu Fontanes Zeiten stand es noch nicht, ebenso wie der berühmte Drachenspringbrunnen, das Denkmal für den Märchendichter Hans Christian Andersen, oder die zwölf Meter hohe Säule mit den bronzenen Lurenbläsern.

Fontane muß so ein »Luren-Konzert« miterlebt haben, denn es gibt ein langes Gedicht darüber, in dem er, teils ergriffen, teils seine Ergriffenheit persiflierend, erzählt, wie ihn die fernen, fremdartigen Klänge in graue Vorzeit zurücktrugen:

»Es fallen die Schwerter, es klappen die Schilde,
Walküren jagen, es jagt Brunhilde,
Von der Toten hochaufgetürmtem Wall
Aufwärts geht es nach Walhall.«
(»Luren-Konzert«, Gedichte I)

Er war derart hingerissen, daß er beinah – aber eben nur beinah – die schönen Damen auf der Empore vergaß, die unter koketten Hüten durch funkelnde Lorgnons mit Kennerblicken die prächtig gebauten, nordischblonden Lurenbläser musterten.

Es fällt nicht leicht, alle Sehenswürdigkeiten Kopenhagens beiseite zu lassen und sich nur auf diejenigen zu beschränken, die Fontane in seinen Reisebriefen behandelte. Da wäre als »nächststehender« der *Runde Turm*; im 17. Jahrhundert als Observatorium erbaut, enthält er heute noch Gegenstände, die an den Astronomen Tycho Brahe erinnern. Der Turm mit seinen 36 Metern Höhe und fünfzehn Metern Durchmesser beeindruckte Hans Christian Andersen so sehr, daß er in dem Märchen »Das Feuerzeug« von dem größten der drei Hunde, die das Gold bewachten, sagte, er habe »Augen so groß wie der Runde Turm«. Aber wo ist die Wendeltreppe, auf der Zar Peter bis zur Plattform hinaufgeritten sein soll? Ein breiter, stufenloser Schneckengang führt nach oben; dieser macht das Husarenstück Peters des Großen wahrscheinlicher. Fontane hatte also den Runden Turm gar nicht von innen gesehen. Das wundert uns nicht, denn laut Tagebuch besichtigte er am selben Tag auch noch die Moltke-Galerie, das Thorvaldsen-Museum, Amalienborg, die im Bau befindliche Frederikskirche und fand noch Zeit, in der Konditorei Genelli Schokolade zu trinken. Diese Tour bewältigt wahrscheinlich nur ein geübter Reisender.

Das *Thorvaldsen-Museum* bestand gerade erst zwanzig Jahre, als Fontane es besuchte. Der Jubel der Kopenhagener, als Berthel Thorvaldsen 1838 – nach langen Jahren in Rom – in seine Heimat zurückkehrte, muß unbeschreiblich und tief empfunden gewesen sein. An der Kanalseite des Museums ist er in monumentalen Freskobildern für immer festgehalten. Sein Grab, inmitten des Museumshofes, »ist nichts als ein Blumenbeet: *Efeu, von Rosen durchflochten*, kein Denkmal, keine Inschrift. Sein Denkmal sind eben die hundert Werke, die ihn umstehen.«

Die Vorhalle mit den Kolossalstatuen brachte der erwartungsvolle Fontane ziemlich rasch hinter sich; er kam sich vor wie in jenen »naturhistorischen Sammlungen ... in denen man erst die vorsintflutlichen Riesentiere passieren muß, ehe man an die Schöpfungen gelangt, die die

Dimensionen *unserer* Erdepoche tragen.« Weder der christliche noch der historische Thorvaldsen vermochte ihn zu fesseln, »sondern *Thorvaldsen, der Grieche.* Hier fiel es mir wie Schuppen von den Augen. Eine Art nüchternes Verhältnis, in dem ich ... bis dahin ... zum Marmor gestanden hatte, *hier* wich es wie auf einen Schlag... Es war ein Zwiesprachhalten ... mit der *Schönheit selbst. So* hatte ich sie noch nicht gesehen. Da war nichts Kaltes, wie sie mir sonst wohl erschienen war, sie war heiter, lachend, neckisch, vor allem unendlich beglückend. Es war wie Zyperwein, jedes neue Zimmer ein neuer Becher. ... Ich gab es bald auf, unterscheiden und klassifizieren zu wollen. ... Als ich wieder ins Freie trat, hatte ich Mühe, mich in der Welt da draußen zurechtzufinden. ...mir war, als sei ich plötzlich wieder an eine barbarische Küste geworfen.«

So mag es heute noch manchem empfindsamen Schöngeist ergehen.

Schloß Rosenborg gehörte für Fontane zu den Zauberschlössern des Nordens, die er unbedingt zu sehen wünschte. Für Christian IV. 1626 als Lustschloß errichtet, diente es über hundert Jahre als Frühjahrs- und Herbstresidenz der dänischen Könige. Ab 1833 war es dann als Museum allen zugänglich. Noch am Tage seiner Ankunft in Kopenhagen zog es Fontane dorthin. »Die Sonne war eben unter, ein grauer Ton lag über Schloß und Park ... kein Windzug ging ... nur Resedaduft ... lag betäubend um das Schloß...«; er hatte den Eindruck, »als wohne das ›Märchen‹ selber darin«. Eine Woche später besuchte er es zum zweiten Male, diesmal bei heller Morgensonne. »Eine solche Beleuchtung kann das Zauberschloß nicht ertragen.« Er sah nur die Dürftigkeit des Fachwerks, und die märchenhaften Schnörkeltürme waren weiter nichts als »bloße Wunderlichkeiten«, von Schönheit weit entfernt. Fontane zahlte drei dänische Taler Eintritt, wurde dafür aber von einem gebildeten Menschen »mußevoll freundlich umhergeführt«; er sah die Zimmer, in denen König Christian mit seiner geliebten Christine Munk glückliche Tage und Nächte verbrachte, und dasjenige, in dem er starb; sah die Lieblingsräume von zehn Königen (fünf hießen Christian und fünf Friedrich), »weshalb wir denn auch zehn Königszimmer zu passieren haben.« Systematisch geordnet und streng nach Regierungsepochen geschieden, fand er alles vorzüglich präsentiert, aber es war einfach zuviel. Er merkte sich nur noch die Gegenstände, an die sich Episoden knüpften, wie den Schiffsanker, der Christian V. das Leben rettete, oder das Wams Christians IV., das er »während der berühmten Seeschlacht bei Fehmarn trug, in der er das rechte Auge verlor«. (Man sah noch die Blutflecke.) »Der Besuch in der Rosenburg hatte etwa zwei Stunden gedauert; als ich wieder ins Freie trat und die frische Parkluft einatmete, machte ich den Versuch, den Hausrat zehn dänischer Könige, der eben an mir vorübergegangen war, zu rekapitulieren und das Geschaute in meiner Vorstellung zu gliedern... Es wollte nicht glücken. ... Die Gemmen und Steine, die Dosen und Tassen, alles klapperte durcheinander, und schließlich öffneten sich alle zehn Schränke, und die Königsanzüge von zehn Königen tanzten wie in einem Gespenstertanz aus einem Zimmer in das andere.« Und er schloß das Kapitel »Rosenborg« mit einer »Warnung« an künftige Besucher: »Wer für Meißner Porzellan ist, der wag' es und trete ein, aber wer für Rosen und blaßgelbe Malven ist, der bleibe draußen.« Das gilt noch heute.

Das *Museum für nordische Altertümer* fand Fontane ebenso beeindruckend wie das Thorvaldsen-Museum, nur natürlich auf ganz andere Art: »...das eine dient ganz der Kunst, das andere ganz der Wissenschaft; das eine umschließt Schönheit ... das andere zählt schwarze Lappen und einzelne Büschel Menschenhaar, die in einem ausgehöhlten Eichenstamme gefunden worden, zu seinen wertvollsten Stücken. ... Die Passion des verstorbenen Königs für Altertumskunde, noch mehr vielleicht das überall im Lande lichterloh emporflackernde Nationalgefühl, das auf *jedem* Gebiet nach Nahrung suchte und auf keinem mehr als auf dem der Sage, der Dichtung und Geschichte«, hatte »die Gebildeten zu wahren Dachsgräbern« gemacht, und so glückte es, »ein Museum herzustellen, wie kein anderes Land auf diesem Gebiet ein ähnliches aufzuweisen hat.« *»Die nordische Altertumskunde basiert zum großen Teil auf dieser Sammlung.«*

Erstaunlich ausführlich verbreitete sich Fontane über Steinzeitbeile, Bronzespangen und zerbrochene Schwerter; so recht interessant aber wird es für ihn mit Thyra Danebod (936–950), Erbauerin des Dannewerks,

Gemahlin Gorm Grymmes. Später widmete er diesem legendenumwobenen Königspaar eine Ballade, die in allen Salons seiner Zeit als beliebtes Vortragsstück galt.

Anhand des Dagmar-Kreuzes gelang es ihm, den Lesern von »Kreuzzeitung« und »Cotta'schem Morgenblatt« im Sagen- und Balladenton fast 700 Jahre dänische Geschichte darzulegen; denn man hatte zwar Krieg geführt gegen Dänemark, aber wußte nach wie vor kaum etwas über Land und Leute und ihre große Vergangenheit. Fontane spürte das Verlangen, ja, die Verpflichtung, Versäumtes nachzuholen. So widmete er zum Beispiel der dänischen Malerschule in seinen Reisebriefen ein eigenes Kapitel, in dem er überraschende Kenntnisse bewies.

Nach einem Besuch der Gemäldegalerie in Schloß Christiansborg glaubte Fontane, vier »Vorlieben« zu erkennen: Marine-, Landschafts-, Genre- und Historienmalerei. Besonders sagte ihm Jens Juel zu, der »als Porträtmaler seine Triumphe feierte«, und Nicolai Abildgaard mit seinen Illustrationen zu Holbergs berühmter Erzählung »Nils Klims unterirdische Reise«. »Holberg verspottet darin, mit ebensoviel Grazie wie Humor, das Hofleben, die Staatseinrichtungen, die Indolenz der Philister und die verschiedenen philosophischen Systeme.« Fontane stellte Ludwig Holberg (1684–1754) ebenbürtig neben den gleichaltrigen Jonathan Swift und dessen »Gulliver«; darüber hinaus war ihm jedoch der Historiker Holberg wichtiger als der Literat, denn bis ins hohe Alter griff Fontane in »dänischen Fragen« immer wieder auf Holbergs »Dänische Reichsgeschichte« zurück.

Schloß Christiansborg wurde nach dem Brande von 1884 als Regierungs- und Folketing-Sitz wieder aufgebaut; die Bilder zogen in das 1896 eingeweihte Staatliche Kunstmuseum um. In der Fülle der Kunstwerke wird der Besucher immer wieder auf die »vier Vorlieben« der dänischen Maler stoßen.

Sie sollten übrigens noch bis in Fontanes späte Romane ausstrahlen: Im »Stechlin« wird um das Für und Wider des Marinemalers Anton Melbye gestritten; und in »Unwiederbringlich« spielt die Darstellung einer Seeschlacht zur Zeit Herluf Trolles eine Rolle; das Bild hängt über dem Kamin in der Halle von Schloß Frederiksborg; die Geister entzünden sich daran; gerade weil man durch Pulverdampf und Kaminruß kaum noch etwas erkennen kann, sind alle Deutungen offen.

Tivoli und Alhambra

»Das Thorvaldsen-Museum und das Museum für nordische Altertümer sind der Stolz des Kopenhageners; Tivoli und Alhambra aber sind seine Freude.« – Fontane kannte die »Feenpaläste(n) mit Goldleisten und Blechmusik« in Paris, London, Hamburg und Berlin, aber keiner konnte (und kann!) sich mit dem Tivoli vergleichen: »Die Herrichtung erfolgte nämlich auf einen Teil der alten Festungswerke, so daß der Baumeister ... durch glückliche Benutzung von Wall und Graben eine Szenerie aufzubauen wußte, die ... wie geschaffen ist für jegliche Art von Schaustellungen. ... Bühnen, Tänzerbuden und Policinellotheater ... Fechtmeister und Boxer, Seiltänzer und Kunstreiter ... Rutschbahnen und Karussell ... Schießbahnen und Kegelbahnen, Wasserkorso und Feuerwerke ... ›Harlekin und Kolumbine‹ unterhielten mich fünf Minuten; länger fesselten mich die *Volkslieder*, die in einem sogenannten Teepavillon gesungen wurden.« Hier saßen »behaglich« Matrosen, Soldaten, Bürgersleute und andere Gäste an kleinen Tischen, tranken Toddy (Whisky mit Soda) und klatschten nach jedem Lied »unangekränkelt von kritischen Bedenken, ihren robusten Beifall«. Im Alhambra erschienen unter Marschmusikklängen an den Lichtwänden »zwanzig große Transparentbilder, die alles umfaßten, was das kleine Land an Naturforschern, Dichtern, Komponisten, Malern und Schauspielern Bedeutsames hervorgebracht hat. Zu meiner Schande gestehe ich, daß ich die gute Hälfte davon nicht kannte.«

Alhambra und Tivoli verschmolzen miteinander, bewahrten aber ihren guten Ruf. Fontane fand es »ungleich anständiger als alles andere derart« und ließ sogar den Baron von Innstetten mit seiner jungen Frau dorthin gehen. (»Effi Briest«, Kapitel 24)

Das Tivoli ist moderner geworden, hat aber nichts von seiner charmanten Attraktivität eingebüßt. Nach wie vor empfiehlt sich ein Besuch in den Abendstunden, wenn die buntbewegte Szenerie im Spiel der Lichter und Farben erstrahlt, die sich in den Wasserflächen widerspiegeln. Und viermal in der Woche ist Feuerwerk. Ein ewiges Volksfest – mit kleinen Atempausen.

Fontane hatte sich in Kopenhagen verliebt, nicht zuletzt der vielen »redenden« Häuser wegen, die mit ihren »Rokokobizarrerien ... Schnurren und Gespenstergeschichten produzieren«. Noch heute findet man solche Häuser, die Geheimnisse zu bergen scheinen, und man glaubt unbesehen die Geschichte von dem märchenhaften Kaiser in Siam, der schöne Kapitänsfrauen mit Perlenbändern beschenkte. (»Unwiederbringlich«, Kapitel 11)

An einem der erfüllten Kopenhagen-Tage begleitete Fontane den preußischen Generalkonsul Rhyno Quehl nach Klampenborg, einem beliebten Ausflugsort vor den Toren der Stadt. Die Herren dürften hauptsächlich politisiert haben. Quehl, froh, frisch von der Leber weg reden zu können, beklagte sich über Berlin, wo man seine Berichte über die Verhältnisse *vor* dem Deutsch-Dänischen Krieg sehr überheblich als »zu dänenfreundlich« abgetan hatte. Für Fontanes Kriegsbuch waren dies wertvolle Hintergrundinformationen. (Der Leser von »Unwiederbringlich« kann übrigens diese Kutschfahrt nach Klampenborg und weiter bis zur Eremitage im 13. Kapitel ganz bequem nachvollziehen.)

Der Klampenborg-Tag gehörte der Politik, der Helsingör- und Frederiksborg-Tag der Poesie und Dichtung: »Helsingör ist so recht ein Ort, ein Name, an dem man gewahr werden kann, daß nichts so populär macht als die Weihe der Dichtung. Was wäre Helsingör ohne ›Hamlet‹? Selbst die Wucht der Geschichte verschwindet daneben. Was war dieser Ort nicht alles durch die Jahrhunderte hin? Was ist an dieser Stelle nicht alles geschehen? Und doch, was die Welt davon kennt, das ist nicht Schlacht, nicht Friedensschluß, das ist die in Stahl gekleidete Gestalt König Hamlets, die winkend, zögernd die Bastion entlangschreitet und verschwindet. Die Dänen selbst lassen die Geschichte fallen und huldigen dem Genius des Dichters. Die Dampfschiffe, die zwischen Kopenhagen und Helsingör fahren, führen Shakespeare entlehnte Namen; auf dem ›Horatio‹ fuhr ich selbst, an der Landungsbrücke … lagen … ›Hamlet‹ und ›Ophelia‹ und sahen einander an.« (Tagebuch, 13. 9. 1864)

Tapfer bewahrte Fontane dieses Shakespeare-Bild, obwohl sich Schloß Kronborg auf Helsingör denkbar prosaisch dargeboten hatte: Es diente als Garnison. Darum schrieb er, es sei »am schönsten unter Nebelschleiern«. Heute ist darin das dänische Handels- und Seefahrtmuseum untergebracht.

Schloß Frederiksborg,

mitten im See gelegen, war nach dem verheerenden Brande vom Dezember 1859 »äußerlich und innerlich(,) in alter Form und Einrichtung wiederhergestellt. Es ist das schönste Schloß des Nordens, ein Märchenbau, wie von der Phantasie selber aufgeführt.« 1864 war Frederiksborg für Fontane nur eine Fußnote in dem großen »Roeskilde«-Aufsatz; noch ahnte er nicht, daß es einmal Schauplatz seines Romans »Unwiederbringlich« sein würde. Der Kenner dieses Romans weiß, daß, von diesem Schloßbrand abgesehen, alles frei erfunden ist, dennoch wird er sich in der hohen »Halle, die … als Empfangs- und Gesellschaftszimmer diente«, die greise, spitzzüngige Prinzessin mit ihren Hofdamen und Kammerherrn vorstellen: »In der Mitte der einen Längswand … ein hoher Renaissancekamin und über demselben ein überlebensgroßes Bildnis König Christians IV., der Schloß Frederiksborg seinerzeit sehr geliebt … hatte.« (Kapitel 20)

Seit 1877 ist es Nationalhistorisches Museum; vieles wird der Roman-Leser wiedererkennen: König Christian IV. in Öl, Herluf Trolles Turm, Basilisken als Regenspeier; und unwillkürlich wird er nach dem Eckturm Ausschau halten, in dem Ebba und Holk wohnten und von wo aus sie vor den Flammen aufs Dach flohen: »…aber bei der Steile des Schloßdaches … war … nur wenig gewonnen, etwa den Blitzableiter abgerechnet, an dem man sich halten, und eine starke Dachrinne, gegen die sie die Füße stemmen konnten.« (Kapitel 27) Nichts konnte die Ausweglosigkeit ihrer Position besser symbolisieren.

Helsingör und Frederiksborg waren auf Fontanes Herbstreise gewissermaßen die Kür; Roskilde war Pflicht, um den Stolz der Dänen auf »gamle Danmark« zu begreifen. Fontane wollte einen lebendigen Überblick über die in Deutschland weithin unbekannte alte dänische Geschichte geben und schrieb deshalb den umfangreichen Aufsatz »Roeskilde«. »Seinen uralten Namen führt es von König *Roe*, einem Bruder von König Helge; Roeskilde heißt also ›Roe's Quelle‹...« (Fontane benutzte diese alte Schreibweise; inzwischen hat sich, auch in Dänemark, Roskilde eingebürgert.) Das Städtchen bestand 1864 »...wenn man von ein paar Winkeln und Gassen absieht – aus einer einzigen Straße...« Schwer vorstellbar, daß es im Mittelalter über lange Zeit Königs- und Bischofssitz und der Dom Angelpunkt dänischer Geschichte war. Diese Geschichte liest sich in der Verkürzung wie eine Kette von Shakespeare-Dramen: »Harald Blaatand [Blauzahn], nachdem er die von Heinrich dem Vogler errichtete Markgrafschaft Schleswig angegriffen und Burg und Stadt zerstört hatte, geriet in Krieg mit Heinrichs Nachfolger, dem Kaiser Otto I. Die Deutschen überschwemmten die ganze Halbinsel, drangen vor bis hoch in Jütland hinauf... Harald Blaatand, unterlegen im Kampf, nahm darauf Dänemark vom Kaiser zu Lehn... Dies war 948.« Zum Zeichen seiner Unterwerfung oder Bekehrung ließ er in Roskilde die erste christliche Kirche errichten. Bald darauf wurde er von seinem eigenen Sohn, Sven Gabelbart, gestürzt. Dieser »stützte sich auf die heidnische Partei im Lande ... *Zugleich verbrannte er die Roeskilder Kirche.*« Doch um das Jahr 1000 trat er selbst »zur neuen Lehre über, die er zu Anfang seiner Regierung mit Feuer und Schwert verfolgt hatte«. 1002 ließ er an derselben Stelle eine neue Kirche aufführen; wieder aus Holz. Er starb 1014 auf einem seiner Eroberungszüge in Britannien. Unter Kanut dem Großen wurde »die Holzkirche ... in einen *Steinbau* umgewandelt«.

Beinahe 300 Jahre lang war sie Begräbnisplatz der dänischen Könige und Bischöfe, die oft mächtiger waren als die Könige. Interessanter noch als der reichgeschmückte Dom waren für Fontane die angebauten Grabkapellen. Stolz, blutig und tragisch waren Leben und Tod der hier Begrabenen; Kenner der Geschichte können ihre Namen an den Basreliefs mancher Sarkophage ablesen.

In der eisigen Nüchternheit des Ortes, der ihn an Westminster Abbey gemahnte, spürte er fröstelnd den Hauch der Geschichte; sein poetischer Sinn wurde angerührt und der Keim gelegt für die Balladen »Gorm Grymme« und »Hakon Borkenbart«. So tief prägten sich auch die anderen beredten Namen und Schicksale ein, daß sie – nach einer »Inkubationszeit« von mehr als zwanzig Jahren, – als Balladengestalten wieder zum Vorschein kamen; »Nordische Königsnamen«, »Harald Harfager«, der neun angetraute Frauen verstieß, um sich Blauzahns Tochter, der stolzen Rynhild, »minniglich zu unterwerfen«; »Olaf Kragebeen«, der aus dem Krähenflug weissagte, »Svend Gabelbart«, der Lästerer und »Waldemar Atterdag«, der alles bedächtig »auf den andern Tag« verschob. Daran schlossen sich »Admiral Trolles Begräbnis« (das er in »Unwiederbringlich« dem Pfarrer Schleppegrell von Hillerød zusprach), »Wettersee«, »Wenersee« und »Gulbrandsdal« an. – »Gorm Grymme« aber hatte da bereits alle Anthologien und Schullesebücher erobert.

Roskilde ist heute eine florierende, quellenreiche Stadt mit 50 000 Einwohnern und vielen Gästen; die meisten kommen noch immer des Domes wegen und der 38 dänischen Herrscher, die darin begraben liegen; in dem ältesten und prächtigsten Sarkophag ruht Königin Margarete, die Tochter Waldemar Atterdags († 1412), in dem jüngsten Frederik IX. († 1972).

Als sinnvolle Ergänzung kann man heute am Fjordufer die vor tausend Jahren versenkten und nun wieder gehobenen und restaurierten Wikingerschiffe sehen, in denen Sven Gabelbart oder Kanut der Große auf Eroberung auszogen.

Am 16. September 1864 landete Fontane mit dem Kopenhagener Dampfschiff im Hafen von Ålborg. Er betrat einen Landstrich, der zwei Monate zuvor noch Kriegsschauplatz gewesen: Von hier aus waren die Preußen am 12. Juli über den Limfjord vorgestoßen, einen Tag später setzten dic Österreicher bei Skive über den Südarm des Fjords, um die nordfriesischen Inseln zu erobern. Diese Erfolge und vor allem die Besetzung

Alsens und Fünens ließen die Dänen kleinmütig werden, »und die bis dahin am lautesten für ›Krieg bis auf den letzten Mann‹ ihr Wort erhoben hatten, riefen jetzt nach Frieden, wo sie die eigene Sicherheit gefährdet sahn.«

Am 18. Juli wurde in Christiansfeld der Waffenstillstand unterzeichnet. (siehe Kapitel »Schleswig-Holstein«)

Von alledem liest man in den »Reisebriefen aus Jütland« nichts. Dieser Krieg war für Fontane nur Episode in einer tausendjährigen Geschichte. Für sein Kriegsbuch notierte er zwar die notwendigen Informationen, ansonsten interessierten ihn auf dieser Herbstreise aber ganz andere Dinge: Zunächst einmal freute er sich auf die Fahrt über das glasklare Wasser des Limfjords. »Aber Wind und Wellen jagen, / und haben beschlossen, nein zu sagen«... Er saß fest in Ålborg, das ihn an die alte Macbeth-Stadt Inverness erinnerte, wo »einzelne Häuser ... wohl aussehen, als könnte ein König Duncan in ihnen ermordet sein«. Am zweiten Tag ließ er sich »von zwei alten Küstern – die hier ›Graver‹ (Totengräber) heißen – über das historische Aalborg« und seine Wikingervergangenheit erzählen; am Nachmittag stach ihn der Hafer, er charterte ein Segelboot und schoß mit ihm über den Meerbusen; »...eine Viertelstunde später stand ich auf dem Höhenzuge im Rücken des Städtchens Sundbye.«

Am dritten Tage besah er sich die Budolfi-Kirche, unterhielt sich im Limfjord-Hotel mit »Robben- und Walfischfängern« und beobachtete durch die taschentuchgroßen Fenster das Treiben an der Landungsbrücke; er genoß die obligate Aalsuppe und einen vorzüglichen Plattfisch und lauschte dem Ticken der alten Wanduhr und der Köchin, die in der Küche beim Garnelenpuhlen dänische Volkslieder sang. *Das* war für ihn Dänemark, wenn auch »an der Grenze der Kultur«.

Heute sitzt keiner mehr unfreiwillig drei Tage in Ålborg fest; da müßten schon Dampfer, Flieger, Bus *und* Bahn zusammen ausfallen; und selbst dann hätte er keine Langeweile. Stadtgeschichte präsentiert das Historische Museum unweit der Budolfi-Kirche, und als Pendant dazu gibt es in der Neustadt das Nordjütische Kunstmuseum, Amphitheater, Skulpturenpark, Tiergarten und sogar ein kleines Tivoli. Und segelt man – wie Fontane – nach Nørresundbye hinüber, so stößt man auf eine tausend Jahre alte, vom Winde verwehte und wieder ausgegrabene Wikingersiedlung. Drei Tage reichten also kaum aus, um alle Sehenswürdigkeiten anzuschauen.

Am 19. September 1864 endlich kam die »Fylla«, die in einer windgeschützten Bucht auf besseres Wetter gewartet hatte und schipperte durch den Limfjord, der Nordsee und Kattegatt verbindet; vorbei an bizarren Kalksteinfelsen mit unzähligen Möwenkolonien, über die Løgstører Breite nach Nykøbing, einem der ältesten dänischen Handelsplätze. »Post ging erst anderen Tages, also – Fuhrwerk«. Es rumpelte immer hart am Ufer hin, bei Sturmböen, dann der Wechsel auf eine fürchterlich überladene Fähre und weiter »in Sellingland hinein. Heidekrautbewachsene Hügel, bergauf, bergab, kein Baum, kein Strauch, alle halbe Meile ein paar weißgestrichene Lehmhütten am Wege, dabei strömender Regen...« Unterwegs Aufenthalt im »Krug«. Acht Wochen zuvor hatten hier noch österreichische Kürassiere gelagert, nun vergnügten sich die Jüten hier, tanzten zum Gedudel einer einzigen Klarinette und amüsierten sich königlich. Fontane auch, nachdem er sich äußerlich und innerlich aufgewärmt hatte. »...ich hätte glauben können, es sei eine Krug- und Bauernszene aus der Priegnitz oder Uckermark, wenn ich nicht auf den weißen Pfeifenköpfen die alten Heldennamen gelesen hätte: Knut, Holger, Hakon, Harald.«

Und wie bei seinen Wanderungen an Oder und Havel kam er auch hier zu dem Schluß: »Das Beste aber, dem du begegnen wirst, das werden die Menschen sein.«

In Skive interessierte ihn nach der abenteuerlichen Rumpelfahrt weder die Gamle Kirke aus dem 12. Jahrhundert noch die österreichischen Garden, sondern nur noch der Strohsack im »Gjäste vergaard«.

In *Århus* skizzierte er den Gedenkstein für die Brüder Rodsteen, »die zu ihrer Zeit, zunächst wohl unter dem bescheidenen Titel ›Leibjude‹, die Rothschilds von Dänemark gewesen zu sein scheinen. Es waren holländische Juden, die Ende des siebzehnten Jahrhunderts nach Kopenhagen kamen, dann später für ihre dem Könige geleisteten Dienste in den Adelsstand erhoben und in der Nähe von Aarhus reich begütert wurden.« (Eine ähnliche Ahnengalerie dichtete Fontane später Ebba von Rosenberg an.)

In *Jelling*, zwölf Kilometer nordwestlich von Vejle, traf Fontane auf die Spuren von Gorm Grymme und Thyra Danebod. Hier, so sagte man ihm, sollten sie unter mehr als zwanzig Meter hohen Grabhügeln ruhen. Doch bald darauf erinnerten ihn zerschossene Gehöfte und Schützenlöcher an die jüngste Geschichte. – Man kann sie in seinem Buch »Der Schleswig-Holsteinsche Krieg im Jahre 1864« nachlesen.

Heute führt eine 93 Meter lange Rolltreppe auf den südöstlich der Stadt über dem Fjord gelegenen Munkebjerg, von wo aus man einen weiten Rundblick hat; aber nur noch ein paar Grabkreuze und Gedenksteine zeugen von der reichen Ernte, die der Tod hielt.

In *Fredericia* erinnert »Der Tapfere Landsoldat« in Bronze daran, daß die Dänen hier am 6. 7. 1849 die Schleswig-Holsteiner besiegten. Auch 1864 verließen sie sich auf die Uneinnehmbarkeit der Festung, die man auch »das zweite Danewerk« nannte. Doch als die Düppeler Schanzen fielen und die preußischen 24-Pfünder mit den gezogenen Rohren anrückten (die armselige Stadt war bereits in Brand geschossen und die Bevölkerung über den Belt nach Fünen geflüchtet), da war aller Mut dahin, und auch die Besatzung der Festung suchte ihr Heil in der Flucht. Das war am 28. April 1864. Als Fontane im September Fredericia passierte, begannen die Menschen gerade, sich in den Trümmern wieder einzurichten. Entlang seines Weges über Colding, Haderslev bis Flensburg traf er erschreckend oft auf frische Holzkreuze.

Erst in *Christiansfeld*, wo drei Monate zuvor der Waffenstillstand dem Töten ein Ende gemacht hatte, mag Fontane tief durchgeatmet haben. Die schlichten, backsteinroten Häuser, die schmucklose Kirche, der Friedhof mit seinen grenadiermäßig-strengen Gräberfeldern, das alles mutete ihn merkwürdig heimelig an. Es war in der Tat eine Gründung der Herrnhuter Brüdergemeinde aus dem Jahre 1773. – Als er Jahrzehnte später »Unwiederbringlich« schrieb, mag er sich daran erinnert haben, denn Gräfin Christine Holk ist eine strenge, allzustrenge Herrnhuterin, die von ihren Nächsten gleiche Haltung und Standfestigkeit erwartet.

Wenn Fontane auf seiner ersten Reise im Mai 1864 noch in der einengenden Jacke eines Kriegsberichterstatters steckte, so gelang es ihm auf dieser zweiten Reise, sich über weite Strecken davon zu befreien und seinem historischen und poetischen Sinn freien Lauf zu lassen. Das Ergebnis ist bewundernswert: Über die aktuelle Publizistik hinaus »Unwiederbringlich« und zwölf »Nordische Balladen«.

(Zitate, soweit nicht anders vermerkt, aus »Unbekannte Wanderungen«, herausgegeben von Heinrich Marohl, Gebrüder Weiß Verlag, Berlin 1963.)

Friedrichsruh

Fontane ist zwar niemals in Friedrichsruh gewesen, doch wird der auf Bismarcks Spuren Wandelnde hier immer wieder an ihn erinnert; ein Gang durch das Bismarck-Museum läßt den Zeitgeist wieder aufleben, der uns durch Fontanes Romane vertraut ist.

Schloß Friedrichsruh ist nicht mehr dasjenige, zu dem sich Bismarck 1871 das Hotel Frascati ausbauen ließ, als er für seine Verdienste um die Reichsgründung in den Fürstenstand erhoben und mit dem 6000 Hektar großen Sachsenwald belohnt worden war. Ein Menschenalter später, am 29. April 1945, sank das Schloß unter britischen Bomben in Schutt und Asche, damit es nie mehr Wallfahrtsort werde. Inzwischen ist es von den Bismarck-Enkeln wiederaufgebaut worden; alle geretteten Erinnerungsstücke fanden in dem benachbarten Alten Landhaus eine würdige Stätte. Der Fontane-Freund und -Kenner stößt dort auf einiges ihm Bekannte. Da sind z.B. *»Die Kaiserproklamation zu Versailles 1871«*; *»Der Berliner Kongreß 1878«*; *»Die Eröffnung des Deutschen Reichstags durch Kaiser Wilhelm II. 1888«* – die prunkvollen Gemälde Anton von Werners, dessen Kunstauffassung Fontane widerstrebte; doch in einem pflichtete er ihm bei: in der Darstellung Bismarcks als der herausragenden Gestalt, des eigentlichen Mittelpunktes der historischen Szene. So war auch das Porträt angelegt, das Fontane in den »Vaterländischen Reiterbildern aus drei Jahrhunderten« entworfen hatte. Darin heißt es: »Man mag Bismarck lieben oder ihn hassen, so muß doch immer zugestanden werden, daß intellektuell dasselbe von ihm gilt, was in physischer Beziehung von ihm gesagt worden ist: ein gewaltiger Mann! Er selbst ist sich dessen wohl bewußt und verläßt sich auf seine Kraft in ungewöhnlichem Maße; daher auch seine Kühnheit, welche einen hervorstechenden Zug seines Charakters bildet... Er hat jeder Art von Gefahr, ungeachtet er nicht blind dafür war, mit dem gleichen unerschrockenen Mute ins Auge geblickt ... Bismarck … war von jenem grenzenlosen, beinah an Wahnsinn streifenden Optimismus durchdrungen, ohne welchen große Taten nie vollbracht worden sind und den wir namentlich bei allen großen Eroberern finden, bei Alexander, bei Cäsar und bei Napoleon. Er hoffte mit Bestimmtheit, sein Spiel zu gewinnen, und dem Manne gleich, welcher stets bereit ist, seinen Einsatz zu verdoppeln, hat er immer höher und höher gespielt.« (»Wanderungen« VI)

Wie Illustrationen zu diesem 1879 geschriebenen Charakterbild erscheinen die *Lebensrettungsmedaille* aus dem Jahre 1842 (für die Rettung eines Reitknechts vor dem Ertrinken); das *Unterhemd mit den zugestopften Löchern,* das er bei dem Attentat 1866 trug; die *Pistole des Böttchergesellen Kullmann,* der 1874 in Bad Kissingen auf den Kanzler schoß. Porträts in vielerlei Variationen zeigen ihn als Küstenerschütterer und Blitzeschleuderer, die entschlossenen Augen scheinen in die Weite und in die Tiefe der Seele zu blicken, die Denkerstirn mit den buschigen Augenbrauen erinnert an einen mit Ironie gewürzten Hymnus, den Fontane 1885 zum 70. Geburtstag Bismarcks für Lindaus Zeitschrift »Nord und Süd« schrieb: Gottvater schaut darin – im Spätherbst 1862 – mit Sorge auf Deutschland, für das er ein Faible hat, und er schickt Zeus hinunter, »gebührlich aufzuräumen«, denn nur ihm allein traut er die Kraft zu. »›Und wenn Du das getan hast, komme wieder. / Dein Schade soll's nicht sein.‹ / …Und sieh, mit Adler, Blitz und Ganymed auch, / Zog er hinab, um Groß und Kleins zu prüfen; / Herz, Nieren, Rotwein, Bock und andre Biere…« (»Zeus in Mission«, Gedichte I) Er wird »nüchtern, fast feindlich empfangen«, aber er erfüllt seinen Auftrag. – So, zeusgleich, erscheint er auch in dem *Lenbach-Portrait* von 1889. Doch die Augen unter den buschigen Brauen blicken müde und der energische Mund verrät Bitterkeit. Es war das Jahr vor seinem Fall.

Als er auf der Höhe seines Ruhmes stand, schrieb Fontane an Philipp zu Eulenburg: »Der Kanzler ist ein Despot, aber er darf es sein, er *muß* es sein. Wär' er es nicht, wär' er ein parlamentarisches Ideal, das sich … durch Majoritäten, bestimmen ließe, so hätten wir überhaupt keinen Kanzler und am wenigsten ein Deutsches Reich.« (12. 3. 1881) Doch bald darauf kam, wie er selbst bekannte, sein »Bismarck-Enthusiasmus ins Wackeln«: »Man hat das Gefühl, er glaubt sich, gottgleich, alles erlauben zu dürfen.« – »...er behauptet Fabelhaftes ... und schneidet den besten Leuten flott drauflos die Ehre ab.« (an Georg Friedlaender, 26. 1. 1887)

Dessenungeachtet schwoll der offizielle Bismarck-Kult ins Uferlose. Bald war er nicht mehr nur *»Der Schmied des Deutschen Reiches«, »Der Deichhauptmann«,* der die Sturzfluten der Revolution bändigte, um damit friedliche Mühlen anzutreiben, er war der *Roland,* der *Türmer,* der *Erdgeist,* der zu lichten Höhen emporwuchs; er wurde hochstilisiert zu einer kuriosen Mischung aus *Odin, Hermann der Cherusker und Kaiser-Rotbart-Lobesam.* Das Alte Landhaus birgt etliche Beispiele dieser übersteigerten Verehrung, unter anderem den *Entwurf zu einer Gedenkhalle:* antikisierender Säulentempel, Bismarck inmitten, in Gestalt eines germanischen Recken, zu seinen Füßen im Morast allerlei Teufelsbrut. Die Idee dazu soll von Kaiser Wilhelm II. stammen, demselben, der ihn wenige Jahre zuvor, 1890, sang- und klanglos entließ und die »unfreiwillige A. D.-schaft« mit dem Titel eines Herzogs von Lauenburg dekorierte. Damals erschien im *Punch* die weltberühmt gewordene Karikatur *»Dropping the pilot« – »Der Lotse verläßt das Schiff«.*

Wenig später schrieb Fontane an Friedlaender: »Bismarck hat keinen größeren Anschwärmer gehabt als mich, meine Frau hat mir nie eine seiner Reden oder Briefe oder Aeußerungen vorgelesen, ohne daß ich in ein helles Entzücken gerathen wäre, die Welt hat selten ein größeres Genie gesehn, selten einen muthigeren und charaktervolleren Mann und selten einen größeren Humoristen. Aber Eines war ihm versagt geblieben: Edelmuth. ...er ... that was er wollte, ließ alles warten und forderte nur immer mehr Devotion. Seine Größe lag hinter ihm; sie bleibt ihm in der Geschichte und in den Herzen des deutschen Volkes, aber was er in den letzten 3 Jahren davon verzapft hat, war *nicht* weit her.« (1. 5. 1890) Und an August von Heyden: »Bismarck ... ist die denkbar interessanteste Figur. ...Seine aus jedem Satz sprechende Genialität ...schmeißt immer wieder meine Bedenken über den Haufen, aber bei ruhigem Blute sind die Bedenken doch auch immer wieder da.« (5. 8. 1893) An Tochter Mete: »Wo ich

Bismarck als Werkzeug der göttlichen Vorsehung empfinde, beuge ich mich vor ihm; wo er einfach er selbst ist, Junker und Deichhauptmann und Vortheilsjäger, ist er mir gänzlich unsympathisch.« (29. 1. 1894)

In seinem Tagebuch von 1870 dankte Fontane allen, die mithalfen, ihn aus französischer Kriegsgefangenschaft zu befreien: Lazarus, der sich an den französischen Justizminister Crémieux, Wangenheims, die sich an den Erzbischof von Besançon gewandt, Lepel, Heyden und Eggers, die beim preußischen Kriegsministerium interveniert hatten. Über diesen Weg aber hatte Bismarck von Fontanes Schicksal erfahren und seine Freilassung in Versailles zur Prestigefrage erhoben. Über den amerikanischen Gesandten, der während des Krieges die Interessen der in Frankreich lebenden Deutschen vertrat, bat er darum, den »harmlosen Gelehrten« aus der Haft zu entlassen, andernfalls würde er »eine gewisse Anzahl von Personen in ähnlicher Lebensstellung in ... Frankreich verhaften und ... [ihnen] dieselbe Behandlung zuteil werden lassen, die dem Dr. Fontane in Frankreich beschieden ist.« Dies dürfte wohl letztendlich den Ausschlag für Fontanes Rettung gegeben haben. Der Betroffene selbst hat es nie erfahren; es hätte sein Verhältnis zu Bismarck auch kaum beeinflußt. Oder doch?

»In fast allem, was ich seit 70 geschrieben, geht der ›Schwefelgelbe‹ um und wenn das Gespräch ihn auch nur flüchtig berührt, es ist immer von ihm die Rede wie von Karl oder Otto dem Großen. Ich habe auch mal eine kleine Biographie verbrochen und in Versen habe ich Ungeheuerliches geleistet ... es ist genug. – Der Wrangelbrunnen hält seinen Winterschlaf... Auch der Bismarckbegeisterungsbrunnen hat für eine Weile genug gespien und die Maitage, wo's wieder frisch damit losgehen kann, gehören der Zukunft an.« (an Maximilian Harden, 4. 3. 1894)

Schwefelgelb war die Farbe der Halberstädter Kürassiere, deren Uniform Bismarck trug, manchmal sogar im Reichstag, was nicht wenige Bürger als Affront empfanden; schwefelgelb deutete aber auch auf Mephisto hin, während Bismarck selbst sich eher für Faustus hielt.

Für Effi Briest, ja sogar für den karrierebewußten Landrat von Innstetten ist der Fürst, zu dem er manchmal nach Varzin hinüberfährt, die Über-Autorität; in »Quitt« ist Förster Opitz eine Art »Bismarck im Kleinen«;

er fühlt sich sicher als »Mann in Amt und Dienst«, wer sich nicht unterwirft, wie Lehnert, der bekommt seine Macht zu spüren, andere, wie Lehrer Wonneberger, werden gefügig gemacht.

Im »Stechlin« schließlich gibt es zahllose Anspielungen auf den Alten im Sachsenwald. Der alte Dubslav räsonniert: »...ich soll ihm sogar ähnlich sehen. Aber die Leute sagen es immer so, als ob ich mich dafür bedanken müßte. Wenn ich nur wüßte, bei wem; vielleicht beim lieben Gott, oder am Ende gar bei Bismarck selbst. Die Stechline sind aber auch nicht von schlechten Eltern... Und Friedrichsruh, wo alles jetzt hinpilgert, soll auch bloß 'ne Kate sein. Darin sind wir uns also gleich. Und solchen See, wie den Stechlin, nu, den hat er schon ganz gewiß nicht. So was kommt überhaupt bloß selten vor.« (Kapitel 1) Und Kibitzeier, von denen es im Schilf des Stechlinsees genügend gibt, schickt *er* dem Gourmand im Sachsenwald nicht, das überläßt er anderen... Diese »anderen« pilgerten in Heerscharen – aus Ehrfurcht oder Neugier – nach Friedrichsruh. Zu Bismarcks 80. Geburtstag am 1. April 1895 mußten 35 Sonderzüge eingesetzt werden, 450 000 Briefe und Karten und 10 000 Telegramme trafen ein und 35 Eisenbahnwaggons mit Ehrengeschenken. Fontane las es in der »Vossischen Zeitung« und schrieb an Hans Hertz: »An diesem Vorabend des Bismarck-Tages beschäftigt mich unpatriotischerweise mein neuer Freund Klaus Störtebeker mehr als der ihm nicht ganz unverwandte Altreichskanzler. Beide waren ›Stürzebecher‹ und ein Schrecken ihrer Feinde. Selbst mit Religion und Kirche haben sich beide befaßt, wenn es gerade vorteilhaft war. Nur war Bismarck nie ›Likedeeler‹; er behielt immer möglichst viel für sich. Zur Strafe kriegt er jetzt so viel Geschenke, daß er sie nicht unterzubringen weiß.« (31. 3. 1895)

Von den über 400 *Ehrenbürgerschaftsurkunden* Bismarcks sind noch zwanzig erhalten; sie wetteifern an Pracht, sind in Leder geprägt, in Silber getrieben, mit Edelsteinen besetzt; die Urkunde der Reichshauptstadt mit einem Aquarell von Adolph Menzel nimmt sich dagegen vergleichsweise zurückhaltend aus.

An besagtem 1. April 1895 überschlugen sich fast alle Zeitungen in pathetischen Reden, und Fontane, dem alle gestelzte Feierlichkeit von vorneherein verdächtig war, schrieb betont salopp an Mete: »Bismarck-Tag mit wahrem Hohenzollernwetter, woraus sich schließen läßt, daß der Himmel die Versöhnung der beiden Dynastieen von Preußen und Lauenburg angenommen hat. Es ist gerade Mittagsstunde und die 4000 hoffentlich mit Butterstullen bewaffneten Studenten werden nun wohl gerade antreten und ihrer Begeisterung Ausdruck geben. Und Bismarck wird gewiß entzückend antworten und in diesem Falle auch ehrlich ... ja, die Studenten *müssen* begeistert sein, das ist ihre verfluchte Pflicht und Schuldigkeit. Für alte Knöppe liegt es ... complicirter ... Und das liegt ... nach *meinem* Gefühl – an Bismarck. Diese Mischung von Uebermensch und Schlauberger, von Staatengründer und Pferdestall-Steuerverweigerer ... von Heros und Heulhuber, der nie ein Wässerchen getrübt hat, – erfüllt mich mit gemischten Gefühlen und läßt eine reine, helle Bewunderung in mir nicht aufkommen.« (1. 4. 1895) Seine Haltung blieb ambivalent. Mit grimmigem Vergnügen las er die Grußadressen, die Kaiser und Ex-Kanzler bei gegebenem Anlaß austauschten und in denen hinter der Fassade großartiger Lobhudelei unzählige Spitzen und Gehässigkeiten lauerten. Bismarck, der »glänzende Bildersprecher«, natürlich immer der überlegene. Wilhelm II. fühlte es wohl und rächte sich »taktvoll wie ein Kanonenschlag«: In einer Tischrede vor Mitgliedern des Brandenburgischen Provinziallandtages würdigte er am 26. 2. 1897 seinen Großvater als den alleinigen Schöpfer des Deutschen Reiches; Bismarck sei lediglich sein Ratgeber, ja weniger, sein Werkzeug, sein Handlanger gewesen, ein Pygmäe im Vergleich zur Titanengestalt Wilhelms I. Obwohl die Zeitungen die perfidesten Beleidigungen unterschlugen, sprachen sie sich doch herum und riefen allerorten Empörung hervor. In Dresden erschien ein *Politischer Bilderbogen mit dem Titel »Der Handlanger«*: Über den Felsen von Sedan, Düppel und Königgrätz, um die sich Ottern und Nattern winden, steht Bismarck auf einem Plateau und reicht Wilhelm I. die Hand, um ihn hinaufzuziehen, darunter: »Hausmaier oder Handlanger – so wird um Dich gerankt; / Hier sieht die Nachwelt, *wie* Du nach der Hand gelangt!«

Zur gleichen Zeit schrieb Fontane an Friedlaender: »Ich bin kein Bismarckianer, das Letzte und Beste in mir wendet sich von ihm ab, er ist keine edle Natur; aber die Hohenzollern sollten sich *nicht* von ihm abwenden, denn die ganze Glorie, die den alten Wilhelm umstrahlt – und die noch dazu eine *reine* Glorie ist, weil das Häßliche davon an Bismarcks Händen kleben blieb – die ganze neue Glorie des Hauses verdankt das Hohenzollernthum dem genialen Kraftmeier im Sachsenwald... Und *der* soll Werkzeug gewesen sein oder Handlanger oder gar Pygmäe! Wie kann man die Geschichte *so* fälschen wollen. Es ist der sprichwörtliche Undank der Hohenzollern, der einen hier anstarrt. Glücklicherweise schreibt die Weltgeschichte mit festem Griffel weiter.« (6. 4. 1897)

Am 30. Juli 1898 schloß Bismarck die Augen für immer. In den Zeitungen hob eine Diskussion an, wo er begraben sein sollte, im Park von Friedrichsruh oder im Berliner Dom. Wieder wurde Fontane um ein Gedicht gebeten. Er wehrte ab: »Wo Tausende Blech sprechen, auch meinerseits noch auf einer Kindertrompete zu blasen, *das* hat mir immer widerstanden.« (an Ernst Heilborn, 1. 8. 1898) Aber der Gedanke ließ ihn nicht los, wie ihn der große Alte aus dem Sachsenwald nie losgelassen hatte. Am Morgen des dritten Tages, »als ich meinen Thee eben intus hatte, kam mir mit eins die erste Zeile ... dann stellte sich der Reim von Luft auf Gruft ein und der aufsteigende Sachsenwald und die *Schlußzeile* ... und ich schrieb die Zeilen in wenigen Minuten nieder. Alles aus den Wolken gefallen, ein Geschenk, auf das ich vorher nicht rechnen konnte.« (4. 8. 1898)

»Wo Bismarck liegen soll« nannte er das Gedicht und die letzten Zeilen stehen heute an der Pforte des Parkweges, der zum Friedrichsruher Mausoleum führt.

»Und kommen nach dreitausend Jahren
Fremde hier des Weges gefahren
Und sehen, geborgen vorm Licht der Sonnen,
Den Waldgrund in Epheu tief eingesponnen
Und staunen der Schönheit und jauchzen froh,
So gebietet einer: ›Lärmt nicht so; –
Hier unten liegt Bismarck irgendwo.‹«
(Gedichte II)

An des Kanzlers Marmorsarkophag steht, als letzter Affront gegen Kaiser Wilhelm II., die selbstgewählte Inschrift:

> »Fürst von Bismarck
> geb. 1. 4. 1815 gest. 30. 7. 1898
> Ein treuer deutscher Diener Kaiser Wilhelms I.«

Ein Sonnenstrahl fällt wie ein Lächeln in die ernste Erhabenheit des neoromanischen Tempels; der Besucher erinnert sich der von Fontane oft und gern erzählten Anekdote, nach der eben dieser Wilhelm I. seufzend gesagt haben soll: »Ach, es ist nicht leicht, Kaiser unter *diesem* Kanzler zu sein.«

Hamburg

»*Hamburg* gefiel mir wieder sehr; die Stadt hat etwas Reiches, Vornehmes, Gediegenes und läßt einem Zeit, sich umzusehn, während man hier in London ein gut Teil Dinge gar nicht kennen lernen kann, weil man 150mal überfahren sein würde in jenen fünf Minuten, die etwa dazu gehören, eine Haus- oder eine Kirchenfaçade Revue passieren zu lassen.« So schrieb Fontane (11. 9. 1855) von London aus seiner Frau Emilie nach Berlin.

Dennoch blieb die anregende Hansestadt für ihn immer nur Durchgangsstation. Nur einmal, im Sommer 1850, hielt er sich längere Zeit dort auf. Es war für ihn ein verzweifeltes Jahr: Alle Hoffnungen, alle Versuche, von seiner Feder zu leben, scheiterten. Auch die Bemühungen seiner »Tunnel«-Freunde und -Kollegen fruchteten nicht: Louis Schneider hatte als königlicher Vorleser den Romanzenzyklus »Von der schönen Rosamunde« zur Teestunde in Sanssouci vorgetragen, man fand höchstenorts auch alles »sehr nett und anmutig«, aber weiter geschah nichts.

August Müller wußte als Ministerialbeamter, daß aus der königlichen Schatulle jeweils zwei notleidende preußische Dichter Pensionen erhielten, eine war gerade durch Tod freigeworden. Müller schlug Fontane vor, stieß jedoch auf Ablehnung: Wer sich 1848/49 derart engagiert hatte, verdiente solche Gnade nicht.

Paul Heyse und Friedrich Eggers versuchten, für Fontanes Gedichte und Balladen Verleger zu finden – vergeblich. Langsam übermannte den Dichter lähmende Angst, gegen die er sich mit bitterem Sarkasmus wehrte: »...Eggers fragte mich gestern ob ich nicht Bilderaufseher im Museum werden wollte?... Nächstens, wenn beim Latrinen-Personal ein altes Weib gestorben sein wird, werden sie mich fragen, ob ich nicht um ihre Stelle einkommen will... Seit vielen Monaten kennt meine Seele keine Ruhe; wie eine wilde Jagd geht es mir durchs Hirn; wo bleibt da die Muße, das

Gesammeltsein, ohne welches nichts Halbweges gedeihen kann? ... der Poet geht in einer Lage wie die meinige vollendes zugrunde.« (an Bernhard von Lepel, 15. 1. 1850) »...Mittags- und Abendtische, gepumpte, geschenkt erhaltene und nur ausnahmsweise mal ... selbst verdiente Gelder« hielten ihn über Wasser. Auf dem Gut Kränzlin konnte er sich bei Hermann Scherz, einem Freund aus Ruppiner Kindheitstagen, satt essen und in Ruhe »Ein Ball in Paris« schreiben, eine Ballade, die menetekelhaft die jüngsten Ereignisse in Frankreich kommentierte. »Wenn ich zurückkomme bemüh ich mich endlich wegen einer Stellung bei der Eisenbahn ... gegen sein Schicksal kommt Keiner an.« (an Bernhard von Lepel, 11. 2. 1850)

Selbst dieser Versuch schlug fehl. Im April bot sein Onkel August Fontane an, mit ihm und Tante Pinchen zusammen nach Amerika auszuwandern. So heftig er auch zwischen Hoffnung und Enttäuschung schwankte, Amerika, das fühlte er, war für ihn kein Ausweg. In solchen Dingen verließ er sich auf seine innere Stimme. Und die schlug wenige Monate später Alarm: Am 25. Juli meldeten die Zeitungen den Sieg der Dänen über die freiheitbegehrenden Schleswig-Holsteiner, und Fontane, dessen »ganzes Herz mit den Freischaren« war, besorgte sich innerhalb von 48 Stunden Paß und Zehrgeld und fuhr in Richtung Hamburg, um sich im Corps des Freiherrn von der Tann als Feldapotheker zu bewerben, das Ziel bleibt unklar, eindeutig jedoch ist seine Haltung zu den Geschehnissen: »Könnt' ich dem Zuge meines Herzens folgen, so nähme ich ganz einfach den Kuhfuß zur Hand und träte ein in Reih und Glied. Gerade weil alle Welt jetzt schreit: ›die Sache ist verloren!‹ und weil sie's vielleicht wirklich ist, geziemte es *deutschen* Männern (wo ist Diogenes mit der Laterne) mit dem guten Recht jenes herrlichen Landes zu stehn oder zu fallen. – Meine Schmähung trifft mich mit; auch ich habe feierlich versprochen mich bei *Handlungen* nicht zu betheiligen. Denk ich an meine Mutter und Braut, so erscheint mir die bloße Beobachter-Rolle sogar wie eine Pflicht. *Resultat:* ich werde dies und das hören und sehen, werde das Aufgepickte in ein paar Zeitungsartikeln wieder von mir geben und mit dem koddrigen Bewußtsein heimkommen für die Schleswig-Holsteiner meine tapfre – Feder gezogen zu haben. Man hat vor den gewöhnlichen Lumpenhunden nur das voraus, daß man ... sich über seine Lumpenschaft vollkommen klar ist.« (aus Hamburg an Bernhard von Lepel, 28. 7. 1850) Antwort erbat er an die Adresse: »*Altona,* Kleine Mühlenstraße No 28. abzugeben bei Frl. Smidt's«.

Vier Tage später zog er allerdings mit seinem ganzen Gepäck (»4 Hemden, 3 Paar Strümpfen, 1 Hutschachtel und einem gepumpten Koffer«) ein paar Häuser weiter in die Kleine Mühlenstraße 34 zu Dr. Thormaehlen und bezahlte für einen Monat, entschlossen, auf die Antwort von der Tanns zu warten. Die Zeit nutzte er, indem er für Gustav Schwab alle ausgewählten Gedichte und Balladen noch einmal überarbeitete und druckfertig machte. Er fühlte sich wohl in der »kleinen, einfachen, aber holländisch-sauber ausgestatteten Behausung«. In einem Brief an Paul Heyse und Friedrich Eggers vom 2. August 1850 schilderte er das angenehme Ambiente fast als Idyll: Die Ausrufer, die morgens ab sieben »Milch, Kirschen, Bickbeeren« anpreisen, und überhaupt »ist hier viel Schönes, und wenn ich meine 5 Wochen nur erst abgebrummt und in der Rückerinnerung das 35tägige Vergnügen auf *einen* Tag verdichtet habe, so wird es doch eine recht liebe Erinnerung sein... Ich arbeite ... ziemlich fleißig; sobald ich damit am Rande bin, beginnt das eigentliche Reisen, zunächst nach Kiel u.s.w. ...«

Doch es sollte nicht dazu kommen. Die preußische Regierung schloß Frieden mit Dänemark und lieferte ihm die Herzogtümer Schleswig und Holstein aus. Von der Tann brauchte keinen Feldapotheker mehr. Statt dessen telegraphierte Wilhelm von Merckel seinem »Tunnel«-Freund Fontane, daß er im Manteuffel-Ministerium das Literarische Kabinett übernommen und darin eine kleine Stelle für ihn vorgesehen habe. »Angenommen!« drahtete Fontane unbesehen zurück; und das gleichzeitige Telegramm an seine ewige Braut Emilie klang wie Jubelschrei: »Im Oktober Hochzeit!« Es schien der Anfang zu einem neuen, glücklicheren Lebensabschnitt. Kein Wunder, daß Fontane Hamburg in freundlicher Erinnerung behielt.

Im Juli 1863 kam er noch einmal hierher, um für die »Neue Preußische Zeitung« über eine Tier- und Maschinenausstellung zu berichten. Seiner

Frau gestand er: »Die Fahrt nach Hamburg ist mir eigentlich langweilig und *zu* strapaziös. Ich scheue keine Strapazen, wenn es sich für mich um Dinge handelt, an denen mein Herz hängt ... aber eine Viehausstellung, und wenn die Schafe wie Rinder und die Rinder wie Elefanten wären, ist mir eigentlich gleichgültig.« (12. 7. 1863)

Das internationale Fluidum, das ihn an England erinnerte, mag ihn doch angeregt haben, und es erschien am 22. Juli 1863 ein facetten- und kenntnisreicher Artikel in der »Neuen Preußischen Zeitung«, der bis Australien hin Beachtung fand. Fontane schildert launig seine Eindrücke: Försters Dachshund mit den »reizend schiefen Beinchen« neben kleinen weißen Pony-Hengsten »mit hoch aufstehender Mähne...« »...sibirische lebendige Möpse (Preis 300 Ld'or) ... mit ... übelnehmerischem, mißmutigen Gesichte«, um sich dann kundig über europäische Zusammenarbeit und zukunftsträchtige Rinder-, Schaf- und Pferderassen zu äußern; schließlich preist er eine Revue von Dampfmaschinen und Straßenlokomotiven. Die Ausstellung sei »ein gesundes Stück Fortschritt«, das Preußen mahnt, nicht »auf den Lorbeeren einer wirklichen oder oft auch nur eingebildeten Superiorität auszuruhen...«

Sein bemerkenswert kritisches Resümee: Alles in allem habe sich Preußen – im Vergleich zu dem viel kleineren Königreich Hannover – nicht »in besonderem Glanze« dargestellt, ja, es sei »hinter sich selbst zurückgeblieben«. Die Hauptursache dafür sah er im provinziellen Denken des betreffenden Ministeriums, »dessen knapper Etat keine andere, reichere Beteiligung gestattete«.

Unter dem belastenden Zeitdruck konnte der Reporter nicht viel von der Stadt selbst gesehen haben, doch hob er erneut »den Eindruck einer großen, malerischen Schönheit hervor«, vor allem der landschaftlichen Umgebung, »die sich unter grauem Himmel und rasch vorüberziehenden Regenschauern ... in allervorteilhaftestem Lichte« zeigte.

Im Jahr darauf kam Fontane auf seiner Reise über die Kriegsschauplätze von 1864 noch einmal nach Hamburg. Im Reisetagebuch sind stichwortartig vermerkt: Altona, Klopstocks Grab, Alsterpavillon, Nikolai- und Catharinenkirche, alles unter dem Datum des 26. Septembers 1864.

Jahrzehnte vergingen. Fontane war 71 und ein gestandener Romancier, als er Hamburg wiedersah. Auf dem Wege ins Sommerquartier auf der Insel Föhr unterbrach er die Fahrt, um nach einer Hafenrundfahrt noch einen Nachmittag und Abend lang durch die noble Stadt zu flanieren. »Hamburg, in seiner das aesthetische Gefühl befriedigenden *Erscheinung* ist vielleicht allen andern modernen Handelsstädten überlegen, selbst London nicht ausgenommen.« (an Georg Friedlaender, 23. 7. 1891)

Die gebürtigen Hanseaten schienen allerdings nicht so recht seinen Idealvorstellungen zu entsprechen. Schon als Achtjähriger hatte er die weltmännischen Umgangsformen des Swinemünder Hauslehrers Dr. Philippi bewundert, aber kein wirklich herzliches Verhältnis zu ihm aufbauen können, denn »sein Hamburgertum, sein Vertrautsein mit den Formen einer wirklich reichen und vornehmen Kaufmannswelt, [gab ihm] ein bis zu Dünkel und Unart sich steigerndes Selbst- und Überlegenheitsgefühl, das ihm von Anfang an seine Stellung verdarb«. (»Meine Kinderjahre«, Kapitel 13) Noch im hohen Alter verkörperte Dr. Philippi als charakteristischer Vertreter für ihn das »Hamburgertum«.

Nicht von ungefähr holt sich Frau Jenny Treibel in ihrem Streben nach höheren Lebensformen die Schwiegertöchter aus Hamburg. Ihr rustikaler Gemahl hingegen sieht die auserwählte Helene realistischer. Er gibt zu, sie habe »innerlich und äußerlich so was ungewöhnlich Gewaschenes« und bewege sich »auf einer Bildungsstufe, die jeden Zank ausschließt«, dafür verstünde sie sich aber um so besser auf »Kriegführung in Sammethandschuhen«.

In »Unwiederbringlich« läßt Fontane Gräfin Holk von Holkenäs aus nach Hamburg reisen, um alle Vorbereitungen für die weitere Ausbildung ihrer halberwachsenen Kinder in die Wege zu leiten. (Asta soll, wie einst die Mutter, ins Herrnhuter Pensionat Gnadenfrei, Axel ins Bunzlauer Pädagogium.) Sie berichtet dem Grafen, der als Kammerherr in Kopenhagen Dienst tut, von ihrem Vorhaben. Der scheinbar sachliche Brief enthält allerlei Anspielungen, denn die Tugendhafte fürchtet (mit Recht!) um das Seelenheil ihres Angetrauten an dem von Leichtsinn und Sinnenfreude beherrschten dänischen Hofe:

»*Hamburg*, Streits Hotel, den 14. Oktober 59
Lieber Holk ... seit heute mittag sind wir hier in Streits Hotel, an das uns so viele freundliche Erinnerungen knüpfen... Ich habe Zimmer im zweiten Stock genommen, Blick auf das Bassin, seinen Pavillon und seine Brücken, und habe mich, als die Dämmerung kam, in das Fenster gelegt und das schöne Bild, wie früher, auf mich wirken lassen. Nur Asta war bei mir, Axel in die Stadt gegangen; er wollte mit Strehlke, der uns bis hierher begleitet hat, erst nach der Uhlenhorst und dann zu Rainvilles. Von da dann nach Ottensen, um sich Meta Klopstocks Grab anzusehen. Ich habe gern zugestimmt, weil ich weiß, daß solche Momente bleiben und das Leben vertiefen.« (Kapitel 18)

Es sind genau die Örtlichkeiten, die Fontane aus eigener Anschauung kannte und deren er sich (nach vierzig Jahren!) mit erstaunlicher Korrektheit erinnerte. Streits Hotel dürfte 1850 für ihn allerdings unerschwinglich gewesen sein. Uhlenhorst, malerisch an der Außenalster gelegen, war damals ein beliebtes Ausflugsziel und Rainville eines der berühmtesten Gartenrestaurants Europas; es gehörte dem französischen Emigranten César Rainville. Selbst der König von Dänemark besuchte es öfter, denn das palaisartige Gebäude mit seiner entzückenden Umgebung lag in dem damals noch dänisch verwalteten Dorf Ottensen.

In Ottensen finden wir heute noch Klopstocks Grab, das Fontane im September 1864 besuchte. Er schätzte den in Quedlinburg geborenen und in Hamburg verstorbenen Dichter nicht nur als Wegbereiter der literarischen Bewegung des Sturm und Drang, sondern auch dessen Wirken im Kreis deutsch-dänischer Dichter und Aufklärer. Ursprünglich für die Ideen der Französischen Revolution schwärmend, zog er sich 1793 zwar unter dem Eindruck des Terrors zurück, blieb jedoch Ehrenbürger der Französischen Nationalversammlung. Bis zuletzt förderte Klopstock den Zusammenschluß der deutschen Intelligenz, um die Forderungen des fortschrittlichen Bürgertums in Staat und Gesellschaft besser durchsetzen zu können. Sein Grab galt für Generationen als eine Art Wallfahrtsstätte.

Im Elternhaus Fontanes und auch in seiner eigenen Familie war Klopstocks Name vertraut. In »Cécile« taucht er noch einmal im Quedlinburg-

Kapitel auf. In »Unwiederbringlich« hingegen ist bezeichnenderweise nur von Klopstocks erster Frau Meta die Rede, die 1754 den Dichter heiratete und wenig später im Alter von 28 Jahren starb.

Das vornehme Rainville wurde 1867 abgerissen. Heute steht auf diesem Areal der nüchterne Zweckbau der Seefahrtsschule. Aber eine Rainville-Terrasse existiert noch als bescheidene Seitenstraße, die bei Nummer 16 auf die Elbchaussee mündet.

Die Kleine Mühlenstraße wurde im Zweiten Weltkrieg von Bomben bis zur Unkenntlichkeit zerstört, danach modern aufgebaut und heißt seit 1950 Struenseestraße. Sie gehört heute – wie Uhlenhorst und Ottensen – zu Hamburg-Altona.

Nur im Altonaer Museum (Museumsstraße 23) kann man sich noch in die Zeit zurückversetzen, als neben dem König von Dänemark und tausenden Ungenannter auch die literarischen Feinschmecker Heinrich Heine und Stendhal Rainvilles Küche genossen und – Jahre später – auch Fontane seinen Café français trank.

Niedersachsen

Für das »herrlich Volk der mannlichen Cherusker«, das einst »Die unbesiegten Römer überwand«, begeisterte sich Fontane schon in seiner Jugend. Im »Friso-Saxon-Stamm« sah er das kernfesteste, alle anderen Stämme überragende Volk. Diese Wertschätzung hielt lebenslang. Im 64. Lebensjahr schrieb er seiner Frau aus Norderney: »Ich bewundre ... immer den Takt, die gute Sitte, die feinere Lebensklugheit der Leute, lauter Dinge, die der Berliner ... nicht hat... Der niedersächsische Stamm: Altmärker, Halberstädter, Magdeburger, Hannoveraner, Braunschweiger, Westphalen, Schleswig-Holsteiner, Hanseaten, Oldenburger, Ostfriesen – ist allen andern Stämmen physisch und moralisch überlegen und es ist kein blos glücklicher Zufall sondern ein richtiges und erfreuliches Beispiel von Ursach und Wirkung, daß er die ganze Welt erobert hat.« (27. 7. 1883) Das mag übertrieben klingen, war es aber nicht, denn das Königshaus der Welfen regierte über Generationen in Personalunion mit dem Hause Windsor, und Großbritannien erreichte unter Königin Viktoria, der letzten Hannoveranerin auf englischem Thron, unbestritten Weltgeltung.

»Vierzehnhundert Jahre haben die Rasse nicht zu ändern vermocht und das Friesische oder Angelsächsische blieb im Osten und Westen der Nordsee dasselbe.« (an James Morris, 1. 12. 1896)

Fontane kannte viele Niedersachsen und in allen glaubte er – mehr oder weniger prononciert – bestimmte Stammeseigenschaften zu erkennen; das galt auch für »Anrainer« wie Märker und Berliner, die sich – bis zu den großen Einwanderungswellen im 17. und 18. Jahrhundert – überwiegend aus Kolonisten von Weser und Ems, Niederrhein und Friesland rekrutierten. In einem gesonderten Aufsatz versuchte er eine Analyse und kam zu dem Schluß, daß ihnen die gleichen Tugenden eigentümlich seien (freilich »nicht voll so viele, wie sie sich einbilden«), aber auch sie seien »gesunden Geistes und unbestechlichen Gefühls, nüchtern, charaktervoll und anstellig, anstellig auch in Kunst, Wissenschaft und Religion, aber sie sind ohne rechte Begeisterungsfähigkeit und vor allem ohne rechte Liebenswürdigkeit«. (»Die Märker und die Berliner«, in: »Wanderungen« VI)

Einem Niedersachsen blieb Fontane lebenslang freundschaftlich verbunden: Bernhard von Lepel. Als Sohn eines königlich hannoverschen Offiziers in Meppen geboren, besuchte Lepel als Knabe die preußische Kadettenschule und war Offizier im Garderegiment »Kaiser Franz«, in dem Fontane seinen Dienst als Einjährig Freiwilliger ableistete. Über die Liebe zur Dichtkunst kamen sie sich näher, und der arrivierte führte den gerade erst beginnenden Dichter in den literarischen Sonntagsverein »Tunnel über der Spree« ein; er half ihm in den schwierigen Anfangsjahren auch öfter über finanzielle Nöte hinweg. Das Revolutionsjahr 1848 sah den armen Freiheitsenthusiasten Fontane und den konservativen Freiherrn und Gardeoffizier auf verschiedenen Seiten der Barrikade, doch selbst solche politischen Divergenzen taten ihrer Freundschaft keinen Abbruch. Im Alter widmete Fontane in »Von Zwanzig bis Dreißig« dem »Meister des Humors« und der improvisierten Aperçus ein langes Kapitel, hob dessen souveräne Umgangsformen und aristokratische Gesinnung hervor, die frei war von kleinlicher Arroganz; er bedauerte nur, daß dieses hochgebildete Multitalent nie so recht zur Entfaltung gekommen war, denn »er war der geborne Hofmarschall eines kleinen kunst- und wissenschaftbeflissenen Hofes und würde da viel Gutes gewirkt haben«. Offenbar dachte er an Georg V., der 1851 den hannoverschen Thron bestiegen und Kunst und Wissenschaft feinfühlig gefördert hatte.

Obwohl überzeugter preußischer Offizier, hatte Lepel nie seine Anhänglichkeit zum welfischen Königshaus verleugnet, und es ist ungewiß, ob Fontane ihm je die beiden Gedichte zeigte, die er noch als Apothekerlehrling verfaßte: »An den König von Hannover«, in dem er ihn schlankweg auffordert, abzudanken, und »An die Hannoveraner«, in dem er dem »herrlich Volk der mannlichen Cherusker« einen neuen Arminius wünscht, der das Land aus seiner schmachvollen Lage befreie: »Ein gutes Schwert nur kann euch Freiheit bringen, / Den Frühling statt des Winters Sklaverei«. Was hatte ihn zu so radikalen Tönen veranlaßt? 1837 löste Ernst August,

König von Hannover, die Ständeversammlung auf, setzte die halbwegs moderate Verfassung außer Kraft und die alte, erzkonservative wieder ein. Der freiheitsbewegte junge Fontane, der als Mitglied des Lenau-Klubs und des Platen-Vereins auf Versfüßen die Revolution in die Welt tragen wollte, erwartete einen Sturm der Entrüstung, doch nur sieben Göttinger Professoren, darunter die Brüder Grimm, lehnten sich dagegen auf. Alle sieben wurden des Landes verwiesen; ihr Protest verhallte ohne Echo.

Je mehr Wissen, vor allem Hintergrundwissen, Fontane sich aneignete, desto einsichtiger und verständnisvoller wurde er im Urteil, und das der Lyrik des Vormärz eigene hochgestochene Pathos wich einer kritisch-humanistischen Betrachtungsweise. In seinen Artikeln aus den Revolutionsjahren 1848/49 verglich er die Völker noch mit Blumen auf ausgedörrter Wiese, die nach dem belebenden Regen der Freiheit dürsten. Im gleichen blumigen Stil forderte er »ein großes deutsches Vaterland«, in dem demokratische Mitbestimmung, Rede- und Pressefreiheit unabdingbar sein sollten. Nach seiner Vorstellung mußten zuerst die deutschen Fürsten abgesetzt werden, da es mit 37 Fürsten keine Einheit der Nation geben könne: Sie müßten fallen »und wenn sie Engel wären«. (an Bernhard von Lepel, 12. 10. 1848) Und Preußen, so forderte er in der »Berliner Zeitungshalle« am 31. August 1848, müsse als erster Staat der nationalen Einheit zum Opfer gebracht werden.

Doch die Geschichte nahm einen gänzlich anderen Verlauf. Fontane verfolgte sie als Berlin-Korrespondent der radikal-demokratischen »Dresdener Zeitung« und in den fünfziger Jahren als halbamtlicher Presse-Agent in London mit wachen Augen und wachsendem Sinn für Tatsächlichkeiten.

Das vereinigte Deutsche Reich war von Anfang an gekennzeichnet durch die Rivalität zwischen Österreich und Preußen. 1856 heißt es bereits in einer Denkschrift des preußischen Bundestagsgesandten im Frankfurter Parlament Otto von Bismarck: »Solange ein ehrliches Arrangement eines jeden in Deutschland nicht getroffen und ausgeführt wird, pflügen wir beide denselben streitigen Acker, und solange bleibt Österreich der einzige Staat, an dem wir nachhaltig verlieren und von dem wir nachhaltig gewinnen können... In nicht allzu langer Zeit werden wir für unsere Existenz gegen Österreich fechten müssen und es wird nicht in unserer Macht liegen, dem vorzubeugen, weil der Gang der Dinge in Deutschland keinen anderen Ausweg hat.« Auch Fontane befürchtete, der »Staaten-Haifisch« Österreich könne »uns jonasartig verschlingen«.

1864 zogen noch alle gemeinsam aus, die Schleswig-Holsteiner von dänischer Besatzung zu befreien. Fontane hielt sich als »halboffiziöser Kriegshistoriker« in angemessener Entfernung. Noch während er an dem Kriegsbuch arbeitete, gerieten die beiden großen Rivalen in Streit um die Beute. Der nächste Krieg war vorprogrammiert. Zwei Jahre später brach er aus, und wieder bereiste Fontane im Auftrage des königlichen Hofbuchdruckers von Decker als Berichterstatter die Kriegsschauplätze, erlebte bei Langensalza, wie vier Brigaden der auf Seiten Österreichs kämpfenden hannoverschen Armee zunächst siegreich gegen die Preußen waren, dann aber diesen Sieg verloren: »Ein Verhängnis war über Hannover. Unbestimmtheit, Unklarheit des Wollens lähmten von vornherein alle Action, gestatteten dem einen *diese*, dem anderen *jene* Auffassung von den Intentionen des Königs und führten endlich zu jener Katastrophe, deren Ursachen man sich nicht entschließen konnte, in der eigenen Brust zu suchen!« (»Der deutsche Krieg von 1866«, Bd. 2, Kapitel »Schlußbetrachtung«) Die vier Brigaden hatten sich nicht nach Süden durchgeschlagen, um sich mit den wartenden Bayern zu vereinen und unter dem Oberbefehlshaber von der Tann weiterzukämpfen, denn: »...sich und seine Armee dem Bundesfeldherrn *unterzuordnen*, war dem König von Hannover ein unerträglicher Gedanke«. So wurden sie von 40 000 Mann preußischer Landwehr umstellt und zur Kapitulation gezwungen. Unter diesem unmittelbaren Eindruck schrieb Fontane das Gedicht »Berliner Landwehr bei Langensalza (27. Juni 1866)«. In volkstümlichem Ton schildert er darin die Tapferkeit auf beiden Seiten, aber auch die »heute unbegreifliche Courtoisie«, mit der die Waffen gekreuzt wurden. Bei der Darstellung des Kampfgeschehens und seiner Hintergründe verwendete er über weite Strecken den österreichisch-hannoverschen Bericht, »der viel beser ist als unser Generalstabswerk, von dem man überhaupt sagen kann: viele

Köche verderben den Brei« (an Ludwig Burger, 20. 1. 1868). Sein Bemühen um Vorurteilslosigkeit ist ihm vom Haus Hohenzollern schlecht gedankt, von der Gegenseite aber stets anerkannt worden.

Langensalza und Kissingen erwiesen sich als Nebenschauplätze, die Entscheidung fiel bei Königgrätz. Österreich unterlag und verlor seine Vormachtstellung ein für allemal. Für seine Verbündeten Hannover, Hessen und Nassau bedeutete das den Verlust der Eigenstaatlichkeit; sie fanden sich fortan unter den gekräftigten Schwingen des Preußen-Adlers.

Fontane schloß sein Buch »Der Deutsche Krieg von 1866« mit der Hoffnung, »daß es alsbald in allen Neu-Provinzen von unsrer preußischen Herrschaft heißen möge (wie seinerzeit vom friesischen Hemd): ›*erst juckt es, aber hinterher sitzt es warm*‹«. Und allen Besiegten und schwer Gedemütigten sprach er Mut zu: »Brach auch Theures euch zusammen, / Lernt auf's Ganze gläubig sehn...«, auf's Ganze »des jungen Reichs Gebäude«.

Doch das »preußische Hemd« juckte noch lange, und manchen unerträglich. Viele konnten und wollten sich nicht mit den neuen Verhältnissen abfinden, vor allem große Teile des niedersächsischen Adels und der Hofbeamten Georgs V., ihres verehrten blinden Königs, der nun im Exil lebte und dessen Vermögen beschlagnahmt worden war. Fontane vertrat zwar grundsätzlich die Auffassung, daß die Einverleibung Hannovers nicht vor dem Gesetz, wohl aber vor der Geschichte gerechtfertigt war, er kritisierte allerdings – und dies mit den Jahren immer heftiger – die Methoden, die Bismarck angewendet hatte; vor allem mißbilligte er die Verwendung des eingezogenen Vermögens, des sogenannten Welfenfonds, für undurchsichtige Zwecke.

Offiziell äußerte er sich dazu erst 1874, und zwar in einer Rezension zu Julius Rodenbergs Reise-Feuilletons »In deutschen Landen«. Rodenberg hatte 1871 in Niedersachsen noch viel Anhänglichkeit an die alte Dynastie vorgefunden und erfreut festgestellt, »daß die Mehrzahl der Hannoveraner sich zwischen den beiden Extremen, von denen eins unklug, das andere charakterlos wäre, höchst taktvoll und würdig benimmt; mit einem gesunden Gefühle für die Realität des Geschehenen erkennen sie, daß die

Rückkehr der alten Zustände weder möglich noch auch wünschenswert sei...« Und er fügte hinzu: »Ein schlechtes Zeichen würde es sein, wenn es anders wäre. Denn auf lächerliche Weise demonstrieren ist *ein* Ding und natürliche Empfindungen nicht verleugnen ein *anderes.*« Das war Fontane aus dem Herzen gesprochen.

In der Politik hatten allerdings Männer solcher Denkungsart einen schweren Stand. Fontane verfolgte zum Beispiel aufmerksam, mit welcher Häme der hannoversche Oberpräsident von Bennigsen von der blindwütigen Welfen-Opposition, also den eigenen Landsleuten, des Verrats bezichtigt wurde, während andererseits die preußische Sozialdemokratie keine Gelegenheit ausließ, ihn als trojanisches Pferd zu verdächtigen. Dieser kluge und integre Mann, der das Beste für Hannover *und* für das Deutsche Reich anstrebte, saß wegen seiner Prinzipienfestigkeit politisch zwischen allen Stühlen. Das interessierte Fontane; er plante, einen »idealisierten Bennigsen« in »Storch von Adebar« einzufügen. Leider blieb dieser Roman Fragment. Doch Bennigsen beschäftigte den Autor bis zuletzt. Noch im »Stechlin« streiten Dubslav und Pastor Lorenzen um dessen wahre Größe; beide sehen in ihm einen »Excelsior-Mann«, doch äußern beide – wenn auch aus unterschiedlichen Gründen – ein großes »aber«.

Im Laufe der Jahre hatte Fontane eine Reihe bedeutender Vertreter des »Friso-Saxon-Stammes« kennengelernt, durch die er subtile Einblicke in die verschiedenen Bereiche des gesellschaftlichen Lebens gewann. Dazu gehört der aus Osnabrück gebürtige Historienmaler Otto Knille. Im Auftrag König Georgs V. hatte er die Repräsentationsräume der Marienburg bei Nordstemmen mit Szenen aus thüringischen Sagen ausgemalt, auch das neue, neoromanische Welfenschloß in Hannover mit Fresken geschmückt und dabei das erstaunliche Kunstverständnis des blinden Königs schätzengelernt. 1866 wurden diese Arbeiten zwangsläufig eingestellt, und Knille ging nach Berlin, wo er als Gast im »Tunnel über der Spree« schnell mit Berliner Künstlern Kontakt und bald auch offizielle Aufträge bekam. »Heute bei Heydens werde ich wohl *Knille* treffen, einen jener mir sympathischen Hannoveraner, die nur die Tugenden ihres Stammes und nicht die Bedrücklichkeiten haben.« (an Theo Fontane junior, 2. 11. 1894)

»Auf einem höchst interessanten Diner« des Berliner Schriftstellerkollegen Paul Lindau begegnete Fontane dem hannoverschen Rechtsgelehrten Rudolf von Ihering, dessen »Kampf ums Recht« über zwanzig Auflagen erlebte und als »Lesebuch für die Gebildeten« galt. »Wie jeder, der sich ein klein bischen auf Stil versteht«, schwärmte der Dichter für den Stilisten von der anderen Fakultät, während des Diners vertieften sich die beiden in grundsätzliche Erörterungen und fanden kein Ende, bis sie auf dem Heimweg vor Iherings Quartier standen. Nach fünfzehn Jahren erinnerte sich Fontane noch genau an jenen Abend: »...ich brachte ihn nach Haus; er war sehr klug, aber nicht sehr liebenswürdig, in Gutem und Nicht-Gutem ein glänzender Repräsentant seines doch eigentlich die Welt beherrschenden Friso-Saxon-Stammes.« (an Victor Meyer, 26. 9. 1893) Die immer wiederkehrende Hervorhebung der Stammeseigenschaften ist bemerkenswert.

Im Berliner Kreis der befreundeten Familie von Wagenheim traf Fontane öfter den Reichstagsabgeordneten für Lingen und Meppen Ludwig Windthorst, und er verfolgte die verbalen Duelle, die er mit dem großartigen Rhetoriker Bismarck ausfocht, nicht nur aus intellektueller Neugier, sondern auch mit menschlicher Anteilnahme. Er achtete Windthorsts aufrechte Gesinnung. Der langjährige Bevollmächtigte Georgs V. verhehlte niemals seine Sympathie für den König, auch als dieser machtlos im Exil zu leben gezwungen war; das hinderte ihn jedoch nicht, seine neuen Untertanenpflichten zu erfüllen.

Lebenshaltungen in Umbruchzeiten, am eigenen Leibe schmerzhaft erfahren, beschäftigten Fontane stark. So inszeniert er zum Beispiel in »Cécile« einen Streit zwischen einem emeritierten niedersächsischen Pastor und einem preußischen Privatgelehrten. Der Emeritus bekennt, ein »fester Braunschweiger« zu sein. »Aber wenn heute mein Herzog stirbt und morgen ›der Preuß‹ uns annektiert, so bin ich übermorgen loyaler Preuße. Nur keine Prinzipienreiterei... ›Das *Wort* sie sollen lassen stahn‹, *das* ist Recht und Ordnung, *dafür* bin ich da, das ist Gewissenssache. Für alles andre aber haben wir die Vernunft. Treue! Man muß die Welt nehmen, wie sie liegt, und danach treu sein.« – »Oder *un*treu«, entgegnete der Privatgelehrte. (»Cécile«, Kapitel 13) Der Autor läßt die Streitfrage offen; sie taucht in verschiedenen Abwandlungen immer wieder auf – bis ins Spätwerk: So ist der alte Dubslav von Stechlin »lieber mit dem Alten, soweit es irgend geht, und mit dem Neuen nur soweit es muß.« Die junge, weltoffene Melusine von Barby hält ihm jedoch entgegen: »Alles Alte, soweit es Anspruch darauf hat, sollen wir lieben, aber für das Neue sollen wir recht eigentlich leben.« (Kapitel 29)

Beiden Ansichten gibt der alte Fontane die gleiche Berechtigung.

Niedersachsen mit Land und Leuten zieht sich durch das gesamte Werk Fontanes, von den »Wanderungen« über die Kriegsbücher bis zu den späten Romanen. In den »Wanderungen« setzte er vier Persönlichkeiten, die sich im Dienste Preußens überragende Meriten erwarben, ein literarisches Denkmal: Eberhard von Danckelmann (geb. 1643 in Lingen, gest. 1722 in Berlin) wurde vom Großen Kurfürsten als Erzieher des Kurprinzen berufen, später Berater und Kanzler Friedrichs III. und ersten Königs in Preußen. Wahrheitsliebend, sparsam, allen Schmeicheleien abhold, nur mit »etwas allzu ernsthaften Humeur«, geriet er in Widerspruch zur korrupten Hofkamarilla und zog schließlich den kürzeren.

Karl-August von Hardenberg (geb. 1750 in Esserode bei Gifhorn, gest. 1822 in Genua) stand in hannoverschen, braunschweigischen und ansbachischen Staatsdiensten, bis er 1791 nach Preußen zog, wo er unter Friedrich Wilhelm III. Minister, später Staatskanzler wurde. Unter napoleonischer Bedrängnis lavierte er das schwer angeschlagene Staatsschiff zwischen Scylla und Charybdis hindurch. Fontane nannte ihn eine »Mischung von Edlem und minder Edlem, von Schlauheit und Offenheit, von Nachgiebigkeit und Festigkeit«, kurz, kein reiner niedersächsischer Charakter, doch für diese vertrackte Zeit zweifellos der richtige Mann, denn: »Eigensinn und Prinzipienreiterei hätten uns verdorben. Sein Leben, Vorbild oder nicht, hat uns gerettet.« (»Wanderungen« II, »Das Oderland«, Kapitel »Quilitz oder Neu-Hardenberg«)

Gerhard von Scharnhorst, ehemals hannoverscher Artillerie-Offizier, bezeichnete Fontane als einen der Edelsten im preußischen Generalstab während der Befreiungskriege, er rühmte dessen »Klarheit und Festigkeit des Verstandes... Freiheit von Vorurteilen des Herkommens, die stolze Gleichgiltigkeit gegen äußere Auszeichnungen,... die höchste Besonnenheit, Mut und Ausdauer in der Gefahr«. (»Wanderungen« IV, »Spreeland«)

Albrecht Daniel Thaer, gebürtig aus Celle, Leibarzt des hannoverschen Königs, siedelte nach Preußen über, um im Oderbruch die Königlich Preußische Akademische Lehranstalt des Landbaus zu begründen. Er gilt als der Vater der modernen Landwirtschaft. »Stark, fest, beharrlich, mutig« nannte ihn Fontane in einer Denkschrift zur Einweihung des Thaer-Denkmals in Berlin (1860), und im Band »Oderland« der »Wanderungen« widmete er ihm ein ganzes Kapitel.

Schließlich führten ihn die »Wanderungen« von Hoppenrade und Schloß Rheinsberg nach Lütetsburg in Ostfriesland. Bestrebt, das außergewöhnliche Leben der Krauten-Tochter nachzuzeichnen, die in zweiter Ehe mit Georg von Inn- und Knyphausen verheiratet gewesen war, erhielt er eine Einladung des Freiherrn Edzard von Inn- und Knyphausen, um im Lütetsburger Familienarchiv Nachforschungen anzustellen. Die Bekanntschaft sollte nicht ohne literarischen Niederschlag bleiben.

Das Verhältnis der Hannoveraner zu Preußen (und umgekehrt) wird gesprächsweise in einigen Romanen kontrovers erörtert, so in »Vor dem Sturm«, in »Schach von Wuthenow«, in »Cécile« oder in »Unwiederbringlich«; und drei Romane spielen, wenn auch nicht direkt in Niedersachsen, so doch in angrenzenden Landschaften. Der einzige Roman, dessen Hauptschauplatz die königliche Residenzstadt Hannover sein sollte, blieb aus vielerlei Gründen Fragment. Ein Grund lag wohl in den anfänglich etwas komplizierten Beziehungen Fontanes zum Westermann-Verlag in Braunschweig; doch es ist müßig, die Schuldfrage zu stellen. Wie lagen die Dinge? Fontane war sechzig, als er sich entschloß, Zeit und Kraft nur noch den ihm vorschwebenden Roman- und Novellenstoffen zu widmen. »Vor dem Sturm« war bereits erschienen, aber kaum beachtet worden. Er mußte also, wenn er finanziell über die Runden kommen wollte, solche Stoffe auswählen, die ihm bei Zeitschriften Vorabdruck-Honorare einbrachten. So bot er 1879 Gustav Karpeles, dem Redakteur der »Westermanns Monatshefte«, »Allerlei Glück« an, einen Gesellschaftsroman aus den Berliner Gründerjahren. In drei Jahren wollte er ihn liefern und verlangte 5000 Taler Honorar. Westermann muß dies für anmaßend gehalten haben, jedenfalls blieb »Allerlei Glück« unausgeführt. Immerhin ermutigte Karpeles den Autor zu neuen Vorhaben. Und Fontane offerierte wenige Wochen später die Skizze zu »Sidonie von Borcke«, die er im Harz niederzuschreiben gedachte. Statt dessen empfing er dort aus einem Kirchenbuch die Anregung zu »Ellernklipp«. Die Geschichte erschien ihm »griffiger« Im Frühjahr darauf bot er sie Karpeles an, daneben den ebenfalls im Brouillon vorliegenden »Schach von Wuthenow«.

Das Schicksal des preußischen Offiziers aus dem Elite-Regiment Gensdarmes begeisterte Karpeles nicht, er entschied sich – im März 1880 – für »Ellernklipp«: Das spielte im Harz und lag ihm – wohl nicht nur geographisch – näher. Allerdings erwartete er gewisse stilistische Änderungen, was Fontane gekränkt zurückwies: Er glaube, Stilist zu sein, »der den Dingen nicht seinen altüberkommenen Marlitt- oder Gartenlaub-Stil aufzwängt, sondern ... der immer wechselnd, seinen Stil aus der Sache nimmt, die er behandelt«. (3. 3. 1881) Vorsichtig gab er dem Redakteur zu verstehen, daß man bei Westermann wohl »Geschmack und Stimme des Publikums ... ängstlicher behorch[e] als nöthig. Als nöthig vom *Schriftsteller*-Standpunkt aus«. (an Gustav Karpeles, 30. 7. 1881)

Fontane spürte, daß preußische Stoffe hier nicht gefragt waren und schlug deshalb einen Briefroman mit dem Titel »Eleonore« vor. Darin wollte er ein zeitgeschichtliches Genrebild aus dem Preußen der 1850er Jahre geben, als abzusehen war, daß der schwerkranke König nicht mehr lange regieren würde und die Parteigänger des jüngeren Bruders rigoros an die Futterkrippen und Schalthebel der Macht drängten. Fontane war zu der Zeit halbamtlicher Presse-Agent in London, und hätten ihn nicht Freunde über die unterirdischen Grabenkämpfe in Berlin auf dem laufenden gehalten, wäre er von einem diplomatischen Fettnäpfchen ins andere gestolpert.

Die Ereignisse lagen über zwanzig Jahre zurück, dennoch hütete sich Fontane, allzu deutlich zu werden; vielmehr verlegte er die Romanhandlung, »zu leidlicher Cachirung« (an Gustav Karpeles, 3. 6. 1880), an den hannoverschen Hof, wo etwa um das Jahr 1850, kurz vor Machtantritt Georgs V., eine ähnliche Situation herrschte.

Zur Hauptperson wählte er Eleonore, »Tochter aus einem *sehr vornehmen* gräflichen Hause ... das aber plötzlich verarmte; nun heiratete sie einen Assessor, der mit Rücksicht auf ihre Familie geadelt wurde.« Ihr Briefpartner ist ein lebenskluger Landpastor, eine Art Lorenzen. Eleonore lebt im Dunstkreis des Hofes, Namen wie Borries, Detmold, Windthorst, Stüve, Bennigsen, Münster und Bernstorff sind ihr ebenso geläufig wie der alte General Halkett oder die Hofdamen der jungen Königin Marie. Fontane las alles, was an Biographien, Memoiren, Tagebüchern erreichbar war: »Ich muß in diesen Adels-, Ministerial- und Hofgeschichten ganz sicher sein, sonst fehlt es an dem richtigen Stoff, die Briefe zu füllen. Zugleich muß ich auch die religiöse Bewegung kennen.« (aus: »Fragmente und frühe Erzählungen«)

Einige der genannten Persönlichkeiten kannte er aus eigenem Erleben: Windthorst und Bernstorff hatte er beim Jour fixe der befreundeten Familie von Wangenheim in Berlin, einen Herrn von Wedel, einst Adjutant Georgs V., in der Teegesellschaft bei Knyphausen in Lütetsburg kennengelernt; General Halkett war ihm aus dem Krieg 1864 ein Begriff und Freifrau von dem Bussche, vormals Hofdame der Königin Marie, war ihm als Friedensstifterin im Kloster Dobbertin im Gedächtnis geblieben.

Er wußte also viel Historisches, Biographisches und Anekdotisches, so daß er sich frei im Stoff bewegen konnte. In kurzer Zeit gedieh der Entwurf auf 142 Seiten. Um nur einen kleinen Einblick zu geben: Während Eleonore dem befreundeten Pastor von den einschneidenden Veränderungen in ihrem Leben berichtet, ziehen unter ihrem Fenster die Gardetruppen vorüber. Es ist Waterloo-Tag. »Unser König nimmt die Parade ab«, schreibt sie, »er liebt es, um den Glauben aufrecht zu erhalten (vielleicht vor sich selbst) daß er sehen könne.« Im Begriff, diese Vorspiegelung falscher Tatsachen zu mißbilligen, nimmt sie sich jedoch sofort wieder zurück: »... sind wir nicht alle blind und wollen die Welt glauben machen, daß wir sehen könnten!« Der Pastor erzählt von der wesentlich schlichteren Waterloo-Feier in seinem Heidedorf. Aus ihm und seiner Meinung zu solch obligat-patriotischen Gedenktagen spricht zweifellos der Autor selbst: »Der bloße Waffenlärm ist mir verhaßt und auch dadurch, daß ein Tedeum gesungen wird, wird eine gottlose Sache nicht in eine gottwohlgefällige verkehrt.«

Kenner preußischer Verhältnisse entdecken allenthalben raffinierte Doppelbödigkeit, Anspielungen auf Geschehnisse am preußischen Hof, in preußischen Kabinetten. Es ist – nicht nur für Historiker – bedauerlich, daß »Eleonore« unvollendet in der Schublade landete. Hatte Karpeles zu lange gezögert? Hatten sich »Graf Petöfy«, »Schach von Wuthenow« und die Krautentochter als die Stärkeren erwiesen und Eleonore aus Kopf und Herzen des Autors verdrängt? Wir wissen es nicht. »Eleonore« ist kein Einzelfall. »Allerlei Glück« und »Storch von Adebar« teilten das gleiche Schicksal. Als die Famile nach dem Tod des Dichters den Schreibtisch ausräumte, fanden sich sechzig bis siebzig Entwürfe und Fragmente zu Romanen, Novellen und Novelletten. Diejenigen, die schon etwas über Absichten, Hintergründe und Herangehensweise des Autors erkennen ließen, wurden in der Nymphenburger Ausgabe seiner Gesammelten Werke in einem Extra-Band zusammengefaßt, darunter auch »Eleonore«. Das Originalmanuskript ging in den Kriegswirren verloren.

Ein anderer, im Niedersächsischen angesiedelter Entwurf betrifft »Die Likedeeler«. Störtebeker und seine Vitalienbrüder geisterten schon durch seine abenteuerlich-romantischen Knabenspiele; in »Meine Kinderjahre« spielt Störtebekers Kul, zwischen Swinemünde und Heringsdorf, hinter den Dünen der Ostsee gelegen, eine große Rolle. Der Stoff sollte ihn sein Leben lang nicht mehr loslassen.

Der erste flüchtige Entwurf datiert aus dem Sommer 1880, der zweite aus dem Jahr 1882; da stehen, nach umfangreichen historischen Studien, schon neben der Einteilung in siebzehn Kapitel und einer gewissen Dramaturgie, auch die *dramatis personae* fest. 1883 besuchte Fontane mit dem ostfriesischen Lehrer und Heimatforscher Sundermann die aus dem 13. Jahrhundert stammende, einst stattliche und wehrhafte Kirche von Marienhafe. Störtebeker mit seinen Mannen fand hier Zuflucht. Das Meer, die Abgeschiedenheit, das zerfallene Gemäuer gaben der dichterischen

Phantasie neue Nahrung. Er fertigte Lageskizzen an – und legte sie zu den übrigen. Erst 1895 ging er an den Hauptentwurf: »Ich trage mich mit einem schon vor länger als 10 Jahren in Ostfriesland aufgepickten Stoff, der, ... die Leiden und Freuden, Leben, Tod und Höllenfahrt der Vitalienbrüder oder ›Likedeeler‹ ... unter ihrem vielgenannten Führer Klaus Störtebeker behandelt. Der Stoff in seiner alten mittelalterlichen Seeromantik und seiner sozialdemokratischen Modernität – ›alles schon dagewesen‹ – reizt mich ganz ungeheuer...« (an Friedrich Holtze, 16. 3. 1895)

Doch statt dessen schrieb er den »Stechlin«.

Hannover

In »Irrungen, Wirrungen« berichtet Käthe, die Frau Botho von Rienäckers, von der Reise mit Mama nach Norderney: »Hannover, 12 Uhr 30 Minuten... Der Aufenthalt hier ... währt eine Viertelstunde, was ich benutzt habe, mir den unmittelbar am Bahnhofe gelegenen Platz anzusehen: lauter erst unter unserer Herrschaft entstandene Hotels und Bier-Etablissements, von denen eines ganz im gotischen Stile gebaut ist.« (Kapitel 20)

Die plauderhafte Dame, sehr oberflächlich um Bildung bemüht, ist zutiefst davon überzeugt, daß alles, was etwas hermacht, natürlich nur preußischen Ursprungs sein kann. Doch sie irrt sich, im allgemeinen wie im besonderen: Alle drei Hotels des Bahnhofsvorplatzes sind älteren Datums, Hôtel de Russie bestand schon 1851, der Rheinische Hof und Hartmann's Biertunnel eröffneten 1858. Die Einstellung der ostelbischen Baronin offenbart sich auch in der scheinbar nebensächlichen Bemerkung: »Die Hannoveraner, wie mir ein Mitreisender erzählte, nennen es die ›preußische Bierkirche‹, bloß aus welfischem Antagonismus.« Den Ausdruck »Bierkirche« für das aufwendig ausgemalte neogotische Tunnelgewölbe prägte jedoch Georg V., die Beifügung »preußisch« stammt aus späterer Zeit, als viele (durchreisende) preußische Militärs und Verwaltungsbeamte dort verkehrten.

Im April 1852, auf dem Weg nach London, hatte sich Fontane noch den alten Bahnhof angesehen. Damals mußten auf der Strecke mehrfach die Züge oder Lokomotiven gewechselt werden, und so hatte er die obligatorische Viertelstunde genutzt, um sich von dem »ehrwürdigsten klassizistischen Bahnhofsbau Deutschlands« einen Eindruck zu verschaffen.

Als er 28 Jahre später, von Norderney kommend, kurz nach Mitternacht in Hannover eintraf, sah er einen gänzlich neuen Bahnhof und einen wesentlich veränderten Bahnhofsvorplatz. Hannover war noch nobler geworden, aber nicht erst seit 1866, sondern schon unter Georg V.

Man hatte ihm Kasten's Hotel empfohlen, ein Haus ›für gehobene Ansprüche‹; doch sein »entrée joyeuse in die Welfenhauptstadt … von der ich mir einen reinlichen poetischen Eindruck versprochen hatte«, begann weder poetisch noch erhaben. Anderntags schilderte er seiner Frau Emilie, daß ihn ein »penetrant ammoniakalischer Geruch« am Einschlafen gehindert hatte: »Endlich entdeckt ichs; es war vergessen worden, ›auszugießen‹ … wohl seit 3 Tagen schon. Que faire? Ich schritt zu einem Verdünnungsprozeß. Aber es wurde immer schlimmer… So mußt' ich denn auf irgend eine Weise *das* ausführen, was das Dienstmädchen vergessen hatte, und geräuschlos Fenster und Jalousien öffnend und den Vorbeimarsch einer Patrouille abwartend, schoß ich alles in goldenem Bogen (der Mond schien) bis mitten auf den Damm.« Er war mit so großen Erwartungen nach Hannover gekommen, jedoch kommentiert er diese Episode humorvoll-gelassen; es sei eben immer das alte Lied: »Zärtliche Brautpaare haben an ihrem Hochzeitstage … in der Regel einen kolossalen Schnupfen. In schweren Fällen Kolik. – Leb wohl. Morgen, bald nach 3, will ich hier fort und denke etwa 8 Uhr Abends auf dem Lehrter Bahnhof in Berlin einzutreffen. Braunschweig schenk' ich mir.« (an Emilie Fontane, 26. 7. 1880)

Fontane war in Zeitdruck; er hatte Gustav Karpeles, Redakteur der »Westermann Monatshefte« in Braunschweig, »Ellernklipp« versprochen, woran er immer noch feilte; und über den angebotenen Briefroman »Eleonore« zu reden, schien ihm noch zu früh. Er hatte ja den knapp zweitägigen Besuch der ehemaligen Residenzstadt nutzen wollen, um den »lokalen Ton« zu studieren, die Atmosphäre, in der sich sein Stoff entfalten sollte.

Das Tagebuch gibt nur spärlich Auskunft über den Aufenthalt, an Emilie schrieb er, ziemlich lapidar: »Hannover macht einen vornehmen Eindruck, aber doch sonderbar; in mancher Beziehung wie München: groß, weit, leer, forcirte Gothik (die mir doch nicht recht scheinen will) überhaupt etwas 'rauf Gepufftes, wie jemand der sich über seine Kräfte anstrengt und dem die Puste ausgeht.« (26. 7. 1880)

Man kann nur vermuten, welche Sehenswürdigkeiten er in Hannover unbedingt aufsuchen wollte. Das in unmittelbarer Nähe seines Hotels gelegene Theater wird ihn interessiert haben, war er doch selbst zu dieser Zeit Kritiker an der »Vossischen Zeitung« für das Königliche Schauspielhaus zu Berlin, ferner wird er sich die historische Altstadt erwandert haben mit dem Schloß an der Leine, in dem Bismarck 1853 mit Georg V. verhandelte, bevor er ihn davonjagte; dann das Alte Palais, in dem die ehemalige Königin Marie noch immer wohnte, wenn sie sich in Hannover aufhielt; vielleicht verfolgte er auch den Weg der Garden, die von den Kasernen am Waterloo-Platz aus an der Waterloo-Säule vorbeizogen zum Leine-Schloß, wo der blinde König die Parade abzunehmen pflegte.

Auch das Museum für Kunst und Wissenschaft in der Sophienstraße dürfte ihn angezogen haben. Es beherbergte Gemälde, sakrale Kunst und Altertümer aller Art. Georg V. hatte 1853 zur Einweihung wertvolle Leihgaben des königlichen Hauses, wie die berühmte Reliquienkammer, beigesteuert; Fontane muß es 1863 schon gekannt haben, als er für die »Neue preußische (Kreuz)Zeitung« nach Hamburg fuhr, um über eine große Tier- und Maschinen-Ausstellung zu berichten. Ein nationalhistorisches Museum dieser Art schwebte ihm auch für Berlin vor. Sein Plan dafür hatte bereits konkrete Formen angenommen, als er noch am zweiten Band von »Der Deutsche Krieg von 1866« arbeitete. An seine mütterliche Fürsprecherin Mathilde von Rohr schrieb er damals: »Die Hannoveraner, in ihrem sogenannten Welfen-Museum, haben ein großartiges Muster-Institut der Art und man empfindet hier sehr peinlich, daß uns in solchen und ähnlichen Dingen die neuen Provinzen sehr voraus sind.« (8. 5. 1868) Wie hier so sollte auch das Museum in Berlin gespeist werden »aus dem reichen Material was die Kunstkammern und die zahlreichen Königlichen Schlösser, außerdem die alten Kirchen in Stadt und Land bieten würden...« Er nannte es »eine große, schöne, herzerhebende Aufgabe«, die er liebend gern selbst übernommen hätte. (an Mathilde von Rohr, am 7. 5. 1868)

Es war nichts daraus geworden. Zum Glück, möchte man heute sagen, denn als Direktor eines nationalhistorischen Museums wäre Fontane zwar Professor, aber wohl kaum der Schöpfer und zugleich Vollender des realistischen deutschen Romans geworden.

Ob Fontane bei seinem Hannover-Besuch bis Herrenhausen kam, wissen wir nicht, immerhin braucht ein geübter »Wanderer« von Kasten's Hotel bis dorthin eine gute Stunde, und eine Pferdedroschke kostete damals, je nach Anzahl der Mitreisenden, zwei bis sieben Silbergroschen. Sicher hätte er gern die königliche Sommerresidenz in dem frühbarocken Großen Garten gesehen wie auch das Neue Schloß, das er aus den Schilderungen des Historienmalers Otto Knille kannte, der an der künstlerischen Ausgestaltung beteiligt gewesen war.

Es knüpften sich an Hannover auch private Fäden: Fontanes ältester, musisch veranlagter Sohn George Emile hatte hier die Kriegsschule besucht und im August 1870 ein überstürztes Offiziers-Examen bestanden, um stante pede nach Frankreich zu ziehen. In allem ein Sonntagskind, kam er heil durch den Krieg, heiratete reich und glücklich, wurde Hauptmann und Instrukteur an der preußischen Kadettenanstalt zu Berlin-Lichterfelde. Er starb mit 36 Jahren an einer zu spät erkannten Blinddarmentzündung. Fontane, der sehr an George hing, hat dessen Tod nie ganz verwunden.

Möglicherweise legte Fontane bei seinem Erkundungsspaziergang in jenem regnerisch-kühlen Juli 1880 auch am Henriettenstift in der Marienstraße eine Gedenkminute ein. Diese 1860 von Königin Marie gegründete Krankenanstalt wurde von Anfang an von Emmy Danckwerth geleitet, einer der beiden Diakonissen, die Fontane – Sommer 1848 bis Herbst 1849 – im Berliner Krankenhaus Bethanien in Pharmazie ausgebildet hatte. Sie war damals 35, er 28 Jahre alt. Noch in hohem Alter erinnerte er sich ihrer als einer ausgezeichneten Dame: »...klug, treu, zuverlässig, ein Typus jener wundervollen Mischung von Charakterfestigkeit und Herzensgüte. Durchdrungen von der Pflicht der Unterordnung, war sie zugleich ganz frei. Selbst dem gefürchteten Schultz gegenüber ... bezeigte sie sich voll Mut, immer wissend, wie weit auch *ihr* ein Recht zur Seite stünde... Während ich den Lehrer spielen sollte, habe ich viel im Umgang mit ihr gelernt. Sie war hervorragend« und, ein Jahr später, »geradezu das Erstaunen der Examinatoren«. (»Von Zwanzig bis Dreißig«, »In Bethanien«, Kapitel 2)

Als Fontane Hannover besuchte, lebte Emmy Danckwerths nicht mehr, doch ihr segensreiches Wirken war weit über die soziale Einrichtung hinaus unvergessen.

Auch der zweitälteste Sohn Fontanes, Theodor Henry, lebte eine Zeitlang in Hannover, allerdings erst in den neunziger Jahren. Er hatte am Französischen Gymnasium zu Berlin das Abitur bestanden, studiert, geheiratet und zielstrebig Karriere gemacht bis zum Geheimen Kriegsrat. Eine Sprosse auf dieser Leiter war Hannover. Halb staunend, halb spöttisch schrieb der Vater, Theodor junior sei aus der Fontaneschen Art geschlagen, denn: »Der Durchschnitts-Fontane ist immer aus Oberquarta abgegangen und hat sich dann weitergeschwindelt…« (4. 5. 1894) Er freute sich jedoch, daß Theodor, der den Eltern nie Probleme bereitet hatte, es in Ehe und Beruf so günstig traf: »Möge sich Hannover bewähren und fortfahren, Dir und den Deinen frohe Tage zu schenken.« (2. 11. 1894)

Sehenswertes

Es fällt nicht leicht, sich Hannover so vorzustellen, wie es Fontane im Juli 1880 sah. Die Bomben des Zweiten Weltkrieges und der Hang zur Modernität in den Aufbaujahren haben das äußere Erscheinungsbild teilweise sehr verändert. Geblieben ist die Weite, nicht aber die Leere, und »forcirte Gothik« muß man inzwischen mit der Lupe suchen. Geblieben ist auch der Eindruck eines soliden Konservatismus.

Verfolgen wir Fontanes Wege und greifen wir punktuell heraus, was noch – oder wieder – so ist wie »in alten Tagen«: Da ist zunächst der *Hauptbahnhof.* 1879 fertiggestellt, war kaum die Farbe getrocknet, als Fontane Hannover besuchte. Nach Beseitigung der Bombenkriegsblessuren bietet seine Fassade fast den ursprünglichen Anblick.

Auf dem Vorplatz reitet Ernst August für Hannover, aufgestellt wurde das Denkmal 1861. (Es ist derselbe König, den der Apothekengehilfe Fontane 1841 in flammenden Versen zum Rücktritt aufgefordert hatte.) Die dem Bahnhof gegenüberliegende Seite zeigt reinste Prosa. Hartmanns gotische Bierkirche ist nur noch Legende, alle Hotels wurden zerstört und an ihrer Stelle nüchterne Zweckbauten errichtet. Auf dem Grund und Boden des Rheinischen Hofes (zwischen Schiller- und Bahnhofstraße) steht nun der Kaufhof; wo einst das Hôtel de Russie am Ernst-August-Platz stand, befindet sich heute die Bundespost; nur das Central-Hotel (Ernst-August-Platz, Ecke Schillerstraße) existiert noch. Alle diese Hotels waren Fontane zu laut oder zu teuer (pro Nacht bis zu einem Taler!), und so lief er die Luisenstraße hinunter bis zu Kasten's Hotel Luisenhof, wo man schon für zwanzig Silbergroschen übernachten konnte.

Den *Luisenhof* (Luisenstraße 1–3) gibt es noch, natürlich modernisiert und allen gehobenen Ansprüchen Rechnung tragend. Vom Fenster aus konnte Fontane das Königliche Schauspielhaus sehen, das 1852 nach Plänen des vielbeschäftigten Hofbaumeisters Georg Ludwig Laves errichtet worden war. Es brannte im Zweiten Weltkrieg vollkommen aus und wurde 1950 in alter Schönheit als *Staatstheater* dem Vergnügen der Einwohner zurückgegeben.

In der historischen Altstadt überstand kaum ein Haus unbeschadet das Inferno aus Phosphor, Luftminen und Sprengbomben, doch das Wenige, das übrigblieb, wurde mühselig wiederhergestellt und restauriert: das spätgotische Alte Rathaus, die spätgotische Marktkirche mit ihrem neunzig Meter hohen Turm, gegenüber dem Hauptportal das Broyhan-Haus mit prachtvollem Fachwerk und die anheimelnden Bürgerhäuser in der Burg- und Kramerstraße, am Ballhof und am Holzmarkt.

In dem Schloß an der Leine, in dem der König residierte, und in dem gegenüberliegenden sogenannten Wangenheimschen Palais, in dem er wohnte, befinden sich heute Regierungsgebäude: der Landtag und Ministerien. Das *Museum für Kunst und Wissenschaft* – zu Fontanes Zeiten in der Sophienstraße – sprengte schon gegen Ende des 19. Jahrhunderts die ursprünglichen Räumlichkeiten. Es bildete den Grundstock für das niedersächsische *Landesmuseum,* das 1913 am Maschpark hinter dem Neuen Rathaus errichtet wurde. Das Gebäude in der Sophienstraße ist heute ein von Leben erfülltes Künstlerhaus und hat nichts Museales mehr an sich.

Das *Henriettenstift* in der Marienstraße (25 Gehminuten vom Luisenhof in südöstlicher Richtung entfernt) überstand unangefochten die wechselvollen Zeitläufte, die *Kriegsschule* an der Waterloo-Straße hingegen, von der aus George Fontane im August 1870 nach Frankreich zog, wurde im letzten Krieg völlig zerstört und nicht wieder aufgebaut. Nur die *Waterloo-Säule* steht noch; sie erinnert seit 1832 an die 800 bei Waterloo im Kampf gegen Napoleon I. gefallenen Hannoveraner. Von hier aus zog die Garde du Corps alljährlich in festlichem Aufputz durch die Stadt; das letzte Mal 1865, zum 50. Jahrestag der Schlacht. Damals marschierten noch Veteranen von Waterloo mit, von respektlosen Hannoveranern »Fette Hahnen« genannt. Der blinde König ritt auf einem prächtigen Schimmel, der von einem Leutnant an einem nicht sichtbaren Band geführt wurde. (In Fontanes Briefroman schildert Eleonore das beeindruckende Defilee.)

Nehmen wir an, Fontane wäre von seinem Hotel aus nach Herrenhausen hinausgewandert oder gefahren, zumindest bis Georgengarten, was hätte er wahrgenommen und was ist heute noch davon vorhanden? Zunächst das *Hotel Luisenhof* und das *Staatstheater*, das originelle *Café Kröpcke*, das heute wie damals zur Kaffeepause verleitet. Damals hieß es noch Café Robby, denn der Schweizer Konditormeister Robby hatte sich 1867 auf der Pariser Weltausstellung in einen Pavillon verliebt und ihn in Hannover nachbauen lassen. Dann geht es weiter durch die *Georgstraße* bis zum *Steintor*, die *Lange Laube* entlang bis zum *Königsworther Platz*, wo die *Herrenhäuser Allee* beginnt, die – 36,5 Meter breit, zwei Kilometer lang und von Linden besäumt – schnurgerade zu den *Herrenhäuser Gärten* führt. Linkerhand der *Georgengarten* im englischen Stil mit dem entzückenden Wallmoden-Schlößchen, rechts der Allee, jenseits der parallel laufenden Nienburger Straße, das *neue Welfenschloß* mit den Wandgemälden Otto Knilles, das Georg V. »durch die Ereignisse von 1866« nicht mehr beziehen konnte. Das mächtig ausladende Gebäude diente 1870/71 als Lazarett, später als Technische Hochschule, heute beherbergt es die Universität. Auf dem Vorplatz – unberührt von allen Irrungen, Wirrungen der Zeiten – das von Professor Wolff geschaffene, ungestüm vorwärts sprengende *Niedersachsenroß*. Als Symbolgestalt für die Unzähmbarkeit des »Friso-Saxon-Stammes« taucht es öfter und unvermutet in Fontanes Romanen auf, so in »Cécile« und in »Schach von Wuthenow«.

Lütetsburg

Die Reise nach Lütetsburg hat eine lange Vorgeschichte, die in »Unterwegs mit Fontane in Berlin und Mark Brandenburg« erzählt wird und die einmal mehr beweist, mit welcher Beharrlichkeit Fontane Spuren verfolgen konnte, die ihm einen fesselnden Stoff versprachen.

Im Winter 1861 sah der Wanderer durch die Mark Schloß Hoppenrade bei Gransee zum ersten Mal: unbewohnt, von allen guten Geistern verlassen, in trostloser Schnee-Einsamkeit. Die Inneneinrichtung zeugte noch von dem Reichtum und guten Geschmack der einstigen Besitzer, aber die kostbaren Seidentapeten hingen in Fetzen von den Wänden, und über das Intarsienparkett huschten die Mäuse. Die »pittoreske Romantik des Verfalls« berührte Fontanes Sinn für das Balladeske; zumindest witterte er einen Stoff für die »Wanderungen«.

Die ehemalige Besitzerin des Anwesens war Frau von Arnstedt, Tochter des Königlichen Kammerherrn von Kraut. Dem zuständigen Kirchenbuch in Löwenberg war zu entnehmen, daß sie seit 1815 bei ihren Ahnen im Erbbegräbnis derer von Kraut in der Nikolaikirche zu Berlin ruhte. Eine alte, schon etwas verwirrte Dorfbewohnerin, einst Kindermädchen bei Arnstedts, berichtete Fontane von Kindesraub, drei Ehen und einem geheimnisvollen Duell; Zusammenhängendes war nicht zu erfahren. So viele Personen er im Lauf der Jahre befragte, er bekam immer nur Bruchstücke in die Hand. Herauskristallisierte sich nur, daß es weniger um Liebe als um eine reiche Erbschaft ging. Vor allem das Duell zwischen dem ersten Gatten, einem tyrannisch-launenhaften britischen Diplomaten, und dem vornehmen ostfriesischen Grafen Georg von Knyphausen blieb in Dunkel gehüllt.

So vergingen fast zwei Jahrzehnte mit Kriegsbüchern und »Wanderungen«, und erst als er an dem Ergänzungsband »Fünf Schlösser« arbeitete, in den er neben Dreilinden, Plaue und Quitzöwel auch Hoppenrade und

Liebenberg-Hertefeld aufnehmen wollte, erhielt er vom dortigen Grafen Eulenburg den Schlüssel, mit dem sich die Geheimnisse von Hoppenrade erschließen sollten; der kunstbeflissene Graf Philipp zu Eulenburg, der ein »kleines liking« für Fontane hatte, bahnte ihm den Weg zum Familienarchiv der Grafen von Inn- und Knyphausen im ostfriesischen Lütetsburg.

Im Juli 1880 traf er dort ein. Graf Edzard, einst Kammerherr des hannoverschen Königs Georg V., empfing ihn sehr freundlich, wenngleich er auch die Meinung vertrat, das Duell Georgs von Knyphausen mit Elliot sei »nicht soviel Aufhebens wert«.

Briefe, die Fontane aus Lütetsburg an seine Frau richtete, klingen beinahe emphatisch: »Es ist schön hier ... reiche, vornehme, charaktervolle und überaus wohlwollende Wirthe, dazu 8 Comtessen von 17 bis 5 und ein kleiner Graf von etwa 6 Jahren. Natürlich auch Besuch... Die Ausbeute, die mir das ›Familienbuch‹ gewährt, ist noch viel größer, als ich erwartete. Wahre Schätze. Ich könnte 4 Wochen lang hier lesen und extrahiren und würde immer noch nicht fertig sein.« (21. 7. 1880)

Vor allem fesselten ihn die Aufzeichnungen eines Reichsgrafen von Knyphausen, der »anschaulich, altertümlich-saftig, mit französischen Floskeln reizvoll und pompös durchsetzt« die Familiengeschichte bis 1784 erzählte. Die Ereignisse, denen Fontane jedoch auf den Grund kommen wollte, lagen etwas später. Sich darauf zu beschränken fiel ihm schwer. Der Hausherr bot ihm an, länger zu bleiben, doch »... das geht nun aber aus hundert Gründen nicht«. (Die letzten Korrekturen zu »Ellernklipp« drückten ihn, er hatte sie Karpeles für »Westermanns Monatshefte« für den August 1880 versprochen.)

Bürgerliche Gäste waren selten auf Schloß Lütetsburg, doch Fontane wurde von allen vorurteilslos angenommen. Sein Aufenthalt beschränkte sich durchaus nicht auf das Archiv: »... von 8 bis 12 scharfe Arbeit, dann Diner, dann Kaffeestunde in der Veranda, dann (um 5) Ausfahrt in den Wald, wo mal Reiher mal Hirsche geschossen werden, dann zurück, um 8 Abendbrod und nach dem Abendbrod Geplauder bis 10½ oder 11.« (an Emilie Fontane, 22. 7. 1880) Fontane muß die Gespräche am Teetisch genossen haben, in denen niemals »von Zeitungen, Blättern, Redakteuren und Honoraren« die Rede war. Vier Tage vergingen wie im Fluge: »Ich weiß wirklich nicht, welchen Tag wir heute haben, woraus du ersehen magst, daß es mir gut geht«, beginnt der Brief an Emilie vom 24. (oder 25.?) Juli.

Zur Jagd- und Teegesellschaft gehörten unter anderen Generalleutnant Rudolf von Krosigk und Eberhard Graf Wedel, während der Kämpfe bei Langensalza Flügeladjutant Georgs V. Merkwürdigerweise brachte er dem Autor des zweibändigen Werkes »Der Deutsche Krieg von 1866« größeres Verständnis entgegen als die Herren des preußischen Generalstabs. Natürlich hielten all diese hochadligen Gesprächspartner zum Welfenhause, sie versperrten sich der Einheit aller Deutschen nicht, akzeptierten jedoch nicht, daß Bismarck den König von Hannover »abserviert« hatte, während der ebenfalls mit Österreich verbündete König von Sachsen auf dem Thron verbleiben durfte. Besonders Edzard von Knyphausen setzte seine Hoffnung auf Änderung in die preußische Kronprinzessin Victoria (eine Princess Royal); er besaß ihr Vertrauen ebenso wie das des Kronprinzen. Doch als dieser mit 57 endlich Deutscher Kaiser wurde, war er bereits vom Tod gekennzeichnet, er regierte nur 99 Tage. Und mit Wilhelm II. mußten die Anhänger des Welfenhauses schließlich die letzten Hoffnungen begraben und sich ins Unabänderliche fügen.

Vieles, was Fontane in den vier Tagen von Lütetsburg gesehen, gehört und vor allem an Atmosphärischem erlebt hatte, fand in dem Briefroman »Eleonore« literarischen Niederschlag: Er hatte Charaktere, Denk- und Verhaltensweisen der jungen Komtessen genau beobachtet und fühlte sich in der Lage, sich frei im Stoff zu bewegen.

In den darauffolgenden Jahren begegnete er der gräflichen Familie auf Norderney wieder, und der arme Dichter wußte für das freundliche Aufgenommenwerden keinen besseren Dank als folgende Verse:

»Lütsburg (12. Juli 1880)
Ein uraltes Schloß am Meeresstrand;
Ein herrlicher Park im baumlosen Land;
Durch Dämme geschützt vor der stürmenden Flut,
Manch geräumiger Hof, manch reiches Gut,

Viel wogendes Korn und Vieh auf der Weide
Und mahlende Mühlen und schweigende Heide.
Viel Gottessegen! Wie seltenste Arten
Der Bäume gedeihn trotz des Nordwinds im Garten,
Wie die Rosen am Schloß blühn wunderbar,
So blüht im Hause die Töchterschar.
Wie im Hofe entspringt ein klarer Quell,
In den Herzen sprudelt der Frohsinn hell.
Die Jüngsten umjubeln die alte Veste,
Die Großen empfangen im Saale die Gäste,
Neun Schwestern, von eigener Art eine jede,
Und doch so ähnlich in Antlitz und Rede;
Die Stirnen klar und hell die Blicke,
Und alle haben den Schalk im Genicke,
Selbständig jede und selbstlos zugleich,
Streng gegen sich, für die andern weich.
Wer jemals hier Gastfreundschaft genoß
Des Geist spukt stets um das alte Schloß.«
(Gedichte III)

Im Juni 1882 erschien das Kapitel über die Krautentochter, geschiedene Elliot, verwitwete von Knyphausen und getrennt lebend von Arnstedt, als Vorabdruck in der »Vossischen Zeitung« und erst 1889 zwischen Buchdekkeln als Bestandteil des fünften Bandes der »Wanderungen« unter dem Titel »Fünf Schlösser. Altes und Neues aus Mark Brandenburg«. Graf Edzard von Knyphausen zeigte sich hocherfreut über die einfühlsame und diskrete Behandlung des heiklen Stoffes und übersandte Fontane zum 70. Geburtstag einen selbstverfaßten Vers, der eine erneute Einladung nach Lütetsburg enthielt:

»Mög' er mit dem Wanderstabe
einmal auch noch westwärts ziehn,
wo am Meer die Dichtergabe
jugendlich wird neu erblühn...«

Dieser 70. Geburtstag hinterließ bei Fontane einen etwas zwiespältigen Eindruck: Zwar hatte man ihm zu Ehren 400 Gäste ins vornehm-teure »Englische Haus« geladen, doch der märkische Adel, das alte Preußen, dem er in mehr als vierzig Jahren unzählige Balladen, Biographien, Kriegsbücher, Land- und Leuteschilderungen gewidmet hatte, glänzte an diesem Tage – durch Abwesenheit. Um so nachhaltiger freute ihn der freundliche Vers des ostfriesischen Grafen.

Sehenswertes heute

Fontane sah das inmitten einer Graft gelegene Schloß noch so, wie es Dodo von Inn- und Knyphausen 1677 hatte errichten lassen, im niederländischen Stil, teils barock, doch mehr zum schlichten Klassizismus neigend. 1893 und schlimmer noch 1956 verheerten Brände das Schloß, nur die Vorburg und die steinerne Löwenbrücke stammen noch aus der Entstehungszeit. Dennoch steht die gesamte Anlage der Wasserburg noch heute in unprätentiöser, erhabener Schönheit. Ein vollkommenes Vergnügen bereitet ein Spaziergang durch den ausgedehnten Park, einen englischen Landschaftspark mit uralten, seltenen Bäumen, romantischen Ansichten, stillen Weihern und verschwiegenen Gräbern. Auf Schlangenpfaden bieten sich immer wieder überraschende landschaftliche Ausblicke; hie und da laden Bänke zum Verweilen und Nachdenken ein, einige tragen Inschriften wie diese:

> »Fast endlos scheinet der Pfad hier,
> So scheinet das Leben dem Jüngling,
> Doch ach, wie täuschen sich beide.«

Man kann sich lebhaft vorstellen, daß sich der Balladendichter Fontane in dieser Umgebung wohlfühlte.

Norderney

Der erste Inselaufenthalt, Juli 1880, war von kurzer Dauer, eigentlich nur ein Abstecher; Graf Schulenburg-Beetzendorf, einer der Herren der Lütetsburger Tee-Gesellschaft, hatte Fontane auf seiner Yacht mitgenommen und ihm die zeitraubende Fahrt mit dem Dampfschiff von Emden aus erspart. »Die Fahrt ... war sehr schön und dauerte 2 Stunden.« (an Emilie Fontane, 24. 7. 1880) Der erste Eindruck von der Table d'hôte im Kurhaus enttäuschte ihn: »Die ganze Geschichte hier ist überraschend *wenig* elegant; die Hannoveraner werden sagen: es ist hier alles verpreußt; d.h. verdemokratisirt und verordinairt.« (ebenda)

Die Gegensätze zwischen Preußen und Hannover traten dem aufmerksam beobachtenden Fontane überall zutage. Ostfriesland war bereits unter Friedrich dem Großen durch Erbschaft an Preußen gefallen, hatte jedoch eine bemerkenswerte Selbständigkeit bewahrt. So gab Friedrich Wilhelm II. 1797 ohne weiteres seine Zustimmung, als der Ständepräsident, ein Vorfahr Edzards von Knyphausen, und der friesische Landphysikus von Halem vorschlugen, auf Norderney das erste Nordseebad zu gründen. In den Jahren von 1815 bis 1866 gehörte die Insel zum Königreich Hannover und wurde zum bevorzugten Sommeraufenthalt des niedersächsischen Hochadels, und über Kaiser- und Friedrichstraße thronten Georgs- und Marienhöhe.

Gemessen an der stillen Abgeschiedenheit von Lütetsburg war Norderney überlaufen: »...6 Stunden nach meiner Ankunft [wurde] ein großer Dampfer mit 500 Gästen abgewiesen, weil auf der ganzen Insel kein einziges Bett mehr sei. Ja, da war in den fashionablen Straßen alles sehr teuer, und doch habe ich an der Wattseite der Insel nicht bloß angenehm, sondern auch ziemlich billig gelebt.« (an Theodor Fontane junior, 6. 5. 1895)

Nicht nur die belebende Luft, die »Musik des Meeres« und das Gefühl des Abgehobenseins von den Alltagssorgen mochten Fontane bewogen haben, sich für Norderney zu entscheiden, wohl auch die Aussicht, die Kontakte zum Lütetsburger Kreis wieder aufzunehmen, denn die Familie des Grafen Edzard von Knyphausen pflegte die Sommermonate in ihrer »Nordlandvilla« am Weststrand der Insel zu verbringen.

Im Mai/Juni 1882 brachte die »Vossische Zeitung« das Hoppenrade-Kapitel mit dem abenteuerlichen Leben der Krauten-Tochter (verwitwete von Knyphausen) im Vorabdruck. Von dem Honorar mietete sich Fontane in Thale ein, um ungestört an »Schach von Wuthenow« arbeiten zu können; er kam auch gut voran, und die schöpferische Phase setzte sich Juli/August auf Norderney fort.

Wenn die Dialoge aus der Feder flossen (er schrieb stets mit selbstgeschnittener Schwanenfeder!), dann befand sich der Dichter mit Gott und der Welt im Einklang: »...die Luft ist herrlich, der Anblick des Meeres dito ... drei, vier Stunden lang am Strand spatzieren zu gehn ... ist ein Genuß; dazu kommt, daß mir die eingeborne Bevölkerung sympathisch ist, kräftige, tüchtige, urgermanische Menschen, ehrlich und zuverlässig. Daß sie sich ihre gute Luft etc. gut bezahlen lassen, kann ich ihnen nicht verdenken, alles, wonach Anfrage ist, das steigt im Preise, aber sie fordern nur viel, sie betrügen nicht...« (an Emilie Fontane, 9. 8. 1882)

Er wohnte in der Marienstraße, die sich vom Kurpark bis zur Napoleonschanze hinzieht, eine bescheidene Straße mit niedrigen Häusern; Kapitänswitwen verdienten sich hier durch Vermieten ein Zubrot; so auch Frau Warneke in der Marienstraße 3, bei der Fontane ein ihm zusagendes Domizil fand.

Während intensiver Schreibphasen spielte Essen kaum eine Rolle: »...mein Hauptnahrungsmittel ist ›Gerstensuppe‹, ein nationales Gericht, unsrer Graupensuppe aus Hammelfleisch sehr ähnlich, aber noch kräftiger.« Allein: auch die einfachsten Dinge hatten im Restaurant ihren Preis: »Zu meinem Thee hab ich eben für 7 1/2 Sgr. Kuchen gegessen, was ungeheurlich klingt, aber lange noch nicht so viel war wie eine halbe Zweigroschenbretzel...« (an Emilie Fontane, 12. 8. 1882)

Nach Tagen fleißigen Arbeitens wurde er unruhig: Er hatte in der Nordlandvilla seine Karte abgegeben, aber noch war keine Antwort gekommen.

Woran mochte das liegen? In seiner Verunsicherung begann er schon, das Verhältnis zu Knyphausen zu relativieren: Das Knyphausensche Milieu ist, »wiewohl ich ihn [den Grafen] und das ganze Haus sehr gern habe ... immer vollgepfropft ... von welfischen, sächsischen und mecklenburgischen Adelselementen, mit denen ich mich nicht stellen kann. An dem Welfismus (so ridikül ich ihn finde) würd' ich keinen Anstoß nehmen, aber alle diese Herrn...« schlagen »...immer einen Ton an, als ob man ein alter *Hauslehrer* wäre. Das fehlte auch gerade noch.« (an Emilie Fontane, 6. 8. 1882)

Einige Ressentiments in dieser Richtung flossen in die Erzählung »Schach von Wuthenow« ein: Im Cercle der Frau von Carayon debattiert der namhafte Militärschriftsteller der Napoleonzeit von Bülow mit seinem hannoverschen Verleger Sander und Sander behauptet: »Alles, was zum welfischen Löwen oder zum springenden Roß hält, will sich nicht preußisch regieren lassen. Und ich verdenk es keinem.« Um polnische Bevölkerungsteile regieren zu können, reiche Preußen allenfalls aus, »aber die Hannoveraner sind feine Leute«. – »›Ja, das sind sie‹, bestätigte Frau von Carayon, ... ›Vielleicht auch etwas hochmütig.‹ – ›Etwas!‹ lachte Bülow. ›Oh, meine Gnädigste, wer doch allzeit einer ähnlichen Milde begegnete. Glauben sie mir, ich kenne die Hannoveraner seit lange, hab ihnen in meiner Altmärker-Eigenschaft sozusagen von Jugend auf über den Zaun gekuckt und darf Ihnen danach versichern, daß alles das, was mir England so zuwider macht, in diesem welfischen Stammlande doppelt anzutreffen ist.‹« (Kapitel 1)

Die Szene spielt zeitlich *vor* Jena und Auerstedt, und die Meinung Bülows ist nicht die des Autors, doch aktuelle Anklänge sind unüberhörbar.

Was Graf Edzard betraf, so sollten sich Fontanes Befürchtungen als unbegründet erweisen: Von längerer Reise zurückgekehrt, sprach er selbst in der Marienstraße 3 vor, um Fontane zu einem kleinen Diner einzuladen. Aufatmend berichtete dieser anderntags seiner Frau Emilie: »Das kleine Diner bei Kn.'s verlief gestern sehr angenehm; sie sind alle – namentlich auch *sie,* die Gräfin, – von großer Liebenswürdigkeit, einfach und natürlich, und in politischen Dingen ungeheuer ›freiweg‹. Wie ganz anders sind doch diese Leute als der märkische Durchschnitts-Adel, von dem, im Ganzen genommen, leider all das wahr ist, was Stein vor 80 Jahren über ihn gesagt hat. Sie sind eingebildet (man weiß nicht recht worauf), beschränkt, und im Ganzen genommen ruppig ... Uebrigens steht dies in durchaus keinem Widerspruch zu meinen 4 Bänden ›Wanderungen‹; ich habe überall liebevoll geschildert, aber nirgends glorificirt, nicht einmal meinen Liebling Marwitz. Ich habe sagen wollen, und habe wirklich gesagt: ›Kinder, *so* schlimm wie *ihr* es macht, ist es nicht‹ und dazu war ich berechtigt; aber es ist eine Thorheit, aus diesen Büchern herauslesen zu wollen: ich hätte eine Schwärmerei für Mark und Märker. *So* dumm war ich nicht.« (12. 8. 1882)

Der Graf verfolgte mit seiner Einladung einen Hintergedanken: Er plante eine Wohltätigkeitsveranstaltung zugunsten der 1876 gegründeten »Evangelischen Diakonissenanstalt zur Pflege scrophuloser Kinder«. Fontane sollte dem Ganzen mit einem Prolog gewissermaßen die dichterische Weihe geben und die Herzen des hochgestellten Publikums erweichen, auf daß genügend Spenden zusammenkämen, um – des großen Bedarfs wegen – ein neues, backsteinernes Gebäude errichten zu können. Fontane war alles andere als erbaut: Nach seiner Erfahrung fielen Prologe meist unbeachtet unter den Tisch, und dafür wollte er die Arbeit an »Schach« ungern beiseite legen. Andererseits konnte er schlecht abschlagen, diente es doch dem Gemeinwohl; als Mitglied der Französischen Kolonie zu Berlin hatte er ähnliche karitative Einrichtungen in der Familie dankbar angenommen, also fühlte er sich verpflichtet, dem freundlichen Grafen den Gefallen zu tun.

Er quälte sich »5 Ottaverime, also 40 Zeilen« ab, in denen er zunächst, denn es sollte ja unterhaltend sein, in launiger Weise schilderte, wie man nach Norderney gelangen und welche Freuden man dort genießen kann. Dann wendete er sich direkt an die »Beglückten (beglückt ist, wer besitzt)« und schilderte eindrucksvoll die Not des schuldlos Unbeglückten:

»In Lebens*not* verfangen und verfitzt,
Heißt leben *ihm* nur sich-*heraus*zufitzen,
Und was an Glück *uns* golden-nah umblitzt,
Er sieht es immer nur von ferne blitzen...

So laßt dies *Eiland* ein Asyl ihm sein,
Zu mindesten dem *anderen*, und *einen*,
Was *uns* es gab, Gesundheit und Gedeihn,
Das geb es auch den Armen und den Kleinen...«
(Gedichte III)

Mit einer gereimten Variante des Bibelwortes »Geben ist seliger denn nehmen« schloß Fontane seinen »Pflichtteil«. Er selbst schätzte ihn nur »so la la« ein. Zum Wohltätigkeitskonzert ging er erst, als er »sicher sein konnte, daß mein ›Prolog‹ längst das Zeitliche gesegnet hatte. Der ganze Abend machte einen allerliebsten, poetischen und vornehmen Eindruck ... die Mitwirkenden Dilettanten, aber doch als solche lauter anständige Nummern«. (an Emile Fontane, 12. 8. 1882)

Der Beifall für die rezitierenden, Klavier und Geige spielenden Komtessen, die auch sonst in der »Beglückten«-Gesellschaft von Norderney umschwärmt und umcourt wurden, war tiefgefühlt, und gemessen an den gespendeten Geldern konnten die Initiatoren des Abends – Graf von Knyphausen, General von Frese aus Loppersum mit Frau Marie, geborene Freiin von dem Bussche-Ippenburg, und der Inselpastor Rodenbäck – von einem wirklichen Erfolg sprechen; ein Erfolg nicht nur für die armen Kinder, sondern auch für die Welfen-Lobby, auf deren Seite der arglose Fontane mit seinem Prolog getreten war. Herr von Vincke, Bade-Direktor und Vertreter *der* Partei, die Norderney zu einem preußischen Staatsbad machen wollte, strafte den Dichter demzufolge mit Nicht-Achtung. Es scheint ihn jedoch nicht sehr getroffen zu haben: »Im Ganzen muß ich mit meinen 3 Wochen hier sehr zufrieden sein; es ist mir nichts eigentlich Unangenehmes passirt und selbst die Sturmtage waren schön ... die schweren Correkturtage, so sehr sie mich zeitweilig (namentlich bei meinem schlechten Befinden) gedrückt und geängstigt haben, waren doch auch wieder ein Segen. Denn man kann nicht von 7 Uhr früh bis 11 Uhr Abends auf einer Bank sitzen, Reseda riechen, und ›Heil dir im Siegerkranz‹ zum hundertsten Male blasen hören ... die wundervolle, sauerstoffreiche Luft wird meinem Blut und meinen Nerven auch gut gethan haben... Morgen schick ich auch 3 bis 4 Druck-Bogen Manuskript an Eupel.« (an Emilie Fontane, 17. 8. 1882) Der Abschied von der Insel stimmte ihn fast wehmütig: »Wie der Faust im letzten Akt hab ich eine Stunde lang an der Meeresküste gesessen und mit dem berühmten ›verweile noch, Du bist so schön‹ der untergehenden Sonne nachgeblickt...« (an Emilie Zöllner, 18. 8. 1882)

Auf dem Heimweg wollte er noch einen Abstecher zum Züidersee, nach Amsterdam und Scheveningen machen, aber die Koffer wurden versehentlich von Emden nach Norderney zurückbefördert, und er mußte in Oldenburg warten, bis sie ihm nachgeschickt wurden. Da ihm nun gar nicht mehr »amsterdammerlich zu Muthe« war, verschob Fontane die Reise ins nächste Jahr.

Den Sommeraufenthalt 1883 gedachte Fontane von den Honoraren zu bestreiten, die er für »Schach von Wuthenow« einzunehmen hoffte; doch es waren nur 510 Exemplare verkauft worden. Dennoch entschloß er sich, der Kloakenluft Berlins zu entfliehen, diesmal mit »Graf Petöfy« im Gepäck. Am 18. Juli traf er – nach sechsstündiger Überfahrt von Emden aus – auf Norderney ein, bezog wieder das bekannte Quartier in der Marienstraße, aß in Schuchardts Hotel zu Abend, besorgte sich in der Apotheke etwas gegen eine nahende Erkältung: »Hier traf ich Herrn Apotheker Ommen in Person, einen stattlichen Friesen von Bildung, Manieren und Distinktion. Eine Inselgröße. Ich bat um ein Fläschchen Esprit de Menthe und bestellte für heut ein großes Oxycroceum-Pflaster. Bei der Gelegenheit nannte ich ihm meinen Namen und begann diesen wie gewöhnlich zu buchstabiren. Er lehnte dies aber mit einer verbindlichen Handbewegung ab und sagte nur, halb fragend halb sich verneigend ›*Theodor* Fontane‹ mit Betonung des Vornamens. Als ich nun meinerseits nickte ... murmelte er allerlei dunkle Huldigungsworte, so daß ich die Apotheke mit dem Gefühl verließ, den größten Triumph meines Lebens erlebt zu haben. Und dies nicht etwa scherzhaft, sondern ganz ernsthaft gemeint. Du weißt, wie mißtrauisch und ablehnend ich in diesem Punkte bin. Dies aber war *wirklich* 'was und wiegt mir drei Orden auf, denn Anerkennung, Freude, ja selbst Respekt ... sprachen sich in dem Benehmen des Mannes aus. Dies lange Schreiben darüber mag etwas Komisches haben, ich befinde mich aber in der Lage eines jungen Mädchens, die sich gestern Abend verlobt hat und ihrer Freundin über diesen Lebensakt berichtet.« (an Emilie Fontane, 19. 7. 1883)

Er schilderte dann die Begegnung mit Frau Capitain Warneke, die »seit 2 Monaten verwittwet sei und nun mit ihren Kindern allein stehe. Der Mann habe sich auf einer Indienfahrt ... die ›indische Ruhr‹ zugezogen und habe neun Jahre lang daran gelitten.« Und etwas salopp fügte er hinzu: »Sie hat jetzt eine Milchwirthschaft, meliorirt ihren Acker und sehr wahrscheinlich auch sich selbst. Denn bei einem Manne mit der ›indischen Ruhr‹ kommt man blos 'runter. Viel Wäsche und wenig Vergnügen.«

Eine Woche später nahm er die etwas maliziösen Bemerkungen über Frau Capitain Warneke zurück, denn inzwischen hatte er erfahren, daß sie mit ihrem Mann zusammen die Welt bereist und wirklich was gesehen und erlebt hatte. »Sie will nun ihr Tagebuch ausarbeiten und eine Reinschrift davon ihren Kindern hinterlassen. So vieles ist ärmer als man gewöhnlich annimmt ... aber vieles ist auch reicher.« (an Emilie Fontane, 27. 7. 1883)

Trotz aller Vorsicht packte ihn eine Erkältung, er fühlte sich »mau bis sehr mau«, arbeitete aber jeden Vormittag forsch durch, aß in Schuchardts Hotel, wo auch internationale Zeitungen auslagen, begrüßte aus der Distanz den Buchhändler und Verleger Westermann und den (sehr viel erfolgreicheren) Kollegen Spielhagen: »Er ... hat eine Wohnung in einem schönen Hause der schönsten Gegend und ißt zu vieren bei Oterendorf, was ungefähr Hiller oder Borchardt ... entspricht.« (an Emilie Fontane, 21. 7. 1883)

Angesichts derer, die ihre Romane wie bunte Luftballons aufblasen und dutzendweise in die Welt schickten, während er sich abquälte und immer wieder korrigierte, geriet er ins Sinnieren; kam aber zu dem philosophischen Schluß: »Ich war immer ein Singleton und bleib' es bis zuletzt... Immer blos Zaungast ... zum Glück balancirt der Himmel alles und die Blinden sehen mit ihren Fingerspitzen. Die Dinge beobachten gilt mir beinah mehr als sie besitzen und so hat man schließlich seinen Glück- und Freude-Ertrag wie anscheinend Bevorzugtere.« (an Mete Fontane, 4. 8. 1883)

Daß der Juli mit Sturm und Regen verging, störte ihn wenig: »*Die Luft ist himmlisch* und ihr allein verdank' ich es, daß ich meine Arbeit fertig kriege. In Berlin läg' ich längst auf der breiten Seite.« (an Emilie Fontane, 29. 7. 1883) Nur eines beunruhigte ihn: Er war nun drei Wochen auf der Insel und: »Von Knyphausens kein Lebenszeichen. Es ist also vorbei. Schade...« (an Emilie Fontane, 8. 8. 1883) Sein Harmoniebedürfnis war gestört; er überdachte alle Möglichkeiten, die den Grafen verstimmt haben konnten, dabei hatten ihn nur politische Notwendigkeiten ans Festland gebunden. Am 11. August »kam Graf Knyphausen, gütig und liebenswürdig wie immer, und lud mich zu Tisch... Um 2 war ich in der alten Nordlands-Villa, die in ihrem Stil ein bischen an Kirche Wang erinnert, und verlebte daselbst über drei sehr angenehme Stunden. Die Gesellschaft war kolossal gräflich: sechs Grafen, eine Gräfin und sechs Comtessen. Der Quatorzième war der bekannte Graf von Habenichts, den ich Dir weiter nicht vorzustellen brauche...« Emilie, die ihren Mann regelmäßig mit Neuigkeiten aus Berlin versorgte (Buch-Rezensionen, Gesellschaftsklatsch, mehr fand im Sommer nicht statt), mußte diese Gesellschaft wohl besonders interessieren, jedenfalls ging er im folgenden näher darauf ein: »Nach Tisch kam auch noch Excellenz Krosigk, mein alter Gönner... Die sechs Grafen (klingt schmählich balladenhaft) waren Knyphausen, 3 Wedels (ein alter und zwei junge), Hessenstein und von dem Busche. Alle sehr nett, besonders der letztere. Bei der Gräfin hab ich einen Stein im Brett, auch bei den Comtessen. Ich muß doch ein stiller Schwerenöther sein!« (12. 8. 1883)

Krosigk war Generalleutnant unter Georg V., der alte Wedel Flügeladjutant und die Freiin von dem Bussche Hofdame der Königin Marie; sie repräsentierten das Umfeld, das Fontane in seinem Briefroman »Eleonore«

zu beschreiben beabsichtigte. Die älteren Comtessen wiederum gaben ihm Aufschluß über An- und Absichten junger Damen, die – wie Eleonore – in hochadligen hannoverschen Kreisen aufwuchsen. Wie immer in solchen Gesellschaften sog der Schriftsteller »aus allem seinen Honig«.

Seinem in München lebenden Freund Paul Heyse schilderte er einen ganz anderen Ausschnitt des Insellebens: »Ich bin schon 5 Wochen hier, leider nur um wie ein Pferd zu arbeiten. Umgang null, trotzdem sich beispielsweise das halbe deutsche Theater ein Rendez-vous hier gegeben hatte: Barnay, Karlowa (mal der ›schöne Karlowa‹, jetzt Wrack), Krause, Kadelburg und zur Krönung des Gebäudes Vater Hülsen selbst, dem beiläufig das ›Deutsche Theater‹ ernstlich Sorgen zu machen scheint.« (23. 8. 1883) Der Theaterkritiker Fontane beschränkte sich auf das, was den Theater-Enthusiasten Heyse interessieren mochte.

Am 30. August legte Fontane die 35 Kapitel von »Graf Petöfy« endgültig aus der Hand; Emilie hatte nun das »Vergnügen«, das Manuskript mit ihrer schönen, deutlichen Handschrift (zum wievielten Male?) abschreiben zu dürfen. Der Autor resümierte zufrieden: »Die Arbeit ist nun ganz was sie sein soll und liest sich wie geschmiert. Alles flink, knapp, unterhaltlich, so weit espritvolles Geplauder unterhaltlich sein kann, wer auf plot's und große Geschehnisse wartet, ist verloren. Für solche Leute schreib' ich nicht.« (an Emilie Fontane, 30. 8. 1883) Die Arbeit war fertig, nun konnte er heimfahren; für ihn hatte Norderney seine Schuldigkeit getan.

Fontane plante, einmal einen Band mit Reisefeuilletons herauszugeben; Norderney sollte darin enthalten sein. Er notierte als Punkt 1 bis 5: wie man wohnt (»Sehr teuer. Zwei Zimmer bis zu 120 Mark. ... Man sucht also eine andre Stätte und findet sie auch. Die Marienstraße. Charakterisieren. ... Der Blick; das Idyll.«), wie man seine Tage verbringen kann: als Sportler, Esser, Nicht-Esser oder nur das Vergnügen Suchender; und schließt: »Aber am besten ist es doch wenn man Bekanntschaften macht und am allerbesten, wenn diese Bekanntschaft ein Einheimischer ... ist.« An dieser Stelle wollte er das bewegte Leben der Frau Warneke beschreiben, ihre Abstammung, ihre Weltreisen mit dem Capitain; leider blieb dieses Feuilleton unvollendet. Man findet es in der Sammlung »Unterwegs und wieder daheim« in der Nymphenburger Gesamtausgabe. Frau Warneke ging dennoch nicht ganz verloren, sie erscheint als Witwe Hansen in »Unwiederbringlich«.

Sehenswertes

Natürlich veränderte sich das älteste der Nordseebäder in über hundert Jahren, aber vieles erinnert noch an Fontanes Zeiten. Verändert haben sich zum Glück die Möglichkeiten, nach Norderney zu gelangen. Man muß nicht mehr mit der »Kaiser Wilhelm« (»ein alter Klapperkasten, der nicht 86 Jahre alt werden wird«) von Emden aus sechs Stunden übers Wasser. (»Die Fahrt ist langweilig und eigentlich eine Geduldsprobe, besonders deshalb, weil man, wenn man schon da zu sein glaubt, festsitzt und halbe Stunden lang, oft viele Stunden lang, auf Fluth waren muß.«) Heute rollt man im Interregio bis Norddeich-Mole und steigt auf eine der Frisia-Fähren um, die, unabhängig von Ebbe und Flut, nach fünfzig Minuten in Norderney anlegt. Das Auto läßt man tunlichst auf dem Festland, denn die Insel gehört in erster Linie Fußgängern, Radlern, Reitern und den Kremsern, in denen man mit zwei Pferdestärken über die Dünen bis zum 1872 erbauten Leuchtturm kutschieren kann, von dem aus man bei klarem Wetter den Störtebekerturm in Marienhafe sieht.

Die *Marienstraße* liegt heute noch in beschaulicher Zurückgezogenheit. Haus Nr. 3, in unmittelbarer Nachbarschaft des Alten Zollhauses, hat sich modernisiert und mit einer Tafel geschmückt, die von dem Aufenthalt Fontanes kündet. Die *Weststrandpromenade* wurde nach immer wiederkehrenden, verheerenden Sturmfluten sicher ausgebaut. Das nostalgische Flair ging dabei verloren. Verloren ist auch die *Nordlandvilla* des Grafen Knyphausen. Sie war schon zu Beginn des 20. Jahrhunderts zur »Alten Teestube« umgebaut worden. Nun steht an der Stelle ein sehr beliebiges Restaurant, das nur noch dem Namen nach die »Alte Teestube« ist.

Georgs- und Marienhöhe laden noch zum Verweilen ein, die *ehemalige Residenz König Georgs V.* steht noch, unmittelbar am Weststrand;

und auch das *Kurhaus,* dessen Gäste Fontane ziemlich »verdemokratisirt« fand. Ein Teil ist heute Spielcasino, ein Treffpunkt des Geldadels.

Im übrigen gibt man sich auf der Insel leger: »Gleichmachend wirkt die Badehose«, wie Fontane in einem humoristischen, wenngleich auch sozialkritischen Gedicht schrieb.

Das exklusive Restaurant *»Oterendorf«* in der Strandstraße nennt sich heute »Blühende Schiffahrt« und ist eins von vielen. Das *Postamt,* in dem Fontane seine Briefe aufgab, entstand zwar in seiner jetzigen Form ein paar Jahre später, es atmet aber ganz den backsteinernen Charme des ausgehenden 19. Jahrhunderts. Unverändert ist das Interieur der *Kur-Apotheke* in der Kirchstraße. Man hält auf Tradition. Neben Aspirin und Mentholdragees liegt unter Glas eine Kopie des Briefes, worin Fontane seiner Frau über die erfreuliche Begegnung mit Herrn Ommen berichtete.

Das *Hôtel Schuchardt,* wo Fontane »die Stunden von 2 bis 4 mit Diner und Zeitungslesen zuzubringen pflegte« (»The Times« war seine liebste Lektüre), brannte 1989 ab, wurde jedoch im ursprünglichen, an normannische Burgen erinnernden Stil wiederaufgebaut und heißt *Inselhotel König.* In dem vornehmen, aber durchaus gemütlichen Restaurant hängt auf einer kleinen, intimen Galerie das Porträt Fontanes und eine Ansicht des Hotels, wie er es erlebt hatte.

Natürlich hat sich Norderney der modernen Zeit angepaßt, seinen Charakter jedoch weitgehend bewahrt. Und wer sich nicht einer strengen Kur unterzieht, der verbringt seine Tage heute noch wie zu Fontanes Zeiten: »Wer badet und Segelsport treibt, für den ist es leicht. Am leichtesten aber für den, der einen guten Appetit hat. ... sie frühstücken und vespern sich so durch und wenn sie ganz gut mit dem Magen stehn, so beschließen sie den Tag mit Kartofelpuffern... Schlimmer ist es für die Nicht-Esser. Aber sie haben doch auch allerlei: sie haben den Strand, die ›weiße Düne‹, den Leuchtturm, die Bootfahrt bei Sonnenuntergang, den Seehundsfang, ... die Konzerte ... die Lese-Halle, die Cricketspieler. Entzückend ist es vor dem Kurhause auf einer Bank sitzen: die Wimpel wehn, Musik klingt herüber, schöne Damen spielen Crocket und von den Levkoyen- u. Reseda-Beeten kommt ein Duft her und erfüllt die Luft.« (»Sommers am Meer«)

Das gilt alles bis auf den heutigen Tag, nur daß der Seehundfang inzwischen verboten wurde. Und es gilt auch noch der gute Rat, den der alte Fontane seinem Sohn Theodor am 6. Mai 1895 gab: »Was den voraufgehenden Sommeraufenthalt auf einer der friesischen Inseln anbetrifft, so schließe ich mich denen an, die Dir zu Norderney raten... Das mit den ›größren Kosten‹ ist meistens Unsinn; man muß mitunter an den primitivsten Stellen am meisten bluten und kann an Weltplätzen billig leben. Es hängt alles von Glück und unberechenbaren Umständen ab.«

Transitstationen

Niedersachsen ist eine »Gegend, die mir immer am meisten Freude macht, weil sie mich patriotisch am meisten erhebt. Es ist eben die Wiege jenes Angelsachsenthums, dem die moderne Welt entsprossen ist ... und ein bischen davon fühlt man dem ganzen Lande ab, wenn man's auch blos in der Eisenbahn durchfliegt.« (an Georg Friedlaender 23. 7. 1891) Mit dieser Bemerkung griff Fontane zuweilen ein Thema auf, mit dem er bei dem schlesischen Amtsgerichtsrat und Freund auf Skepsis stieß. In fast allen Fragen des gesellschaftlichen, vor allem des politischen Lebens stimmten sie überein, nicht aber in der Wertschätzung des Menschenstammes zwischen Elbe, Weser und Ems. Dabei kannte Friedlaender kaum ein Dutzend solcher kernfesten Exemplare aus eigenem Erleben, Fontane jedoch hatte Land und Leute nicht nur vom Eisenbahnabteil aus kennengelernt.

Es sollen hier einige Fahrten mit charakteristischen Zwischenstationen aufgeführt werden:

Am 16. Juli 1880 verließ Fontane aufatmend das unter einer unerträglichen Dunstglocke schwitzende Berlin mit dem Ziel: Ostfriesland. Gegen Abend traf er in der Hansestadt *Bremen* ein, spazierte anderntags vier Stunden »mit Plan und Büchelchen« durch die Innenstadt, besichtigte »Dom, Börse, Rathaus, Rathauskeller... Der große Rathaussaal voller Bilder, Holzschnitzereien und Schiffsmodelle, fesselte mich über eine Stunde.« Er mokierte sich nur über den Ratsdiener, der in gleichgültigstem Leiertone Stile und Jahreszahlen herunterbetete, an deren Genauigkeit Fontane gelinden Zweifel hegte. Den »blauen Teufel« im Bleikeller nannte er scherzhaft den »Preußen«, in Anspielung auf die Vorbehalte der Niedersachsen gegenüber preußisch-blauen Uniformen. Im Ratskeller aß er »einen halben Hummer, womit ich den ganzen Tag auskam« und trank dazu ein Glas Rüdesheimer, Jahrgang 1727, zu 8 Silbergroschen. »Die meisten Menschen machen sich nichts aus so altem Wein, deshalb wird er zu so billigem Preis weggegeben. *Mir* schmeckt er ausgezeichnet.« (an Emilie Fontane, 18. 7. 1880)

Die Weiterreise nach Emden verzögerte sich in Bremen wegen eines Maschinenschadens an der Lok. Verstimmt meinte Fontane, im pünktlich-genauen Preußen wäre *das* nicht passiert; halb ernsthaft, halb ironisch fügt er hinzu, es gäbe eben doch Gründe, sich »mehr und mehr zum Preußen- und Berlinerthum zu bekehren«. (ebenda)

In *Emden* logierte er in Ewerts Hôtel. Von dort aus schrieb er seiner Frau: »Ein halbes Dutzend rothbraune Giebel, mit einer Thurmspitze dazwischen, kucken mir über einen Hof weg ... ins Fenster«, überall »merkt man die Nähe Hollands. Beständig treten mir die Andreas Achenbachschen Ostende-Bilder vor die Seele.« (ebenda)

Mehrfach auf seinen Reisen nach Norderney stieg Fontane im Hôtel Zum Weißen Haus, Am Delft 23, ab; es war nicht nur »ein Haus ersten Ranges«, es lag auch sehr günstig am Hafen, wo die Dampfschiffe anlegten, die den umständlichen Verkehr mit Borkum und Norderney aufrechthielten. Ungeduldig beobachtete er das Steigen und Fallen des Pegels, denn nur bei Flut war eine Fahrt zu den Inseln möglich, sonst konnte es passieren, daß man stundenlang im Watt ausharren mußte. Die Aufenthalte in Emden waren geprägt von Ungeduld und Langeweile, so daß er sich sogar dazu verstieg, »den Leerer und Papenburger Anzeiger« zu lesen (an Emilie Fontane, 18. 7. 1883).

Dem Hotel schräg gegenüber, jenseits des Hafenbeckens, thronte unübersehbar das Renaissance-Rathaus, in dem auch die Historie der selbstbewußten Stadt museal zur Schau gestellt war; erstaunlicherweise machte Fontane keinen Gebrauch davon. Seiner Frau schrieb er – an eben jenem »langweiligen« 18. Juli 1883 – zwar etwas über einen »nicht uninteressante[n] holländische[n] Renaissance-Bau mit allerhand historischen Merkwürdigkeiten«, darunter eine große Sammlung von Rüstungen und Waffen, doch sei sein Bedarf an »Chamber-of-horror« während der England-Zeit im Tower ein für alle Mal gedeckt worden.

Fontanes Abstinenz ist in diesem Falle um so verwunderlicher, als ihn die Geschichte Emdens unmittelbar hätte berühren müssen: Ende des 16.

Jahrhunderts, als dieses Rathaus nach dem berühmten Vorbild von Antwerpen entstand, war Emden nicht nur eine mächtige Handelsstadt, es war *der* kontinentale Stapelplatz. Die natürlichen Rivalen Amsterdam und Antwerpen waren durch das Wüten Ihrer Katholischen Spanischen Majestät in den Niederlanden so gut wie ausgeschaltet worden, und 5000 protestantische Flüchtlinge brachten neben ihrem Glauben auch ihre Schiffe mit und gaben der seit jeher wohlhabenden Stadt weiteren Auftrieb. Im Faust-Drama von Christopher Marlowe, zeitgenössischer Dichter Shakespeares, wird Faust vor die Entscheidung Ehre oder Macht gestellt. Seine Antwort: Was kann schon geschehen, wenn die Herrschaft über Emden mein ist... Die Schiffe des Brandenburgischen Großen Kurfürsten ankerten hier, bevor sie nach Afrika segelten, und als Ostfriesland 1744 durch Erbschaft an Preußen fiel, wurde hier der Grundstein gelegt zu Preußens bedeutsamstem westlichem Kriegshafen. (Dies wurde der Stadt im Zweiten Weltkrieg zum Verhängnis.)

Eine folgenschwere Episode aus der Geschichte der stolzen Hafenstadt, deren Schiffe schon 1224 im Londoner Schiffsregister standen, interessierte Fontane doch: Sie hatte gewagt, den Seeräubern aus dem Ostseeraum, den Vitalienbrüdern, Asyl zu gewähren und war aus diesem Grund nicht in den Bund der Hansestädte aufgenommen worden.

Marienhafe

Über einen Emdener Buchhändler lernte Fontane den friesischen Lehrer und Heimatforscher Friedrich Sundermann kennen, dessen Aufsatz über »Klaus Störtebeker in Sang und Sage« bei ihm den lebhaften Wunsch aufkommen ließ, nach Marienhafe zu fahren, das um 1400 Standquartier der Vitalienbrüder gewesen war.

Sundermann besaß die Gabe, wissenschaftliche Quellenforschung und naive Volkssagen geschickt zu verbinden, und zwar mit unverkennbarer Freude am Anekdotischen, was Fontane besonders schätzte. Unzählige Episoden ranken sich um Störtebekers Stärke, Schläue und Trinkfestigkeit, aber auch um dessen erstaunliche Bildung. Er verfocht die Lehren von Jan Hus, sein Kumpan Wigbold hatte bei John Wiclif in Oxford studiert und war Magister. »Gottes Freunde« nannten die Vitalienbrüder sich, und sie wollten die Kirche von der starren Hierarchie, von Zölibat und Ablaßhandel befreien. In dem mächtigen Friesenhäuptling Keno tem Broke fanden sie einen Gesinnungsgenossen. Störtebeker heiratete dessen Tochter Theda, das Paar wohnte auf der Burg Upgant, und Marienhafe wurde zum bevorzugten Standort. Ein Kanal wurde gegraben, damit die Kaperschiffe bis zur Kirche gelangen konnten, und das ganze Areal mit einer kolossalen Mauer umgeben, für die die Nutznießer vier Bronzetore stifteten.

Das alles und mehr hatte Fontane bei Sundermann gelesen, und mit großer Erwartung fuhr er mit ihm – vermutlich August 1882 – nach Marienhafe. Er wurde nicht enttäuscht: Der Ort, dessen Geschichte bis in graue Vorzeit ragt, liegt auf einer deutlich vorspringenden Hochmoor-»Nase«. Schon die Urbewohner hatten auf der höchsten Erhebung ihre Thingstätte; als Karl der Große das Friesenland eroberte und seinen Getreuen zu Lehen gab, verpflichtete er das Upganter Herrengeschlecht, auf dem heidnischen Heiligtum einen Marienaltar zu errichten. Die erste Kirche (um 800) war aus Holz, die zweite (um das Jahr 1000) schon aus

Stein; die dritte, um 1250 an den Hang gebaut, eine dreischiffige, kreuzförmige Gewölbebasilika. Es war die mächtigste Sendkirche Ostfrieslands. Ein Blitz verwandelte sie 1387 in eine Ruine. Als sich 1396 die Vitalienbrüder in dieser Gegend niederließen, spendeten sie mehrere tausend Gulden für den Wiederaufbau. Fließe, die die Wasser der Hochmoore auf ihrem Weg zum Meer gegraben hatten, wurden vertieft, der Westturm auf sechs Stockwerke erhöht und das Kirchendach auf der einen Seite mit Kupfer, auf der anderen mit Schiefer gedeckt (nicht aus reiner Christenliebe, denn ob sie nun mit ihren schwerbeladenen Schiffen übers Wattmeer oder weiter südlich über die Leybucht heimkehrten, der weithin sichtbare Turm half ihnen, die schwierige Einfahrt ins Störtebekertief zu finden).

So groß und mächtig war die Marienkirche, daß lange nach der Reformation hier die Ostfriesischen Landtage stattfanden. Doch blieb auch sie nicht vom Verfall verschont: Die Ostapsis stürzte ein, die hochaufragende Turmspitze zog immer wieder Blitze an und brannte mehrmals aus. Als Fontane 1882 nach Marienhafe kam, fand er eine wesentlich »gestutzte« Kirche vor, ohne Chor und Querschiff; der sechsstöckige Turm war auf vier Stockwerke geschrumpft und ohne Spitze, ein kompakter Klotz, im Volksmund »Störtebekers Sarg« genannt. Die staatlichen Umfassungsmauern und die armdicken Ringe, an denen die Schiffe befestigt gewesen sein sollen, suchte er vergebens; aber deutlich konnte Fontane die Patronatsloge erkennen, die Störtebeker als Mitglied der Häuptlingsfamilie zustand, und die er hatte zumauern lassen, um in der so entstandenen Kammer seine kostbare Beute zu verstecken. Eine schmale Spindeltreppe führte zu dieser Kammer, und immer lagen große Steinkugeln bereit, die man im Ernstfalle den Verfolgern entgegenrollen konnte.

Sundermann beflügelte Fontanes Phantasie mit allerlei Staun- und Gruselgeschichten; so berichtete er von dem Turmschlüssel, den Störtebeker stets bei sich getragen habe, er sei so schwer gewesen, daß ihn nur zwei Männer heben konnten; und in der Störtebekerkammer spuke sein verfluchter Geist, mit blutigem Kopf unterm Arm, und von einem der oberen Turmfenster sei ein geraubtes Edelfräulein, um dem Liebeswerben des Seeräubers zu entfliehen, in den Tod gesprungen.

Fontane genoß den Blick von der Plattform des Turmes über das weite Land mit Mooren und Mühlen, über Leybucht und Störtebekertief, und die mittelalterliche Szenerie begann, sich vor seinem geistigen Auge zu beleben. Er fertigte Lageskizzen, versah sie mit Kommentaren, um später das Corps de ballet seiner Phantasie auf dem Boden der Tatsächlichkeiten tanzen lassen zu können.

Dann fuhr er nach Hause, sammelte weitere Quellen, Chroniken, Urkundenbücher, brachte es in dreizehn Jahren auf zehn Entwürfe. Ihm schwebte »eine phantastische und groteske Tragödie« vor, die mit der Massenhinrichtung in Hamburg endete. Der zehnte Entwurf schließt mit dem Satz: »Aber durch die Welt geht das Gespenst der Likedeeler.« Möglicherweise hatte Fontane das von Marx und Engels verfaßte »Kommunistische Manifest« gelesen, 1848 zu Beginn der Revolution erschienen. Es beginnt ähnlich: »Ein Gespenst geht um in Europa – das Gespenst des Kommunismus.«

Am 16. März 1895 endlich kündigte Fontane Hans Hertz, dem Sohn und Teilhaber seines Verlegers, an: »Ich will einen neuen Roman schreiben (ob er fertig wird, ist gleichgültig), einen ganz famosen Roman, der von allem abweicht, was ich bisher geschrieben habe ... indem er eine Aussöhnung sein soll zwischen meinem ältesten und romantischsten Balladenstil und meiner modernsten und realistischsten Romanschreiberei ... Er heißt ›Die Liekedeeler‹ (Likedeeler, Gleichteiler, damalige – denn es spielt Anno 1400 – Kommunisten), eine Gruppe von an Karl Moor und die Seinen erinnernden Seeräubern, die unter Klaus Störtebeker fochten und 1402 auf dem Hamburger Grasbrook *en masse* hingerichtet wurden. Alles steht mir fest, nur eine Kleinigkeit fehlt noch: das Wissen. Wie eine Phantasmagorie zieht alles an mir vorbei, und eine Phantasmagorie soll es schließlich auch wieder werden.«

Es blieb Phantasmagorie; denn statt der Likedeeler trug Fontane im »Stechlin« den märkischen Adel zu Grabe.

Die Gleichteiler oder Vitalienbrüder aber blieben im Gedächtnis der Menschen, wenn auch ihr Charakterbild in der Geschichte mächtig schwankte.

In Marienhafe ist Störtebeker jedenfalls heute noch in Stein und Bronze lebendig. Der Blick vom Störtebekerturm eröffnet eine wildromantische Landschaft, in der man mit dem Wissen um die Dinge und mit Phantasie den ungeschriebenen Roman weiterspinnen kann.

Oldenburg

Auf seiner Reise nach Norderney machte Fontane im Sommer 1882 kurz in Oldenburg Station, lernte den »Neuenburger Urwald« südlich von Jever kennen, besuchte in der jungen Stadt Wilhelmshaven seinen Vetter, den Maschinen-Ingenieur August Fontane, und fuhr von da aus an Wangerooge, Spiekeroog und Langeoog vorbei nach Norderney. Zehn Stunden war er auf See, die lange Reise bekam ihm gut: »Ich bin heut erst 14 Tage von Berlin fort und mir ist als wär' ich dreimal um die Welt gefahren.« (an Emilie Fontane, 9. 8. 1882)

Auf der Rückreise landete er wieder in Oldenburg, diesmal unfreiwillig; eigentlich wollte er von Norderney aus über Groningen nach Amsterdam, um sich Scheveningen anzuschauen, wo er im darauffolgenden Jahr seinen Sommeraufenthalt verbringen wollte. Jedoch seine Koffer wurden irrtümlich von Emden nach Norderney zurücktransportiert, so daß Fontane in einem »Jammerzustand« in Emden auf deren Rückkehr warten mußte: »...frierend, gelangweilt, geängstigt, war mir nicht sehr amsterdammerlich zu Muth und ich faßte den Entschluß die ganze Reise aufzugeben«. (an Emilie Fontane, 21. 8. 1882)

Statt in Amsterdam verbrachte er die Nacht in Oldenburg, im Hôtel de Russie am Stau Nummer 1. Dieses Hotel, gebaut im Stil der Burgenromantik, mit reichverzierter gußeiserner Loggia und Zinnenkrone, war ganz nach Fontanes Geschmack. Als nun die fehlgeleiteten Koffer eintrafen (sie enthielten das Manuskript »Schach von Wuthenow«), atmete er auf: »...hier, in der Geborgenheit eines feinen, vornehmen Hôtels fühl ich mich so, wie wir uns damals in Verona fühlten, als die großen Holzscheite brannten. Es war so schön und wohlthuend und poetisch, daß wir den voraufgegangnen Jammer darüber vergaßen und 4 Francs für Feurung mit Vergnügen bezahlten.« (ebenda) Das Hotel war damals der Blickfang am Stau, und Oldenburg ein wichtiger Hafen für die Island- und Ostseeschifffahrt. Bürgerliche Behaglichkeit und maßvolle fürstliche Repräsentanz gefielen Fontane. Noch Jahre später beglückwünschte er seinen jüngsten Sohn Friedel zu dem Entschluß, nach abgeschlossener Buchhändlerlehre in Leipzig die erste Stelle in dem »feinen und reizenden Oldenburg« anzutreten. »Du wirst ... die Wahrnehmung machen, daß alles, was an dem Küstenstriche von Nord- und Ostsee liegt, viel schöner, reicher, feiner ist als das Binnenland, ganz besonders als die Provinz Brandenburg, die nun mal – so lieb ich sie habe – den alten Popelinski-Charakter noch immer nicht loswerden kann. An der Küste hin schmeckt alles nach England, Skandinavien und Handel, in Brandenburg und Lausitz schmeckt alles nach Kiefer und Kaserne.« (6. 6. 1885)

Friedrich Fontane trat wirklich im Juni 1885 die Stelle in der Schulzeschen Hofbuchhandlung an; sein Prinzipal, der Buchhändler und Verleger August Schwartz, gilt übrigens als Erfinder der »illustrierten Postkarte«, der Ansichtskarte. Im Herbst 1886 meldete sich Friedrich Fontane nach Berlin ab, um seinen Dienst als Einjährig Freiwilliger zu leisten. Zwei Jahre später gründete er in Berlin einen eigenen Verlag, in dem – beginnend mit »Stine« – auch alle Romane Theodor Fontanes erschienen.

Das Hôtel de Russie wurde ab 1914 als »Preußischer Hof« weitergeführt, nach dem Ersten Weltkrieg zum Handelshof umgebaut und 1966 zugunsten eines Versicherungshochhauses abgerissen. Im allgemeinen aber blieb das reizvolle Stadtbild Oldenburgs mit seinem Renaissance-Schloß und den zahlreichen klassizistischen Bauten unzerstört. Im Haus der Schulzeschen Verlagsbuchhandlung Am Schloßplatz 21–23 gibt es noch immer eine Buchhandlung, die es sich zur Ehre anrechnet, stets alle Romane Fontanes präsent zu haben.

Altmark

Die Altmark war für Fontane vor allem eine historische Landschaft, reich gesegnet mit steinernen Zeugen aus der Frühzeit der Kolonisation, reich auch an Geschichten und Gestalten des 16., 17. und 18. Jahrhunderts.

Neben der Grafschaft Ruppin, neben Oder-, Havel- und Spreeland hätte die Altmark leicht einen eigenen Band der »Wanderungen« gefüllt. Einen Band über diese Landschaft muß Fontane zunächst auch geplant haben, denn eine seiner ersten Wanderungen führte ihn im Herbst 1859 über Havelberg nach Tangermünde, also entlang der Straße, deren kunstgeschichtliche Bedeutung 130 Jahre später offiziell anerkannt und als Teil der Deutschen Straße der Romanik ausgezeichnet wurde.

In Fontanes Vorstellung sollten die langen, wechselvollen und blutigen Abwehrkämpfe der slawischen Volksstämme und ihre endgültige Unterwerfung unter das kaiserliche Schwert unbedingt in das geplante Werk aufgenommen werden, jedoch auch die Leistungen derer, die in kurzer Zeit ein neues Machtgefüge schufen, einen neuen Grund legten; denn den Schwertträgern folgten die »Bekehrer« mit dem Auftrag, das eroberte, unwirtliche Land zu kolonisieren.

1120 war zu diesem Zweck im französischen Prémontré der Orden der Prämonstratenser gegründet worden, knapp sechs Jahr später bereits wurde sein Stifter, Norbert von Xanten, zum Erzbischof von Magdeburg berufen; bald darauf besetzte er die Domkapitel Brandenburg, Havelberg und Ratzeburg mit streitbaren Bischöfen. Um die Verbundenheit der ostelbischen Vorposten mit dem Herzen des christlichen Reiches zu dokumentieren, ließ er Säulenschäfte aus Ravenna in die Klosterkirchen einfügen; sie sollten aber auch den immer noch aufmüpfigen Slawen vor Augen führen, daß diese Bauten in ihrer strengen Erhabenheit für alle Ewigkeit errichtet worden waren. Im Lauf der Jahrhunderte verloren sie das Zwingende, man hatte sich an sie gewöhnt, und sie wurden nicht mehr als Ausdruck des Kampfes um Land und Seelen, um Macht und Einfluß empfunden. In Fontanes Geschichtsverständnis sollte aber gerade diese Zeit nicht aus dem Gedächtnis der Nachwelt verschwinden. Darum begab er sich mit sicherem Gespür auf die »Romanische Straße«, und der »Tunnel«-Freund und Kunsthistoriker Wilhelm Lübke begleitete ihn. In Lübkes »Lebenserinnerungen« (1891 im Verlag Friedrich Fontane erschienen) heißt es: »Im Herbst 1859 durfte ich meinen lieben Freund Theodor Fontane auf einer seiner ›Wanderungen durch die Mark‹ begleiten. Es wanderte sich mit ihm ganz prächtig. Wir waren beide gut zu Fuß, beide mittheilsam, und so wurde unsre Reise durch die Altmark mir höchst genußreich. Während er in den Kirchen den historischen Erinnerungen nachging, machte ich Jagd auf ihre kunstgeschichtlichen Denkmäler. Wir besuchten Havelberg, Werben, Arndsee, das an kirchlichen Monumenten reiche Salzwedel, Seehausen und das hoch bedeutende Stendal, endlich Tangermünde und die herrliche, in edlem romanischen Stil erbaute Klosterkirche zu Jerichow. Auch die kleinen romanischen Kirchen ebendort und in Redekin wurden nicht übersehen.«

In der Klosterkirche zu Jerichow wies Lübke Fontane auf normannische und oberitalienische Einflüsse hin, auf Säulenkapitelle mit Schnecken und Muscheln und seltsamen Tierköpfen, die Pflanzen und kleine menschliche Wesen verschlangen. Lübke vermutete das Wirken von Maurern und Bildhauern aus der Lombardei. Fontane nahm all diese Hinweise dankbar entgegen, denn, Goethe paraphrasierend, bekannte er freimütig: »Man sieht nur, was man kennt.« Bei späteren Fahrten durch die Altmark erkannte er – dank Lübke – den Einfluß der Jerichower Bauhütte auch an den Dorfkirchen von Wust und Schönhausen.

Die publizistische Ausbeute der ersten Wanderung war gering: Am 16. Oktober 1859 erschien in der »Neuen Preußischen Zeitung« ein Aufsatz aus Fontanes Feder über die Aufstellung der Winckelmann-Statue in Stendal. Darin heißt es – weit über diesen aktuellen Anlaß hinausgehend: »Schon eine gewisse Pietät sollte uns veranlassen, uns öfter und eingehender um die *Altmark* und ihre zwei Residenzstädte Stendal und Salzwedel zu bekümmern ... wir sollten nicht vergessen, aus welchen Lenden wir gesprossen sind und daß es die Altmärker waren, die uns hier die Stätte bereiteten. Wer noch altes Wendenblut in seinen Adern fühlt, mag seinen Haß zusammennehmen; wir andern aber unsere Liebe und unseren Respekt. Auch jetzt noch verleugnen die altmärkischen Städte ihre frühere Bedeutung keineswegs, und neben schlichten, zum Teil baufälligen Fachwerkhäusern … finden sich zahlreiche Bauten, die an Fürstenmacht und Bürgerreichtum, an die Glanztage des Klerus und der Hanse erinnern.«

Fontane zieht den Vergleich zu Gent, das er auf dem Weg nach England kennengelernt hatte und dem auch der einst glanzvolle Rock zu weit geworden war; hier aber, so fährt er fort, muß man zugestehen, »daß Rock und Mann zur gleichen Zeit heruntergekommen sind und daß beide einst stattlicher dreinsahen. Diese Empfindung hat man unterschiedslos, gleichviel ob man Salzwedel oder Gardelegen, Tangermünde oder Stendal passiert… Alle diese Städte, selbst die kleinsten und ärmsten unter ihnen, sind nur klein und arm im Verhältnis zu dem *was sie selbst einst waren;* verglichen mit den Sandstädten der Kur- und Mittelmark, sind sie noch immer reich und tragen immer noch den Stempel einer gewissen Vornehmheit. Es ist ein Segen über ihnen … der auch durch schlechte Zeiten hin Kraft leiht und dauert und aushält, auch wenn Chausseen und Eisenbahnen länger auf sich warten lassen als anderswo.« (»Stendal und die Winckelmann-Statue«, in: »Wanderungen« VI)

Das alles stimmt bis auf den heutigen Tag. Diese Städte bewahren in ihrem Kern noch immer den mittelalterlichen Charakter, nur die von Fontane damals bescheinigte »Wohlgebürstetheit« ist ihnen leider abhanden gekommen. Vielleicht bewirkt ihre Einbeziehung in Deutschlands »Straße der Romanik« eine Wende zum Besseren. Gewiß werden in den nächsten Jahren kunst- und geschichtsbeflissene Touristen diese Straße entlang wandern oder fahren; den wenigsten wird dabei bewußt sein, daß sie sich, hier und da, auch auf Fontanes Spuren befinden und seiner Forderung nachkommen, sich »öfter und eingehender um die Altmark … zu bekümmern«. In den »Wanderungen« erhielt die Altmark, wie gesagt, keinen eigenen Band – das umfangreiche Kapitel über »Die Wenden in der Mark«

erscheint im Band »Havelland«, von Sitten und Gebräuchen der Überlebenden erzählt er im Kapitel »Spreewald«, von Wesen und Wirken der kolonisierenden Orden, vornehmlich der Zisterzienser, berichten die Kapitel »Lehnin« und »Chorin«. In der viele Jahre später entstandenen Novelle »Grete Minde« bildet die Altmark jedoch die mithandelnde Kulisse. Fontane zitiert hier einen alten Spruch, in dem der Reichtum, aber auch die Überheblichkeit der »Stendalschen, Gardeleger und Soltwedler« volkstümlichen Ausdruck finden. Diesem Streben nach immer mehr Reichtum, das die Menschen hart macht, gibt er die Mitschuld an der Verzweiflungstat der ausgestoßenen Grete Minde.

Stendal

wählte Fontane mit Bedacht als Geburtsort für die hartherzige Frau Trud; und bei der Charakterisierung einer anderen ungeliebten Patrizierfrau muß sogar der berühmte Stendaler Roland herhalten: »So sah sie auch aus, so steif und so lang und so feierlich.«

Der Roland vor dem im Ursprung gotischen Rathaus mit dem schönen Laubengang beeindruckte Fontane ebenso wie die benachbarte Marienkirche, in der er in der Novelle »Das Jüngste Gericht« von Puppenspielern aufführen läßt.

All das kann der Besucher, der die Bildungsreise Fontanes und Lübkes nachvollzieht, heute noch finden. Darüber hinaus wird er sich in Stendal natürlich die Winckelmann-Statue ansehen und in der Winckelmannstraße das auf dem Fundament seines Geburtshauses errichtete Winckelmann-Museum, an das damals freilich noch nicht zu denken war.

In Gardelegen

verleben Trud und Emrentz, die spätere Stiefmutter Valtins in »Grete Minde«, nach dem Willen des Autors eintönige Jugendjahre; einzige Abwechslung boten die Sonntagspredigten und abendliche Plauderstunden mit Strickzeug unter den Laubengängen des Rathauses. Mit der Beschreibung dieser räumlichen und geistigen Enge deutet Fontane die engstirnige, allem Neuen und Andersartigen abgeneigte Lebensauffassung an. Wer durch die buckligen Seitengassen um Marienkirche, Salzwedler Tor und St. Spiritus streift, kann dies vielleicht nachempfinden.

Aus Salzwedel,

von dem ein Spruch sagt: »De Soltwedler awers, de hebben dat Got«, läßt Fontane die Puppenspielertruppe mit ihrem schönen, exotischen Star Zenobia kommen, denn Salzwedel, am Kreuzungspunkt wichtiger Handelsstraßen gelegen, war weltoffener als die Nachbarstädte; Tuchmacher und Tuchhändler hatten in Stadt und Handel eine wichtige Stellung, wovon noch heute stattliche Patrizierhäuser, Grabmäler und Altäre zeugen.

Arendsee

ist – neben Tangermünde – bedeutender Handlungsort in »Grete Minde«. Im 12. Jahrhundert gründete Markgraf Otto I., Sohn Albrechts des Bären, an diesem Ort ein Benediktinerinnenkloster nach Jerichower Vorbild. Dieses wurde Mitte des 16. Jahrhunderts in ein protestantisches Fräuleinstift umgewandelt, doch sonst blieb alles beim alten. Erst Napoleon bereitete 1812 dem fromm-beschaulichen Leben ein jähes Ende. Die Anlage verfiel und wurde erst 1868 zu einem sehr irdischen Leben wiedererweckt, und zwar als – Remonte-Depot; Pferde für die preußische Kavallerie wurden hier zugeritten.

Doch als Fontane mit Wilhelm Lübke im Herbst 1859 Arendsee besuchte, bot sich das Kloster immer noch als Caspar David Friedrich-Bild dar, und die »pittoreske Romantik des Verfalls« traf genau den Nerv des gerade von seiner beflügelnden Schottlandreise heimgekehrten Balladendichters.

Der Kunsthistoriker Lübke konstatierte befriedigt, daß die Klosterkirche mit großem Respekt vor den künstlerischen Leistungen der vorreformatorischen Zeit restauriert worden war, und wies Fontane auf eine 500 Jahre alte, aus Eichenholz geschnitzte Darstellung von Christus am Kreuz und auf den Figurenreigen des gotischen Schnitzaltars hin, der neben Marien Fürbitte sieben heilige Jungfrauen und zwölf Apostel darstellte. Der Dichter fand alles bemerkenswert, aber die Melancholie des Herbstwindes, der vom See her durch die leeren Fensterhöhlen strich, wirkte stärker auf ihn als alle Werke der Kunstgeschichte. Zwanzig Jahre später, als er »Grete Minde« schrieb, belebte er aus der Erinnerung heraus die Szenerie mit seinen Romanfiguren: Da wendet sich Grete in tiefer Verzweiflung an die uralte Domina von Jago, denn Valtin, ihr Liebster, ist gestorben, die Truppe der Puppenspieler muß weiterziehen, und der Ortspfarrer verweigert dem Toten den Gottesacker, da man bei fahrendem Volk nie wisse, ob einer rechten Glaubens sei. Grete gesteht offen, daß ihre Mutter »eine Spansche« gewesen sei und im alten Glauben gelebt habe, doch die Domina, 95jährig und »schon geboren und getauft, als der Wittenbergsche Doktor gen Worms ging«, hat gelernt, den Hochmut der Rechthaberei zu verachten. »... mit scharfen Augen, aus denen noch Geist und Leben blitzte«, sieht sie hinter die Dinge, ahnt Gretes Schicksal dunkel voraus und gewährt Valtin die letzte Ruhestätte auf dem Stiftsfriedhof, denn schließlich sei »unser All-Erbarmer für unsere Sünden gestorben ... und nicht für unsre Gerechtigkeit«. Allerdings verbindet sie mit diesem Akt vorurteilsfreier Nächstenliebe auch einen Hintergedanken: Dem Ortspfarrer soll ein Denkzettel gegeben und bewiesen werden, wer in Arendsee Gottes Geboten näher steht.

Die alte Domina, in der sich Güte, Hellsichtigkeit, aber auch allzu menschliche Schwächen vereinen, hatte ein lebendes Modell in Fräulein von Quitzow, der ebenso alten Domina von Dobbertin, die Fontane durch Mathilde von Rohr kennenlernte.

Vom Stift Arendsee, das im Volksmund nach über 400 Jahren noch immer Kloster genannt wird, ist wenig geblieben: die Klosterkirche, der Glockenturm und vom Kloster selbst nur die Umfassungsmauern, die Schlaf- und Speisesaal, Wärmestube und Küche andeuten; im restaurierten Kreuzgang das prächtige Sandsteinrelief eines Ritters von Jago, der bis zu seinem Tod 1538 letzter Titularpropst gewesen war, und daneben eine Galerie wappengeschmückter Epitaphien und Grabkreuze für hochwohlgeborene Damen, darunter Friederike Wilhelmine Freiin von Putlitz, letzte Domina, gestorben 1828.

Der ordentlich geharkte Friedhof an der Ostseite der Klosterkirche ist jüngeren Datums, nur ein kleines, abgezäuntes Erbbegräbnis reicht bis ins 18. Jahrhundert zurück. Es gehört der honorigen Familie Gygas. Der Besucher erinnert sich, daß Fontane dem menschenfreundlichen, toleranten Pfarrer in Tangermünde den Namen Gigas gab.

Der ziemlich steil zum Wasser hin abfallende Stiftsdamenfriedhof muß wohl – wenigstens im übertragenen Sinn – unter die Hufe der Remonten gekommen sein; im ursprünglichen Straßenpflaster des Städtchens entdeckt man noch hie und da verwitterte Grabplatten aus dem 17. Jahrhundert. Das Areal des Stiftsfriedhofs ist heute eine Wildblumenwiese, auf der man sich mit ein bißchen Phantasie in die unglückliche Grete Minde hineindenken kann: »Wo nicht die Birnbäume mit ihren tief herabhängenden Zweigen alles überdeckten, standen Dill- und Fencheldolden, hoch in Samen geschossen, dazwischen aber allerhand verspätete Kräuter, Thymian und Rosmarin, und füllten die Luft mit ihrem würzigen Duft. Und … es war ihr, als ob diese wuchernde Gräberwildnis, die Pfadlosigkeit unter Blumen, sie mit einem geheimnisvollen Zauber umspinne.« (»Grete Minde«, Kapitel 16)

Es ist keine Einbildung, wenn der Besucher, der dieses Kapitel noch einmal gelesen hat, plötzlich würzige Düfte von Thymian und Rosmarin, Minze und Liebstöckel, Salbei und Arnika wahrnimmt. Sie wehen vom nostalgischen Küchenkräutergärtlein her, das liebevolle Hände anlegten, unterhalb der Klostermauer, wo die Wellen des Arendsees wie eh und je im Schilf verebben. Das im ehemaligen Hospital des Klosters eingerichtete Heimatmuseum befördert natürlich die Reise zurück ins Mittelalter, aber es genügt schon »Grete Minde bei den Nonnen in Arendsee« noch einmal zu lesen, um sich alles im Geiste aufbauen zu können. Wir wissen genau: »Die Dinge selbst sind nicht richtig, aber *wir geben den Dingen ihren richtigen Platz.*« (aus: »Wanderungen« II, »Oderland«, Kapitel »Der Blumenthal«)

Scharteuke

»...Scharteuke ist ein vollständiges out of the way-Dörfchen... Uebrigens liegen ziemlich interessante Oertlichkeiten in der Nähe: Jerichow (berühmte Kirche), Wust (Katte), Redekin (Alvensleben), Schönhausen (Bismarck).« (Fontane an Emilie Fontane, 15. 8. 1867) Fontane und seine Frau wollten sich in Bad Kösen, wo die befreundeten Zöllners eine Sommerwohnung gemietet hatten, ein paar Tage Erholung gönnen. Die Anreise dorthin erfolgte auf verschiedenen Wegen: Emilie besuchte noch ihre Freundin Laura in Luckenwalde, und Fontane unternahm einen Abstecher in die Altmark. Er folgte der Einladung Amanda von Bessers (»eigentlich die angenehmste« aus dem gemeinsamen Berliner Bekanntenkreis), in Scharteuke Quartier zu nehmen, um von da aus bequem alle »interessanten Örtlichkeiten« zu erreichen. Vor allem Wust lag ihm am Herzen, wo er – im Hinblick auf die Erweiterung des Küstrin-Kapitels – das Familienarchiv der Kattes einzusehen hoffte. In solch heiklen Angelegenheiten wie der des enthaupteten Katte erwies es sich immer als hilfreich, durch befreundete Adelsfamilien eingeführt zu werden.

Selbst die etwas eifersüchtige Emilie sah ein, daß er ein so günstiges, vor allem kostensparendes Angebot nicht ausschlagen konnte; so fuhr Fontane am 15. August 1867 frühzeitig von Berlin ab, wurde in Genthin vom herrschaftlichen Kutscher (»einem märkischen Original«) abgeholt und nahm das zweite Frühstück bereits in Scharteuke ein. Um für das Dinner mit Damen gerüstet zu sein, setzte er sich »an eine sonnige Stelle in den Park und schlief fest ein; unmittelbar hinter mir, nur durch eine Taxus-Hecke ... getrennt, schlief einer noch fester – Herr v. Brauchitsch, der vor 9 Jahren gestorben und im Park begraben ist.«

Was Fontane anfangs etwas verunsichert haben mochte: Fräulein von Besser wohnte gar nicht im Herrenhaus, »sondern in einem kleineren, im Park gelegenen Häuschen, in dem sie ... ihre eigne Menage führt«. Im

Gutshaus regierte – offenbar eine nahe Verwandte des selbstbewußten Fräuleins Amanda – Emma von Brauchitsch, die den Gast »sehr förmlich« empfing. Doch das änderte sich bald. Erleichtert berichtete er Emilie am nächsten Morgen: »Es verlief alles ganz nett und anmuthig.« »Nach Tisch Kaffee und Geplauder im Salon, dann Spaziergang. Um 7 zum Thee bei Fräulein v. Besser.«

Die Unterhaltung der Teegesellschaft selbst schien für ihn nicht besonders ergiebig gewesen zu sein, denn er nennt Emilie lediglich die Namen der Anwesenden. Für ihn zählte einzig und allein: »Heute Nachmittag fahren wir nach Wust, um Frau v. Katte zu besuchen und Gruft und Archiv zu durchforschen; geben mir alle guten Reisegötter eine gute Ausbeute.« (16. 8. 1867)

Wie Fräulein Amanda, so liebte auch Emma von Brauchitsch Geselligkeit; mit ihren Gästen holte sie sich ein bißchen Welt ins abgelegene Haus; so ist auch die Einladung an den Dichter Fontane, der London kannte und Schottland bereist hatte, zu verstehen. Als Bismarck noch im nahen Schönhausen lebte, kam er öfter zu Besuchen herüber. Seiner jungen Frau gegenüber schwärmte er: »In Scharteucke war gestern wirklich Zauberfest, das Haus ist immer mehr Putzkästchen geworden … die Tafel und alles wo Platz ist mit Nips, Marmor-Vasen überladen…« (18. 10. 1850)

Scharteuke, noch heute »out of the way«, hat inzwischen mehr verloren als nur das c in seinem Namen. Das »Putzkästchen« wurde nach 1945 für Flüchtlingsfamilien umgebaut und läßt jeden Charme vermissen. Von seinem Gästestübchen aus konnte Fontane »auf den alten Kirchturm« und »ein prächtiges Stück lawn« sehen. Der »lawn« ist zu einer Kaninchenfutterwiese verkommen; die verwunschene Kirche wird restauriert. Das funkelnagelneue Dach hebt sich merkwürdig vom altersschwarzen Fachwerk ab. Unter dem wurmstichigen Balken der Kirchentür prangen Wappen und Inschrift: »Lewin Friedrich v. Tresckow, Königlich Preußischer Obristlieutenant der Kavallerie, Erbherr auf Neumark und Scharteucke, hat diese Kirche zur Ehre Gottes von Grund auf neu erbauen lassen. Anno 1747.« Möglicherweise ließ sich Fontane von diesem Lewin inspirieren, als er für den jungen Helden seines ersten Romans »Vor dem Sturm« nach einem geeigneten Namen suchte.

Hinter der Kirche überragt ein Granitkreuz den wohlgepflegten Begräbnisplatz der Familie von Brauchitsch. Hier ruht seit 1862 August Wilhelm von Brauchitsch, und neben ihm, seit 1888, die »kluge und allem bloßen Gethue abholde« Emma von Brauchitsch, deren Gast Fontane vom 15. bis 18. August 1867 gewesen war.

Redekin

Die Einladung zum Tee nach Redekin machte Fontane neugierig: Entweder würde er seine ambivalente Haltung zum derzeitigen Hausherrn, den er nur vom Hörensagen kannte, bestätigt oder widerlegt finden. Eduard von Alvensleben, hochkonservativ in seinen politischen Ansichten, hatte es dank glücklich verlaufener diplomatischer Missionen bis zum preußischen Finanzminister gebracht. Der Ruf der Unbestechlichkeit beruhte sowohl auf christlichen Grundsätzen als auch auf seinem auf Rübenzukker basierenden Reichtum, der ihn unabhängig machte. Privat lebte er literarischen Neigungen in romantisch-patriotisch-christlichem Geist, der am Teetisch Friedrich Wilhelms IV. und demzufolge auch am königlichen Schauspielhaus zu Berlin besonders beliebt war und dem Fontane mit ausgesprochener Ironie begegnete. 1867 ahnte er noch nicht, daß er es beruflich mit eben dieser Richtung zu tun bekommen würde – als Theaterkritiker der »Vossischen Zeitung«.

Die Familie von Alvensleben saß noch nicht so lange auf Redekin: Erst 1780 hatte sie das Rokoko-Idyll von dem friderizianischen Reitergeneral Lentulus erworben. Als Schweizer, Diplomat, Feldherr und Kriegshistoriker stand Lentulus hoch in königlicher Gunst. Nach dem Siebenjährigen Krieg wurde er nicht nur zum General der Kavallerie und Gouverneur der preußischen Besitzung Neufchâtel ernannt, sondern sogar zur Tafelrunde von Sanssouci geladen, wo er durch eigenwillig-geistreiche Bemerkungen dazu beitrug, den späteren Histörchenschatz um den Alten Fritz erheblich zu vermehren. Die königliche Wertschätzung erhielt jedoch einen empfindlichen Schlag, als Friedrich im Sommer 1769 Redekin besuchte. Mit Stirnrunzeln sah der sparsame Monarch Lüster aus venezianischem Kristall, Tapeten aus rotem Damast und Gemälde von van Dyck, Watteau und Caravaggio. Neben dem einstöckigen Schlößchen, dessen hohes Dach ein fortunabekrönter Uhrenturm schmückte, erhob sich ein prächtiger, mit

Papageien und Meerkatzen ausgemalter Pavillon; zwischen steinernen Blumen- und Früchtegirlanden prangte in goldenen Buchstaben SANS CHAGRIN. Diesen offensichtlichen Vergleich mit Sanssouci fand der König anmaßend, und er ließ es Lentulus fühlen.

Fontane kannte diese Szene aus den Erzählungen seines Vaters und später Franz Kuglers, und so war seine Freude, dieses Sans Chagrin, das dem Bauherrn so viel Verdruß bereitet hatte, mit eigenen Augen zu sehen, erklärlich. 1780, als dem schönheitstrunkenen, stolzen Schweizer das Wasser bis zum Halse stand, rettete ihn ein Alvensleben vor dem Schuldturm, indem er ihm Redekin für eine ansehnliche Summe abkaufte. Er stammte aus der Eichenbarlebener Linie der Familie und war nur ein unbedeutender Kammerherr, aber was ihn für Fontane interessant machte, war seine Ehe mit der schönen, soeben vom Theaterdirektor Döbbelin geschiedenen Schauspielerin Friederike Caroline von Klinglin. Sie war Lessings erste Minna von Barnhelm, und als Ariadne auf Naxos gefiel sie sogar Königin Elisabeth Christine, der ungeliebten Gemahlin Friedrichs II. So untadelig war ihr Ruf, daß Friedrich Wilhelm IV., als er fünfzig Jahre später Redekin besuchte, keinen Anstoß daran nahm, unter dem Alvenslebenschen Wappen mit Rosen und Lilien eine »Actrice« zu finden.

Geld und Kunstverstand schienen in dieser Familie erblich, und so blieben Schlößchen, Pavillon und Park über Generationen erhalten. Erst im Mai 1945, die Front war bereits bis an die Elbe vorgerückt, wurde der Besitz Opfer einer Brandstiftung und vollkommen zerstört.

Die herrschaftliche Auffahrt, auf der vier preußische Könige, Bismarck – und im August 1867 auch der Dichter Fontane – als Gäste zum Schloß gelangten, führt nun nach Nirgendwo. Erkennbar ist noch das Areal des gesamten Gutes; Gärtner-, Kutscher- und Verwalterhaus stehen wie einsame Wächter; nach Schloß und Pavillon verschwanden auch die prachtvollen Terrakottavasen, die einst den Weg säumten. Geblieben ist nur das Schild »Parkstraße« und der Park, dem man die Mühen der Dorfbewohner, zumindest ihn zu erhalten, ansieht. Sie befreiten die vielhundertjährigen Eichen von wucherndem Unterholz, und so trotzen sie allen Wettern, knorrige Zeugen einer versunkenen Zeit.

Allein die ehrwürdige Kirche bewahrte die Kontinuität der Geschichte. Um die Wende vom 12. zum 13. Jahrhundert aus der Bauhütte der Jerichower Klosterkirche entstanden, dokumentiert sie mit ihrem klobigen Westturm, dem hohen Kirchenschiff, quadratischen Chorraum und halbrunder Apsis reine Romanik. Der Marienaltar erinnert noch an die vorreformatorische Zeit, die Rokokoorgel an Lentulus, Epitaphien an die nachfolgende Familie von Alvensleben. An der Außenmauer ruhen die Angehörigen, die innen keinen Platz mehr fanden. Wohlbekannte Namen weisen auf die vielfältigen Verflechtungen des alten märkischen mit dem anhaltinischen Adel hin: von der Groeben, von der Schulenburg, von Schwarzkoppen.

Max von Schwarzkoppen befehligte das Kaiser-Franz-Gardegrenadierregiment, das sich beim König nicht immer ungeteilter Beliebtheit erfreute, weil sich zu viele in der Kunst dilettierende Offiziere zu ihm hingezogen fühlten. Auch Bernhard von Lepel diente dort, und Fontane leistete hier seine Zeit als Einjährig Freiwilliger ab, allerdings, wie er in »Von Zwanzig bis Dreißig« gestand, mit wenig Enthusiasmus und noch weniger Geschick. Das hinderte ihn jedoch nicht, vier umfangreiche Kriegsbücher zu verfassen, die über sein Jahrhundert hinaus zeitgeschichtlichen Wert behalten sollten.

In den »Wanderungen« kommen Redekin und Eduard von Alvensleben nicht vor; sie fügten sich nicht ein, doch im »Stechlin« kann man Alvensleben in dem Grafen Barby wiedererkennen: »Weltmann ... preußischer Magnat ... auf einem der an der mittleren Elbe gelegenen Barbyschen Güter geboren ... durch Reichtum unabhängig«. So fand die altmärkische Teestunde doch noch einen späten Widerhall.

Wust

Die in Scharteuke beschworenen »Reisegötter« waren Fontane wohlgesonnen; die Ausbeute in Wust übertraf alle Erwartungen. Danach konnte er das Küstrin-Kapitel für die Nachauflage des »Oderlandes« um Wesentliches erweitern. Er erzählte nun nicht mehr nur aus dem Blickwinkel des Kronprinzen, der, nach mißglückter Flucht auf der Festung Küstrin um sein Leben bangend, vom Vater gezwungen wird, die Hinrichtung des Freundes und Fluchthelfers Hans Hermann von Katte mitanzusehen; Fontane versetzt sich in der neuen Fassung auch in die Lage des Unglücklichen, der im Angesicht des Todes ungeahnte Seelengröße zeigt, und beschäftigt sich mit den Folgen der Exekution.

Er macht dem Leser das Wüten des Soldatenkönigs, der sein Lebenswerk durch den leichtsinnigen Nachfolger bedroht sieht und ihn durch drakonische Maßnahmen zur Einsicht bringen will, halbwegs begreifbar; ja, er gewinnt seinem Charakter eine menschliche Komponente ab. Dem damals allgemein bekannten Schlußsatz, daß es Sr. Königlichen Majestät leid täte; es aber besser wäre, »daß Katte stürbe, als daß die Justiz aus der Welt käme«, setzt Fontane bisher unbekannte Briefe des Generallieutenants Hans Heinrich von Katte entgegen, in denen er Bruder und Schwester gegenüber seinem Schmerz freien Lauf läßt: »Ich möchte vor Trauer vergehen, wenn ich an meinen Sohn gedenke«, heißt es da, oder »... morgens und abends quälet mich sein Tod. Des Königs gnädige Briefe können ihn mir nicht wiedergeben.« (»Wanderungen« II, Kapitel »Küstrin«)

Wenn ihn in der Zeit etwas trösten konnte, dann der Gedanke, daß sein Sohn »ein schönes und exempelwürdiges Ende« fand und »daß die Execution in Küstrin hat geschehen müssen, um allen Leuten begreiflich zu machen, *warum* er ein sacrifice...« gewesen sei. Allein der Gedanke, daß ein notwendiges Opfer gebracht worden war, damit Recht und Ordnung nicht aus der Welt kämen und daß sein Sohn nicht unehrenhaft, sondern für seinen geliebten Herrn, den Kronprinzen, gestorben war, gab dem Vater die Kraft, dem König zu verzeihen: »Mein Sohn hat es vergeben; ich muß es auch thun.«

Und es folgt in dem Küstrin-Kapitel, in dem Abschnitt über den König und die Kattes, der Satz, der auf Fontanes Durchforschen des Katteschen Familien-Archivs hinweist: »Der alte Katte nahm alle diese Gnadenbezeugungen hin und dankte dafür und küßte seines gnädigen Königs Hand; aber die Freude des Daseins war aus seinem Leben gewichen, und eine Reihe von Briefen, die durchzusehen mir gestattet war, gibt in rührender Weise Zeugnis davon.«

Das in Wust vorgefundene Material war so ergiebig, daß Fontane beschloß, den Kattes ein eigenes Kapitel in den »Wanderungen« einzuräumen. Immerhin wurde ein Balduin Cat bereits als Grundbesitzer genannt, als die Bauleute von Jerichow auf ausdrücklichen Wunsch des Bischofs von Havelberg in Wust eine Kirche errichteten. Das war zu Beginn des 13. Jahrhunderts. Die Cats, Katts oder Kattes stellten über Generationen gute und verläßliche Offiziere und vergrößerten Ansehen und Besitz, als der Große Kurfürst begann, ein stehendes Heer aufzubauen. Sechzehn Rittergüter gehörten ihnen, weshalb das Land zwischen Wust und Havel »der Kattenwinkel« genannt wurde.

Aus der Generationenkette wählte Fontane zwei Schicksale, in denen Glanz und Elend dicht beieinander lagen. Er schildert einen Septembertag des Jahres 1707. Hans Heinrich von Katte, Liebling des ersten Königs in Preußen, kehrt siegreich aus den Niederlanden heim, wo er fünfzehn feindliche Geschütze und damit unbestrittenen Kriegsruhm eroberte. »Aber dasselbe Jahr, das ihm so viel der Ehren brachte, hatte ihm sein bestes Glück geraubt. Seine Gemahlin, eine geborne von Wartensleben, war ihm in den Krieg gefolgt und in Brüssel gestorben. Von dort aus war sie nach Wust zurückgeführt worden. Ihr Gemahl kam jetzt, um an ihrem Grabe zu beten und das einzige Kind, das sie ihm zurückgelassen, auf seinen Knien zu schaukeln.«

Dieses einzige Kind war Hans Hermann, damals drei Jahre alt. Die zweite, ebenso eindrucksvolle Szene spielt im November 1730 und schildert die heimliche Beisetzung des enthaupteten Hans Hermann von Katte. Niemand außer dem alten Diener ist zugegen, der Vater steht im fernen Königsberg noch immer in Diensten des Königs, der das harte Urteil gesprochen hatte.

Viele Besucher aus nah und fern kamen seitdem, weniger, um die wertvolle romanische Kirche, sondern um den schmucklosen Gruftanbau zu sehen, in dem, abseits von allen prächtigen Sarkophagen, in der Ecke der einfache Holzsarg des einen steht, der durch seinen jähen Tod traurige Berühmtheit erlangt hatte. Weil aber seit den zwanziger Jahren des 19. Jahrhunderts »niemand lebte, der die Gruft und speziell *diesen* Sarg vor Unbill geschützt hätte, trat der Verfall ein... Es erging in Wust den Überresten des jungen Katte genau ebenso, wie es in Gusow den Überresten des alten Derfflinger erging: frivole Neugier, renommistischer Hang und Kuriositätenkrämerei führten zu offenbarer Entweihung.«

Fontane fand 1867 die lichtlose Begräbnisstätte verwahrlost vor: »Die Kerzen warfen helle Streifen durch das Dunkel und von der Decke herab wehte es in langen, grauen Fahnen... Der Diener gab mir den Leuchter, faßte den Deckel und schob ihn beiseite. ...In dem äußeren Sarge stand ein zweiter, der *eigentliche*, vielleicht der, in den man ihn zu Küstrin gelegt hatte, eine bloß zugeschrägte Kiste mit einem flachen Deckel. Nun hoben wir auch diesen und blickten auf alles Irdische, was von dem unglücklichen Katte noch übrig ist.«

Ähnlich pietätlos war man in der Zeit auch mit dem übrigen Besitz umgegangen: »Unbilden des Wetters, die Indolenz der Verwalter, die Zerstörungssucht der Dorfbevölkerung« herrschten dreißig Jahre lang in Wust: Gemälde wurden aus den Rahmen geschnitten, Sandsteinplastiken in Fundamente eingemauert und unwiederbringliche Akten von Kossätenfrauen zum Sengen der gerupften Gänse benutzt. Anfang der fünfziger Jahre fand »der neue Besitzer ein wüstes Durcheinander vor ... Eine Art Ordnung wurde wieder eingeführt, das eine oder andere gerettet... Aber die Zerstörung der voraufgegangenen dreißig Jahre konnte nicht wieder ausgeglichen, das, was fort war, nicht wiedergewonnen werden.« Auch im Park lagen »die umgestürzten Statuen, zerbrochen, zerschlagen, halb überwachsen von grünem Gesträuch«. Das Herrenhaus selbst war wiederhergestellt, als Fontane 1867 mit Frau von Brauchitsch aus Scharteuke herüberkam: »Der große Empfangssaal nahm uns auf, in dem einst (im Oktober 1806, wenn ich nicht irre) Marschall Soult gesessen und dekretiert hatte«, und in der Bibliothek durfte er die aufschlußreichen alten Briefe einsehen. Als Dank für die freundliche und vorurteilsfreie Aufnahme widmete er den Damen des Hauses folgende Zeilen, die ein Resümee der erlebnisreichen Drei-Tage-Reise darstellen:

»Bunte Bilder in raschem Lauf
Steigen wechselnd vor mir auf:
Wust, der alte Kattesitz,
Im Sarge der Freund von Kronprinz Fritz.
Roter Abendschimmer umfloß
Die alte Linde vorm Bismarckschloß.
Und Mond und Wolken sah ich ziehn
Über Turm und Pappeln von Redekin.
Wünsche, die lang ich im Herzen getragen,
Wurden erfüllt in diesen drei Tagen,
Und ein dankbar Angedenken
Werd ich den Damen des Hauses schenken.«
(»An Pauline von Katte«, 16. 8. 1867, Gedichte III)

Ein neues Chaos bahnte sich an, als der Ort im Frühjahr 1945 von Flüchtlingsfamilien überschwemmt wurde. Das schlichte Herrenhaus mit der aufrechten Katze im Wappen bot ihnen vorübergehendes Domizil, später wurde es als Schule eingerichtet und so erhalten. Die beiden letzten Gartenplastiken, ein Blumen- und ein Bauernmädchen, wurden in den Park von Mosigkau versetzt; die Dorfkirche verfiel. Vor allem an dem Fachwerkturm nagte der Zahn der Zeit. Nach dem Sturm von 1973 war er nicht mehr Zierde, sondern nur mehr eine Gefahrenquelle. Die erforderlichen 130 000 Mark für den Abriß blieben aus. Die Kirche gab auf und verzichtete, nicht aber der Gemeindepfarrer Stefan. Mit etlichen Gemeindemitgliedern begann er mit der Sicherung des Daches, dann wurde die

Patronatsloge in einen beheizbaren Versammlungsraum umgebaut. Die beherzte Unternehmung überzeugte auch Atheisten und die Staatliche Denkmalpflege, und so konnte die Restaurierung fortgesetzt werden: Ein Sandsteinepitaph, das den 1684 verstorbenen Sächsischen Geheimen Rat und Hofmarschall Hans von Katte in vollem Harnisch darstellt, wurde an die Südwand des Chores versetzt, neben dem engelumspielten Kruzifix auch die Wappenschilder derer von Katte und von Witzleben neu vergoldet, die schöne, kassettierte Decke erneuert und 1980 schließlich auch die Katte-Gruft aufgeräumt und geweißt.

Nicht zuletzt wegen dieses bemerkenswerten und seltenen Gemeinschaftswerkes wurde Wust eine Art Pilgerstätte für zahlreiche denkmalpflegerisch interessierte Besucher. Wer von ihnen zuvor Fontane gelesen hat, dem wird sich hier ein Kapitel urpreußischer Denkungsart offenbaren.

Wie ein Symbol dreht sich auf dem erneuerten Fachwerkkirchturm – wie in glanzvollen alten Tagen – die frisch vergoldete Wetterfahne nach dem Wind mit dem Wappen der Kattes: Eine Katze steht auf den Hinterbeinen und gibt sich streitbar; aus der Entfernung könnte man sie für eine Löwin halten.

Was man nach all den verworrenen Zeitläuften kaum erwarten dürfte: Das Schwert, mit dem Hans Hermann von Katte enthauptet wurde, existiert noch. Zu Fontanes Zeiten wurde es »auf dem alten Katten-Gute Vieritz, eine Meile von Wust ... aufbewahrt«, heute hütet es das Heimatmuseum der Stadt Brandenburg.

Eines sollte noch angemerkt werden: Um das Kapitel Wust überhaupt in den »Wanderungen« unterzubringen, fügte es Fontane in den Band »Havelland« ein. Es gibt aber an der Havel, zwischen Potsdam und Brandenburg, ein anderes Dorf gleichen Namens. Etliche Touristen sind dort irrtümlich gelandet. Das Wust der Kattes liegt zwischen Rathenow und Genthin. (Zitate, soweit nicht anders vermerkt, aus »Wanderungen« III, Kapitel »Wust«.)

Schönhausen

»Diese Mischung von Uebermensch und Schlauberger, ... von Heros und Heulhuber, der nie ein Wässerchen getrübt hat, – erfüllt mich mit gemischten Gefühlen und läßt reine, helle Bewunderung in mir nicht aufkommen.« So äußerte sich der alte Fontane seiner Tochter Mete gegenüber (1. 4. 1895) zu Bismarck.

Jahrzehnte zuvor, als Bismarcks steile Karriere noch lange nicht den Höhepunkt erreicht hatte, herrschte diese Bewunderung ungetrübt. Fontane schätzte an dem charismatischen Berserker, daß er bei aller visionären Weitsicht nie das Maß für das derzeit Machbare und Zuträgliche verlor. Er war es auch, der den König von Preußen nach dem Sieg über Österreich bei Königgrätz davon abhielt, triumphierend in Wien einzumarschieren. Fontane, als Berichterstatter am böhmischen Kriegsschauplatz, beeindruckte damals dieser weise Rat. Er war noch intensiv mit dem Manuskript über den Deutschen Krieg 1866 beschäftigt, als er – im August 1867 – die Gelegenheit bekam, von Wust aus den Geburtsort des großen Strategen hinter den Fronten zu besuchen, der damals mit Recht als erfolgreichster Staatsmann Europas galt.

Otto von Bismarck lebte seit langem nicht mehr in Schönhausen, doch ein Verwalter zeigte bereitwillig alles, was Fontane und die ihn begleitenden adligen Damen zu sehen wünschten. Der Wanderer gab sich redlich Mühe, fertigte Lageskizzen von Dorf, Kirche und Schloß, beschrieb die Anordnung der Zimmer und deren Ausstattung, notierte sich sogar Titel aus der Bibliothek – aber die Inspiration blieb aus. Zwar spukt die großmächtige Gestalt des »Schwefelgelben« – manchmal in vollem Glanz, öfter jedoch im Zwielicht – durch viele der späten Romane Fontanes, doch der Besuch in Schönhausen fand keinen literarischen Niederschlag. Skizzen und Annotationen wurden in ihrer Unvollständigkeit erst 1992 in Band VI der »Wanderungen« veröffentlicht.

In den Bemerkungen über den Park heißt es: »Hübsche Baumgänge, alte und neue, ziehen sich durch den Park hin ... an dessen einer Seite sich ein schilfbestandner Graben als Grenze zwischen Park und Feld (Runkelrüben und Mais) hinzieht. Über den Graben führt eine Brücke. An dieser Stelle steht der vielgenannte Herkules, auf dessen Rücken Graf B. seine Büchse oder seine Rehpostenflinte probte. Er hält vor Schmerz die Hand nach hinten. Auf den einen Schenkel hat – ersichtlich ein neurer Besucher – Adam geschrieben, von dem er nur die Einfachheit des Kostüms entlehnt.«

Einzig und allein auf diesen ominösen Punkt kam Fontane achtzehn Jahre später noch einmal zurück: Paul Lindau hatte für »Nord und Süd« zum 70. Geburtstag Bismarcks um ein Gedicht auf den *jungen Bismarck* gebeten und Fontane dabei in rechte Verlegenheit gebracht: »... mit *Jung*-Bismarck geht es nicht. An etwas bestimmt Gegebenes muß man doch immer anknüpfen, und alles, was ich vom jungen Bismarck weiß, ist das, daß er in Schönhausen, wenn er von der Jagd kam, seine Jagdflinte nicht ins Blaue hinein abschoß, sondern einer großen Sandsteinfigur, irgendeinem Mars oder Bacchus, in die linke Hinterbacke feuerte. 1867 oder 68 habe ich die unglückliche Backe gesehn. Dieser anekdotische Zug ist ganz nett, und es sollte mir nicht schwer werden, den ganzen künftigen Bismarck daraus zu konstruieren (nicht ins Blaue schießen, Falsche-Götter-Verachtung, Humor, Schabernack), aber ein Festgedicht läßt sich nicht draus machen. Die Stelle, wo die Schüsse hingingen, ist zu anzüglich... Übrigens läßt sich eine Jung-Bismarck-Ballade immer noch machen – sie ist dann aber Blech.« (an Paul Lindau, 15. 2. 1885)

Lindau beharrte auf seinem Vorschlag, und Fontane folgte mit dem – Paul Heyse am 24. April 1885 gestandenen – Resultat. »... es ist rund und nett herausgekommen, aber eigentlich doch nur Blech.« Das Lobgedicht ist unter dem Titel »Jung-Bismarck« in »Gedichte« I nachzulesen.

1867 wußte Fontane offenbar erstaunlich wenig über die Familie derer von Bismarck in Schönhausen. Sie waren dort seit 1563 ansässig, vorher besaßen sie Grund und Boden bei Stendal, am Rand der Letzlinger Heide. Als im Zuge der Reformation aller Kirchenbesitz dem Landesherrn zufiel, genügte dies dem gewaltigen Nimrod nicht, er wollte das gesamte Jagdgebiet für sich, und so bekamen Jobst und Georg von Bismarck das ehemalige Kirchenland zwischen Schönhausen und Fischbeck mit seinen wehrhaften Kirchen. Es schien zunächst kein Segen auf dem Land zu ruhen, das neue Schloß wurde zwei Generationen später wieder zerstört. Um das Jahr 1695 wird die Familiengeschichte für Fontane interessant. Er notiert: »August v. Bismarck scheint nun überhaupt der Häupter gewesen zu sein, der Erneurer, der Erbauer, der Wiederhersteller in Schloß und Kirche. Entweder war er reich oder er wurde es durch seine Heirat. Auf der Stelle, wo das *alte Schloß* gestanden hatte, das während des 30jährigen Krieges eingeäschert worden war (nur die dicken Mauern waren stehengeblieben), führte er das jetzige Schloß auf (1700). Seine Gemahlin war Dorothea Sophia Katten.« (»Wanderungen« VI, Kapitel »Schönhausen«)

In diesem Schloß, beziehungsweise in einem schmucklosen Seitenanbau desselben, wurde am 1. April 1815 Otto von Bismarck geboren. Seine frühe Kindheit verlebte er in Pommern, die Schulzeit in Berlin, Studium in Göttingen und Berlin; erst 1836 kam er nach Schönhausen und verbrachte hier einige Wochen in Klausur, um zwei Examensarbeiten zu schreiben. Wenig später wurde sein Vater, Friedrich von Bismarck, zum Deichhauptmann für das Gebiet zwischen Jerichow und Sandau gewählt. Just zu dem Zeitpunkt überflutete ein Hochwasser nie gekannten Ausmaßes das Land zwischen Elbe, Havel und Dosse. Alle Zeitungen berichteten damals von dem titanenhaften Einsatz des neuen Deichhauptmanns. Die Anstrengung ging über seine Kräfte. Er starb noch im selben Jahr und Sohn Otto wurde als Nachfolger gewählt. Mit Ungeduld wartete der Tatendurstige auf eine Situation, in der auch er sich würde bewähren können; und sie kam mit dem Hochwasser von 1847. Er bewies soviel Umsicht und Durchsetzungsvermögen, daß ihn die Ritterschaft des Jerichower Landes bei nächster Gelegenheit zum Abgeordneten erkor. Damit begann sein steiler Aufstieg, der ihn über Berlin, Frankfurt, Petersburg und Paris 1862 an die Seite des Königs von Preußen führte. Als wagemutiger Lotse steuerte er das schlingernde Schiff zwischen Scylla und Charybdis hindurch. In Schönhausen sah man ihn selten.

Das Schloß war noch im 20. Jahrhundert von der Witwe des ältesten Sohnes Herbert von Bismarck bewohnt, sein Verfall jedoch unaufhaltsam. Der Kunstwissenschaftler Udo von Alvensleben, der die Witwe 1934 dort besuchte, nannte sie mit dem ihm eigenen Charme – so, wie es auch Fontane getan hätte – »die Großsiegelbewahrerin des Familienerbes von Geist und Tradition«; er fügte hinzu: »Etwas gespenstisch sitzt sie in dem düsteren Landschaftszimmer.«

Ein Jahrzehnt später verdunkelte sich der Himmel über dem Schloß vollends; es diente als Typhuslazarett, danach als Flüchtlingsasyl. Dann wurde es, angeblich weil eine Reparatur nicht mehr lohnte, geschleift. Es war zu der Zeit, als auch die königlichen Schlösser in Berlin und Potsdam abgerissen wurden. Man wollte der Welt beweisen, daß sich die neue Macht endgültig und rigoros von der preußischen Vergangenheit losgesagt hatte.

Sehenswertes

Vergleicht man Fontanes Lageskizze mit dem noch Vorhandenen, so findet man von der einst herrschaftlichen Auffahrt nur noch einen ramponierten Pfeiler; vom Schloß blieb merkwürdigerweise der Seitenanbau stehen, in dem Otto von Bismarck geboren wurde. Vor dem freien Platz, auf dem sich einst das Schloß erhob, stehen, wie vergessene Schildwachen, eine uralte Linde und eine noch ältere Kastanie. Die stark beschädigten und kunstlos zusammengestückten Sandsteinfiguren des Parkes posieren seit Jahrzehnten am Magdeburger Elbufer, unter ihnen auch der schwer definierbare Herkules mit seinem von Schrotkörnern lädierten Hinterteil.

1990 gründeten die Schönhausener einen Verein mit dem Ziel, alle verstreuten Erinnerungsstücke aufzuspüren, um in der Fachwerkscheune aus unverwüstlichem Eichenholz ein Bismarck-Museum einzurichten – Zukunftsmusik.

Man lasse sich von der Aufzählung dessen, was nicht mehr da ist, nicht abschrecken, allein der Kirche wegen lohnt ein Besuch. Als bedeutendster

Nachfolgebau der Jerichower Klosterkirche wurde sie 1212 vom Havelberger Bischof Sigebodo der Jungfrau Maria und dem flämischen Heiligen Willebrord geweiht, und es lassen sich an ihr 800 Jahre deutscher Geschichte ablesen.

Aus der Ursprungszeit stammen noch Taufstein, Altartisch und ein lebensgroßes Triumphkreuz; zwei Grabplatten im südlichen Seitenschiff erinnern an den ersten Bismarck auf Schönhausen, gestorben 1589, und seine Gemahlin Emmerenzia. (Diesen seltenen Namen verwandte Fontane später in seiner Novelle »Grete Minde«.)

Farbenprächtige Brustbilder auf hölzernen Epitaphen zeigen die Generationen der von Bismarcks, die im 17. Jahrhundert hier lebten und starben; sechzehn Ahnenwappen, darunter die der angeheirateten Möllendorfs, werden von Allegorien auf Liebe und Glauben umrahmt, gestiftet von August von Bismarck, den Fontane den »Häupter, Erbauer und Wiederhersteller« nennt; er »schenkte oder errichtete« auch »eine geschnitzte Kanzel ... den Altar mit Bild ... den herrschaftlichen ... Chorstuhl« und seine Gemahlin Dorothea Sophia Katten die hochherrschaftliche Patronatsloge.

Vor dem barocken Altar auf romanischem Fundament schworen im Mai 1813 Major von Lützow, Karl Friedrich Friesen und der junge Theodor Körner, das Vaterland vom Napoleonischen Joch zu befreien. Zwei Jahre später war der korsische »Welteneroberer« besiegt. Im gleichen Jahr taufte Pastor Petri vor demselben Altar den soeben geborenen Otto von Bismarck.

Ein lebensgroßes Ölbild zeigt Petri, der von 1789 bis 1834 in Schönhausen wirkte, es hängt im nördlichen Kirchenschiff; davor stehen zwei reich geschnitzte, Thronsesseln ähnliche Lehnstühle, darauf, in Leder geprägt, das alte Bismarck-Wappen mit drei Kleeblättern. 1871, als Otto von Bismarck Kanzler des Deutschen Reiches und in den Fürstenstand erhoben wurde, kamen weitere drei Kleeblätter hinzu.

Viele Kunstwerke im Innenraum der Kirche wurden in jüngster Zeit restauriert. Eine dreiviertel Million Mark verschlang allein der breitbrüstige, noch an die Wehrhaftigkeit der Kolonisationszeit mahnende Westturm. Er war im Dreißigjährigen Kriege ausgebrannt und geborsten und über drei Jahrhunderte mühsam zusammengeklammert worden.

Am Beginn seines Romans »Vor dem Sturm« schreibt Fontane über die Dorfkirche von Hohen-Vietz: »War nun aber das Äußere der Kirche so gut wie unverändert geblieben, so hatte das Innere derselben alle Wandlungen eines halben Jahrtausends durchgemacht. Von den Tagen an, ... war ... kein Jahrhundert vorübergegangen, das ihr nicht in ihrer inneren Erscheinung Abbruch oder Vorschub geleistet, ihr nicht das eine oder andere gegeben oder genommen hätte. ... Nur unsere Dorfkirchen stellen sich uns vielfach als die Träger unserer *ganzen* Geschicht dar, und die Berührung der Jahrhunderte untereinander zur Erscheinung bringend, besitzen und äußern sie den Zauber historischer Kontinuität.« (Kapitel 5)

In wenigen Kirchen wirkt dieser Zauber so stark und überzeugend wie in Schönhausen, Wust oder Redekin.

Von Quitzöbel bis Eldenburg

»Erst die Fremde lehrt uns, was wir an der Heimat besitzen.« Mit diesem Bekenntnis leitete Fontane 1861 die erste Ausgabe seiner »Wanderungen durch die Mark Brandenburg« ein. Er beabsichtigte nicht, sich mit diesen Worten die Sympathie des märkischen Lesers zu sichern. Diese Erkenntnis ist echt empfunden, wie das im Jahr zuvor erschienene Resümee der England-Jahre »Jenseit des Tweed« beweist: Da weckt das alte Douglas-Schloß in der schottischen Grafschaft Kinross in ihm wehmütige Erinnerungen an Rheinsberg, und auf einer Dampferfahrt von Edinburg bis Stirling vergleicht er den Forth mit der Havel, an deren Ufern auch noch jene alten Familien heimisch waren, »die, von den Tagen der Quitzows an, mehr auf Charakter als auf Talent hielten und deren Zähigkeit und Selbstgefühl, die doch nur die Typen unseres eigenen Wesens sind, wir uns endlich gewöhnen sollten mehr mit Respekt als mit Eifersucht anzusehn.« (Kapitel »Von Edinburg bis Stirling«)

Wenn Fontanes Vorstellung über Umfang und Gliederung der »Wanderungen« auch schwankte, eines stand fest: Den Quitzows und Bredows als den typischen Vertretern des alten, märkischen Adels stand hier ein gebührender Platz zu. Dennoch erhielten die Quitzows fast dreißig Jahre später erst in »Fünf Schlösser« ihr Kapitel, und die Bredows gingen trotz anhaltender Bemühungen des Autors leer aus. Die Quitzows waren – mehr als 400 Jahre nach Erlöschen ihres Glückssterns – ins Bewußtsein der Öffentlichkeit zurückgekehrt, und zwar als Streitobjekt zwischen den Gelehrten Adolf Friedrich Riedel und Georg Wilhelm von Raumer. Riedel vertrat die populäre Meinung, die Quitzows seien »Landesverräter, Buschklepper und Räuber« gewesen, Raumer hielt dagegen, bei den »Räubereien« habe es sich um ehrliche Fehden gehandelt; zwar hätten sie »das Fehderecht gelegentlich mißbraucht... Allein zu welchen Zeiten hat Übermacht nicht die Schranken des strengen Rechts und der Billigkeit übertreten.«

Wasser auf die Mühlen des Gelehrtenstreits goß Ernst von Wildenbruch mit seinem vaterländischen Drama »Die Quitzows«; von da an waren sie Tagesgespräch in allen Berliner Salons und Journalen. Selbst Fontane, der Wildenbruch als Theaterkritiker »sieben Jahre lang mit Feuer und Schwert bekämpft« hatte, bescheinigte ihm »Momente, wo man ihn bewundern muß«. (an Detlev von Liliencron, 26. 4. 1889) Dennoch gab er dem patriotisch aufgeplusterten Stück keine lange Lebensdauer, denn »*eine* glänzende Szene kann kein Stück retten«.

Doch das 1888 uraufgeführte Stück hielt sich über mehrere Jahre. Möglicherweise, weil die Berliner darin Parallelen zu den aktuellen Zusammenstößen zwischen dem gerade inthronisierten Kaiser Wilhelm II. und dem alten Bismark sahen. Noch im November 1892 führte Fontane Friedlaender gegenüber den Erfolg des Wildenbruch-Dramas auf »das beständige Erinnertwerden an den lebenden großen Typus altmärkischen Adels, an Bismarck« zurück. Für ihn ein Phänomen, das er in den Roman »Die Poggenpuhls« einflocht. Da heißt es im siebten Kapitel: »Man hatte ... gute Plätze, vierte Parkettreihe. Mitterwurzer ... gab den Dietrich von Quitzow, und gleich die Szene mit Wend von Ilenburg, Akt zwei, schlug mächtig ein.« Über diese Figur bemerkt der schlesische Onkelgeneral mit ungenierter Lautstärke: »Merkwürdig, ganz wie Bismarck. Und dabei beide, so spielt der Zufall, wie Wand an Wand geboren; ich glaube, von Schönhausen bis Quitzöwel kann man mit einer Windbüchse schießen, oder ein Landbriefträger läuft es in einem Vormittag.«

In der Tat wurde Bismarck auf Gut Schönhausen nahe der Elbe geboren, Quitzöwel liegt nahe dem Zusammenfluß von Havel und Elbe, allerdings hätte der Landbriefträger schon die Qualität eines Marathonläufers haben müssen, um die Strecke an einem Vormittag zurücklegen zu können. Wie dem auch sei, die Romanfigur General Pogge von Poggenpuhl durfte sich irren, der Autor wußte es auf jeden Fall besser, denn er hatte nach eingehendem Quellenstudium und intensiver Korrespondenz mit Eugen von Jagow auf Rühstädt Ende Mai 1887 die Gegend bereist, um sich, wie im Tagebuch vermerkt, »die alte Quitzow-Lokalität anzusehn«. Noch im gleichen Sommer vollendete Fontane die fünfzehn Quitzow-Kapitel. Sie erschienen fast zeitgleich mit dem Wildenbruchschen Theaterdonner und wurden von der Kritik mit ungewohnter Aufmerksamkeit und durchweg anerkennend bedacht. Am interessantesten in diesem Disput war, welche Position der Schriftsteller Fontane im Widerstreit der Meinungen bezog; und da gab es keinen Zweifel. »Auf eine Rettung der Quitzows nach berühmten Mustern hat es Fontane nicht abgesehen; aber sein historischer Sinn und seine gut altkonservative Überzeugung drängen ihn bei der Beurteilung der Quitzows an die Seite Raumers, der den Vorwurf des räuberischen Rebellentums und der Felonie von dem Namen der Quitzows ferngehalten wissen will.« (Maximilian Harden, in: »Die Nation«, 15. 12. 1888)

Der Theaterkritiker Fontane hielt dem ungeliebten Wildenbruch zugute, »sich in dem ganzen kolossalen Wirrwarr...« von »›auspochen‹ und Kühe wegtreiben und Schulmeister totschlagen ... ›schloßgesessen‹ und ›nicht schloßgesessen‹ ... und wieder Kühe mit Sturmläuten und Kyrie Eleison ... *nicht* verirrt« zu haben. Er wußte, wovon er sprach, war er doch selbst mit Mühe der Gefahr entgangen, von der Fülle des Materials erschlagen zu werden. Aus der langen Reihe der Quitzow-Biographien hatte er vor allem jene ausgewählt, die in ihrer Dramatik und tragischen Folgerichtigkeit an englisch-schottische Balladenstoffe erinnerten. In der knappen, bildhaften Sprache alter Sagen erzählt er von Dietrich und Johann, die als Kinder miterlebten, wie Kaiser Karl IV. 1375 in Tangermünde prächtigen Hof hielt, und, die Großen nachahmend, spielten sie mit Kaspar Gans zu Putlitz Kaiser und König und teilten des Reiches Herrlichkeit unter sich auf. »Und so kindisch diese Spiele waren, sie riefen doch allerlei Ideen von Macht und Größe wach, die Wurzel schlugen und fortwuchsen. 1378 starb der Kaiser, und das ganze Land trauerte, zumeist aber Altmark und Prignitz... Das Jahr darauf erschien der siebzehnjährige Sigismund in der ihm zugefallenen Markgrafschaft Brandenburg, um Eid und Huldigung in Empfang zu nehmen und den Städten und Ständen ihre Privilegien zu bestätigen ... und unter denen, die, zujubelnd, auf dem Markt- und Rathausplatze standen, waren auch die Quitzowschen Junker, ahnungslos, daß sie bestimmt waren, sich dereinst der Majestät ebendieses Sigismund gegenüberzustellen.« (»Wanderungen« V, Kapitel »Quitzöwel«)

Dietrich heiratete Elisabeth Schenk von Landsberg und Johann heiratete Agnes von Bredow, wobei er als Morgengabe Schloß Plaue bei Brandenburg an der Havel erhielt. Bald besaßen sie mit ihren Vettern durch Schenkung, Erbschaft, Heirat oder Eroberung an die zwei Dutzend Dörfer, Burgen und Schlösser und ihre Macht reichte von der Elbe bis zur Oder. Unerachtet ständiger Händel und Fehden wurden bei jeder sich bietenden Gelegenheit üppige Feste gefeiert, und überall wurden sie, aus Respekt oder Furcht, hofiert. Als 1410 im Hause Dietrich von Quitzows auf Friesack und bei dem Edlen Kaspar Gans zu Putlitz Stammhalter geboren worden waren, kam man eine Woche lang nicht aus dem Feiern heraus; das »Kindelbier« wurde in Tangermünde mit solchem Aufwand betrieben, wie man ihn sonst nur beim Kaiser kannte. Die Zahl der frohgestimmten Gäste war unüberschaubar, der Abschied zog sich hin, weil für den Rückweg fast alle wieder über die Elbe setzen mußten. Als das letzte, von Fanfarenklängen begleitete Fährboot ablegte, sprang plötzlich der Wind um und die mächtig heranrollenden, gelben Wogen rissen es in die Tiefe. Dietrich von Quitzow konnte sich noch zu Pferde ans havelländische Ufer retten, der jüngste Bruder aber und alle andern versanken auf Nimmerwiedersehen. »Die Taufreise nach Tangermünde war der Wendepunkt im Leben der Quitzows, und trotz großer politischer wie militärischer Erfolge, deren sie sich gelegentlich noch zu rühmen hatten, ging es von diesem Tag an mit ihrem Glücke bergab.« (ebenda)

Dieses Thema des jähen Erlöschens eines Glückssterns greift Fontane in den »Wanderungen« mehrfach auf: bei dem reichen und mächtigen Geschlecht der Uchtenhagen im Oderbruch und bei den Löschebrandts am Scharmützelsee. In »Fünf Schlösser« genügte es Fontane jedoch nicht mehr, den Umschwung auf eine sagenhafte, gesprungene Glocke oder eine vergiftete goldene Birne zurückzuführen; hier gewann zeitweilig der Historiker Oberhand über den Dichter:

»Das Eintreten bestimmter politischer Ereignisse hatte das Heraufkommen der Familie, ja, deren Glanz ermöglicht, und das Eintreten *anderer* politischer Ereignisse ließ diesen Glanz wiederum schwinden.« Was war geschehen? 1411 starb Markgraf Jobst von Mähren und die Mark Brandenburg fiel wieder an Kaiser Sigismund zurück; der schickte seinen Vertreter Wend von Ilenburg und alle huldigten ihm, denn kaum einer zweifelte daran, daß ein Quitzow oder ein Putlitz oberster Verweser der Mark werden würde. Doch es kam anders: Der Kaiser schuldete dem Burggrafen von Nürnberg Friedrich von Hohenzollern 100 000 ungarische Goldgulden, die er nicht zurückzahlen konnte oder wollte, jedenfalls verpfändete er ihm dafür die ferne Mark Brandenburg. Das empörte den alteingesessenen Adel, zu Recht, meinte Fontane, denn schließlich hatte er das Land nach dem Aussterben der Askanier gegen räuberische Nachbarn verteidigt. »...die Pommern rissen die Uckermark, die Herzöge von Mecklenburg die Prignitz, der Deutsche Orden die Neumark ab, und gewiß wäre die ganze Mark Brandenburg eine Beute angrenzender Fürsten geworden, wenn nicht die Landeshauptleute der Altmark, Prignitz und Mittelmark... Widerstand geleistet hätten...« Sie hatten sich daran gewöhnt, »den Herrn im Lande zu spielen ... ohne Rücksicht auf einen Höheren...« Und nun setzte ihnen der Kaiser einen »Pfandinhaber« vor die Nase, der nicht mal Fürst oder Landesherr war. Da war Widerstand durchaus begreiflich. Ja, Fontane ketzert weiter: »Sollten in unserer und aller Geschichte immer nur *die* gelten, die zu jeder Anordnung ... ja und amen sagen oder gesagt haben, so würden wir ziemlich alle Namen streichen müssen, bei deren Nennung uns das Herz höher schlägt. Daß der Burggraf siegte, muß ... als ein unendlicher Segen für Land und Volk angesehen werden, daß man ihm aber *damals* Opposition machte, war verzeihlich, vielleicht gerechtfertigt.« Wie die Geschichte ausging, ist bekannt: Die Fronde begann zu bröckeln, einer nach dem andern unterwarf sich dem neuen Herrn, bis auf Kaspar Gans zu Putlitz und die beiden Quitzows. Erst als die »Faule Grete« die Quitzow-Schlösser sturmreif geschossen, Dietrich geflohen und Johann und Kaspar gefangen worden waren, konnte sich der Hohenzoller als Herr des Landes fühlen.

Daß Fontane ihn nicht als eine Art deutschen Messias darstellte, hob das »Deutsche Wochenblatt« vom 6. Dezember 1888 als »besonders wohltuend« hervor. »Er schmeichelt und liebedienert nirgend ›nach oben hin‹ ..., sondern geht stets der Wahrheit nach, erforscht die Beweggründe der Handlungsweise aller Menschen, mit denen es seine Feder zu tun hat ... und steht als milder Richter da.« Kaum ein Buch brachte Fontane bei Erscheinen soviel Aufmerksamkeit wie der Band »Fünf Schlösser« und darin die Quitzow-Kapitel. Nun sind mehr als hundert Jahre darüber vergangen, Wildenbruchs Bühnenstück ist längst vergessen, vergessen auch der Gelehrtenstreit, der damals die Gemüter der gebildeten Stände erhitzte, empfehlenswert aber ist nach wie vor die Lektüre von »Fünf Schlösser« mit einem anschließendem Besuch im Quitzow-Winkel.

Quitzöwel (heute Quitzöbel)

»Ganz in der Nähe der Einmündung der Havel in die Elbe, zwei Stunden unterhalb Havelberg, liegt Dorf Quitzöwel. Ersteigt man ... den Turm der wenigstens an ihrem Giebel noch gotischen alten Kirche, so gewahrt man, nach Norden hin, das reiche, früher zu Bistum Havelberg gehörige Dorf Legde ... während, nach Süden zu, die Rauchfahnen auf und ab fahrender Schleppdampfer die Stelle bezeichnen, wo hinter dem hohen Elbdamm, und deshalb unsichtbar, die Elbe selbst ihren Lauf nimmt.« So beginnt das erste von fünfzehn »Quitzow«-Kapiteln. »Das ist die Stelle, wo die Stammburg der berühmten Quitzowfamilie stand.« Und rundherum saß die verzweigte Sippe. Vom Turm aus erblickte Fontane das Schloß in einem »aus Wiesen und Eichgruppen malerisch zusammengestellte[n] Park«. Es war längst nicht mehr die alte Wasserburg, sondern ein schlichter Bau aus dem 18. Jahrhundert, der, als das Gut 1821 in den Besitz der Familie von Jagow überging, zwar umgebaut, aber nicht schöner wurde. Nach dem Zweiten Weltkrieg beherbergte er viele Jahre lang die Zentralschule für mehrere Dörfer, nun steht das Schloß leer und verfällt. Im einstigen Park wuchern Brennessel und Schierling. Am ansehnlichsten sind die zweihundert Jahre alten Fachwerkscheunen und -ställe, aus denen gegen Mittag und Abend noch ein dumpfes Muhen ertönt.

Mächtige Kastanien werfen ihre Schatten auf das Kopfsteinpflaster, das das einstige Herrenhaus mit der Kirche verbindet. Gotisch ist nur noch der Stufengiebel, dessen zeitlose Schönheit ein Storchennest krönt. Auf dem Friedhof kann man die traurig-lapidare Chronik der Dorfbewohner ablesen: Ein sehr hohes, hölzernes Kreuz steht für die im Ersten Weltkrieg Gefallenen; niedrige Kreuze an der Kirchhofmauer für die unbekannten Soldaten, die noch im Mai 1945 hier ums Leben kamen. Bei dem Anblick eines herausragenden Kreuzes stutzt der Fontane-Freund: »Martin Engelke« steht da; unwillkürlich assoziiert er den Namen mit dem treuen Diener des alten Dubslav von Stechlin; Fehlanzeige: Dieser Engelke gehört dem 20. Jahrhundert an.

Kletzke,

etwa 20 Kilometer nördlich, fast an der alten Hamburger Chaussee gelegen, wetteiferte jahrhundertelang mit Quitzöwel und Rühstädt um die Bedeutung für die Quitzow-Familie; neuere Historiker neigen sogar zu der Annahme, Dietrich und Johann seien nicht in Quitzöwel, sondern in Kletzke geboren. Bewiesen ist es nicht. Die Kirche wurde im 13. Jahrhundert aus Feldsteinen errichtet, im Frühbarock umgestaltet, und noch um 1750 ist sie »reich an Quitzow-Grabsteinen und Quitzow-Monumenten«. Fontane nennt nur zwei, darunter das prunkvolle Wandgrab des 1616 verstorbenen Philipp von Quitzow. Es könnte der Eldenburger sein, der durch fromme Stiftung den Fluch aufhob, den sein Großvater, der »Judenklemmer«, auf sich geladen hatte. Aber Irrtum ist möglich; die Vornamen Dietrich und Philipp kommen bei den Quitzows häufig vor.

Von der ehemaligen Burg sind nur spärliche Reste vorhanden.

Rühstädt

Die Kirche, einst bevorzugte »Ruhstätt« der alten Quitzows, ist für Historiker und Kunstliebhaber noch immer eine Schatzkammer: die Grundmauern zum Teil aus der Romanik stammend, der Schnitzaltar gotisch, Kanzel und Orgelprospekt barock. »...rechts neben der Kanzel(,) ist ... der besonders wohlerhaltene, schön gearbeitete Marmor*grabstein* Dietrich von Quitzows vorhanden«. Es ist nicht der berühmte, dem »Bild und Huldigung über das Grab hinaus versagt blieb«, sondern ein späterer, der am 25. Oktober 1593 »von einem Haufen trunkener Landsknechte unschuldigerweise erschlagen« wurde. Das künstlerisch reich ausgestattete Marmor- und Alabastermonument daneben berichtet, auf welche Weise »der edle gestrenge und ehrenfeste« Herr ums Leben kam.

Als die Quitzows auf Quitzöwel und Rühstädt 1717 ausstarben, schenkte der Soldatenkönig die Besitzungen »seinem lieben Grumbkow«, dem er durch vielerlei ebenso geheime wie delikate Dinge verpflichtet war. Doch 1770 brannte Schloß Rühstädt ab, und 1777 ging es an die altmärkische Familie von Jagow über. Wie es dazu kam, gehört zwar nicht ins Quitzow-Kapitel, doch fand es Fontane so mitteilenswert, daß er mehrere halbseitige Fußnoten anfügte. (Vielleicht wollte er auch seinem liebenswürdigen Gastgeber Eugen von Jagow damit seinen Dank abstatten.)

Der kinderlose letzte Erbherr auf Aulosen Thomas Günther von Jagow hatte in vorgerücktem Alter die junge, liebreizende Charlotte von Bismarck geheiratet – eine Verbindung, die in der Verwandtschaft allerlei Verdächtigungen hervorrief. Vetter Georg Friedrich setzte dem ein entschiedenes Ende, indem er den Wortführer zum Duell forderte. »Dies gewann ihm das Herz des Alten, der nun dahin testierte, daß seiner Frau das Barvermögen, dem Vetter aber der Güterbesitz zufallen solle. Nach dem Tode des so Testierenden kam es zum Ehebündnis zwischen Vetter und Muhme, was dann erfreulicherweise das kaum geteilte Gesamtvermögen wieder zusammenbrachte. Rühstädt wurde gekauft und das Monument in Dankbarkeit errichtet.« Es hat die »Form einer aus der Kirchenwand vorspringenden Tempelfaçade«, und Kenner obenstehender Geschichte werden die Dankbarkeit der Stifter begreifen. Fontane beschreibt weitherhin »zwei Marmorbüsten ... und ferner ein Marmorrelief ... von ganz besonderer Schönheit...« Es ist ein Meisterwerk Drakes. Gewidmet dem Andenken an die anrührend zarte Bertha von der Schulenburg, einer Schwester Eugen von Jagows. Sie starb, wahrscheinlich im Kindbett, mit 22 Jahren.

Das Herrenhaus, in dem Fontane zu Gast weilte, wurde zerstört, ein anderes dient als Altenpflegeheim. Dennoch lohnt sich ein Besuch Rühstädts, nicht nur wegen des ungewöhnlichen Reichtums an Storchennestern, sondern auch wegen der Kirche, die zur Zeit aufwendig restauriert wird. Man findet dort alles noch so vor, wie es Fontane 1887 beschrieben hat. Eines allerdings erwähnte er nicht: die auffallende Ähnlichkeit der Jagow-Büsten mit Cäsar, Scharnhorst und Bismarck.

Legde

Seit 1885 führt eine Kreischaussee hinter den Elbdeichen entlang von Rühstädt nach Legde, einem charaktervollen, 1469 erstmals erwähnten Straßendorf. Zwei Reihen prächtiger Kröpflinden bilden eine Allee, die nur an einer Stelle von zwei knorrigen Eichen unterbrochen wird; sie flankieren ein Sandstein-Monument, das auf die Stelle hinweist, wo Dietrich von Quitzow im Oktober 1593 ermordet wurde. »In der Nische steht Dietrich von Quitzow... geharnischt, den Helm zu seinen Füßen, die Säulen rechts und links mit Wappen geziert. Der Sandsteinsockel aber trug als Inschrift die Ballade«, die in Fontanes Kinderzeit noch auf Jahrmärkten vorgetragen wurde und die er auch in »Fünf Schlösser« zitiert. Bezeichnenderweise vermerkt die Inschrift, daß es Landsknechte des brandenburgischen Kurfürsten waren, die den unschuldigen Quitzow hier ermordeten. Nachzutragen wäre, daß eben dieser Kurfürst aber diese Untat grausam ahndete, indem er vier der Kriegsgurgeln und die Frau des getöteten Anführers 1594 enthaupten, ihre Köpfe auf Stangen spießen und in Rühstädt ausstellen ließ.

In neuester Zeit hält sich Legde, am Rand des Landschaftsschutzgebietes Elbaue gelegen, etwas auf dieses historische Spektakel zugute, das Quitzow-Denkmal wurde restauriert und im Prignitzer Hof in Öl an die Wand gemalt.

Als Fontane »Fünf Schlösser« schrieb, waren die Quitzows, die einst berechtigte Hoffnung auf den Markgrafenhut hegen durften, in die Bedeutungslosigkeit gesunken. Der Autor dokumentiert dies in zwei Sätzen einer Fußnote: »Während der friderizianischen ... Zeit standen drei prignitzische Quitzows an der Spitze dreier *Kürassier*regimenter«; 1888 »standen noch drei Quitzows in der Armee, Seconde-Lieutenants der Infanterie und Artillerie...«

Eldenburg

»...die ganz im Nordwesten der Prignitz gelegene, von zwei Armen des kleinen Eldeflusses eingeschlossene und nach eben diesem Flusse benannte *Eldenburg*... wechselte dreimal ihre Gestalt.« Im 14. Jahrhundert errichteten Oheime von Dietrich und Johann die erste Burg. Ende des 16. Jahrhunderts war sie unbewohnbar geworden, und man baute mit den alten Steinen ein neues Schloß. »Am Gründonnerstage 1881 aber wurde diese Herrlichkeit, zu der auch ›so viel Fenster wie Tage im Jahre‹ gehörten, durch einen furchtbaren Brand zerstört, und was sich jetzt noch an Stelle von ›Burg‹ beziehungsweise ›Schloß‹ Eldenburg erhebt, ist ein verhältnismäßig kleines und schmales Gebäude mit glattem Ziegeldach und einem viereckigen dicken und ziemlich hohen Turm darüber.«

Auch dieses Schloß mit zinnenbewehrtem Turm im normannischen Burgenstil existiert nicht mehr, es wurde im Mai 1945 schwer beschädigt und danach abgetragen, um Steine für Neubauernhäuser zu gewinnen. Nur ein unansehnlicher Wirtschaftstrakt blieb stehen und der Quitzow-Turm mit der »Judenklemme«, deren makabre Geschichte Fontane in Handtmanns Sagenbuch fand und in »Fünf Schlösser« übernahm: Zu Beginn des 16. Jahrhunderts wurden die Juden in der Mark, besonders in der Altmark verfolgt. Viele versuchten, nach Hamburg zu flüchten. Kuno Hartwig von Quitzow auf Eldenburg nutzte die Gelegenheit und verlangte von jedem Juden, der den Dammzoll passieren wollte, einen Goldgulden. Wer nicht zahlte, den sperrte er in die »Judenklemme«. »Auf solche Weise kam Quitzow zu vielem Gelde.« Eines Tages fiel ihm der alte Rabbi von Stendal in die Hände, der nichts besaß als »das Brot der Trübsal« und eine Tochter. Die jagte der Junker nach Dömitz, wo sie bei ihren Glaubensbrüdern 100 Goldgulden auftreiben sollte, um den alten Vater aus der »Klemme« auszulösen. Da saß der Unglückliche zwei Tage und zwei Nächte, Füße, Hals und die ausgebreiteten Arme mit schweren Eisenbändern ans Mauerwerk geschmiedet und sang und betete. Am Morgen des dritten Tages erschien das Mädchen mit zwölf Hebräern und brachte das Geld; doch der Rabbi hatte schon die Augen ins Jenseits gerichtet. Mit letzter Kraft verfluchte er seinen Peiniger, Gott werde diese Missetat an Kind und Kindeskindern rächen. Da wurde dem Quitzow unheimlich. Er gab den Sterbenden frei, nahm das Geld nicht an und ließ auch keinen Juden mehr in die »Klemme« setzen. Er heiratete spät, bekam zwei Söhne und vererbte dem Erstgeborenen den geweihten »Silberring der Quitzows«, mit dem sich der Besitz der Eldenburg verband. Das erregte den Neid des Jüngeren. Scheinbar im Scherz lockte er ihn in den Turm, scheinbar im Spiel band er ihn auf die »Judenklemme« – und überließ ihn seinem Schicksal. Dem Toten zog er den Ring vom Finger, verscharrte den Leichnam und war fortan Besitzer der Eldenburg. Auch er heiratete spät, bekam einen einzigen Sohn, Philipp. Mit siebzehn wurde dieser auf seiner ersten Jagd von einer Wildsau »mit klaffendem Rachen und glühenden Augen« angefallen. Der Vater eilte zu Hilfe, stieß dem Ungeheuer das Jagdmesser in den Schlund, doch das Messer rutschte ab und die Zähne zermalmten den Arm des Junkers. Der Silberring ward nie wiedergefunden. Der gerettete Philipp aber mußte dem Vater auf dem Totenbett versprechen, »an der Sumpfstelle, wo der Teufel mich zum Tode getroffen«, eine Pfarre zu gründen. »*Pfarre zu Seedorf*« wurde sie genannt, »weil sie nach Art einer Flußinsel, zwischen Löcknitz und Elde gelegen ist. Da steht sie bis diesen Tag als einziges Überbleibsel von dem Wirken und Walten eines alten Rittergeschlechts und erzählt, ›daß die Sünde der Leute Verderben‹, aber bekundet zugleich auch das andere, versöhnungsreiche Wort: ›Lasset uns Gutes tun, solange es noch Zeit ist‹ ...« Soweit die Sage.

Den Quitzow-Turm gibt es noch, und die »Judenklemme« kann uns auch heute noch das Gruseln lehren. In der Kirche zu Seedorf sollen die Quitzows in der Johannisnacht noch immer »nächtliche Heerschau« halten, »*viele blanke Kerle*... der mit der Stumpfhand ist auch dabei ... um ein Uhr ... sind alle verschwunden«.

Eldenburg und Seedorf liegen so weltverloren hinter Elbewiesen und -sümpfen, daß man, zumal in einer mondbeglänzten Johannisnacht, geneigt ist, von Erlkönigs Töchtern bis zum Ritter mit der Stumpfhand jeglichen Spuk für möglich zu halten.

(Zitate, soweit nicht anders vermerkt, aus »Fünf Schlösser«, Kapitel »Quitzöwel«.)

Tangermünde

»Ich habe vor, im Laufe des Sommers eine altmärkische Novelle zu schreiben. ... Zeit 1660; Heldin: Grete Minde, Patrizierkind, das durch Habsucht, Vorurteil und Unbeugsamkeit vonseiten ihrer Familie, mehr noch durch Trotz des eigenen Herzens, in einigermaßen großem Stil, sich und die halbe Stadt vernichtend, zu Grunde geht. Ein Sitten- und Charakterbild aus der Zeit nach dem dreißigjährigen Kriege. Würden Sie geneigt sein, diese Novelle zu bringen?« Mit diesen Worten bot Fontane am 6. Mai 1878 dem Herausgeber der Monatszeitschrift »Nord und Süd« Paul Lindau einen Novellenstoff an, der ihn schon lange beschäftigte. Bereits im Herbst 1859 war er bei einer Rundreise zu den bedeutendsten Kirchen und Klöstern der Altmark in der Kirche St. Stephan zu Tangermünde auf die Spuren jenes vernichtenden Brandes gestoßen. Er kannte auch die »Annales Tangermundenses« des Kaspar Helmreich, der 1619 Bürgermeister der Stadt gewesen war und Grete Minde zum Tod verurteilt hatte. Dieses melodramatische Ereignis vor dem Hintergrund einer schönen, einst wichtigen Hansestadt, die mehrmals Kaiser Karl IV. beherbergte, hatte damals schon den Nerv des Balladendichters getroffen. Doch erst 1878 kam er dazu, den Stoff ernsthaft zu bearbeiten.

Paul Lindau zeigte sich nicht abgeneigt, und Fontane vertiefte sich in altmärkische Geschichtsbücher, um nach den Ursachen und Hintergründen des verheerenden Feuers zu forschen. Er las sich so intensiv in den mittelalterlichen Schauplatz Tangermünde ein, daß er im Juli 1878 aus seiner Sommerfrische in Wernigerode einen Abstecher dorthin unternahm, um sich »Kirche, Burg und Rathaus anzusehn. ... Die Reise war recht nett, trotzdem ich fünfmal umsteigen mußte. Wie leben doch die Leute in solcher Stadt. Mir war, als wär' ich in *Reykjavik* gelandet.« (an Theodor Fontane junior, 11. 7. 1878) Die abgeschlossene, im Ursprünglichen erhaltene Stadtanlage beflügelte Fontanes Vorstellungen. Er skizzierte die beiden Hauptstraßen – Lange- und Kirchstraße –, die parallel vom westlichen Stendaler zum östlichen Hühnerdorfer Tor führen. In der Mitte bauchen sie etwas aus und bilden den Marktplatz, auf dem das Rathaus thront. Hier bestimmten im 17. Jahrhundert unangefochten zwölf Ratsherren über das Wohl und Wehe der Bürger. In dem Skizzenbuch finden sich auch Stephanskirche, Burgareal und »Schloßfreiheit«, wo viele Patrizierfamilien wohnten. Ihre Häuser wurden bald nach dem großen Brand wieder aufgebaut. Fontane notierte Namen, Daten und Sprüche im buntbemalten Fachwerk, die vom Selbstbewußtsein der Besitzer zeugen, notierte sogar Angaben über Möbel und Hausrat dieser Zeit, über Frisuren und Kleider der einfachen wie der vornehmen Leute.

Angeregt kehrte er nach Wernigerode zurück, um die wichtigsten Szenen zu »Grete Minde« zu konzipieren. Im September war der erste Entwurf abgeschlossen, an dem er allerdings noch sieben Monate feilte. Im Mai 1879 erschien die Novelle in »Nord und Süd«, im Juli 1880 als Buchausgabe bei Hertz. Für eine Auflage von 500 Exemplaren erhielt er lediglich 300 Mark. Bald darauf meldete sich ein Stadtgerichtsrat namens Ludolf Parisius; er konnte nach eingehender Untersuchung der Akten im Prozeß gegen Grete Minde nachweisen, daß die Angeklagte in der fraglichen Zeit wochenlang schwerkrank mit ihrem kleinen Kind in der Hütte eines Kuhhirten bei Apenburg gelegen und sie nur unter den Qualen der Folter gestanden hatte und daß Bürgermeister und Ratsherren, darunter Geerd Minde, der Grete das Erbe verweigerte, in bewußter Täuschung ausgesagt hatten. Fontane nahm die Untersuchungsergebnisse zur Kenntnis, wollte im Vorwort zur zweiten Auflage 1888 darauf eingehen, unterließ es dann aber, denn »*das* ... um was es sich handelt, hat mit meiner Novelle nur mittelbar zu thun.« (an Emilie Fontane, 15. 6. 1879) Wichtiger als die Aufdeckung eines Justizverbrechens war ihm die Darstellung eines starken, störrischen Charakters, der, durch eine bigotte, selbstherrliche und intolerante Umgebung bis zum Wahnsinn getrieben, Schuldige und Unschuldige gleichermaßen vernichtet; eine weibliche Variante des Michael-Kohlhaas-Motivs. »Grete Minde« in ihrem volksliedhaft-balladesken Ton und historischen Gewande traf den Zeitgeschmack der Leser. »...die Kritik nimmt sich der kl. Arbeit wieder freundlich an«, bemerkte der Autor im Dezember 1880 an Mathilde von Rohr. Es war das erste Werk, das er nach Aufgabe seiner Sekretärsstelle an der Akademie der Künste geschrieben hatte. Freunde und Familie, sogar seine skeptische Frau Emilie, sahen dann doch ein, daß die Entscheidung für ein Leben als freier Schriftsteller richtig gewesen war.

Sehenswertes

Wo die Tanger in die Elbe mündet, liegt auf einem Plateau, von hohen Mauern geschützt, die kleine, in sich abgeschlossene Stadt Tangermünde. Unter Kaiser Karl IV. zeitweilig neben Prag zur zweiten Residenz erkoren, stand und fiel Ansehen und Bedeutung mit den jeweiligen Landesherren; die weiträumige *Burganlage*, Schloßfreiheit, die trutzigen *Stadttore* und der Klosterberg mit den *Resten des Dominikaner-Klosters* sowie die mächtige *Sankt Stephanskirche* zeugen von früherer Repräsentanz.

Die mittelalterliche Stadtanlage entspricht im wesentlichen noch heute der in Fontanes Skizzenbuch festgehaltenen. Anschauenswert sind zahlreiche nach dem großen Brand von 1617 wiedererstandene Fachwerkhäuser, deren Türeinfassungen häufig mit bunt bemalten hölzernen Reliefs reich geschmückt sind; neben floralen Elementen überraschen merkwürdige Fabelwesen: Meerweibchen, Greif und Einhorn. Ganze Häuserzeilen wurden in jüngster Zeit restauriert und wirken nun wie farbige, historische Bilderbogen. Die Häuser in den Nebenstraßen – Roßpforte, Zollensteig, Fischer- und Töpfergasse, Langenholz oder *Grete-Minde-Straße* – sind bescheidener.

Ein Reisender, der sich Fontanes Novelle vergegenwärtigt, kann sich, auf dem Marktplatz stehend, mit nur wenig Phantasie ohne weiteres in die Grete-Minde-Szenerie hineinversezten: Um das architektonisch berühmte *Rathaus* mit dem zierlichen Maßwerk und den filigranen Rosetten am gotischen Giebel ließ Fontane das bunte Volk der Puppenspieler ziehen, um für die Aufführung des »Jüngsten Gerichts« im Rathaussaal zu werben. Sie »schritten jetzt alle gemeinschaftlich auf das Rathaus zu. Die Freitreppe, die hinaufführte, war mit Neugierigen besetzt...« In diesem Saal entschieden 1617 die Ratsherren über Grete Minde.

Heutzutage finden hier Konzerte statt; im früheren Repräsentationszimmer des Bürgermeisters werden Hochzeitspaare getraut, und in den unteren Gewölben hat das *Heimatmuseum* ein angemessenes Domizil. Es bewahrt auch die Akten des Grete-Minde-Prozesses auf.

Man kann an vielen Stellen der Stadt die Wege der handelnden Romanfiguren nachvollziehen. So heißt es zum Beispiel in Kapitel 5: »...von Sankt Stephan schlug es eben zehn, als Trud und Grete die Lange Straße hinaufgingen. Trotz früher Stunde brannte die Sonne schon ... als sie den schattigen Lindengang erreicht hatten, der, an der niedrigen Kirchhofsmauer entlang, auf das Predigerhaus zulief. Auch dieses Haus selber lag noch unter alten Linden versteckt...« Oder wenn das junge Paar einen abgelegenen Ort für sein Beisammensein sucht (Kapitel 9): Valtin und Grete »gingen durch Tor und Vorstadt erst bis an die ›Freiheit‹ und dann auf einem ansteigenden Schlängelwege bis zur Burg selbst hinauf«. Das Tor ist das *Hühnerdorfer Stadttor,* der ansteigende Schlängelweg die *Schloßfreiheit.* Wer hier wohnte, hatte sein Haus vom Landesherrn zu Lehen bekommen und war von allen Steuern und Abgaben befreit. Gretes Urgroßvater Hans Minde war hier seit 1568 ansässig. »Hier, auf dem großen Außenhof, der zugleich als Wirtschaftshof diente, war ein buntes und bewegtes Leben: im Taktschlag klang es von der Tenne her, die Scheunentore standen offen, und die Mädchen, die beim Flachsbrechen waren, sangen über den Hof hin...« Sie sangen das traurige Lied von den beiden Königskindern, die zusammen nicht kommen können – ein Leitmotiv der Novelle. Dieser Wirtschaftshof neben dem *Eulenturm* existiert noch heute.

Wie zu Grete Mindes Zeiten führt eine *Brücke* über einen »halbausgetrockneten Graben zu, der den großen, äußeren Burghof von dem kleinen, inneren trennte«. Den betritt man durch ein zweites Tor und hat rechterhand das ehemalige *Tanzhaus* oder die Kanzlei und auf den Fundamenten der ursprünglichen – 1640 zerstörten – Kaiser-Karls-Burg einen schlichten Barockbau, der nun ein Hotel werden soll. Schließlich erreichten Valtin und Grete den »von zwei Türmen flankierten Wallgang... Zwischen diesen Türmen aber lief eine dicke, niedrige Feldsteinmauer ... auf diese Mauer setzten sie sich und sahen in die Landschaft hinaus. Zu Füßen hatten sie den breiten Strom und die schmale Tanger, die spitzwinklig in den Strom einmündete, drüber aber, am andern Ufer, dehnten sich die Wiesen...« Da kann man heute noch sitzen und den Blick schweifen lassen.

Die Bronzestatue Kaiser Karls IV. auf dem weiten Wiesengrund zwischen *Burg, Vorburg* und *Bergfrit* und das Denkmal für Friedrich Wilhelm I., den ersten Hohenzollern in der Mark, hat Fontane nicht gesehen; beide wurden erst um die Jahrhundertwende errichtet. Die bei Fontane erwähnte *Nikolaikirche,* in der das Geweih des Hirsches hing, der nach der Legende ein verirrtes Kind nach Hause geführt hat, wurde 1170 gegründet, diente im 18. Jahrhundert als Lazarett, Wach- und Arrestlokal und wurde im 19. Jahrhundert zum Wohnhaus umgebaut.

Im Chorumgang der *Sankt Stephanskirche* entdeckt man eine Heiligenfigur aus dem späten 15. Jahrhundert, die nachträglich auf einen hölzernen Hirschkopf mit echtem Geweih gesetzt und zu einem Leuchterweibchen umgestaltet wurde. Dieses sonderbare Gebilde erinnert an die sagenhafte Rettung der kleinen Emerentia Lorenz durch den wundertätigen Elfender.

In der Stephanskirche war der alte Minde aufgebahrt, der einzige, der seine schützende Hand über die heranwachsende Grete gehalten hatte. Sie wußte, daß sie nun schutzlos der hartherzigen Trud preisgegeben war. Allein in der Kirche zurückgeblieben »sah sie plötzlich auf und gewahrte, daß das Abendrot in den hohen Chorfenstern stand und daß alles um sie her wie in lichtem Feuer glühte: die Pfeiler, die Bilder und die hochaufgemauerten Grabsteine ... von rasender Angst erfaßt verließ sie den Platz ... und floh über den Kirchhof hin.« (Kapitel 7) Jahre später sollte sich an dieser Stelle tatsächlich ihr Schicksal und das ihrer Stadt in dem verheerenden Brand erfüllen; von der Innenausstattung der Kirche ist seitdem nichts mehr erhalten. Von dem Enkel Albrechts des Bären begonnen und unter Karl IV. 1380 fortgeführt, wuchs der Bau in großen Etappen. Romanik, Gotik, Barock sind deutlich ablesbar. In ihrer Schönheit und Mächtigkeit ist die Stephanskirche mit der Katharinenkirche zu Brandenburg vergleichbar. An Grete Mindes Zeit erinnert der plastisch ausgearbeitete Grabstein des 1598 verstorbenen Bürgermeisters Peter Guntz, der sich stolz standesgemäß in Stein hauen ließ, und an der Emporenbrüstung die in herzerfrischender Naivität ausgemalten alttestamentarischen Szenen mit den Namen und Hauswappen der jeweiligen Stifter. Alles Schmükkende ist auf Reputation bedacht; Fontane zeigte die Kehrseite.

Burg

»Eine Roma unsrer Zeit, liegt auf sieben Hügeln Burg,
Wie ein mäß'ger Rinnstein schlängelt sich der Ihlestrom hindurch;
Seine beiden Kirchen strecken je zwei Türme hoch empor,
Gleich den Scheren eines Krebses; – jeder hüte sich davor.

Wie zwei ries'ge Hieroglyphen sind die Türme hingestellt;
Ihre Deutung sei zur Warnung laut verkündet aller Welt:
›Wer kein Krebs, noch Freund von Krebsen, seh mich mit dem Rücken an,
Ist er nicht ein Aal, ein glatter, daß er leicht entschlüpfen kann.‹«
(»Burg und Burger Bürger«, Gedichte II)

Mit diesen Spottversen schrieb sich Fontane im Dezember 1840 seine Enttäuschung und Verärgerung von der Seele. Er war unzufrieden, auch mit sich selbst: Warum nur hatte er seinem Berliner Prinzipal Wilhelm Rose, der so freundlich gewesen war, ihm das letzte Vierteljahr seiner Lehrzeit zu erlassen, nach neun Monaten Apothekengehilfen-Dasein gekündigt, um schließlich in Burg, das einem Berliner nur als Krähwinkel erscheinen konnte, zu versauern. Er hatte Neues kennenlernen und nicht jahrelang auf Beförderung warten wollen; sein Wunsch war es, gleich als erster Provisor einzusteigen. Nun war er erster und einziger Provisor in Dr. Kannenbergs Adler-Apotheke in Burg, aber das allein bedeutete nichts, denn es fehlte alles, was ihm in Berlin das Gefühl gegeben hatte, lebendig zu sein. Gastspiele im Konzerthaus, in denen »Schiller geschändet wurde«, galten als Kunstereignis; an Lese-Cafés wie Stehely oder Anthieny, wo man sich bei einer gemütlichen Tasse Kaffee in die höheren Sphären literarischer Journale flüchten konnte, war nicht zu denken. Leser der liberal-demo kratischen »Vossischen Zeitung« machten sich hier bereits »radikaler Umtriebe« verdächtig.

In den Gasthäusern wurde getrunken, gekegelt, Karten gespielt und bramarbasiert, vor allem über Schafzucht und Wollpreise, denn die Stadt, auch Garnisonstadt, lebte von der Tuchfabrikation. Für diese Art von Geselligkeit hatte Fontane kein Verständnis, und dem sonst so Kommunikationsfreudigen blieb nichts anderes übrig, als sich in seiner ungeheizten Kammer – Dr. Kannenberg geizte mit Holz und Torf – in Decken zu hüllen und zu lesen.

»Ich schwärmte damals, wie für Lenau, so auch für Anastasius Grün, und in starker Anlehnung an die ›Spaziergänge eines Wiener Poeten‹ hatte ich meinen Aufenthalt in Burg in den denkbar stattlichsten und zugleich von kleinen Nichtsnutzigkeiten strotzenden achtfüßigen Trochäen besungen.« So abgeklärt schrieb er Jahrzehnte später in »Von Zwanzig bis Dreißig« (»Mein Leipzig lob ich mir«, Kapitel 1) über diese Zeit; als er jedoch noch in Kannenbergs kalter Stube saß, mit knurrendem Magen, nicht einmal zu Weihnachten hatte es Kuchen gegeben, da dachte er anders darüber und verteilte satirische Hiebe nach allen Seiten, und jeder der dünkelhaften Honoratioren, deren Horizont selten über einen Hammelschwanz hinausreichte, bekam seinen Teil. Da heißt es zum Beispiel:

> »Doch vor allen höchst erstaunlich ist es, daß man auf der Trift
> Meistens Böcke, viele Hammel, selten gute Schafe trifft.
> Jene mächt'gen Böcke bohren jeden Fremden in den Grund,
> Der je klüger und gescheiter, nur um so gewisser Schund;
> Wenige – gemeinhin Hammel – ziehen ruhig ihren Pfad,
> Sie verdanken nur den Leutnants ihren prächt'gen Hörnerstaat.
> In der allerersten Reihe, wo die noblen Böcke gehn,
> Kann man einen Quasi-Doktor jederzeit stolzieren sehn;
> ›Was, ein Doktor unter Schafen?‹ hör ich manchen Zweifler schrein,
> Ist es so, da muß er sicher ein gewalt'ger Schafskopf sein.«
> (»Burg und Burger Bürger«, Gedichte II)

Das satirische Epos hat viele Strophen, es endet mit der Hoffnung, die Einwohner Burgs mögen aufwachen, den Faden ihrer Schafsgeduld zerreißen und die Wölfe im Schafspelz erkennen. »Burg an der Ihle« kann als Auftakt gelten zur folgenden Vormärz-Lyrik Fontanes, die ganz im Zeichen Herweghs stand.

Drei Monate – vom 1. Oktober bis zum 30. Dezember 1840 – hielt es Fontane aus: »...am 30. Dezember früh – es war mein Geburtstag, den ich dadurch feierte – verließ ich Burg in einer bis Genthin gehenden Fahrpost. Diese Postwagenstunden sind mir unvergeßlich geblieben.« (»Von Zwanzig bis Dreißig«, »Mein Leipzig lob ich mir«, Kapitel 1) Er fuhr mit zwei Schauspielerinnen, die sich bei ihrem Gastspiel im Konzerthaus über das bornierte Publikum geärgert hatten, und bereitete sich selbst die Geburtstagsfreude, den beiden Damen, die eine »gewisse Metierverwandtschaft« herausfühlten, aus dem taufrischen Epos »den ersten Gesang mit einem gewissen humoristischen Pathos« vorzutragen. Das war Fontanes Art, diesen unliebsamen Lebensabschnitt ad acta zu legen. Er kehrte nie mehr nach Burg zurück. Besagtes Manuskript – »hellgrün gebunden und mit einer breiten Goldborde eingefaßt« – wurde erst 1928 in der »Vossischen Zeitung« abgedruckt.

Was ist noch so wie zu Fontanes Zeiten in Burg an der Ihle? Der »Strom« plätschert noch durch die Stadt, Pflaster und Häuser der Berg- und Weinbergstraße, der Hain- und Johannisstraße sind unverändert, auch die beiden Kirchen; doch das einst so beliebte Konzerthaus wurde vor einigen Jahren abgerissen und auch die Adler-Apotheke in der Breite Straße 1, wo Fontane »in einem alten weitschichtigen Eckhaus, weißgetünchter Fachwerkbau«, drei Monate lang gearbeitet, gefroren und sich in Rage geschrieben hatte.

Harz

Thale

»›Thale. Zweiter...‹

›Letzter Wagen, mein Herr.‹«

So beginnt Fontanes Roman »Cécile«, und so begannen wohl auch seine eigenen Harzreisen. Seit die Eisenbahnlinie Berlin–Magdeburg bis Thale verlängert worden war, lockten Roßtrappe und Hexentanzplatz viele kapitalkräftige Sommergäste an, und so hatte Herr Zehnpfund 1863 in der Nähe des Bahnhofs ein stattliches Hotel eröffnet. Das war eigentlich für die bescheidenen Einkünfte eines Dichters viel zu teuer, doch er hatte gerade das Honorar für das 1100-Seiten-Manuskript über den Deutschen Krieg 1866 in der Tasche und ein paar Tage des Aufatmens verdient. »Es führte mich die Absicht hierher zu ruhn, zu athmen, und mit Beschämung sei es gesagt auch zu dichten.« (an Theodor Storm, 22. 5. 1868)

Nach vier Jahren fast ausschließlicher Beschäftigung mit Kriegsereignissen – das hieß recherchieren unter abenteuerlichen Bedingungen, schreiben unter permanentem Zeitdruck und zum Schluß Kontroversen mit dem mächtigen Auftraggeber – kurz, nach soviel Prosa fürchtete er, daß seine poetische Quelle versiegt sein könnte. Mit Herzensfreude kann er jedoch am 20. Mai 1868 seiner Frau berichten: »Heute vormittag hab' ich mein erstes Gedicht beendet (in drei Vormittagen) und morgen fang' ich das zweite an. Ist das auch fertig, so komm' ich wieder. Es ist doch ein himmlisches Arbeiten in solcher Berges- und Feiertagsstille. Dann und wann ein Eisenbahnpfiff, ein Läuten an der Hotelglocke ... und – alles ist wieder still. Man empfindet dabei doch schmerzlich und beinah ärgerlich, was unserm großstädtischen Leben fehlt. Das helle Licht hat seinen dunklen Schatten. Daß die große Stadt das helle Licht ist, das ich nicht aufgeben möchte, ist außer Frage; aber daß es ihr an Muße fehlt und daß alles das nicht recht gedeihen will, was des Ausgetragenwerdens bedarf, ist ebenso gewiß.«

Er spielt auf seinen Roman »Vor dem Sturm« an, der nicht »nebenbei« zu bewältigen war, zumal drei schwer zu bändigende Kinder zwischen vier und elf Jahren in der Wohnung herumtobten und des Vaters Schreibtisch im Durchgangszimmer stand. Erst neun Jahre später sollte er den dritten des auf vier Bände angelegten Romans abschließen. Wieder zog es ihn dazu nach Thale zurück.

Die Zimmerpreise im Hotel Zehnpfund lagen zwischen einer Mark fünfzig und fünf Mark – damals viel Geld. Fontane wird vermutlich eines der billigsten Zimmer gemietet haben, denn er klagte am 10. August 1877 seiner Frau: »Gestern abend 8 Uhr bin ich bei leidlichem Wohlsein, mit Koffer, Rockbündel und Unsterblichkeitspaket hier angekommen ... ich erhielt Nr. 10, in dem es dermaßen nach einer Mischung von Multer und Levkojen roch, daß ich nach drei Minuten Kopfweh hatte und eine Versetzung nach Nr. 57 vorzog; hier floß aber der Rinnstein vorbei, während zugleich der Fettwrasen aus der Küche opfermäßig emporstieg. Ich beantragte also abermals meine Versetzung, die nun heute früh erfolgt ist. Ich wohne Nr. 45, habe einen prächtigen Blick in die Vorberge, nur drei Stunden (von vier bis sieben Uhr nachmittags) Sonne und Levkojengeruch ohne Multer. Denn mein jetziges Zimmer ist eine Treppe hoch, während Nr. 10 Parterre lag.«

Da schien er nun Tritt gefaßt zu haben, denn am 14. August 1877 heißt es in einem Brief an Emilie: »Meine Tage sehen sich hier so ähnlich wie die Pflaumen; mir ist das sehr angenehm ... Frühstück, kleine Luftschnoperung, Arbeit, Diner, Waldkater, Tour de Force und müde nach Haus. Ich muß sagen, je gleichförmiger, desto besser.« Trotz eines Schnupfens kam er mit seiner Arbeit voran: »... ich muß jeden gesunden Tag wie ein Geschenk nehmen und nicht als mein Pflichttheil.« (15. 8. 1877)

Im Juni 1881, nach Abschluß des Bandes »Spreeland« der »Wanderungen«, reiste Fontane mit dem Entwurf zu »Graf Petöfy« im Gepäck erneut nach Thale, bewohnte dasselbe Zimmer wie 1877, war aufmerksamer Beobachter an der Table d'hôte, die Grafen und Barone, inkognito reisende Minister, Industrielle, Künstler und Gelehrte des In- und Auslandes vereinte. Später resümierte er in dem Roman »Cécile«: »Es sieht alles nach was aus und klingt leidlich. Aber was ist es am Ende? Chronique scandaleuse, Malicen, Absetzen einiger Bitterkeiten. Und dann hat jeder sein elendes Steckenpferd.« (Kapitel 20) Der ergiebigste Gesprächspartner war ihm »Graupen-Schultze« aus Berlin, von dem er tiefe Einblicke in das Denken und Streben der Neureichs erhielt, die sich Jahre später in »Frau Jenny Treibel« niederschlagen sollten.

Der Tagesablauf war streng eingeteilt: vormittags Arbeit am Manuskript, nachmittags Spaziergang zum Waldkater, daselbst Lesestunde »bei Thee und Boderauschen«. Er las Wagner, Lessing und Turgenjew. In täglichen Briefen tauschte er mit seiner Frau Emilie Gedanken über seine Lektüre aus. Wagner stand er zunächst skeptisch gegenüber; der nebulöse Schwulst, das gewaltige Pathos widerstrebte ihm. Doch nachdem er »Rheingold«, »Walküre«, den »Ring der Nibelungen« und »Tannhäuser« hinter sich gebracht hatte, gestand er: »Es interessirt mich doch; im Detail ist vieles kindisch, geschmacklos, prätensiös, aufs Ganze hin angesehn scheint es aber doch eine groß angelegte Sache, gedankenhaft, und für musikalische Behandlung eminent geeignet.« (28. 6. 1881)

Angesichts des Hexentanzplatzes mußte ihn »Tannhäuser« natürlich beeindrucken. An den Freund Karl Zöllner schrieb er am 13. Juli 1881: »Diese Lokalitäten paßten trefflich zu der Lektüre, denn es ist *sehr* viel vom Kater und *sehr* viel von der Hexe drin. ... es ist eine wirkliche Arbeit, ernst gemeint, kein Schwindel und im Einzelnen poetisch und fast erhaben. Dennoch bin ich der Sache nicht froh geworden...« Dieses zwiespältige Gefühl des poetischen Realisten Fontane sollte sich anläßlich seines Besuchs in Bayreuth im Juli 1889 noch verstärken.

Im Juni/Juli 1882 arbeitete er – wieder im Hotel Zehnpfund – an »Schach von Wuthenow. Eine Erzählung aus der Zeit des Regiments Gendarmes«. Als Gegenmittel für die Ermüdung durch sein langes Sitzen unternahm er eine »Fußreise nach Suderode«; von dort fuhr er mit dem Omnibus nach Quedlinburg, dessen Türme ihn schon lange aus der Ferne gelockt hatten.

Im Juni 1883 kam er erneut nach Thale. Da das gewohnte Hotel zu unruhig geworden war, zog er ins abgelegenere Hotel Hubertusbad. Dort ging es bei aller Vornehmheit doch familiärer zu. Er beschäftigte sich mit Zola, dem Naturalisten, und quälte sich noch einmal mit »Graf Petöfy«. Dabei beneidete er wohl ein wenig Zola: » Er schmeißt die Figuren heraus, als ob er über Feld ging und säte.« (an Emilie, 25. 6. 1883) Eine Kolik überwand er in zwei Tagen, indem er nichts weiter zu sich nahm als Tee und Sauerbrunnen. Mit Gesprächen lenkte er sich ab; vor allem die Plaudereien mit Markus Sieben, dem Besitzer des Hotels, regten ihn an, »weil sie mir einen Einblick in die eigentlichen Berliner Bourgeoiskreise gönnen, die doch wieder sehr anders sind als die Kaufmanns- oder Banquierkreise... Die Leute, von denen er mir erzählt, sind Schlächter, Brauer, Bäcker, Conditoren, Hôteliers, Restaurateure.« (an Emilie Fontane, 23. 6. 1883) Alles Leute, die sich allmählich zum Typ des Commerzienrats Treibel verdichteten.

Alles, was in seiner Umgebung vorging, nahm Fontane auf, vieles spiegelt sich in den Briefen an Emilie wider. Da heißt es, als sich der Hubertusburger Nachbar unvermutet eine Kugel durch den Kopf jagte: »Du entsinnst Dich des ›verwunschenen Schlosses‹ im Walde, mit wildem Wein und Papagei-Volière, – es sah so aus, als ob Frieden und Poesie ihr Heim darin haben müßten. Und wie war es? Welche furchtbaren Dinge haben sich ... darin abgespielt?« Und er schildert ihr die Ehetragödie: Sie, reich, verwitwet, heiratet den armen, aber strammen Hauslehrer ihres Sohnes; dieser ruiniert in wenigen Jahren Gesundheit und Vermögen der Frau und erschießt sich, als der Bankrott offenbar wird. »Wieviel Schreckliches muß in dem ›Märchenhause‹ vorausgegangen sein! Wenn ich etwas ganz in Rosen und Vergißmeinnicht liegen sehe, wird mir schon immer angst und bange. Da doch lieber niedrige Stuben und einen schiefgebauten Ofen.« (23. 6. 1883)

Unsichtbare Tragödien, die sich zwischen zwei Menschen abspielen – da klingt das Grundmotiv von »Cécile« schon an. Aber erst mußte »Graf Petöfy« abgeschlossen werden. Zwischendurch schoben sich »Irrungen, Wirrungen« in den Vordergrund, und erst als diese im Entwurf zu Papier gebracht waren, kehrte er ins Hotel Hubertusbad zurück, um »Cécile« zu konzipieren. Es war inzwischen Juni 1884 geworden. Die Hauptfiguren schwebten ihm recht genau vor: Da ist Cécile, ein fein-sinnliches Wesen, große Dame und dann wieder kindlich-naiv; die Heirat mit einem alten Jeu-Oberst, der in Wahrheit ein egoistischer Junggeselle blieb, befreite sie nicht von den Erinnerungen an die schuldlos-schuldigen Verstrickungen ihrer Jugend. Überall wittert sie Anspielungen, überall fürchtet sie, entdeckt und desavouiert zu werden. Der Zustand der Gesellschaft läßt nicht zu, daß sich die Menschen – wenigstens nicht die der gehobenen Kreise – aus diesen Verstrickungen lösen. Das tragische Ende ist vorgezeichnet.

Bis in einzelne Szenen sah er Cécile vor sich, und doch blieb ihre Geschichte bruchstückhaft, wollte sich nicht zum Ganzen fügen. Da kam ihm auf einem dreistündigen Marsch nach Altenbrak die rettende Idee. Befreit schrieb er an Emilie: »...mit einem Male ... ging die ganze Geschichte klar vor mir auf, namentlich auch in ihren schwierigsten Partieen, und heute früh hab ich denn auch alles in 14 Kapiteln niedergeschrieben. D.h. ganz kurz, jedes Kapitel ein Blatt. Aber es lebt doch nun und strampelt.« (20. 6. 1884)

Vergleicht man die Erlebnisbriefe, die Fontane aus Thale an seine Frau richtete, mit dem Roman, so wird man in siebzehn von 29 Kapiteln viel Vertrautes wiederfinden: die verwunschene Villa, in der scheinbar Glück und Frieden wohnen, der Ausflug auf die Roßtrappe, der Waldkater, der Ausritt nach Altenbrak und die Fahrt nach Quedlinburg. Auch die Gesellschaft an der Table d'hôte brauchte er für den Roman nicht zu erfinden, er setzte sie, Farbtupfer für Farbtupfer, aus den durch seine Tischnachbarn gewonnenen Eindrücken zusammen.

»Cécile« fand in Verlegerkreisen keinen Liebhaber. »Westermanns Monatshefte«, »Gartenlaube« und Wilhelm Hertz lehnten ab. Schließlich erschien »Cécile« 1886 in der neugegründeten Dresdener Monatsschrift »Universum« als Fortsetzungsroman, und 1887 erklärte sich Emil Dominik bereit, den Roman als Buch herauszugeben. Nur wenige Kritiker priesen Fontanes meisterhaften Erzählstil, die meisten fanden ihn langweilig, weil handlungsarm. Erst spätere Generationen begriffen, daß er auch hier

– und besonders in den Nebenfiguren – mit impressionistischem Pinselstrich ein Soziogramm der »feinen Leute« in der zweiten Hälfte des 19. Jahrhunderts gemalt hatte.

Sehenswertes

Im August 1877 berichtete Fontane seiner Frau von einem Besuch in der *Apotheke:* »Das Haus mit zwei Türmen liegt in einem Akazienpark ... in der Offizin selbst die höchste Sauberkeit. Ich hatte das unbestimmte Gefühl, daß Dich dieser Anblick mit Neid erfüllt haben würde; mich selbst wandelte auch so etwas an. Und doch ist es am Ende besser so, trotz alledem und alledem...« Die *»Alte Apotheke«* (Karl-Marx-Straße 72) bewahrte noch bis in die jüngste Zeit ein zeitgenössisches Bildnis Fontanes und die Kopie des oben zitierten Briefes auf.

Auch das *Gasthaus Waldkater* gibt es noch, in dem Fontane manche Lesestunde verbrachte.

An das auf der Salzstrominsel zwischen Bode und Salzgraben gelegene Hotel Hubertusbad erinnert die *Hubertusstraße,* die der Besitzer Markus Sieben erbauen ließ. An ihrem Ende, links hinter der Bodebrücke, steht noch seine Villa Diana.

Hotel Zehnpfund, damals das größte und vornehmste Hotel im Harz, macht noch immer, allein aufgrund seiner Größe, einen imposanten Eindruck. Seine Herrlichkeit ging 1914 in Blut und Tränen unter. Im Speisesaal lagen in Lazarettbetten vorwiegend Arm- und Beinamputierte; die Veranda diente als Operationssaal. 1919 verkaufte der letzte Eigentümer an die Kreisverwaltung, die sich darin einrichtete. Daneben war noch Platz für Krankenkasse, Waisenhaus, Wohlfahrtsamt, Stadtverwaltung und eine soziale Frauenschule. Die Spiegelsaalpracht war ein für allemal dahin, nur die weiße Marmortreppe zeugt von einstigem Glanz. Hotel Zehnpfund diente später als Rathaus von Thale, das auf 17 000 Einwohner anwuchs und gleichermaßen als Industrie- *und* Erholungsort ausgebaut wurde.

Die Veranda, auf der Fontane wegen der schönen Aussicht gern seinen Tee trank, findet sich an mehreren Stellen in dem Roman »Cécile« wieder. Hier sah er auch das Mädchen, das ihm »das Schicksal schickte«, als leibhaftiges Modell für Effi Briest: »...ich saß im Zehnpfund-Hotel in Thale, auf dem oft beschriebenen großen Balkon, Sonnenuntergang, und sah nach der Roßtrappe hinauf, als ein englisches Geschwisterpaar, er 20, sie 15, auf den Balkon hinaustrat und 3 Schritt vor mir sich an die Brüstung lehnte, heiter plaudernd und doch ernst... Das Mädchen war genauso gekleidet, wie ich Effi in den allerersten und dann auch wieder in den allerletzten Kapiteln geschildert habe: Hänger, blau und weiß gestreifter Kattun, Ledergürtel und Matrosenkragen. Ich glaube, daß ich für meine Heldin keine bessere Erscheinung und Einkleidung finden konnte...« (an Hans Hertz, 2. 3. 1895)

Die Bäume der von Fontane gepriesenen Parkanlage vor dem Hotel sind inzwischen so hoch, daß sie die Aussicht auf Roßtrappe, Teufelsmauer und Hexentanzplatz versperren. Dafür kommt man heutzutage schneller hinauf als zu seiner Zeit. Er marschierte bis an den Waldkater, stieg die tausend Stufen bis zum *Hexentanzplatz* hinauf, während heute die meisten Leute die Schwebebahn benutzen. Der Blick vom Felsvorsprung der *Roßtrappe* ist noch genauso schön wie in »Cécile« beschrieben: Man schaut »in die reiche Landschaft hinein, aus der, in nächster Nähe, die pittoresken Gebilde der Teufelsmauer und weiter zurück die Quedlinburger und Halberstädter Turmspitzen aufragten«. (Kapitel 6) Das gern benutzte Fernrohr war damals bestaunte Neuheit und wurde von den respektlosen Berlinern »Opernkucker auf 'ner Lafette« genannt.

(Zitate, soweit nicht anders vermerkt, aus »Cécile«.)

Ausflug von Thale nach Altenbrak

»Altenbrak a. d. Bode
19. Juni. [1884] Donnerstag. Zum ›Rodenstein‹.

Liebe Frau... Nach 3 stündigem Marsch traf ich hier in Altenbrak ein und will nun über Treseburg zurück, nachdem ich mit dem ›*Herrn Praeceptor*‹ einer klassischen 80jährigen Figur (...6 Fuß groß und in tiefstem Baß sprechend) zwei Stunden lang geplaudert habe. Alles wundervoll, phantastisch-humoristische Märchenwelt: *Er,* seine ›am Zittern‹ leidende, beständig weinende Frau und seine entzückende Tochter, Förstersfrau, 30 Jahre alt, mit 5 strammen Jungens.

Alles wundervoller Stoff für meine neue Novelle ... die sich mir heut auf dem 3 stündigen Marsch in allen Theilen klar ausgestaltet hatte.« In der Tat taucht alles wieder in »Cécile« auf; nur läßt Fontane seine vornehme Reisegesellschaft auf Eseln über die Berge am Jagdschloß Todtenrode vorbei nach Altenbrak reiten und zu Pferde über Treseburg zurück. Der Weg an der Bode entlang und das Dorf Altenbrak selbst waren damals so idyllisch wie heute: »Links hin lagen die Häuser und Hütten in der malerischen Einfassung ihrer Gärten, während nach rechts hin, am jenseitigen Ufer der Bode, der Hochwald anstieg, auf dessen Lichtungen das Vieh weidete. Das Geläut der Glocken tönte herüber, und dazwischen klang das Rauschen des über Kieselgeröll hinschäumenden Flusses. So ging es das Dorf entlang, an Stegen und Brücken vorbei, bis endlich da, wo die Schlucht sich wieder weitete, der Eseljunge nach einem in Mittelhöhe des Felsens eingebauten Häuserkomplex hinaufwies, daran in Riesenbuchstaben auf weißem Schilde stand: ›Gasthaus zum Rodenstein‹.« (Kapitel 14)

Man aß Kerbelsuppe, Rehbraten und Schmerlen, für die Altenbrak in Feinschmeckerkreisen berühmt war, und »trank Bier aus Krügen«, deren Inschriften zu launigen Versreimereien Anlaß gaben.

Neben dem Gasthaus stand ein merkwürdiges Gebäude, das Schulstube, Lehrerwohnung und im Turmgeschoß einen Betsaal beherbergte. Es wurde um 1900 wegen Baufälligkeit abgerissen und in der Mitte des langgestreckten Ortes wieder aufgebaut. Heimatfreunde richteten darin ein kleines *Museum* ein, und eine holzgeschnitzte Tafel am Wege weist darauf hin, daß hier auch alles zu finden ist, was sich auf Fontane und Altenbrak bezieht.

Eine schmale Gasse, der *Rodensteinweg,* führt zum *Rodenstein-Gasthaus,* das im Laufe der Zeit leider nicht nur seinen Namen, sondern auch alle Poesie verlor.

Oberhalb dieses Hauses, auf halber Bergeshöhe, lädt seit 1989 das *Fontane-Café* ein, in dem man sich's wohl sein lassen kann.

Nach den berühmten Schmerlen, diesen kleinen Fischen – »zwischen Yklei und Spree-Stint« – wird man auf allen Speisekarten vergeblich suchen; sie sind vom Aussterben bedroht und daher unter Naturschutz gestellt. Dafür gibt es frische Forellen aus der Rapp-Bode-Talsperre, die Fontane und selbst die geschmäcklerische Gesellschaft um Cécile gewiß nicht verachtet hätten.

Ausflug von Thale nach Quedlinburg

»›Quedlinburg, Quedlinburg!‹ Und unsre Reisenden entstiegen ihrem Waggon und sahen dem Zuge nach, der sich ... rasch wieder in Bewegung setzte. ...die Damen nahmen noch ein Himbeerwasser, und eine Minute später schritt man bereits, nach Passierung eines von einer wahren Tropensonne beschienenen Vorplatzes, an der die Stadt in einem Halbbogen umfließenden und an beiden Ufern von prächtig alten Bäumen überschatteten Bode hin. Das Wasser plätscherte neben ihnen, die Lichter hüpften und tanzten um sie her, und mit Hülfe kleiner Brückenstege machte man sich das Vergnügen, die Flußseite zu wechseln, je nachdem hüben oder drüben der kühlere Schatten lag. Es war sehr entzückend, am entzückendsten aber da, wo die bis dicht an die Bode herantretenden Gärten einen Blick auf endlos scheinende Blumenbeete gestatteten...« (Kapitel 7/8)

Diese Szene aus dem Roman »Cécile« kann der Besucher heute noch nachvollziehen. Fontane läßt seine kleine Reisegesellschaft von Thale aus einen Ausflug nach Quedlinburg unternehmen, um den sich anbahnenden Flirt zwischen Cécile und dem welterfahrenen Ingenieur Leslie von Gordon voranzutreiben. Der Autor hatte die schöne, mittelalterliche Stadt bereits im Juni 1882 und 1883 auf einem Abstecher von Thale aus kennengelernt. Als er 1884 wieder in Thale war, um den Entwurf zu »Cécile« niederzuschreiben, erinnerte er sich an diesen Ausflug und fuhr noch einmal nach Quedlinburg, diesmal auf alle Details achtend, die sich für die Romanhandlung verwenden ließen.

Und wieder beeindruckte ihn die geschichtsträchtige kleine Stadt so sehr, daß ihm das Kapitel unversehens länger geriet als geplant, was ihm selbst wohlmeinende Kritiker wie Paul Schlenther später ankreideten. Es erging dem Autor ähnlich wie seinem Romanhelden Gordon, dem er die Rolle eines »Reisemarschalls« zuschrieb: Zu gern hätte dieser die Fülle seines Wissens ausgeschüttet, doch mußte er sich – mit Rücksicht auf die angegriffene Gesundheit und den begrenzten Horizont Céciles immer wieder zurücknehmen. So blieben schließlich nur das Rathaus und das Schloß zur Besichtigung übrig. Zuletzt wurde auch noch das Rathaus fallengelassen, »trotz seines steinernen Rolands und seines aus Brettern zusammengeschlagenen großen Kastens mit Vorlegeschloß, darin der Regensteiner ... eine hübsche Weile gefangensaß«. (Kapitel 7)

Der Reiseführer findet sich heute in ähnlicher Verlegenheit – möchte er den Spuren Fontanes, das heißt Céciles folgen, muß er zwangsläufig viele historisch wertvolle und ansehnliche Stätten auslassen: zum Beispiel das Rathaus aus dem 14. Jahrhundert, das als stummer Zeuge bewegter Zeiten an der Stirnseite des Marktes steht, oder das schmalbrüstige Haus am Finkenherd, in dem, der Legende nach, Heinrich der Vogeler im Jahre 919 die deutsche Königskrone angetragen wurde, und vieles andere mehr.

Heften wir uns also an die Fersen der literarischen Reisegesellschaft (Kapitel 8), und verfolgen wir ihren Weg vom Bahnhof, entlang der Bode »bis zu dem hochgelegenen Stadtteile, der mit Schloß und Kirche das ihm zu Füßen liegende Quedlinburg beherrscht.« Erst auf einem »von stattlichen Häusern gebildeten und ... von alten Nußbäumen überschatteten Platz« legten sie eine kleine Verschnaufpause ein. »›Das ist das Klopstock-Haus‹, sagte Gordon und zeigte ... auf ein etwas zur Seite gelegenes und beinah grasgrün getünchtes Haus mit Säulenvorbau. ... ›...wie gefällt es Ihnen?‹ – ›Es ist so grün‹«, erwiderte Cécile. Der Name Klopstocks schien ihr offenbar nichts zu sagen. Überhaupt standen ihre vollendeten gesellschaftlichen Umgangsformen in geradezu lächerlichem Gegensatz zu ihrer höchst lückenhaften Bildung. Fontane hatte die (solange sie schwiegen) reizenden Damen an der Table d'hôte seines Hotels genügend studiert...

Sehenswürdigkeiten

Im *Klopstock-Haus* (Am Schloßberg 12) wurde Friedrich Gottlieb Klopstock am 2. Juli 1724 geboren. Sein Vater war Lehnssekretarius im Dienste der Äbtissin. Klopstock lernte hier laufen, reiten, schwimmen, kam dann nach Schulpforta, studierte in Jena und Leipzig, wo er mit 21 Jahren den »Messias« begann, der ihn schlagartig berühmt machte. Dennoch fand er in deutschen Landen keine geeignete Bleibe; er lebte lange Jahre am Musenhof des Königs von Dänemark, kehrte erst als Vierzigjähriger als Gast in seinem Vaterhaus ein. 1792 erhielt er den Ehrenbürgerbrief der Französischen Republik und 1802, kurz vor seinem Tod, wurde er Mitglied der Académie Française. Zu Fontanes Zeiten galt er bereits als erster Klassiker der modernen Literaturepoche in Deutschland, was sich jedoch in den Kreisen, in denen Cécile verkehrte, noch nicht herumgesprochen zu haben schien. Das »allzu grüne Haus« ist heute Klopstock-Museum. Es wurde nach Originalvorlagen restauriert: weiße Wände, dunkelbraunes Fachwerk mit orangefarbenen Palmetten.

Vom Schloßbergplatz aus führt »eine gepflasterte Treppe, deren Seitenwände dicht genug standen, um gegen die Sonne Schutz zu geben«, hinauf zu dem weiträumigen Areal mit *Schloß, Stiftskirche, Abtei, Dechanei* und zahlreichen Nebengebäuden. Die Ausflugsgesellschaft fand hier einen Kastellan, der aussah wie »jemand, der Lotterielose feilbietet, von denen er weiß, daß es Nieten sind. Und wirklich, sein Schloß konnte durch alle Räume hin, als eine wahre Musterniete gelten.« Dies hat sich entschieden geändert, seitdem 1929 ein *Schloßmuseum* gegründet wurde.

Eigentlich ist die ganze Anlage, die als Festung gegen die gefürchteten Magyaren und Königspfalz gebaut worden war, ein einziges Museum. Der Wanderer Fontane hätte hier mit Lust fabuliert, doch als Romancier mußte er sich historische Anekdoten versagen, obwohl es viel Erzählenswertes gibt: In der hochromanischen Stiftskirche liegt seit 936 Heinrich I. begraben. Seine Witwe Mathilde richtete im Schloß ein freiweltliches Frauenstift ein, in dem Töchter des Hochadels eine exzellente Ausbildung erhielten. Die Äbtissinnen residierten als Fürst-Abbatissinnen und besaßen

Sitz und Stimme im Reichstag. Kaiser und Könige kehrten hier ein, und der Reichtum wuchs – bis 1525 die aufständischen Bauern vier der zum Stift gehörenden Klöster anzündeten.

Die oft von Spannungen und Zerreißproben gekennzeichnete Geschichte der Schloßherrinnen einerseits und der Quedlinburger Bürger und Bauern andererseits ist im Museum anschaulich dargestellt.

Fontanes Reisegesellschaft wandelte noch durch ausgeräumte Säle. Das Stift war 1803 Preußen und 1807 Westfalen angegliedert worden, das von Napoleons Bruder Jerôme ausgeplündert wurde. Dieser «König Lustick« ließ auch das kostbare Mobiliar der Fürst-Abbatissinnen versteigern. Die letzte war Josephine Albertine, Tochter der Königin Ulrike von Schweden und Nichte Friedrichs II. von Preußen. Sie war schon 1803 nach Schweden übersiedelt.

Ein Menschenalter später konnte der Kastellan nur noch auf die *roten Damasttapeten im Thronsaal* verweisen, die von verschwundener Pracht zeugten, und auf einen *Goldrahmen*, der einst einen Spiegel aus Bergkristall einfaßte. Cécile, die bei belehrenden Texten rasch ermüdete, war »an ein offenstehendes Balkonfenster getreten, das nicht nur einen Blick auf das Gebirge, sondern auch auf die weiten Gartenanlagen hatte, die sich ... um die Schloßfundamente herumzogen«. Von hier aus erblickte sie einen *Sandsteinobelisk,* der »hautreliefartig aus einer alten Mauerwand vorsprang«. Es war ein Grabstein, den die vorletzte Fürst-Abbatissin ihrem Schoßhündchen hatte setzen lassen. Cécile las: »Jedes Geschöpf hat eine Bestimmung. Auch der Hund. Dieser Hund erfüllte die *seine,* denn er war treu bis in den Tod.« Diese kleine Szene, in der Cécile ihr eigenes Leben erkannte, ist zwar vom Autor erfunden, doch der Gedenkstein für das Bologneser-Hündchen steht tatsächlich an der beschriebenen Stelle. Die Galerie der Hohen Damen beeindruckte Cécile kaum, angezogen wurde sie hingegen von dem *Porträt der Aurora von Königsmarck,* eine Geliebte August des Starken, und von dem *Bildnis eines Predigers:* »... ein schöner Mann, etwas blaß, der in seinen besten Jahren an der Auszehrung starb. Er war Prediger zur Zeit der schwedischen Prinzessin Josephine Albertine.« Es hieß, er habe allsonntäglich neben dem Stadtdienst auch hier oben gepredigt und sei dann zu Tisch und oft bis zur Dunkelheit geblieben. Dabei verwies der Kastellan »auf das Bild einer mittelalterlichen Dame mit großer Kurfürsten-Nase, Stirnlöckchen und Agraffenturban, aus deren ganz ungewöhnlicher Stattlichkeit sich die vom Kastellan nur leis angedeuteten Anfechtungen ihres Seelsorgers unschwer erklären ließen«.

Es ist heute für den Besucher ein besonderes Vergnügen, in der Vielzahl der Räume, unter den fast unübersehbaren Ausstellungsstücken jene herauszufinden, die Fontane ins amouröse Spiel einfügte. Abseits von den repräsentativen Räumen, auf dem Weg zum Grabstein des Hündchens, steht auch der *Kasten aus Eichenbohlen,* »darin der Regensteiner … gefangensaß«. Graf Albrecht II. von Regenstein, genannt der Raubgraf, hatte sich zu Beginn des 14. Jahrhunderts rigoros vieler Privilegien der Städte und Klöster bemächtigt; er maßte sich auch das Amt des Schutzvogtes für das Stift an und damit die Herrschaft über die Stadt. Als die Drangsal unerträglich wurde, verbündeten sich die Quedlinburger mit Halberstadt; im Scharmützel 1336 nahmen sie den Raubgrafen gefangen und sperrten ihn in diesen Kasten »nicht viel größer als eine Apfelkiste« und verwahrten ihn auf dem Boden des Rathauses. Eine verblüffende Maßnahme, die weit und breit ihresgleichen suchte.

Für den weitgereisten Gordon war der Regensteiner nur »ein Buschklepper oder dergleichen«, Cécile sah in ihm doch immerhin einen Standesherrn und malte sich aus, wie die Quedlinburgerinnen ihn in dieser unwürdigen Lage wohl gehänselt und mit ihren Sonnenschirmen gepikt hätten. Beide sahen ihn aus ihrer jeweiligen sozialen Gebundenheit heraus.

1884 erschien von Julius Wolff, einem gebürtigen Quedlinburger, ein Roman mit dem Titel »Der Raubgraf«, der ein pseudohistorisches Spektakel beschrieb und zum Ärger Fontanes weit höhere Auflagen als »Cécile« zu seinen Lebzeiten erreichte.

Den Quedlinburger *Brühl* nennt Gordon einen »Bois de Bologne« mit schönen Bäumen und allerlei Bild- und Bauwerken, Klopstock habe darin »ein Tempelchen mit Büste«. Dieses *Tempelchen* (1824) von Schinkel mit einer Bronzebüste (1831) von Tieck ist in schöner Umgebung heute noch ansehenswert.

Bad Harzburg

»›In Harzburg, auf der Burgberg-Höhe (deren Besteigung ich Ihnen empfehlen möchte; Sie finden Esel am Fuße des Berges) stand die Lieblingsburg des zu Canossa gedemütigten Heinrich, und zu Goslar, in verhältnismäßiger Nähe zu jener Burgberg-Höhe, haben wir bis diese Stunde die große Kaiserpfalz... Also Kaiser-Erinnerungen auf Schritt und Tritt.‹« (»Cécile«, Kapitel 12) Auf einer Landpartie von Thale nach Altenbrak schwelgt der weltfremde Privatgelehrte Eginhard Aus dem Grunde in seinem Lieblingsthema; vom eigenen Enthusiasmus fortgerissen, bemerkt er nicht, daß Cécile nur aus Liebenswürdigkeit Interesse heuchelt.

Fontane erfand Herrn Eginhard mit seiner Kaiser-Begeisterung vermutlich nur, um sich in den sogenannten Kulturkampf einzumischen, der damals wie ein böser Bazillus im gesellschaftlichen Leben umging und selbst so tolerante Freundeskreise wie den um den katholischen Freiherrn von Wangenheim spaltete. Was war überhaupt Ursache dieses »Kulturkampfes«?

Nach der Reichsgründung 1871 entstand recht unvermittelt eine neue Machtkonstellation in Europa: auf der einen Seite die straff organisierte, viele Jahrhunderte alte Institution der römisch-katholischen Kirche mit zahllosen, ihr ergebenen Verbänden; auf der andern Seite das eben gegründete Deutsche Kaiserreich mit einem protestantischen Herrscherhaus an der Spitze. Jeder versuchte nun mit allen ihm zur Verfügung stehenden Mitteln, den Einfluß des andern zu schmälern, um ihn endlich zu disziplinieren. Per Gesetz wies Bismarck die Jesuiten aus und stellte die Schulen unter die Aufsicht des Staates. Diese politische Handlung billigte Fontane noch. Doch dann ging dieser Staat schließlich so weit, das kirchliche Leben zu bevormunden und nicht nur die kirchliche Institution, sondern alle Anhänger der römisch-katholischen Kirche als »Reichsfeinde« zu denunzieren. Das forderte Fontane zu entschiedener Kritik heraus.

Der brillante, historisch versierte Redner Bismarck verglich die politische Situation mit der vor 700 Jahren, in der sich schon einmal die Frage nach dem Machtverhältnis zwischen Kirche und Staat gestellt hatte. Kaiser Heinrich IV. mußte schließlich zu Kreuze kriechen und 1077 im verschneiten Schloßhof zu Canossa vor dem Papst auf den Knien liegen, bis dieser ihn vom Kirchenbann erlöste und als rechtmäßigen Kaiser anerkannte. »Nach Canossa gehen *wir* nicht!« lautete nach Bismarcks Rede im Reichstag vom 14. Mai 1872 der Schlachtruf. 1877 errichteten seine Parteigänger auf dem Burgberg bei Harzburg »in fester Zuversicht« einen Obelisken mit Bismarckrelief und diesem programmatischen Satz als Schriftzug, der als Kampfansage verstanden wurde.

Doch diesmal war der große Mann mit dem unglaublichen Gespür für das Machbare über das Ziel hinausgeschossen. Bismarck ging zwar nicht in die Knie, aber er begann ab 1878 auf diplomatischem Gebiet das, was man im Militärbereich einen geordneten Rückzug nennen würde. Fontane, der alle Phasen dieses Kampfes aufmerksam verfolgte, berichtete am 9. Juni 1883 seiner Frau über den Burgberg bei Harzburg, »wo die sogenannte Canossa-Säule steht ... und ... ›nach Canossa gehen wir *nicht*‹. Es soll jetzt in ›*doch*‹ abgeändert werden, vielleicht blos überklebt, damit man's leichter wieder abreißen kann.« Diese Kritik an dem pragmatischen Taktierer Bismarck ist bemerkenswert.

Herr Eginhard Aus dem Grunde hatte Recht: Die Burgberg-Höhe konnte wirklich auch von »schwachen Geschöpfen« wie Cécile bezwungen werden, denn es standen Esel als Tragtiere zur Verfügung. Sie waren bei jung und alt seit Generationen so beliebt, daß die Stadt Bad Harzburg ihnen, nachdem sie ausgedient hatten, ein Denkmal setzte. Und viele Besucher, die daran vorbeigehen, um nun mit der Seilbahn in drei Minuten zur höchsten Höhe zu schweben, bedauern diesen technischen Fortschritt ein wenig. Während Fontane am 9. Juli 1881 von Thale aus eine Tagestour unternahm, um vom Harzburger Bahnhof aus die anderthalb Stunden zum Burgberg zu pilgern, nur um die Canossasäule mit eigenen Augen zu sehen, kommen heute die wenigsten Besucher dieser Säule wegen, deren Bedeutung ohnehin kaum noch bekannt ist. Ziel der meisten sind die

Trümmer der ausgegrabenen Pfalz, in der Heinrich IV. von 1068 bis 1073 residierte, und danach ein Besuch des Burgberg-Cafés, in dem Baisers und Mandeltörtchen über das Gedenken an den gedemütigten Kaiser triumphieren.

Wernigerode

»In einem der nördlichen Harztäler, in Nähe der Stelle, wo das Emmetal in das flache Vorland ausmündet, lagen in den sechziger Jahren des vorigen Jahrhunderts Dorf und Schloß Emmerode...« So beginnt Fontanes Erzählung »Ellernklipp«. Emmerode ist das leicht verschlüsselte Wernigerode, das dem Autor in vier langen Sommeraufenthalten ans Herz gewachsen war.

Das erstemal wohnte – wie das Wernigeroder Blatt vom 9. Juli 1878 berichtete – »Theodor Fontane mit Familie aus Berlin« in den Borchertschen Häusern am Eingang des Mühlentales. Sie froren Stein und Bein; doch schien dies die gute Laune nicht beeinträchtigt zu haben, wie ein Brief an Karl Zöllner vom 17. Juli 1878 bezeugt: »Abends, wenn wir auf unsrem Balkon sitzen, rufen wir uns an wie die Schildwachen, um uns vor dem Einschlafen und dadurch vor dem ›Tod durch Erstarrung‹ zu sichern.« Fontane nutzte die »Eiszeit« zu einer Anderthalb-Tage-Parforce-Tour nach Tangermünde, »um dort Kirche, Burg und Rathaus anzusehn«. Er brauchte diesen »Lokaltermin«, um sich besser in die geplante Novelle »Grete Minde« einleben zu können.

Frau und Tochter besuchten indessen eine Verwandte, Anna von Below, die mit einem Oberstleutnant verheiratet und zwei Jahr zuvor nach Ilsenburg gezogen war. Anna erzählte Mete von einem Mordfall, der sich vor mehr als hundert Jahren in dieser Gegend zugetragen hatte: Ein Vater hatte seinen eigenen Sohn, der als Jägerbursche beim Grafen von Wernigerode diente, aus Eifersucht erstochen, so berichtet es das Kirchenbuch von 1752. Der Volksmund spann die grausige Geschichte weiter und raunte, der Vater sei unter der Last seiner Sünde zusammengebrochen und habe sich von der Klippe gestürzt. Mete witterte einen Balladenstoff für den Vater, und in der Tat fühlte sich dieser auch sofort angeregt und fuhr los, um an den vermeintlichen Schauplätzen zu recherchieren, doch wurde keine Ballade daraus, sondern eine poetische Erzählung, die er, auf Borcherts Balkon frierend, in einem Zuge skizzierte.

»Grete Minde« und das neue Thema, das sich unerwartet aufgedrängt hatte, nahmen ihn so sehr gefangen, daß ihn die Stadt Wernigerode mit ihren bunten, mittelalterlichen Fachwerkhäusern kaum interessierte. Er lebte im strengen Rhythmus von konzentrierter Arbeit und »auslüftenden« Spaziergängen ins Mühlental und in die romantischen Seitentäler.

Nach Berlin zurückgekehrt, beendete er »Grete Minde«, seine erste Novelle, die im Mai/Juni 1879 als Vorabdruck in Paul Lindaus Zeitschrift »Nord und Süd« erschien. Das bestärkte ihn. Hoffnungsvoll holte er die Aufzeichnungen zu »Schach von Wuthenow« aus der Schublade, die Geschichte eines tragischen Gesellschaftsskandals, die ihm Mathilde von Rohr schon vor siebzehn Jahren berichtet hatte, da avisierte Wilhelm Hertz für Dezember 1879 die dritte Auflage des »Wanderungen«-Bandes »Oderland«. Er vernahm es mit einem lachenden und einem weinenden Auge. Zwar kam das Honorar sehr gelegen, doch der Autor, inzwischen reicher an Erfahrung und sicherer im Urteil, wünschte, etliche Kapitel neu zu verfassen. Bis Juli wollte er damit fertig sein, um sich dann in Wernigerode zu erholen: »... blos laufen und klettern ... und endlich die bewußte Fräulein von C... Novelle schreiben...« (an Mathilde von Rohr, 3. 6. 1879)

Allein die Korrekturen und Ergänzungen des Bandes »Oderland« kosteten viel mehr Zeit als vorgesehen. »Eine Anzahl Kapitel schicke ich Ende des Monats und dann so dripplings weiter«, schrieb er am 21. Juli aus Wernigerode an seinen Verleger. Und am 12. August? »Ich hoffte, in etwa 6 Tagen ... fertig zu sein, habe mich nun aber überzeugen müssen, daß ein ganzer Monat darüber hingehen wird. Wie deprimirend dies für mich ist, kann ich Ihnen gar nicht sagen.« In seinem Tagebuch heißt es, es sei eine »riesige und ärgerliche Arbeit« gewesen.

Acht Wochen lang wohnte Fontane im Sommer 1879 auf dem Lindenberg in der neuerbauten Villa Kagelmann, mit Frau und Kindern. Es mutet wie ein Wunder an, daß er noch Muße fand, »Schach von Wuthenow« in einem ersten Entwurf zu komponieren. »...ich fühle, wie gut mir die

Bergluft thut«, schrieb der fast Sechzigjährige an seinen Verleger (12. 8. 1879). Sechs Tage später, nachdem er den letzten Federstrich daran getan hatte, fiel der prophetische Satz: »...so lächerlich es klingen mag ... ›ich fange erst an‹. Nichts liegt hinter mir, alles vor mir.« (an Wilhelm Hertz, 18. 8. 1879)

Von beglückendem Schaffensdrang erfaßt, wanderte er durch das Mühlental und weiter; eigenartige Flurnamen gab es da, als Hintergrund für balladeske Stoffe wie geschaffen: Himmelspforte und Henkersberg, Wolfholz, Scharfenstein und Armeleuteberg. Auf einer Rasenbank sitzend belebte er die Szenerie mit den Gestalten der Ilsenburger Mordgeschichte, die er nun hierher versetzte. Wo am Waldrand von Küsters Kamp zwischen Ginster und Heidekraut das erste Sommerhotel von Wernigerode stand, stellte er sich das weißgetünchte Haus der Muthe Rochussen vor, die von dem jungen Grafen ein Kind hat, das die Tragödie auslösen wird. Wernigerode wurde zu Emmerode, Küsters Kamp zu Kunerts Kamp, das Zwölfmorgental zur Siebenmorgenwiese, er lebte sich so in die Schicksale von »Ellernklipp« ein, daß er die ganze Novelle wenige Wochen später in einem nüchternen Dresdener Hotelzimmer in einem Zuge entwerfen konnte, um sie dann in Berlin zu vollenden.

Im März 1880 bot er sie Gustav Karpeles, dem Redakteur von »Westermanns Monatsheften«, an. Der zeigte sich nicht abgeneigt. Bis Mai sollte Fontane liefern. Am 3. Juni mußte er eingestehen, daß der Termin nicht zu halten ist, »da sich das Theater in Gastspielen überschlägt«, die er als Kritiker der »Vossischen Zeitung« wahrnehmen mußte. »Ich bin ... aber entschlossen ... *nicht eher in den Harz zu gehn, als bis ich die Novelle an Sie abgeliefert habe.*«

Doch am 4. August fuhr er nach Wernigerode – ohne »Ellernklipp« beendet zu haben. Er befürchtete, Karpeles würde nun auf den Vorabdruck verzichten. Zeit und Kraft konnte er jedoch nur in eine Sache investieren, die ihm das Honorar für die Wintermonate sicherte, denn auch die Buchausgabe von »Grete Minde« bei Hertz war noch in der Schwebe. In seiner Verunsicherung begann er unvermittelt etwas ganz Neues: Vorarbeiten zu »Graf Petöfy«. Eigentlich hätte er dazu noch einmal nach Wien, einem der

Hauptschauplätze, fahren müssen, das konnte er sich jedoch nicht leisten, also versuchte er, sich auf Kagelmanns Balkon anhand von Kartenmaterial Wien zu erobern. Am 10. August 1880 schrieb er seiner Frau: »Ich kenne jetzt in der Altstadt jede Gasse und weiß genau, wo meine Personen wohnen. Dies lokale sich Einleben bedeutet furchtbar viel...« Endlich, am 18. August, kam die Zusage von Karpeles, und Fontane ging mit Schwung an die letzten Korrekturen von »Ellernklipp«. Frau Emilie reiste an, um die bis zur Unkenntlichkeit verbesserten Manuskripte leserlich abzuschreiben.

Befreit von der Last unternahm er nun Ausflüge zur Steinernen Renne und zum Klippengebiet des Hohnsteins. Karpeles ließ sich Zeit; er veröffentlichte das angeblich so eilige Manuskript erst im Mai 1881.

Den Frühsommer 1881 verbrachte Fontane in Begleitung von Frau und Tochter in Thale, um im Hotel Zehnpfund Studien für »Cécile« zu treiben. Dazu begab er sich am 9. Juli nach Harzburg, während die Damen nach Wernigerode fuhren, um im Hause der Witwe des Amtmanns Braun Zimmer für vier Personen zu mieten, denn der jüngste Sohn Friedel sollte nachkommen. Mete und Friedel unternahmen ausgedehnte Gebirgstouren, Fontanes »Sommerfrische« bestand »leider in noch mehr arbeitenmüssen als gewöhnlich«. (an Gustav Karpeles, 30. 7. 1881)

Die ermüdenden Korrekturen für die Buchausgabe von »Ellernklipp« und der letzte Band der »Wanderungen« (»Spreeland«) mußten bewältigt werden. Fast nebenbei entstand der Entwurf zu »Storch von Adebar«, einer kleinen Novelle, die jedoch nie ausgeführt wurde. Fazit der sieben Wochen in Wernigerode: Erst war es zu heiß, dann zu kalt, ein Kind der Wirtsleute bekam Keuchhusten, und zum Schluß gab es einen Rohrbruch; alle vom Lindenberg herunterkommenden Abwässer sammelten sich vor seinem Fenster zu einer »cloaca maxima«. Dennoch resümiert Fontane in seinem Tagebuch: »Trotz dieser letzten Störungen war es doch wieder ein sehr schöner Aufenthalt gewesen. Ich liebe den Ort, das Schloß, den Park, die ... Landschaft ganz außerordentlich...«

Im Oktober 1881 erschien »Ellernklipp« in Buchform bei Wilhelm Hertz. Gegen Jahresende brachten alle bedeutenden deutschen Tageszeitungen Rezensionen, im Grundton annerkennend und freundlich, Paul Schlenther nannte es ein »ländliches Rokokogeschichtchen, mit der ganzen altfränkischen Grazie des vorigen Jahrhunderts«, ein »kleines Meisterwerk« (»Tribüne«, 18. 6. 1882). Wilhelm Jensch monierte in der »Magdeburgischen Zeitung«, es sei »der Patina und des Dämmerlichts etwas zuviel...« (11. 1. 1882) Fontane entgegnete gekränkt, das träfe wohl zu, wenn man es in der Hetzjagd der Vorweihnachtswoche läse, man muß »selber nach Wernigerode gehen, auf einem Waldhügel oder einer Graswalze sitzen und die Geschichte von dem rotblonden, nicht zum Glücke geborenen Kinde lesen«, dann würde man anders darüber denken (an Wilhelm Hertz, 16. 1. 1882).

Sehenswertes

Am Eingang zum Mühlental besaß der Rentier Friedrich Borchert mehrere Häuser in einem für Wernigerode typischen Schweizer Landhausstil. Er vermietete an Sommergäste, und so wohnte auch im Juli 1878 Fontane mit Frau und Tochter hier. Wenn sie nicht selber kochten, gingen sie ins nahe Hotel Mühlental, das der Sägemüller Christian Graumann 1872 am Zillierbach errichtet hatte. Es besteht als *Hotel Waldmühle* heute noch im Mühlental Nr. 78. Wenige Schritte davon entfernt ist die *Sankt Theobaldi-Kapelle* auf dem zum Schloßberg hinansteigenden Friedhof, »wo die Gräflichen ihre Ruhestätte hatten, eingehegt und eingegittert und von einem hohen Marmorkreuz überragt.« (»Ellernklipp«, Kapitel 4) Allerdings nennt Fontane die Kapelle Zum Heiligen Geist. *Hotel Lindenberg* ist nach der Linde genannt, unter der einst Gericht abgehalten worden sein soll. Als man 1860 mit dem Abriß der Stadtmauer begann, wurde der Lindenberg begehrtes Baugelände. Es gehörte zum Teil dem ehemaligen Scharfrichter, der dort eine Schinderei betrieb. Der Verkauf mehrerer Parzellen brachte ihm so viel Geld, daß er sich 1865 auf dem höchsten Punkt des Berges ein repräsentatives Hotel errichten lassen konnte, das bald wegen seiner schönen Aussicht bekannt wurde. Fontane wohnte im August 1880 nur eine Nacht in diesem teuren Haus, saß aber öfter auf der Veranda, um

»angesichts des himmlischen Panoramas« Briefe zu schreiben. »Ich liebe diesen Ort so, daß ich, ich will nicht sagen hier sterben aber hier begraben sein möchte. Das Bild, die klare Luft, die Frische – alles erquickt mich wieder und ich komme ... aus einem seligen Lungenturnen gar nicht heraus.« (an Emilie Fontane, 4. 8. 1880)

Ein paar hundert Schritte unterhalb des Lindenberg-Hotels hatte sich der Lokführer und Rentier Karl *Kagelmann* eine *Villa* im Schweizer Stil gebaut. 1878 empfing er die ersten Gäste, vornehmlich Pensionäre, Fabrikanten und Studienräte. Im Sommer 1879 und 1880 wohnten auch die Fontanes bei ihm. Sie zahlten – zeitweilig für fünf Personen – sieben Taler in der Woche. Gegessen wurde auswärts, denn die Table d'hôte war auf ein Uhr festgesetzt, und Fontane pflegte bis drei Uhr nachmittags zu arbeiten.

Vom Balkon der Villa Kagelmann (Huberstraße 6) genoß er nicht nur das herrliche Panorama von Schloß und Stadt, er genoß auch – unfreiwillig – die Regimentskapelle der Halberstädter Kürassiere, die in Knaufs Gartenlokal (Burgstraße 49), rechts neben dem Turm der Liebfrauenkirche, zur Erbauung spielte; auch auf dem nahen Nöschenröder Schützenplatz auf dem Großen Bleek wurde »als ob das Leben eine Kirmes wäre, gepaukt und klarinettirt ...« (an Wilhelm Hertz, 9. 8. 1880) »... die ganze Luft, bis hier hoch auf den Berg hinauf ist von dem vielen Waffelbacken mit Schweineschmalz gesättigt. Aber ich bin so eingenommen von diesem Ort, daß mich auch *das* erfreut.« (an Emilie Fontane, 4. 8. 1880)

Die Wernigeroder Schützenfest-Impressionen finden sich übrigens in »Graf Petöfy« wieder, nur paukt und klarinettiert es dort in einem Wiener Vorort. Auch der Quartierwirt taucht als literarische Figur wieder auf, und zwar als Gärtner Kagelmann in »L'Adultera«, »kahlköpfig, häßlich und nicht immer gut gelaunt« (Kapitel 12). Dieser wenig schmeichelhafte Charakter mag wohl Ursache gewesen sein, daß Emilie Fontane im Sommer 1881 kurz entschlossen bei der Witwe Braun in der *Lindenbergstraße 8* zwei Zimmer mietete. Fontane nannte sie »sehr angenehm«, obwohl – laut Tagebuch – ein Abwasserrohrbruch »ganz Wernigerode mit einem Schlage entzaubert« und zu hastiger Heimreise veranlaßt hatte.

Verwunderlicherweise gibt es weder in Briefen noch in Tagebüchern Bemerkungen über das *Schloß Wernigerode.* Es war damals gerade von Otto Graf zu Stolberg-Wernigerode um- und ausgebaut und mit prächtigen Türmen versehen worden. Ganz gewiß ist Fontane in dem auf dem Schloßberg gelegenen Lustgarten spazierengegangen. Er hätte die jedem Interessierten zugängliche gräfliche Bibliothek besuchen und zur Aufhellung des in »Ellernklipp« literarisch behandelten Mordfalles das gräfliche Archiv befragen können. Er tat es nicht und beschränkte sich auf die neue, fast märchenhaft anmutende Silhouette des Schlosses als Hintergrund für seine Erzählung. Das Schloß wurde nach 1945 ein vielbesuchtes Museum.

Den Anblick der Stadt genoß Fontane meist aus der Vogelperspektive; doch manchmal muß er seine Damen in den Weißen Hirsch begleitet haben, denn Mete schrieb (21. 11. 1880): »War Papa nicht dabei fand ich den ganzen Spaß verfehlt und sah nur schlechtes Pflaster und häßliche langweilige Menschen; wie mit einem Schlage änderte es sich in Papas Gegenwart und, als hätte ich andere Augen bekommen, war ich im Moment versetzt in eine reiche Welt des Interessanten, Komischen und selbst Erfreulichen.« Das *Hotel Weißer Hirsch* (Markt 5) mit seinem nostalgisch-behaglichen Ambiente existiert noch. Vom Fensterplatz aus bietet sich architektonisch fast das gleiche Bild wie zu Fontanes Zeiten, vielleicht schöner noch und bunter; der weite Platz vor dem ehemals gräflichen Spielhaus – seit 1540 Rathaus – ist bevorzugtes Stelldichein für Hochzeitspaare; unter den liebevoll restaurierten Häusern aus dem 16. bis 18. Jahrhundert, mit reich geschnitztem und bemaltem Fachwerk, ist kaum eines, das sich nicht mit Blumen schmückt, und die dezent zurücktretenden Schaufenster sind Visitenkarten einer auf Schönheit und Reputation bedachten Stadt.

Ausflüge

Fontanes Tagebuch berichtet über obligate tägliche Spaziergänge von der Villa Kagelmann aus meist am *Zillierbach* entlang zum Mühlental-Hotel. Dort machte er 1879 »die Bekanntschaft des ehemaligen Schauspielers (Komikers) Haase von der Friedrich-Wilhelmsstadt, jetzt großer Weißbier-Wirth«. Anheimelnd wegen seiner Wiesenblumenfülle fand er das *Friederikental.* Die Wildkräuter erinnerten ihn an seine Schul- und Apothekerzeit.

Am liebsten bestieg er mit seiner Frau den »zunächst gelegenen ›Armeleuteberg‹, von dem man anerkanntermaßen die schönste Aussicht hat«. Dieser Berg gehörte seit dem 15. Jahrhundert dem Georgii-Hospital, das heißt den armen Leuten. Bei ruhigem Schritt brauchte man von Kagelmann aus eine halbe Stunde, denn es sind immerhin 130 Meter Höhenunterschied zu überwinden.

Das *Berggasthaus Armeleuteberg* gab es damals noch nicht und auch nicht den *Aussichtsturm*; den ließ die Stadt erst 1902 errichten. Alle diese Wege sind heute noch nachvollziehbar.

Als weiter gelegene Ausflugsziele nennt das Tagebuch neben Ilsenburg die *Steinerne Renne*, wo sich seit 1868 neben der herabstürzenden Holtemme eine Gastwirtschaft befand; 1898 entstand ein Hotelneubau, der die Zeiten überdauerte.

Poetisch anregend mag auch das *Klippengebiet des Hohnstein-Felsens* für Fontane gewesen sein, stürzte doch in »Ellernklipp« der in tragische Verstrickung geratene Vater seinen Sohn und wenig später sich selbst von einer Klippe in den Tod.

Obwohl Fontane den Harz nach 1881 nicht wieder besuchte, bewahrte er die schönsten Erinnerungen daran. Noch als 75jähriger schrieb er an seinen Sohn Theodor: »Ja, der Harz ist wundervoll zum Reisen und selbst wenn ein Gewitter kommt und man in der ›Steinernen Renne‹ … Rock und Kleider auswringen muß, ist es immer noch schön, ja, in der Rückerinnerung dadurch am schönsten.« (8. 7. 1895)

Ausflug von Wernigerode nach Ilsenburg

»Hier möcht ich, wo hüpfend die Wellen / Sich stürzen vom Felsgestein, / Hier unter dem blauenden Himmel / Im Frühling geboren sein«, so hatte der freiheitliebende Apothekergehilfe Fontane in seiner Leipziger Sturm-und-Drang-Zeit das Ilse-Tal bedichtet, offensichtlich von Heines »Harzreise« inspiriert. Erst als knapp Sechzigjähriger sollte er der »Prinzessin Ilse« begegnen; vielleicht wäre das nie geschehen, hätte Mete nicht von dem Mordfall berichtet, über den das Ilsenburger Kirchenbuch aus dem Jahre 1752 vermerkt: »Den 28. Juni morgens gegen 1 Uhr ist Johann Michael Bäumler, durch mordrische Hand seines Vaters erstochen ... sein Alter ist 19 Jahr.« Der Sage nach soll sich der Mörder unter der Klippe am Meineberg verborgen gehalten haben, um von dort aus die Beerdigung zu beobachten. Das Glockengeläut weckte sein Schuldgefühl, und um der peinigenden Qual zu entgehen, stürzte er sich von der Klippe, die seitdem die Bäumlerklippe heißt.

Zunächst fühlte sich der Balladendichter von diesem Stoff angesprochen, dann ging Fontane jedoch wie auf seinen märkischen Wanderungen vor, indem er in Ilsenburg Teile des alten Klosters skizzierte und auf dem alten, verwunschenen Kirchhof nach Spuren suchte. Unversehens verselbständigte sich die Mordgeschichte, begann zu wachsen und zu blühen. Er verpflanzte sie in die ihm vertrautere Umgebung von Wernigerode. Ilsenburg erscheint nur im 16. Kapitel von »Ellernklipp«, leicht verfremdet, als Ilseburg: »...als sie den halben Weg hatten und den Berg hinauf waren, der hinter einem der alten Klosterdörfer ansteigt, sahen sie das schöne Ilseburg mit seinem Turm und seinem Schlosse vor sich liegen, und an einem ausgestorbenen Kirchhof entlang, über dessen eingefallene Gräber hin eine ganze Wildnis von Holunder- und Hagebuttensträuchern wuchs, fuhren sie ... in das Städtchen hinein.«

Seine Helden – der schuldig gewordene Alte mit seiner jungen Frau und dem sterbenden Kind – nahmen also den gleichen Weg, den Fontane von Wernigerode aus über das Klosterdorf Drübeck nach Ilsenburg gefahren war.

Sehenswertes

Klosterdorf Drübeck gehört neuerdings wegen seiner um 1100 erbauten Basilika St. Viti zur berühmten »Romanischen Straße«; das ganze Dorf hat seinen eigentümlichen Charakter bewahrt.

Im 7. Kapitel von »Ellernklipp« wird erwähnt, daß der Heidereiter »nach Ilseburg hinüber müsse, wegen der Knappschaft«. In der Tat gab es in Ilsenburg seit dem 15. Jahrhundert Eisenbergwerke und Eisenhütten, die eh und je den Grafen von Wernigerode gehörten. Das *Hüttenmuseum* im ehemals gräflichen Marienhof vermittelt heute ein anschauliches Bild von der technischen Entwicklung und dem harten Kampf der Hüttenarbeiter ums tägliche Brot. Ein Oberaufseher, berüchtigter Leuteschinder, wurde im 19. Jahrhundert von seinen Untergebenen erschlagen. Heimlich wurde gesammelt, um dem »Rächer« die Überfahrt nach Amerika zu ermöglichen. Der Grabstein des Erschlagenen steht unweit der Marienkirche auf dem *Friedhof*, der in wild überwucherten Winkeln manches Geheimnis zu hüten scheint. Eine gußeiserne Tafel erinnert an die gräflichen Forstläufer Heinrich Wenzel und Friedrich Boettcher, die am 13. Mai 1850 im Hannekenbusch von Wilddieben erschossen wurden. Auf diesem Totenacker ahnt man am ehesten den poetischen und historischen Hintergrund, vor dem »Ellernklipp« spielt.

Das *Schloß* mit dem »von der Schloßberghöhe herabkommenden Gießbach« und seinem inneren Hof, in den »allerlei Holunder- und Ebereschenbäume mit ihren schwarzen und roten Beeren hineinwuchsen«, hatte Botho Graf von Stolberg-Wernigerode 1862 im neoromanischen Stil neu aufbauen lassen. Fontane nahm es als Vorbild für Schloß Arpa in »Graf Petöfy«.

Bliebe noch die »Ellernklippe« oder, authentisch, die *Bäumlerklippe* am Meineberg nahe Ilsenburg; wer sie sucht und findet wird enttäuscht sein: Sie ist so niedrig und unbedeutend, daß man sich beim Hinabstürzen höchstens den Fuß verstauchen kann.

Sachsen

»Daß die Sachsen sind, was sie sind, verdanken sie nicht ihrer ›Gemütlichkeit‹, sondern ihrer Energie. Dies Energische hat einen Beisatz von krankhafter Nervosität, ist aber trotzdem als Lebens- und Kraftäußerung größer als bei irgendeinem andern deutschen Stamm... *Sie* sind die Überlegenen, und ihre Kulturüberlegenheit wurzelt in ihrer Bildungsüberlegenheit, die nicht vom neusten Datum, sondern fast vierhundert Jahre alt ist. Das gibt dann, auch im erbittertsten Kampf der Interessen und Ideen, immer einen Regulator. Der sächsische Großstadtbürger ist sehr bourgeoishaft, der sächsische Adel sehr dünkelhaft ... und der sächsische Hof ist katholisch, was doch immerhin eine Scheidewand zieht, aber alle drei sind durch ihr hohes Bildungsmaß vor Fehlern geschützt, wie sie sich in andern deutschen Landen, ganz besonders aber im Altpreußischen, sehr hochgradig vorfinden. Alles, was zur Oberschicht der sächsischen Gesellschaft gehört, auch *die,* die Fortschritt und Sozialdemokratie mit Feuer und Schwert bekämpfen möchten – viel rücksichtsloser, als es in Preußen geschieht –, alle haben, mitten im Kampf, die neue Zeit begriffen, während die tonangebenden Kreise der ostelbischen Provinzen die neue Zeit *nicht* begriffen haben. Anachronismus innerhalb der gesamten Anschauungswelt, Rückschraubungen, sind in Sachsen unmöglich, womit nicht gesagt sein soll, daß in praxi nicht Schrecklichkeiten vorkommen.« (»Von Zwanzig bis Dreißig«, »Mein Leipzig lob ich mir«, Kapitel 3)

»Ich bin mit allem Sächsischen einverstanden, schon um der Manierlichkeit der Leute willen. Aber mit der sächsischen Küche, die namentlich in Saucen an dem alten Prinzip der Mehlpampe festhält, kann ich mich nicht einverstanden erklären.« (an Erich Schmidt, 15. 6. 1898)

»...daß der Volkscharakter gut sei, will ich nicht behaupten, aber alles vertritt einen Grad von Manierlichkeit, der bei uns doch noch vielfach fehlt. Alte Kultur ist kein leerer Wahn. Daß sie hier gegen alles Preußische gereizt sind, kann ich ihnen nicht verdenken; die Preußen geriren sich als die Ueberlegenen und sind es doch vielfach nicht.« (an Georg Friedlaender, 2. 6. 1898)

Fontanes Urteile über Sachsens Land und Leute scheinen recht willkürlich und auch nicht immer ernst zu nehmen, doch der – in Preußen höchst unpopuläre – Tenor stimmt: Sachsen war Preußen in zweifacher Hinsicht überlegen, zum einen aufgrund der älteren Kultur, zum andern aufgrund seiner Sensibilität für die Erfordernisse einer neuen Zeit.

Fontane durfte dies mit einiger Berechtigung schreiben, hatte er doch im stürmischen Vormärz, in Leipzig und in Dresden, den sächsischen Puls gefühlt. Auch später gab es mehrfach Verbindungen nach Dresden zu Redaktionen und Verlegern. Im hohen Alter schließlich pries er den Weißen Hirsch oberhalb Dresdens als einen Ort angenehm-bekömmlicher Sommerfrische.

Leipzig

»Zwanzig Jahr alt, kam ich nach Leipzig. Mit jener nur der Jugend eigenen Unverwüstlichkeit, setzte ich es durch, bei Tage Geschäftsmann, bei Nacht ein Mittelding von Student und Literat zu sein. Burschenschafter, so wie Schriftsteller siebenten Ranges wurden mein Umgang. Zahlungsunfähige Buchhändler standen im Hintergrunde und tauschten gegen jammervolle Schmeicheleien wahre Massen von pathetischen Freiheitsgedichten ein.« (Fontane an Gustav Schwab, 18. 4. 1850)

Warum hatte Fontane derart abwertend über seine Bekanntschaften geschrieben? Immerhin wissen wir aus seinen Lebenserinnerungen »Von Zwanzig bis Dreißig«, daß aus diesem Kreis angesehene Persönlichkeiten hervorgingen, aber auch hier bagatellisierte er, was die Leipziger Zeit betrifft, vieles, was ihn damals aus tiefstem Herzen bewegte. Halten wir uns an seine eigene Darstellung: Am 1. April 1841 trat er als Rezeptar in die Neubertsche Apotheke Zum Weißen Adler ein. Das stattliche Haus »lag in der Hainstraße, so daß ich, um dorthin zu gelangen, den echtesten und schönsten Teil von Leipzig, die Grimmasche Gasse und den Rathausplatz, zu passieren hatte.« Was er bis dahin kannte, war das ebenmäßig-langweilige Neuruppin, das abenteuerlich-romantische Swinemünde, das weitläufig-imposante Berlin und das verschlafene Burg. Leipzig bestach ihn allein schon dadurch, daß es ganz anders war, und der »in seiner Kunstbedeutung doch nur mäßig einzuschätzende Weg vom Post- und Universitätsplatz bis in die Hainstraße« machte auf ihn, »soweit Architektur und Stadtbild in Betracht kommen«, einen »berauschenden Eindruck«. (»Von Zwanzig bis Dreißig«, »Mein Leipzig lob ich mir«, Kapitel 1)

Alle vier Rezeptare der Neubertschen Apotheke arbeiteten an einem langen Tisch in einer Halle, »die fast einem Refektorium glich«, und alle vier schliefen im Hinterhaus in einer Dachstube mit kleinem Alkoven, in dem vier Betten standen. »...hier war nichts hübsch und Komfort kaum dem Namen nach bekannt: aber die grauen, steilen, regenverwaschenen Dächer, auf die mein Auge fiel, der gekräuselte Rauch, der aus den Schornsteinen aufstieg, und das Plätschern des Wassers, das aus den Röhren in die Kübel fiel – alles gewann mir Interesse ab ... alles Krumme und Schiefe, alles Schmustrige, alles grotesk Durcheinandergeworfene [hat] von Jugend auf einen großen Reiz auf mich ausgeübt... Es stand mir ... fest, daß es mir hier gut gehen würde. Und es ging mir auch gut.« (ebenda)

Im zweiten Kapitel desselben Abschnitts in »Von Zwanzig bis Dreißig« schildert Fontane den Sommer 1841 als eine wahre Wonnezeit. Da die vier Stubengenossen Frühaufsteher waren, aber erst nach acht am Rezeptiertisch erscheinen mußten, pflegten sie um sechs schon »in der Elster oder Pleiße ... ein Schwimmbad zu nehmen, und eine Stunde später ging es in das ›Rosenthal‹...« Auf Kintschys Veranda frühstückte Fontane am liebsten, die Vögel jubilierten in den großen, alten Bäumen, und Spatzen erbettelten tschilpend Brosamen von seinem Tisch. »Es war so reizend, daß ich selbst das Journallesen vergaß...« Am Vormittag erschienen »die Doktoren und verschrieben ihre Rezepte«. Es fanden sich aber auch solche ein, für die »die Apotheke bloß Lesehalle, Doktor-Börse, Klub-Lokal« war. Dr. Adler, der Klügste von allen, »leider in den Anfängen des Delirium tremens«, trug ihm dort »mit seltsam verglasten Augen« seine Übersetzung von Thomas Moores »Paradies und Peri« vor und provozierte den jungen Dichter zum Wettstreit. Das einzige, was er vermißte, war eine »Clique«, ähnlich dem »Lenau«- oder »Platen«-Klub in Berlin.

Leipzig verband sich für Fontane mit der Völkerschlacht; sein Vater, Freiwilliger des Krieges gegen Napoleon, hatte ihm oft und gern davon erzählt. »Das Völkerschlachtfeld war natürlich nicht auf einmal zu bewältigen, weshalb ich ... an einem Tage Gohlis und Möckern, an einem andern Connewitz und Stötteritz, an einem dritten Liebertwolkwitz, Markkleeberg und Wachau besuchte ... nur das weiß ich noch, daß der Wachau-Markkleeberger Tag den größten Eindruck auf mich machte, vielleicht weil es grade der Jahrestag der Schlacht, der 18. Oktober, war.« Der Abendhimmel, die welken, wehenden Blätter beflügelten seine Phantasie und ein »in etwas kindlichen Formen auftretende[s] Verlangen nach deutscher Freiheit« erfüllte seine Seele:

»Auf Leipzigs Schlachtgefilden
Ich heute gewandert bin.
Das fallende Laub der Bäume
Tanzte vor mich hin.

Der Herbst muß von den Bäumen
Die Blätter mähn und wehn,
Wenn wir den neuen Frühling
In Blüten wollen sehn.

Ein Herbst hat hier genommen
Des deutschen Laubes viel –
Wann wird der Frühling kommen,
Für den es freudig fiel?«
(»In der Markkleeberger Schenke«, Gedichte II)

Wenn er spät abends von seinen Schlachtfeldwanderungen heimkehrte, fühlte er sich, als hätte er mitgesiegt. »Daß die Freiheit noch nicht da war, machte mich nicht weiter tief unglücklich, ja vielleicht war es ein Glück für mich, ich hätte sonst nicht nach ihr rufen können.« Die dichterischen Resultate dieser »Wanderungen« erschienen in der von Robert Binder herausgegebenen Zeitschrift »Die Eisenbahn«. Der Name galt als Symbol eines anbrechenden neuen Zeitalters, die Lokomotive als das Gefährt, von dem Absolutismus und Feudalismus zu Grabe getragen werden. Das Niveau der Zeitschrift mit dem Untertitel »ein Unterhaltungsblatt für die gebildete Welt« war hoch, die Auflage gering, so daß sie nicht ins Fadenkreuz des Zensors geriet; er überhörte hier manche Töne, die er in einem Massenblatt wohl zum Verstummen gebracht hätte. Für Fontanes Sturm- und Drang-Phase war die Zeitschrift genau das richtige Podium. Einige Arbeiten – elegische Liebesgedichte und solche in damals üblicher Natur- und Freiheitssymbolik – waren bereits erschienen, ohne daß jemand auf den Dichter aufmerksam geworden wäre. Da schlug er plötzlich – absichtlich oder nicht – eine neue Tonart an: Mit dem Florett seines Witzes attakkierte er die Tempelwächter des Leipziger Schiller-Vereins, die den Erwerb einer echten Schiller-Weste zum nationalen Ereignis hochstilisierten. Titel der Satire: »Shakespeares Strumpf. Bei Gelegenheit eines Leipziger Festes, wo man mit einer Schiller-Weste Götzendienst trieb«. Die Verse erschienen am 10. 11. 1841 im vielgelesenen »Leipziger Tageblatt«, und jeder literarisch Interessierte fragte: Wer ist der Autor, der so unbedenklich forsch die Heilige Kuh der Leipziger zwickte? Mit einem Schlage hatte der Anonymus einen Namen – und die erhofften »literarischen Beziehungen«, denn die »fangen für einen jungen draußenstehenden Mann immer erst an, wenn sich etwas von Geheimbund oder mindestens Clique mit einmischt, erst wenn man Fühlung mit der Gegenwart hat, noch besser Friktionen, die dann zu Streit und Kampf führen; – *das* sind dann literarische Beziehungen. Sie sind ohne Gegnerschaft kaum denkbar.«

Robert Binder, ehemaliges Mitglied der Halleschen Burschenschaften und Verbreiter verbotener Schriften, hatte mehrere Jahre Untersuchungs- und Festungshaft hinter sich, als er am 1. Januar 1841 in Leipzig einen Verlag gründete, um mit preisgünstigen Buchreihen Bildung in alle Volksschichten zu bringen. Er scharte einen Kreis Gleichgesinnter um sich, zu deren Abendgesellschaften nun auch Fontane eingeladen wurde: »*Robert Binder* empfing mich in einem Vorzimmer seines ... ganz modernen Hauses, mit kleinen Außentreppen und Balkonen. Er war ein ausgesprochener Sachse, fein und verbindlich ... von weltmännischem Gepräge ...« Zwei weitere Herren fielen ihm auf. »Typische Westfalen, was ihre Superiorität von vornherein besiegelte ... der stattlichere: Hermann Schauenburg, der schönere: Hermann Kriege. Sie gehörten der Leipziger Burschenschaft an.« Als vierter im Bunde der an Wissen und Charakter bedeutende Dr. Georg Günther. Er vertrat den Typus des »*energisch* leidenschaftlichen, zornig-verbitterten ...«, man merkte »gleich, daß er in jedem Augenblick bereit war, sich übers Schnupftuch zu schießen.« Die beiden befreundeten sich und unternahmen lange Wanderungen, bis hin nach Eilenburg. »Auf diesen Spaziergängen hab ich mancherlei gelernt, denn er war ein sehr gescheiter Mann und sprach dabei so harmlos wie ein Kind.« (Kapitel 3)

»Harmlos wie ein Kind« plauderte Fontane Jahrzehnte später auch in »Von Zwanzig bis Dreißig« über diese Zeitabschnitte, in denen es ihm »bestimmt gewesen, unausgesetzt Revolutionären u.a. Leuten in die Arme zu laufen, ... die das, wofür sie kämpften, mit ihrem Leben oder mit ihrer Freiheit bezahlten«. Er nannte aus der Leipziger Zeit Robert Blum, Georg Günther, den Schwager Blums, und Jellinek. Aber man läuft nicht »unausgesetzt Revolutionären in die Arme«, es sei denn, man sucht ihre bevorzugten Orte auf. Und das war Binders Haus in der Inselstraße und die Kneipe des Gastwirts Koch. Hier verkehrten die Burschenschafter Wilhelm Friedensburg, Georg Pritzel, Ludwig Köhler, Hermann Semmig, Max Müller, Christian Albert Cruziger und Wilhelm Wolfsohn; hinzu kamen die beiden »Cherusker« Kriege und Schauenburg. Schwärmerisch waren alle, und wenn der Medizinstudent Schauenburg seinem Vater schrieb: »Da steh ich, kämpfend für alle,/ die unterdrückt./ Und ob ich siege oder falle,/ ich bin beglückt«, so entsprach das ihrer aller Lebensgefühl. Sie wollten nicht nur den umfassend ausgebildeten, politisch engagierten Studenten, sondern eine breite Bildungsbürgerschicht mit dem höchsten Ziel, die feudale Kleinstaaterei zu überwinden und die einzelnen zerstrittenen Teile Deutschlands unter den Farben Schwarz-Rot-Gold zu vereinen.

Sie grenzten sich strikt von *den* studentischen Verbindungen ab, die mit Trinkgelagen und Duellen den Kult um erstarrte Traditionen pflegten, und nannten sich »studentische Gemeinschaft« oder »Allgemeinheit« und ihre Zusammenkünfte »Geselligkeits- und Lesekränzchen«, in denen auch Nicht-Studenten willkommen waren. Die unter Eingeweihten (und auch unter den allgegenwärtigen Polizeispitzeln) als »Kochei« bekannte »Clique« taucht in Fontanes Lebenserinnerungen als »Dichterverein« und »Herwegh-Klub« auf, wobei er einschränkte: »Dichterisch kam dabei nicht viel zutage, trotzdem von unserm Klub ... drei stattliche Manuskriptpakete die Wanderung nach Zürich hin antraten, zu Froebel & Co. ...« Zürich war das verlegerische Zentrum für demokratisch-revolutionäre deutschsprachige Literatur. Herwegh hatte dort die »Gedichte eines Lebendigen« herausgebracht, die ihn über Nacht populär machten. Heerscharen dichteten nun nach diesem Muster. »Und alles waren Worte, Worte, Worte«,

Fontane schloß dabei die Gedichte der »Kochei« und seine eigenen nicht aus. – Sie kamen ungelesen zurück.

So sehr der *alte* Fontane bestrebt war, sein leidenschaftliches Engagement in März und Vormärz herunterzuspielen und zu ironisieren, an *einer* Stelle wurde er ernst und forderte die Regierungen auf, darüber nachzudenken, »›ob dieser oft in ungewollte Komik verfallenden Phrasenfülle nicht *doch* vielleicht etwas sehr Beherzigendes zugrunde liege.‹ Wie war damals die Situation? An das Hinscheiden Friedrich Wilhelms des Dritten hatten sich Hoffnungen für die Zukunft geknüpft, und diese Hoffnungen erkannte man sehr bald als eitel. Die Sehnsucht nach anderen Zuständen und die tiefe, ganz aufrichtige Mißstimmung darüber, daß diese Zustände noch immer nicht kommen wollten, *das* war das durchaus Echte von der Sache, das war *das,* was Männer und Knaben gleichmäßig ergriff und durch die Phrasenhaftigkeit derer, die kindlich tapfer auf ihrer Weihnachtstrompete bliesen, nicht aus der Welt geschafft wurde.« (Kapitel 4)

Den Männern der »Kochei« war es ernst, und sie bezahlten ihre Utopie von einer besseren, freieren und klügeren Welt teuer. Fontane konnte von Glück sagen, daß ihn im Februar 1842 ein heftiges rheumatisches Fieber für Monate aufs Krankenlager und ins strikte Privatleben zwang, denn bald darauf kam der ganze Kreis vor Gericht: Köhler und Semmig wurden in Leipzig, Schauenburg in Berlin, Kriege in München, Friedensburg in Halle verhört, inhaftiert und mit Karzer bestraft. In den Akten der Anklageschrift gegen Kriege befanden sich unter anderem auch die Manuskripte eines »Politischen Musenalmanachs«, den Fontane mit Max Müller projektiert hatte; darunter ein von der »Rheinischen Zeitung« sehr gelobtes, »geharnischtes Gedicht« von Schauenburg. Diesem gelang es, nachdem er seine Strafe verbüßt hatte, in Berlin zu promovieren, doch im Januar 1845 wurde er, streng bewacht, aus Preußen und Sachsen verwiesen. Er starb, verzweifelt an der Welt, viel zu früh.

Mit Kriege, dessen Leben immer »von einer gewissen Feierlichkeit getragen« war, traf sich Fontane noch bis zum Sommer 1842. Dann mußte der Westfale in seiner Heimat das Militärjahr abdienen. Wie befürchtet wurde er Monate später wegen Aufwiegelei erneut verhaftet und aus dreißig deutschen Staaten hinausgehetzt. Feuerbach bot ihm seine Freundschaft und ein Dach über dem Kopf, Engels nahm ihn in Elberfeld auf, Marx in Brüssel. Damals richtete Fontane an den Schwärmer, »des Seele frei von jedem Makel ist«, flammende Verse:

»...Sie strebten lang, die Flügel dir zu lähmen
Bei Gitterfenster und bei Kerkertor;
Du aber schrittst, um kühnen Flug zu nehmen,
Aus ihren Höhlen ungebeugt hervor.
Da wuchs ihr Groll; und als aus dreißig Staaten
Man systematisch dich hinausgehetzt,
Zwang man dich in die Jacke des Soldaten,
Die dir das Messer an die Kehle setzt...«
(»An Hermann Kriege«, Gedichte II)

Fünfzig Jahre später wird es dann nur noch lakonisch heißen, er sei »durch Hervorkehrung seiner freiheitlichen Anschauungen in eine sehr üble Lage« geraten. Kein Wort darüber, daß Kriege, Mitglied des Londoner Bundes der Gerechten, nach Amerika auswanderte, um in der Neuen Welt vielleicht doch noch seine kommunistischen Ideale verwirklichen zu können. Das Mißlingen der Märzrevolution und der Aufstände in Dresden und Baden ließen ihn vollends verzweifeln. Er verfiel in Schwermut und starb in der Silvesternacht 1850.

Auch Dr. Georg Günther, 1848/49 Mitglied des Frankfurter Parlaments, beeilte sich nach der Erschießung seines Schwagers Robert Blum in Wien, nach Amerika auszuwandern. »Dort ... wurde er Mediziner und verrichtete homöopathische Wunderkuren. Es ging ihm äußerlich gut, aber die Sehnsucht blieb.« Zwanzig Jahre später kehrte Günther arm nach Berlin zurück. Noch einmal verbrachte er mit Fontane »einen angenehmen und sehr interessanten Abend«. Er gab ihm sogar ein paar Gedichte zurück, die er damals in der »Eisenbahn« nicht mehr hatte veröffentlichen können. »Er suchte zu lächeln, ohne daß es ihm so recht gelang; er war ein gebrochener Mann.« (Kapitel 4)

Zwei Mitgliedern des »Herwegh-Klubs« blieb Fontane lebenslang verbunden: Wilhelm Wolfsohn und Max Müller.

Wolfsohn war Literaturwissenschaftler, aus Odessa gebürtiger Jude. Er war aufgrund schlimmer Erfahrungen von der Aufgabe erfüllt, die christliche und die jüdische Religion zu vereinen und durch Verbreitung fremder Kulturen Verständnis und Toleranz zu fördern. »Seine Domäne war die Gesamtbelletristik der Deutschen, Franzosen und Russen. Rußland ... stand mir ... obenan...« Fontane versäumte keine Vorlesung »und vom alten Derschawin an, über Karamsin und Schukowski fort, zogen Puschkin, Lermontow, Pawlow, Gogol an mir vorüber...« »Ich ging in meinem Feuereifer so weit, daß ich sogar Russisch bei ihm lernen wollte... Wolfsohn war mir sehr zugetan... Auch noch nachdem ich Leipzig verlassen hatte...« Er wohnte von 1837 bis 1843 im Hause des Tischlermeisters Gey, Schrötergäßchen 1, kehrte dann für sieben Jahre nach Rußland zurück, wo er in deutschen Zirkeln Vorlesungen über »allerjüngste deutsche Dichter« hielt, zu denen er auch Fontane zählte, so daß dieser zu der Zeit in Moskau oder Petersburg bekannter war als in Berlin. »1851, eben wieder von einer Petersburg Reise zurückgekehrt, trat Wolfsohn an die Spitze des ›Deutschen Museums‹, einer guten und vielgelesenen Zeitschrift« und heiratete die Tochter seines inzwischen verstorbenen Hauswirts, Emilie Gey, und zwar in Dessau, denn nur dort war es laut Gesetz einem Juden gestattet, eine Christin zu ehelichen. In Dessau konnte er auf Dauer nicht heimisch werden, und er ging nach Dresden, wo wir ihm wieder begegnen werden.

Der andere »lebenslängliche« Freund aus Leipziger Zeit war Max Müller, vier Jahre jünger als Fontane, Sohn des früh verstorbenen, hochgeachteten Sprachforschers, Dichters und Übersetzers Wilhelm Müller. Die verarmte Witwe zog an den Stadtrand von Leipzig, und Max begann im Sommer 1841 mit dem Studium alter Sprachen, lernte mit großem Eifer und immer in Sorge, man könne ihm aufgund seiner politischen Einstellung das notwendige Stipendium entziehen. Bereits nach vier Semestern bestand er das Examen und setzte in Berlin seine Studien fort. Hier traf er Fontane, der ein Jahr freiwillig gedient hatte, wieder, und bei Kaffee, Brot und Butter (für Milch und Zucker reichte das Geld meistens nicht) redeten sie nächtelang »unendlich viel über Göttliches und Menschliches«. Dem Spitzwegschen Dachstubenpoeten ähnlich vertiefte sich Müller in seine Sanskrit-Manuskripte, die ihn nach Paris und London führten. In größter materieller Not fand er immer wieder Fürsprecher, so in London den preußischen Gesandten von Bunsen. 1848, als Fontane vom Strudel der revolutionären Geschehnisse mitgerissen wurde, schrieb Müller aus London, sein Leben sei »innerlich lebendig und gegen das äußere Leben gleichgültiger« geworden. Am 9. November 1849 trafen sie sich in Fontanes dürftigem Chambre garni in Berlin wieder. Beunruhigt über die allgemeine Niedergeschlagenheit in Preußen berichtete er seinem väterlichen Freund Bunsen, der mit seinen liberalen Ansichten genügend Feinde in der Hofkamarilla besaß: »...die Guten sehen mit Schrecken wie das Pendel der Staatsmaschine, das im März so weit links geschwungen ward, jetzt mit derselben Vorsichtslosigkeit nach rechts geschwungen wird. Daß es auch von dort wieder eine Reaktion geben muß, ... scheint man zu vergessen – man glaubt das Pendel rechts festhalten zu können, ohne zu bedenken, daß entweder das Uhrwerk zerbrechen oder das Gewicht mit derselben Gewalt sich zurückstürzen wird.« (12. 11. 1849)

Aufatmend war Müller nach England zurückgekehrt. 1868 erhielt er in Oxford eine Professur, wenn auch nicht die erhoffte. Als Fontane 1855 in London arbeitete, saßen sie oft im Café Divan beisammen; Müller lud Fontane nach Oxford und Godstow ein und »das Imponderable des Historisch-Romantischen« beeindruckte Fontane sehr, war es doch die Szenerie, in der »Die schöne Rosamunde« entführt worden war. Im Kriege 1870/71 korrespondierten beide wieder lebhaft miteinander. 1876 begegneten sie sich in Berlin bei einer Abendgesellschaft im Hause Bunsens. Und wieder zwanzig Jahre später publizierten beide in Rodenbergs »Deutscher Rundschau«. Im Oktober 1896 erschienen in derselben Nummer von »Cosmopolis« als Vorabdrucke das Kapitel »Der 18. März« aus »Von Zwanzig bis Dreißig« und, in englischer Sprache, »Musical Recollections« aus »Auld Lang Syne«, der Autobiographie Müllers. Im Dezemberheft derselben Zeitschrift finden sich unter dem Titel »Literary Recollections« Müllers Erinnerungen an die Leipziger Freunde. Müller schlug hier wesentlich schärfere Töne an als Fontane; unverhüllt anklagend heißt es: »Robert Blum mag ein gefährlicher Mann für das damalige, von politischer Aufregung bestimmte Deutschland gewesen sein, aber Jellineck war nichts als ein vollkommen harmloser Wissenschaftler, ... den ich als Teilnehmer eines kleinen Arabisch-Lektüre-Kurses bei Professor Fleischer in Leipzig kannte ... einen harmlosen Studenten nach einem Militärgerichtsverfahren zu erschießen war nicht besser als Lynchen.« (»Literary Recollections«)

Fontane beurteilt die Bedeutung Wolfsohns und Müllers für ihn selbst, sich ganz aufs Private zurückziehend: »...wenn ich Wolfsohn alles verdanke, was ich von vorturgenjewscher russischer Literatur weiß, so Müller alles, was ich von Sanskritdichtung weiß. Es ist ein Glück, daß man kluge Freunde hat und daß der Verkehr mit ihnen dafür sorgt, daß einem ein bißchen was anfliegt.« (Kapitel 4)

Zurück nach Leipzig und ins Jahr 1842: Bereits Ende Februar waren die unbeschwerten Tage in der Hainstraße vorbei; Fontane erkrankte an Febris gastrico inflammatoria, ein rheumatisches Fieber kam hinzu, und er lag von Schmerzen und Langeweile gequält in Dr. Neuberts Dachkammer. Zum Glück lebten sein Onkel August und seine Tante Pinchen, bei denen er schon als Schüler in Berlin gewohnt hatte, zu der Zeit in Leipzig; Tante Pinchens »unbezwingbarer Hang, sich als rettender Engel in Szene zu setzen« (sie spielte zwar nicht mehr auf der Bühne, dafür aber im Leben permanent Theater), entriß ihn dieser »Thyphusbrutstätte« und bewog ihn, »in ihre Wohnung in der Poststraße zu übersiedeln, wo trockne, helle Räume waren«. (Kapitel 5) Zum 31. März schied Fontane aus der Apotheke Zum Weißen Adler aus und genas in wenigen Wochen, wozu auch das heitere Klima der beiden Lebenskünstler beitrug. »Wir gingen in den Großen und Kleinen Kuchengarten, aßen in einem reizenden nach Lindenau hin gelegenen Vergnügungslokal allerliebste kleine Koteletts und ein Gemüsegericht dazu, das, glaub ich, ›Neunerlei‹ hieß und als eine Leipziger Spezialität galt... Es waren sehr angenehme Wochen.« (Kapitel 7)

Man wagte sogar einen Ausflug in die Sächsische Schweiz mit einem kleinen Abstecher nach Dresden, wo Fontane am 1. Juli 1842 in die berühmte Apotheke des Dr. Struve eintreten sollte.

Leipzig heute

Leipzig ist noch immer eine Stadt der Bücher, der Literatur, des unruhigen Geistes. Architektur und Stadtbild sind zwar nicht mehr »berauschend«, oder wenigstens nur noch teilweise. Die Apotheke Zum Weißen Adler in der Hainstraße 9 existiert noch und hält auf Tradition; auch das Haus Robert Binders in der Inselstraße 5 (nach jetziger Numerierung Nr. 18) blieb von Fliegerbomben verschont. Man erkennt es leicht an der Gedenktafel für Clara und Robert Schumann, die zeitweise in diesem Hause wohnten.

Rund ums Rosenthal gibt es seit neuestem mehrere große und kleine Kuchengärten, sie sind allerdings nicht mehr ganz so idyllisch wie bei Kintschy. Und das »Leipziger Neunerlei« ist heute noch berühmt. Im Museum für Stadtgeschichte ist besonders die bewegte Geschichte des Vormärz lebendig aufbereitet.

An die Völkerschlacht von 1813 erinnert ein monströses Denkmal, das Fontane noch nicht kannte; es wurde erst 1913 eingeweiht. Wenn man Glück hat und einen runden Jahrestag erwischt (wie im Oktober 1993), kann man das große Ringen und den Sieg über Napoleon unmittelbar miterleben; dann wird das Gefecht von Auenhain nachgespielt mit tausend Kämpfern, Schall und Rauch und Tschingbumtrara, in echten Kostümen und mit (glücklicherweise) falschen Verwundeten; ein stilgetreues Feldlager ist dann auf dem heutigen Messegelände aufgeschlagen, ein großes Biwak mit Post, Schmiede, Lazarett und Apotheke. Tausende von Geschichtsversessenen aus ganz Europa reisen dazu an, und auf dem Markt gibt es zum Abschluß noch eine historische Vorführung mit lebenden Bildern. So kann jeder – wie seinerzeit Fontane – das Gefühl mit nach Hause nehmen, »als habe er mitgesiegt«.

(Zitate, soweit nicht anders vermerkt, aus »Von Zwanzig bis Dreißig«.)

Dresden

Der Eintritt in die Salomonis-Apotheke des Dr. Struve »wurde von mir wie Gewinn des Großen Loses angesehen... Struve galt für absolute Nummer eins in Deutschland ... und verdiente diesen Ruf auch. Ich verbrachte da ein glückliches Jahr, wenn auch nicht ganz so vergnüglich wie das in Leipzig. Es war alles vornehmer, aber zugleich auch steifer.«

Merkwürdigerweise erfährt der Leser von diesem glücklichen Jahr (1. 7. 1842 bis 1. 4. 1843) nicht viel mehr, als daß der Sommer heiß, der Konsum an Mineralwasser plus Himbeer-, Erdbeer- und Berberitzensaft enorm und die beiden Kollegen »gute Kerle« gewesen sind; der eine Lüneburger »mit einem mächtigen rotblonden Sappeurbart«, der andere ein überaus modebewußter Schwabe, der sich in Paris eingekleidet hatte, während Fontanes Garderobe »zu drei Vierteln aus dem damals von meinen Eltern bewohnten großen Oderbruchdorfe [stammte], darin es ... nur lange, dunkelblaue Bauernröcke gab«. (»Von Zwanzig bis Dreißig«, »Mein Leipzig lob ich mir«, Kapitel 7) Das hinderte ihn aber nicht, so oft wie möglich ins Theater zu gehen; er sah Mosens »Bernhard von Weimar«, Halms »Sohn der Wildnis« und vor allem Shakespeare; Döring als Shylock und Lear, Devrient als Hamlet. Shakespeare bewegte ihn so sehr, daß er begann, den Hamlet in moderneres Deutsch zu übertragen; allerdings gab er es bald auf.

Es muß wohl in Dresden so etwas wie einen Apotheker-Stammtisch gegeben haben, jedenfalls berichtete sein Kollege Richard Kersting (15. 9. 1842) seiner Mutter: »Ich freue mich sehr, daß Fontane zu uns gekommen ist, er bringt wirklich ein etwas gemütlicheres Leben in die hölzerne Genossenschaft. Er ist höchst liebenswürdig durch seine offene, stets gleichbleibende, sanfte Freundlichkeit, hat einigen Witz und einen großen Hang zu poetischer Schwärmerei, im Dichten hat er sich mit Glück versucht ... und das beste für seine Achtbarkeit ist, daß er bei Alle dem ein recht tüchtiger Apotheker ist...«

Der Vater des Briefschreibers, Georg Friedrich Kersting, war Maler und Vorsteher der Porzellanmanufaktur auf der Albrechtsburg zu Meißen. Von seiner Hand gibt es ein Kreide-Porträt Fontanes aus dem Jahre 1843. Seinem Bruder bekannte Richard (2. 3. 1843), er verdanke Fontane »viel schöne Stunden. Seit letztem Herbst sind wir alle Mittwoch-Abende bei einer Tasse Thee pp. traulich in meiner Stube zusammen gesessen und haben uns an Poesie, Politik, Kritik, auch Metaphysik weidlich ergötzt.« Fontanes geistiger Habitus habe zwar »viel Schönes, Edles«, doch verteidige er »nicht selten die niederträchtigsten Maximen, aber eigentlich nicht, weil sie die seinen sein, sondern weil es ihm Gelegenheit giebt, seinen Scharfsinn glänzen zu lassen.« Doch es waren damals Fontanes eigene Maximen, deren Radikalität nicht nur Kersting erschreckte.

Außer den Mittwoch-Tee-Abenden pflegte er weiter die Verbindung zum Leipziger Kreis revolutionärer Burschenschafter, traf sich mit Max Müller, mit Schauenburg, Jellinek und Kriege, über den er auch mit Michael Bakunin und Iwan Turgenjew bekannt wurde. Vor allem vertiefte sich die Freundschaft zu dem russischen Literaturwissenschaftler Wilhelm Wolfsohn. Ihm gestand er sogar, zitatenreich, geheimen Liebeskummer und beichtete eine »betäubende Leere«: »...sie wird nicht eher enden als bis ich die Unbekannte, die Namenlose gefunden habe, die mich mit Sehnsucht erfüllt... So oft mich ein liebeverwandtes Gefühl beschlichen, ward es plötzlich öde und leer in meiner Seele; ...das Bewußtsein, daß alles eitel, wohl gar schal und abgeschmackt sei, gewann mehr und mehr Leben in mir.« (Anfang Juli 1842)

Fontanes Antworten auf Wolfsohns Frage, was es denn Neues in Dresden gäbe, wuchsen sich oft zu wahren Feuilletons aus. Immer neuen Stoff lieferten die illustren Gäste des benachbarten noblen Hotel de Saxe: »Als Licht erster Größe macht sich der Fürst Pückler bemerkbar, der hier in Sehnsucht seines Schnelläufers Mensen Ernst harrt, der im Auftrage seines Herrn die Quellen des Nil entdecken und eine Wasserprobe mitbringen soll, damit die Tutti Frutti's des Verstorbenen einmal mit einer neuen Sorte Wasser aufwarten können... Von Braun von Braunthal hab ich einen blonden Ziegenbart, von Adolph Bube eine Ballade, von Tieck aber ein früheres Dienstmädchen gesehn, die etwas sehr klassisch und durchaus nicht novellistisch war...« (ebenda) Fontane nahm hier persiflierend den Stil des Gartenkünstlers und Reiseschriftstellers Pückler-Muskau auf, dessen »Tutti Frutti« gerade anonym erschienen waren: Gesellschaftsklatsch, Geistreicheleien, durch wirklichen Esprit veredelt. Wie Pücklers, so steckten auch Fontanes Plaudereien für Insider voller Anspielungen, zum Beispiel die auf Ludwig Tiecks verworrene Liebschaften.

Einige dieser Briefe an Wolfsohn gelangten denn auch, nur wenig bearbeitet, ins Feuilleton der Leipziger »Eisenbahn«, für die Fontane auch weiterhin Gedichte lieferte, volksliedhafte Liebeslyrik und politische Verse, polemisch-spöttisch, wenn es den Gegner, illusionistisch, wenn es Gleichgesinnte betraf. So endete der Nekrolog für das verbotene »Athenäum«, Organ der Berliner Junghegelianer, in dem auch Marx und Engels publizierten: »Du wolltest siegen oder sterben, / Und nicht als Sklav im Dienste stehn; / Die Götter ließen dich verderben / Zu – phönixgleichem Auferstehn.« (»Das Athenäum«, Gedichte II)

Bald sah Fontane ein, daß er das, was er sagen zu müssen glaubte, zurückhaltender ausdrücken müsse; die politische Lage gebot Vorsicht: Allen, die auf den neuen König gehofft hatten, wurden sehr schnell die Flügel gestutzt, Dingelstedt für seine »Lieder eines cosmopolitischen Nachtwächters« strafversetzt, Hoffmann von Fallersleben, Freiligrath und Herwegh aus Preußen ausgewiesen. Also hielt sich Fontane bei seinen Kritiken an außerpreußische Vorgänge. Er übersetzte die Anti-Cornlaw-Rhymers, die sich 1842 in England als Sprachrohr der Chartisten empfanden, und den Arbeiterdichter John Prince – nicht wegen seiner poetischen, sondern wegen seiner menschlichen Bedeutsamkeit: Prince, ein armer Weber, hatte sich aus Hunger und Elend »zu einem Mann von Bildung und Geschmack emporgeschwungen«. Im Vorwort zu den Gedichten schrieb Fontane von den »Männern ... denen das Elend der niederen Volksklassen nicht nur tief zu Herzen ging, nein, deren Streben auch dahin gerichtet war, rettend, hilfeleistend einzuschreiten. Man faßte die riesige Idee, die Gesellschaft zu reformieren...« Um die Hintergründe besser zu verstehen, quälte sich Fontane sogar durch Lorenz von Steins soeben erschienenes Buch »Der Sozialismus und Kommunismus im heutigen Frankreich«. Er nannte Prince »geradezu ein[en] Sänger des Sozialismus... Selbst da, wo er der Freiheit Lieder singt, handelt es sich nicht um Sicherstellung persönlicher, nicht um Gewährung politischer Freiheit ... nein, den Armen will er die Ketten nehmen ... und ob auch noch Jahrhunderte vergehen mögen, bevor der große Schritt geschieht, zu dem die Welt bereits den Fuß erhoben hat – ob spät, ob früh, geschehen wird er doch... Es gilt die Emanzipation vieler Millionen...«

Mit diesen Gedichten versuchte er im Sommer 1843 in Leipzig Fuß zu fassen; man bot ihm »die Redaktion eines belletristischen Blattes an und, ehrlich genug, um auch Andre für ehrlich zu halten, schlug [ich] ein... Gnädige Götter hatten es anders bestimmt... Augenblicklich freilich war die Verlegenheit groß.« (an Gustav Schwab, 18. 4. 1850)

Dresden aufgegeben, in Leipzig nicht gelandet, suchte er erstmal in Vaters Apotheke im Oderbruch Zuflucht, um die für das Examen erforderlichen Gehilfenjahre absolvieren zu können; nebenbei bereitete er sich auf ein Medizin-Studium vor, aus dem dann doch nichts werden sollte. Im April 1844 zog er die Uniform eines Einjährig Freiwilligen im Kaiser-Franz-Regiment an, machte eine Englandreise und brachte weitere Jahre in Berlin »mit Rezept- und Versemachen ehrlich hin«. Es folgte das Jahr der Revolution, die Fontane zunächst aus vollem Herzen bejahte, dann deren Scheitern, das er lange nicht wahrhaben wollte.

Am 1. Oktober 1849 lief ein zeitlich begrenzter Arbeitsvertrag mit dem Berliner Krankenhaus Bethanien ab. Sechs Wochen später war die geringe Barschaft aufgezehrt und er sandte aus seinem verwanzten Chambre garni in der Luisenstraße Hilferufe an Wilhelm Wolfsohn in Dresden; der Freund antwortete drei Tage später: »Die ›Dresdner Zeitung‹, ein demokratisches Blatt, braucht einen Korrespondenten in Berlin. Du sollst ›hochwillkommen‹ sein.« (13. 11. 1849) Fontane ergriff den Strohhalm unbesehen. »Das Machen in Politik ist zwar eigentlich nicht mein Fall, und die Summe die's abwirft ist gering, indeß es ist doch was.« (15. 11. 1849)

Schon im ersten Artikel (15. 11. 1849) hielt er sich nicht zurück: »Das *Polizeiregiment* ist in Blüte. Auflösungen demokratischer Vereine und Ausweisungen mißliebiger Persönlichkeiten sind Parole und Losung, – das Alpha und Omega neupreußischer Staatsweisheit. Es ist eine Schande.« Es wird ein Thema mit Variationen. Nicht alle Artikel wurden gedruckt. Bald erkannte er: »Mein Gehen mit der Dresdner Zeitung kann ... nur ein flüchtiges sein ... ich werde Gelegenheit haben, nach wie vor auf die Polizei zu schimpfen, und den augenblicklichen Kammer-Jammer zu bejammern. Aber die Entrüstung über *unpreußische* Handlungsweise der jetzigen preußischen Machthaber wird nie so weit gehen, daß ich das Kind mit dem Bade ausschütte und wohl gar Land und Volk schmähe, aus *Liebe* zu dem ich überhaupt nur in Entrüstung gerathen konnte.« (an Wilhelm Wolfsohn, 11. 12. 1849) Die Zeitung zahlte wenig und zögerlich. Wolfsohn kümmerte sich um die Honorare, damit Fontane zur Jahreswende seine Braut in Liegnitz besuchen konnte, er holte auch vom Verleger Katz in Dessau die ersten Exemplare der »Schönen Rosamunde«, »warm, wie sie aus dem Ofen kommen«; für alle das schönste Weihnachtsgeschenk.

Mit der »Dresdner Zeitung« traf Fontane eine Abmachung: Er versuchte, »das alte Preußen«, wie es durch den Großen Kurfürsten, den alten Derfflinger oder den alten Dessauer vertreten wurde, dem sterilen Polizeistaat der Gegenwart gegenüberzustellen. Selbst die Zeit unter Friedrich Wilhelm III., der als Patriarch das Volk »geschont und geliebt« habe, mußte herhalten. Und nun werde »das Volk ... behandelt wie ein wildes Tier: so wie es das Gitter packt, um einen der Eisenstäbe zu zerbrechen, trifft es das spitze Eisen des Wärters, oder die Kugel dringt ihm ins Herz.« Und weiter: »Die neue Zeit wird kein geborener Preuße sein; wie immer wird von jenseit des Rheins der Sturm kommen, der den ›Kehraus‹ bei uns tanzt und den Boden rein fegt für einen neuen Tag.«

Alles Lavieren nützte nichts auf Dauer. Der letzte Artikel erschien am 13. April 1850. »Mit der Dresdner Zeitung ist's auch vorbei. Aus zweierlei Gründen: einmal steh' ich wirklich auf einem ganz andern Gebiet und mußte mir in vielen Fällen geradezu Zwang anthun; dann aber war mir's auch lästig, im Lauf des vor'gen Monats *dreimal* schreiben und mein vierteljähriges Honorar erbitten zu müssen, bevor es endlich eintraf.« (an Wilhelm Wolfsohn, 3. 5. 1850)

Ganz und gar verleugnet hat Fontane seine Ansichten zum Vormärz auch später nicht. Man liest da, wo man es nicht vermutet, in der Geschichte des Neuruppiner Garnisonsregiments und dessen Einsatz gegen die Aufständischen im Mai 1849 in Dresden: »Die Barrikaden ... waren nach Anleitung Sempers errichtet, die revolutionäre Armee selbst aber bestand aus Turner-, Künstler- und Studentencorps, aus Teilen der Schützengilde, der Bürgerwehr, aus formierten Abteilungen militärisch eingeübter Bergleute und aus Umsturzmännern vom Fach, namentlich Polen. Es handelte sich also nicht um ›Gesindel‹, ... sondern ... um eine Elitetruppe, die nach Intellekt, Wissen und bürgerlicher Stellung erheblich höher stand als die uckermärkischen Füsiliere, die hier unsrerseits in den Kampf eintraten. Je bestimmter ich auf Seiten dieser letztren stehe, desto freier auch darf ich es aussprechen, daß nichts falscher und ungerechter ist, als auf die Schar des Maiaufstandes verächtlich herabzublicken... Eine Republik herstellen zu wollen ist nicht notwendig eine Dummheit, am wenigsten eine Gemeinheit.« Diese Sätze wurden 1873(!) geschrieben und 1875 in der dritten Auflage der »Wanderungen durch die Grafschaft Ruppin« (Kapitel »Die Ruppiner Garnison. Der Straßenkampf in Dresden«) zum ersten Mal gedruckt.

Auch in späteren Jahren ergaben sich für Fontane immer mal wieder Kontakte mit Dresden. Im September 1879 mietete er sich – nach einem arbeitsreichen Sommer in Wernigerode – in Lingke's Hôtel in der Seestraße ein, um die im Harz konzipierte Novelle »Ellernklipp« zu schreiben. »Das Zimmer, das ich habe, sagt mir zu und Thee und Kaffe genügen mir vollkommen. Ich bin ganz appetitlos ... habe heute das erste, wichtige – weil *ton*angebende – und ziemlich lange Kapitel beendet.« (an Emilie Fontane, 24. 9. 1879) Länger als zehn Tage ist er wohl nicht geblieben, die Pflichten des Theaterkritikers riefen ihn nach Berlin zurück.

Mit Dresdner Verlegern machte Fontane keine schlechten Erfahrungen: 1887 erschien »Cécile« als Vorabdruck im »Universum«, im Jahr darauf »Irrungen, Wirrungen« im Verlag von Friedrich Wilhelm Steffens.

Als Heinrich Lahmann 1887 auf dem Weißen Hirsch ein Sanatorium für Naturheilkunde begründete, spielten die immer wieder von gastrischen Störungen geplagten Fontanes mit dem Gedanken, hier einen Sommer zu verbringen. Leider war das auf den Elbhöhen, 95 Meter über der Stadt gelegene Kurhaus für die über Siebzigjährigen beschwerlich zu erreichen. Erst als die Standseilbahn Loschwitz im Tal mit dem Weißen Hirsch verband, entschieden sie sich – und bereuten es nicht. »Die Luft ist herrlich, und ich habe mich über Erwarten erholt. In diesem Gefühl einer gewissen Aufmöblungsmöglichkeit liegt doch immerhin ein Trost.« (an Erich Schmidt, 15. 6. 1898) Sechs Wochen blieben Fontanes; zuerst war es für die Jahreszeit zu kühl, dann zu schwül, aber es schien ihnen nichts auszumachen, »weil wir uns in unsren Nerven erquickt und gestärkt fühlen. Dr. Lahmann, der hier haust und herrscht, hat sich den Platz gut ausgesucht. Alles hier ist lahmannsch, auch die eingeborene Bevölkerung, so daß alles nacktbeinig umherläuft oder nur kleine, fast sandalenhafte Schuhe trägt; Strümpfe, bei der Mehrzahl der Kinder, ganz ausgeschlossen. Dies wirkt aber nicht häßlich oder ärmlich, sondern umgekehrt graziös. ... Wir sind schon 14 Tage hier und waren noch nicht einmal in Dresden ... da das Stillsitzen uns am meisten behagt.« (an Georg Friedlaender, 2. 6. 1898) Der Appetit stellte sich ein, Kreislauf und Puls belebten sich, die Briefe an Georg Friedlaender und James Morris über englisches Illustrationswesen und -unwesen zeigten wieder Biß und Humor; an seinen Sohn, den Verleger, schickte er eine Namensliste derjenigen, die ein gebundenes Exemplar »Von Zwanzig bis Dreißig« bekommen sollten und machte sich lustig über den »Wahlkrempel«, der die Reichshauptstadt über Gebühr beschäftigte. »Hinter einer Volks*wahl* muß eine Volks*macht* stehn, fehlt *die,* so ist alles Wurscht.« (an Friedrich Fontane, 16. 6. 1898) Er amüsierte sich über seine wiedererwachte Aktivität und zitierte Schiller: »›Noch am Grabe pflanzt‹ usw. ...« (an Erich Schmidt, 15. 6. 1898) – Es war seine letzte Sommerfrische.

Von der spätsommerlichen Kur in Karlsbad kehrte er erschöpft nach Berlin zurück, um noch die letzten Korrekturbogen zum »Stechlin« durchzusehen. Emilie unterbrach die Reise in Dresden, um ein paar Tage bei ihrer inzwischen verwitweten Freundin Johanna Treutler zu verbringen. Ein Entschluß, den sie bitter bereuen sollte, denn dort erreichte sie am 21. September die Nachricht, daß Fontanes Herz in der Nacht zuvor plötzlich aufgehört hatte zu schlagen.

Dresden heute

Am 13. Februar 1945, wenige Wochen vor Kriegsende, ging das von Malern und Dichtern gepriesene Elbflorenz im Phosphorregen unter, nur der Weiße Hirsch blieb weitgehend verschont, also auch die Lahmannschen Häuser. Doch in den darauffolgenden Jahrzehnten wurden sie von Angehörigen des sowjetischen Armeehospitals bis zur Unkenntlichkeit »verwohnt«. Sie harren, wie viele Gründerzeit- und Jugendstil-Villen der Nachbarschaft, des liquiden Prinzen, der sie wachküßt und zu neuem Leben erweckt. Nur die Standseilbahn von 1895 erwies sich als unverwüstlich; ebenso überstand die Villa mit den drei Rundbogenfenstern in der Residenz-(später Loschwitzer) Straße 39, die Johanna Treutler von 1897 bis 1900 bewohnte und in der Emilie Fontane die Todesnachricht empfing.

Die Salomonis-Apotheke wurde in jener Schreckensnacht unter den Trümmern der Altstadt begraben; ihr Standort zwischen Galerie- und Landhausstraße ist leicht zu bestimmen durch die Nähe des sorgfältig wiederaufgebauten Landhauses, in dem früher die Stände tagten und das seit 1966 als Museum für Stadtgeschichte dient. Allein das wundervolle, zwischen Rokoko und Klassizismus schwebende Treppenhaus, das auch Fontane entzückt haben dürfte, ist eine Besichtigung wert. In den oberen Räumen findet man reichlich Dokumente und Requisiten aus dem Vormärz und vom Mai-Aufstand, auch Ausgaben der »Dresdner Zeitung« mit den Artikeln Fontanes sowie Ansichten der Salomonis-Apotheke und des Theaters. Wiedererstanden sind Zwinger, Opernhaus und Brühlsche Terrasse, auf der Fontane gern – meist im »Feentempel« – zu frühstücken pflegte.

An diesem Ort, mit dem Blick aufs »Blaue Wunder«, läßt Fontane – fast ein halbes Jahrhundert später – Woldemar von Stechlin und Armgard von Barby auf ihrer Hochzeitsreise ein zweites Frühstück nehmen. Und in den ebenfalls erhaltenen Großen Garten verlegte er das Duell, in dem Baron von Innstetten den Major Crampas erschießt.

Dresden, obligatorisch erste Etappe einer klassischen Hochzeitsreise nach Italien, spielt auch in »Irrungen, Wirrungen« eine Rolle; man kann heute noch die Dinge besichtigen oder nacherleben, die die lustige, unbeschwert dahinlebende Käthe von Rienäcker damals »am hübschesten« fand: »›Bacchus auf dem Ziegenbock‹ im Grünen Gewölbe« und »die Konditorei am Altmarkt und der Scheffelgassen-Ecke mit den wundervollen Pastetchen und dem Likör. Da so zu sitzen...« (Kapitel 16)

Anders als in Wien, Kissingen oder Kopenhagen ist es gerade in einer Stadt, die sich so stark verändert hat, wie ein Abenteuer, Stellen aufzufinden, die noch so sind, wie sie Fontane gesehen hat.

Herrnhut

»Persönlich bin ich ganz unchristlich, aber doch ist dies herrnhutische Christenthum ... das Einzige, dem ich eine Berechtigung und eine Zukunft zuspreche.« (Fontane an Georg Friedlaender, 13. 3. 1896)

Das Herrnhutertum spielt in drei Romane Fontanes hinein: In »Vor dem Sturm« ist es vertreten durch die »Tante Schorlemmer«, Faktotum und Vertraute der Familie von Vitzewitz, in »Ellernklipp« verkörpern es andeutungsweise die Gräfin von Emmerode und die »Gestalt des ›erleuchteten‹ Schäfers, eines wahrhaft Frommen im gut herrnhutischen Sinne des vorigen Jahrhunderts« (Paul Schlenther in »Deutsche Literatur-Zeitung«, 10. 12. 1881). Und eine mit allen Vorzügen und Schwächen ausgestattete Herrnhuterin ist auch Christine Gräfin Holk in »Unwiederbringlich«. Sie ist edel und hilfreich, das personifizierte Pflichtgefühl, und kann dennoch – oder deswegen? – in ihrer Umgebung keine rechte Gegenliebe finden. »Immer Erziehungsfragen, immer Missionsberichte von Grönland oder Ceylon her, immer Harmonium, immer Kirchenleuchter, immer Altardecke mit Kreuz. Es ist nicht auszuhalten.« (Kapitel 5) Ähnlich wird auch »Tante Schorlemmer« charakterisiert. Renate von Vitzewitz sagt in aller Liebe zu ihr: »...du bist so gut, aber einen kleinen Fehler hast du doch. Alles, was dir nicht paßt, das ist für dich nicht da, und wenn es doch da ist, so glaubst du es mit einem guten Spruch aus der Welt schaffen zu können.« (»Vor dem Sturm«, Band II, Kapitel 16)

Obwohl Fontane nie in Herrnhut war, hatte er doch Gelegenheit, eine fast klassische Vertreterin des Herrnhutertums zu studieren. Es war Bertha Kinne (1807–1870), die dritte Frau des Rates Karl Wilhelm Kummer, der 1828 die vierjährige, unehelich geborene Emilie Rouanet (spätere Frau Fontanes) adoptiert hatte. Als Bertha Kinne 1839 den wesentlich älteren Mann heiratete, war sie 32, Emilie 15 Jahr alt. Beide blieben einander über lange Jahre herzlich verbunden, was 93 erhalten gebliebene Briefe bezeugen. Vier davon tragen handschriftliche Zusätze des jungen Ehemannes Theodor Fontane. Bei aller Hochachtung vor herrnhutischer Tüchtigkeit bewahrte der Dichter doch zeit seines Lebens eine kritische Distanz: »Ich finde es ... anmaßlich, wenn ein Schusterssohn aus Herrnhut 400 Millionen Chinesen bekehren will.« (an Maximilian Harden, 8. 8. 1895)

Der Ursprung der Herrnhuter lag in der böhmischen »Brüder-Unität«, die das Gedankengut von Jan Hus verfocht. Es ereilte sie das gleiche Schicksal, das auch den Vorfahren Fontanes in Frankreich widerfahren war: Um ihres Glaubens willen mußten sie ihre Heimat Böhmen und Mähren verlassen. Reichsgraf Zinzendorf gab ihnen 1722 die Erlaubnis, am Fuße des Hutberges in der Oberlausitz eine Siedlung zu errichten, die später Mittelpunkt einer weltweiten sozialen, pädagogischen und religiösen Tätigkeit werden sollte. Da sie selbst das Leid der Ausgestoßenen erfahren hatten, zogen sie aus, um denen zu helfen, die unter besonders schweren Bedingungen zu leben gezwungen waren: 1732 zu den afrikanischen Plantagensklaven auf den Westindischen Inseln; 1733 zu den Eskimos nach Grönland; 1735 zu den Buschnegern nach Surinam und in viele andere Gegenden in Afrika, Asien, Australien und Nordamerika. Sie arbeiteten als Lehrer, Krankenschwestern, Ärzte, Handwerker, Kaufleute und Theologen und wohnten mit ihren Familien in Missionsstationen.

Da sie nicht mit Feuer und Schwert, sondern mit der Kraft des guten Beispiels wirken wollten, war der missionarische Erfolg nicht überwältigend. So läßt Fontane »Tante Schorlemmer« immer wieder von dem einen Eskimo erzählen, der sich taufen ließ, es war der einzige in zehn Jahren. In Tibet bestand die Herrnhuter Gemeinde nach fünfzig Jahren Mission aus hundert Seelen.

Sehenswertes

Das Städtchen Herrnhut trägt noch heute den Prägestempel der Brüderschaft, die, ungeachtet der wechselvollen Zeitläufte, an ihrer weitgehend autonomen Selbstverwaltung festhielt. Städtebaulicher Mittelpunkt ist die 1756 erbaute, im Frühjahr 1945 zerstörte und von 1951 bis 1953 wiederaufgebaute Saalkirche. Die Chorhäuser der ledigen Brüder, der ledigen Schwestern, der Witwen und das einstige Schloß des Grafen Zinzendorf umfassen den zentralen Platz, der durch einen modernen Schulneubau ergänzt wird. Bürgerliche Wohnhäuser im sächsisch-böhmischen Barock zeugen von solidem, über Generationen gewachsenen Wohlstand. Zwei Museen verdienen Aufmerksamkeit: Das *Heimatmuseum* in der Comeniusstraße 6 zeigt in den »Alt-Herrnhuter Stuben«, wie die in der Heimat gebliebenen Brüder mit ihren Familien lebten. Altväter-Hausrat – Biedermeier- und Empire-Möbel – wird stilvoll ergänzt durch Seidentapeten, handgestickte Teppiche, Kinderspielzeug, allerlei Ziergefäße und Lacktabletts in bezaubernden Farben – eine Besonderheit des Altherrnhuter Kunsthandwerks, die leider nur noch hier bewundert werden kann.

Das *Völkerkunde-Museum,* Goethestraße 1, ist von ganz anderer Art. Herrnhuter, die als Missionare in alle Welt hinausgezogen waren, brachten bei ihrer Heimkehr Geschenke der einheimischen Bevölkerung mit. Am 20. Januar 1878 gründete der Apotheker Bernhard Kinne einen Museumsverein, der alle in den Familien verstreuten natur- und völkerkundlichen Gegenstände sammeln sollte. Von überall her kamen Spenden. Die Räume des Brüderhauses reichten bald nicht mehr aus. Im Mai 1900 wurde der Grundstein für ein eigenes Museum gelegt, das von der Evangelischen Brüder-Unität geleitet und unterhalten wurde. – In den sechziger Jahren wurde die verwirrende Vielfalt der Sammlung systematisiert und als Außenstelle des Landesmuseums für Völkerkunde, Dresden, neu eröffnet. Die lebendige Darstellung alter Kulturen Afrikas, Asiens und Amerikas – vor allem der Bestand an Schmuck, Kleidung, Hausrat, Arbeits- und Kunstgegenständen – gibt einen faszinierenden Einblick in unvertraute Kultur- und Sozialgeschichte. Im Raum der Eskimos erinnern Iglu, Hundeschlitten und beinerne Schnitzereien von eigenartiger Schönheit an die Erzählungen der »Tante Schorlemmer«.

Thüringen

In »Cécile« läßt Fontane in einer kleinen Gesellschaft die Frage erörtern, an welchem Ort man geboren sein möchte. Der welterfahrene Herr von Gordon bekennt: »›Und wenn ich meinerseits mir einen Platz hätte wählen können, so hätt ich mir Lübeck gewählt oder Wismar oder Stralsund, weil ich die Hansa-Passion habe. Gleich nach der Hansa aber kommt der Strich von Halberstadt bis Goslar. Und als drittes erst kommt Thüringen.‹ Der Hofprediger reichte Gordon die Hand und sagte: ›Darauf müssen wir ... anstoßen, erst Hansa, dann Harz und dann Thüringen. Mir aus der Seele gesprochen.‹ ...« (Kapitel 18)

Der Autor sprach hier selbst: Die Hansestädte standen ihm an erster Stelle; Harz und Thüringen hingegen wechselten in seiner Gunst. »Thüringen – trotzdem ihm der pittoreske Gebirgscharakter, den der Harz verschiedentlich hat, fehlen mag – ist doch reicher, nobler, großartiger.« (an Emilie Fontane, 20. 5. 1868) Er spielte auf ihre Fahrt nach Thüringen im Vorjahr an, der ersten gemeinsamen Reise nach siebzehn Ehejahren. Der Geldbeutel hatte es nicht eher hergegeben. Im August 1867 fand sich endlich eine günstige Gelegenheit: Das Ehepaar Zöllner (mit »Rütli«-Namen Chevalier und Chevalière) hielt sich zur Kur in Bad Kösen auf und bot den befreundeten Fontanes Unterkunft. Auf dem Weg dorthin machte Fontane rasch noch einen Abstecher in die Altmark, um für die »Wanderungen« zu recherchieren; am 18. August traf er sich dann mit seiner Frau Emilie bei Zöllners in Kösen. Drei Tage lang unternahm man »reizende Parthieen nach Naumburg (Dom), Almrich, Schulpforte, Rudelsburg; Spatziergänge nach dem ›muthigen Ritter‹ (zum Souper) nach ›Rektors Wiese‹ etc. – Am 22. Abreise – über Weimar, Erfurt, Arnstadt – nach Ilmenau. Hier von Frl. v. Rohr begrüßt. Forellen-Souper... Am 23. Vormittags-Spaziergänge, nach Tisch reizende Fahrt nach Gabelsbach, Kiekelhahn, Hermannstein etc.«

Diese Eintragungen in Fontanes Tagebuch spiegeln die für damalige Zeit typischen Bildungsbürgerreisen, man empfahl sich gegenseitig preiswerte Quartiere und fuhr alle in den gerade in Mode gekommenen Reisehandbüchern verzeichneten Bau- und Kunstdenkmäler ab; besonders beliebt waren die Stätten, die mit bedeutenden historischen Persönlichkeiten verbunden waren. In Weimar besuchte man also pflichtschuldigst »Fürstengruft, die Statuen, das Wieland-, Goethe-, Schiller-Haus, das Schloß, die Bibliothek ... das Göthesche Gartenhaus etc.«.

Man kann diese Örtlichkeiten ohne weiteres mit dem aktuellsten Baedeker auch heute noch aufsuchen; sogar der Muthige Ritter ist als Rehabilitations-Klinik in Bad Kösen erhalten. Auch Auerhahn, Gabelsbach und die Höhle am Hermannstein sind noch immer beliebte Goethe-Pilgerstätten, vor allem aber das Häuschen auf dem Kickelhahn, an dessen Bretterwand der Dichter, in Ermangelung eines Papierbogens, »Über allen Gipfeln ist Ruh'« niederschrieb. Wir gehen also auf diese klassischen Touren nicht ein; man findet sie in jedem Reiseführer.

»Am 26. früh (Montag) Emilie und ich nach Erfurt. Besichtigung des sehr interessanten Domes. Ueber Mittag Abfahrt nach Eisenach; ... Abgestiegen im Halben Mond. Alles überfüllt wegen des am andern Tage stattfindenden *musikalischen* Wartburgfestes. Liszt's ›heilige Elisabeth‹ (Text von Roquette) soll in Gegenwart des Hofes aufgeführt werden.« (Tagebuch 1867)

Aber weder die hochgeschätzte heilige Elisabeth noch das Textbuch seines »Tunnel«- und »Rütli«-Freundes Otto Roquette konnten ihn bewegen, in Eisenach zu bleiben. Hier war ihm zuviel Spektakel, zumal »alles, was zwischen Tuba und Pickelflöte liegt, zahllose Primadonnen ungerechnet, wie ein Volk Hühner in den Eisenacher ›Halben Mond‹ einfiel. Alles was zu dem Triumvirat: Liszt, Wagner, Bülow hält, war da; Virtuosen mit Feldherrnattitüde, junge Genies mit langem und Altistinnen mit kurzem Haar – nichts fehlte.« (»Aus Thüringen«, Kapitel »Meiningen«) Aus der aufgeregten Stadt flüchteten Fontanes zur Wartburg. Auf dem Weg dorthin wollten sie Fritz Reuter einen Besuch abstatten, dessen derb-humorvolle Romangestalten ihnen seit langem vertraut waren. Etwas verwundert mögen sie, die in Berlin bescheiden drei Treppen hoch wohnten, vor der stattlichen Villa gestanden haben, in der Fritz Reuter seine letzten Lebensjahre verbrachte. Leider trafen sie »nur seine liebenswürdige Frau ... er ›krank‹«. (Tagebuch) Die Anführungsstriche umschrieben diskret, daß der geistige Vater von Mining und Lining, von Bräsig und Dörchläuchting nicht eigentlich krank, sondern nur sturzbetrunken war.

Auf der Wartburg herrschte Premierenfieber: »Das Gatter war geschlossen, die Rüstungen wurden geputzt, die Fasanenpasteten in Reih und Glied gestellt. Mit Mühe erhielten wir Zutritt in die mit Tapezierern überfüllten Räume.« (»Aus Thüringen«, Kapitel »Meiningen«) Etwas verwirrt wandten sie sich wieder stadtwärts – und da geschah's: Die untergehende Sonne tauchte Wipfel, Burg und Berg in poetisches Licht und sie entschädigte für alle Enttäuschungen.

Am nächsten Tag fuhr Frau Fontane nach Bad Kösen zurück, während Fontane selbst nach Südwesten weiterreiste, um in Bad Kissingen und Umgebung die Nebenschauplätze des Deutschen Kriegs von 1866 zu recherchieren. Um vier Uhr nachmittags traf er in Meiningen ein; doch die nächste Postkutsche Richtung Kissingen ging erst in zwanzig Stunden. So mietete er sich im Sächsischen Hof ein, heute noch sehr empfehlenswert, besah sich in aller Seelenruhe die Stadt an der Werra, das Herzogliche Schloß, das berühmte Theater und schrieb leichthin ein Feuilleton für die nächste Sonntags-Beilage der »Kreuz-Zeitung«.

Am 28. August, just zu der Stunde, da mit Pauken und Trompeten das »Wartburg-Jubelfest« feierlich eröffnet wurde, rollte die Postkutsche mit Fontane in Bad Kissingen ein.

Im Sommer 1873 verlebte Familie Fontane mit Sohn Theodor und Tochter Mete sieben »sehr angenehme Wochen« in »Groß-Tabarz in Thüringen, wo wir beim Weber Schack in einem eignen kleine Häuschen wohnen... Oft Ausflüge nach Gotha, Reinhardsbrunn und Friedrichsroda. Dann mehrtägige Reise nach Schmalkalden, Coburg, Neusaß, Eisenach, Wartburg. Mehrwöchentlicher Besuch erst von Tante Merckel, dann von Frl. v. Rohr ... reizende Fahrt nach Ohrdruf ... Ilmenau; am andern Tage nach Blankenburg ... bis *Schwarzburg*«. (Tagebuch 1873)

Fontane hatte sich für die Erholungs- und Bildungsreise gut präpariert und aus den Reisehandbüchern von Baedeker, Schwerdt und Ziegler ellenlange Auszüge gemacht. Dem Zeitgeschmack entsprechend waren viele historische Örtlichkeiten mit dürftigem Originalbestand »historisierend« aufgeputzt, wobei großzügig gemogelt und spätere Zutaten als echte ausgegeben wurden. Dagegen verwahrte sich Fontane entschieden, und er versah seine Exzerpte nach eigener Anschauung mit immer mehr kritischen Kommentaren. Sein Grundsatz: lieber wenige Erinnerungsstücke, aber echte! mutet sehr modern an; nach dieser Maxime wurden auch die Restaurierungen auf der Wartburg (1952 bis 1967) ausgeführt. Die Monumentalgemälde von Moritz von Schwind mit Szenen aus dem Leben der heiligen Elisabeth akzeptierte er. Noch Jahrzehnte später ließ er die Romanfigur Superintendent Koseleger schwärmen: »Haben Sie übrigens das Bild auf der Wartburg gesehen? Unter allen Schwindschen Sachen steht es mir so ziemlich obenan.« (»Stechlin«, Kapitel 18) Und im 25. Kapitel des Romans gesteht Armgart von Barby ihrer Schwester Melusine, daß die heilige Elisabeth in ihrer Wohltätigkeit ihr großes Vorbild sei. »Andern leben und der Armut das Brot geben – darin allein ruht das Glück. Ich möchte, daß ich mir *das* erringen könnte.« Die lebenserfahrenere Melusine lächelt nachsichtig: »Du bist ein Kind… Du wirst noch unter den Linden für Geld gezeigt werden.«

Der bildungsbeflissene, mit dem neuesten Baedeker ausgerüstete Reisende wird vermutlich dieselben Sehenswürdigkeiten »abarbeiten« wie seinerzeit Fontane: in Weimar die Stätten der Klassiker, in Gotha Schloß, Theater, Orangerie, Rathaus und Cranach-Haus, in Schmalkalden die Rosen-Apotheke in der Steinstraße, die Hauptkirche, in der Luther predigte, und das Lutherhaus; auf der Veste Coburg Lutherstube und den damals üppig ausgestatteten Lutherkrug (Fontane: »Ich bezweifle, daß irgendetwas davon ächt ist!«), Schloß Ehrenburg und das Renaissance-Rathaus. »Hart an der Moritzkirche … in der Gymnasiumsgasse … das Prätoriussche Haus«, in dem Jean Paul 1803 den »Titan« und 1804 die »Flegeljahre« schrieb; neben dem Schloß, in der Rückertstraße 91, zwischen den Fenstern der ersten Etage das Reliefporträt Friedrich Rückerts, der hier von 1819 bis 1826 wohnte. Fontane schätzte ihn sehr und zitierte ihn oft und gern; näher mag er ihm im Dorf Neuses gekommen sein, wo das Familiengut seiner Frau, auf das er sich 1848 bis zu seinem Tod zurückgezogen hatte, lag. Als Rahmen für den Mann, »der uns die Dichtung des Orients erschlossen hat«, wünschte sich Fontane allerdings lieber »Rosen und nicht ... Feldblumen«, wie sie das Rückert-Monument am Dorfeingang umstanden.

Fontane war derart angetan von dem kulturgeschichtlichen Reichtum dieses Landes, daß er erwog, ein vierbändiges Werk über die »Örtlichkeiten deutscher Sage und Geschichte« zu schreiben; es sollte neben Hörselberg (Tannhäuser und Frau Venus) und Kyffhäuser (Barbarossa) vor allem Luther-, Cranach-, Goethe-, Schiller- und Jean Paul-Stätten behandeln, doch heimgekehrt siegte Brandenburg-Preußen wieder über Thüringen. Selbst ein Feuilleton über »Reisen in Thüringen« kam über den Anfang nicht hinaus: »›Thüringen ist doch das Herz Deutschlands‹ war ein Satz, den ich mehr als einmal aus dem Munde Franz Kuglers vernommen und in einem Thüringer Thal, in der Schwarzburger oder Reinhardsbrunner Mühle einen kurzen Sommer lang zu rasten, ist eine Freude für das Herz. Ich schicke dies voraus, um ... dem Leser vorweg zu zeigen daß ich das Land liebe und weiß was wir daran haben. Aber wohnen in Thüringen und *reisen* in Thüringen, das sind grundverschiedne Dinge. Jenes ist ein Genuß, dieses eine Qual... Aus widerwärtigen, ordinären Situationen kommt man gar nicht heraus.« Briefe und Tagebücher verraten nicht, welcher Art diese Widrigkeiten waren. Im Gegenteil, da schwärmt er von idyllischen Mahlzeiten in der Lattenlaube. »Erdbeeren mit Milch, frische Eier mit beinah röthlichem Dotter, Schwarzbrot und Butter, dazu Wasser aus dem Thilo-Brunnen...« (an Karl und Emilie Zöllner, 14. 7. 1873) Aber er fügt einschränkend hinzu: »...ein Blick auf Berg und Wiese ist angenehm, Kindergeschrei und Hühnergegackel sind unangenehm.« (an Mathilde von Rohr, 8. 7. 1873) Gackernde Hühner und meckernde Ziegen waren gewiß eine unpassende Untermalung für die Lektüre, die Fontane sich hierher mitgebracht hatte: »Tristram Shandy, Schopenhauer und Goethe-Schiller-Briefwechsel«. Alles jedoch, was sich deprimierend auf

Magen und Galle schlug, war Zufall und nicht Thüringer Besonderheit, zum Beispiel das Gewitter bei Schwarzburg: »Emilie und Martha verirren sich im Unwetter im Walde; vollständiges Romankapitel. ...Tags darauf in Arnstadt; neue Abenteuer, die mit einer Ohnmacht schließen.« (Tagebuch 1873) Was war geschehen? Auf der Heimreise am 25. August fuhr der Kutscher auf dem Weg zum Bahnhof in den vorauffahrenden Wagen des Hotels Zur Tanne. Der Fuß des Handpferdes geriet in die Speichen dieser Kutsche »und schuf dadurch eine Scene, die mit einer regelrechten Ohnmacht von Seiten meiner Frau endigte. Es sah in der That furchtbar aus...« Ein Tierarzt mußte gerufen werden und Familie Fontane den Weg zum Bahnhof zu Fuß zurücklegen. »Damit war die Reihe unserer Abenteuer geschlossen...« (an Mathilde von Rohr, 26. 8. 1873)

Wo man sich bei Unwetter *immer* im Walde verirrt und wo die Pferde *immer* in fremde Speichen geraten, wollte Frau Emilie nicht wieder hin. Und so blieb es bei diesem einen, an- und aufregenden Feriensommer in Thüringen.

Er hatte übrigens doch noch ein spätes literarisches Nachspiel. In den Plaudereien »Von vor und nach der Reise« (erschienen 1894) erzählt Fontane von einem Hofrat, der »nach einem sechswöchigen Aufenthalt in Ilmenau(,) wieder in die Residenz zurückgekehrt« war: »Ja, schöne Wochen! Ich war ein andrer Mensch, und nicht ein einziges Mal hab' ich von dem herrlichen Kickelhahnkamm in das Waldesmeer ... niedergeblickt, ohne die Schönheit und Tiefe der dort oben eingerahmten Dichterzeilen an mir selber empfunden zu haben. ›Ueber allen Gipfeln ist Ruh'‹.« In Berlin schlägt der Hofrat seiner Frau vor, den körperlichen Ertüchtigungskurs beizubehalten: morgens sechs Uhr Abreibung mit nassem Laken, danach Marsch am Botanischen Garten vorbei nach Steglitz. Danach Frühstück. Dann ins Bureau. Um drei Uhr essen. Statt Mittagsschlaf Marsch nach Treptow oder Tempelhof. »...um neun Uhr zu Bett...« Er hielt drei Regentage lang durch. Dann mußte er sich zu Bett legen. Der Hausarzt warnt, »mit Ihrer natürlichen Beanlagung für Asthma und Rheumatismus« nicht den Turnvater Jahn zu spielen, »alles bloß, weil Sie draußen in Thüringen ein paar hustenlose Tage gehabt haben.« Und aufatmend wendet sich der Hofrat den hausärztlichen Verordnungen zu: dickes Federbett, Kaminfeuer, Zeitung und dampfenden Teekessel. (»Nach der Sommerfrische«) Man kann sich gut und gern den Dichter selbst vorstellen, der, anfällig gegen Erkältung, auch im Sommer selten ohne Cache-nez ausging.

Im Frühsommer 1896 wäre Fontane beinah noch einmal nach Weimar gefahren – zur Eröffnung des Goethe-Schiller-Archivs. Die ehrenvolle Einladung tat ihm wohl, doch die Kur in Karlsbad war ihm am Ende wichtiger. Paul Heyse gestand er, daß er »dergleichen gern einmal gesehn hätte, freilich am liebsten aus der Gondel eines Fesselbalons«. (19. 6. 1896) Ihm fehlte der Sinn für feierliche Zur-Schau-Stellung. Als alles vorüber war, äußerte er Mete gegenüber, Schlenthers feiner, hofmännischer Bericht sei wohl besser gewesen als die Sache selbst. »*So* muß man das machen können. Humoristisch, witzig ... hier und da ein Schlag mit der Arlequinpritsche.« (29. 6. 1896) Schlenther hatte ihm aus dem Herzen gesprochen mit seinem Weimar-Resümee: »Welch Nest und welcher Zauber!«

Bayern

Bad Kissingen

Das erste Mal kam Fontane nicht als Kurgast nach Bad Kissingen, sondern als Kriegsberichterstatter. Sein Buch über den Schleswig-Holsteinischen Krieg 1864 war noch druckfrisch, da wurde das politische Gerangel zwischen Österreich und Preußen um die Vorherrschaft im Deutschen Bund ernst. Statt Tinte floß Blut. Wiederum machte sich Fontane auf, um das Geschehen als offiziöser Kriegshistoriker zu dokumentieren. (Siehe auch das Kapitel »Böhmen«)

»Der Deutsche Krieg von 1866« war – nach Fontane – wohl der letzte, der von allen Beteiligten noch halbwegs überschaut werden konnte: In Kissingen zum Beispiel lagerten am 10. Juli die Preußen auf dem Altenberg, westlich des damals schon berühmten Badeortes; die auf seiten Österreichs kämpfenden Bayern auf dem östlichen Sinnberg. »*Kissingen* selbst, in seinem Kern nur klein, hat seine eleganteste Straße, eine Straße von Hotels, Pensionen und Dependencen über die Saale hinüber vorgeschoben... Drei Brücken unterhalten den Verkehr: in der linken Flanke ... ein bequemer Holzsteg [Schweizerhaussteg], in der Mitte eine steinerne Pfeilerbrücke [Ludwigsbrücke], in der rechten Flanke eine moderne Gitterbrücke [Arkadensteg], die fast unmittelbar in den an dieser Stelle sich hinziehenden Kurgarten mit seiner Arkade und seinen Trinkhallen führt. In der Verlängerung der steinernen Brücke liegt die Hauptstraße der Stadt, die ... schon nach hundert Schritten allmälig anzusteigen beginnt, bis sie in Front des hochgelegenen Kirchhofs (der nach Osten hin die Stadt abschließt) als Winkels-Nüdlinger Chaussee ins Freie tritt.« (»Der deutsche Krieg von 1866«, Bd. 2, Kapitel »Die Main-Armee, Kissingen«)

Gegen 11 Uhr stürmten die Preußen von Süden her durch den Kurgarten; die Bayern zogen ihre beiden Zwölfpfünder von der steinernen Brücke ab und bliesen zum Rückzug. Wer die Signale überhörte und sich in den engen Gassen weiter zu verteidigen suchte, fiel oder wurde gefangengenommen. Um 13 Uhr war Kissingen erobert. Wer konnte, suchte sein Heil in der Flucht, die andern sammelten sich auf dem Friedhof. »...wie ein Kastell springt er in die Straße vor, so daß, wer von der Stadt aus an ihm vorüber will, erst von der schmalen Front, dann von der langen Flanke aus unter Feuer genommen werden kann ... eine Mauer aus rothen Quadern faßt ihn ein. Das Mauerwerk, in Folge unebenen Terrains, wechselt zwischen 4 und 8 Fuß Höhe; etwa ebenso hoch ist der Erdwall (der Abhang), auf dem die Mauer sich erhebt.«

Aus dieser günstigen Position heraus hatten die Bayern den ersten Angriff der Preußen abwehren können, doch schon nach anderthalb Stunden kamen die mit westfälischer Verstärkung zurück, und nun gab es kein Pardon: »In dichten Schwärmen brachen unsre 53er über die Chaussee vor, den Abhang hinauf und durch einen Seiten-Thorweg hindurch, den man von innen her mit Hülfe alter Grabsteine verrammelt hatte. Die Grabsteine stürzten um und über zahlreiche Kindergräber hin ... drangen die vom Kampf erhitzten Westphalen in den Kirchhof ein ... was rechts stand und noch Kraft hatte zum Klettern und Springen, konnte fliehen (man ließ es geschehn); ...was links stand, war abgeschnitten.«

Die Eingeschlossenen zogen sich ins Mesnerhaus zurück und verteidigten sich mit blankem Säbel. »161 Mann, die Todten und Verwundeten ungerechnet, fielen am Kissinger Kirchhof den Siegern in die Hände.« (Kapitel »Die Erstürmung des Kirchhofes«)

Aus Generalstabsberichten, aktuellen Zeitungsreportagen und vor allem aus vielen Gesprächen und Erzählungen derer, die dabei gewesen waren, rekapitulierte Fontane vor Ort den Verlauf der Eroberung Kissingens, recherchierte vom Altenberg aus die drei besagten Brücken und Stege, und außerdem einen vierten, den Preußensteg, von dem die Verteidiger die Bohlen abgetragen und nur die Streckbalken belassen hatten. Tatsächlich hatten sie dadurch jedoch nur eine Galgenfrist gewonnen. Beherzte Pioniere balancierten hinüber, requirierten aus der nahen Lindesmühle Bretter, Tische und Bänke und machten so den Steg passierbar.

Mit Schauder besah sich Fontane die leeren Fensterhöhlen der Hotels Sanner und Russischer Hof, die von den Bayern Stockwerk für Stockwerk, Treppe für Treppe verteidigt worden waren, betrachtete die große steinerne Brücke, wo die Zwölfpfünder gestanden hatten, und marschierte dann bergan quer durch die Stadt bis zum Friedhof, dessen rote Mauer pockennarbig aussah von den Einschlägen unzähliger Gewehrkugeln. Er betrat den umkämpften Torweg an der Breitseite, stieg über die noch immer umgestürzt daliegenden Grabsteine und malte sich aus, mit welchem Mut der Verzweiflung zweihundert Eingeschlossene über die hohe Mauer geklettert und den Abhang hinuntergefallen waren – direkt in den Kugelhagel der Angreifer. Nur jeder zweite hatte den rettenden Graben jenseits der Chaussee erreicht. »Einer, ein ›sicherer Mann‹, ließ sich, während des Kletterns, in den kleinen, dreiwinkligen Raum hinabgleiten, der an der südöstlichen Friedhofsecke durch eine schräg stehende Familiengruft gebildet wird. Hier mußte er bis zur Nacht verbleiben, ehe er seinen weiteren Rückzug bewerkstelligen konnte.« Das Mesnerhaus trug noch deutliche Spuren des erbitterten Kampfes, nur in der Marien-Kapelle lächelten die »vergoldeten Rococo-Heiligen« als wäre nichts geschehen. Hier waren 161 Gefangene bis zum Abtransport untergebracht worden. »Nur einer entkam glücklich. Er hatte sich ... oben auf der Kanzel einquartiert, *duckte sich,* als die Kirche geräumt wurde und rettete sich durch diese einfache Procedur.« (ebenda)

All diese bemerkenswerten Schicksale am Rande erfuhr Fontane von dem Kapellenkirchner Caspar Betzer, der ihn über den Friedhof führte und bis »auf das Schlachtfeld hinaus bis Winkels und bis zum Sinnberg« begleitete. (Tagebuch vom 29. 9. 1867)

Solche Geschehnisse standen in keinem Generalstabsbericht, Fontane schliff sie zurecht und paßte sie dem großen Historienbild ein. Bezeichnenderweise sind es diese menschlichen Episoden am Rande, die dem Leser im Gedächtnis bleiben und Fontanes Kriegsbücher heute noch zu einer interessanten Lektüre machen. Der Kriegshistoriker verschloß sich nicht den Gefühlen; in einer Schilderung des Verbandsplatzes in Winkel, wohin die Verwundeten aller kämpfenden Parteien gebracht worden waren, schreibt er: »...da hörte man einen verwundeten Familienvater den heillosen Bruderkrieg verfluchen, der ihn gegen seinen Willen den Seinigen entrissen, dort Versöhnungsworte Zweier, die sich kurz vorher noch als Feinde gegenübergestanden und sich nun, vom gleichen Schicksale betroffen, als Freunde die Hände drückten.« (Kapitel »Noch einmal der 10. Juli«) In offiziellen Verlautbarungen las man nur von Tapferkeit und blindem Hurra-Patriotismus und »stolzer Trauer«. Fontane versuchte, allen Beteiligten Gerechtigkeit widerfahren zu lassen; so urteilt er über das Gefecht um die Friedhofsposition: »...die Tapferkeit, mit der dieselbe vertheidigt wurde, hat die Anerkennung reichlich verdient ... dennoch darf man behaupten, die Besetzung selbst war ein Fehler... Es war eben ein verlorener Posten und was das zu Tadelnde bleibt: ein verlorener Posten ohne Noth.« (Kapitel »Die Erstürmung des Kirchhofes«) Denn die wirkliche Entscheidung fiel zur gleichen Zeit bei Sadowa und Königgrätz.

Das biedermeierliche Kissingen, das sich in der Gunst gekrönter Häupter sonnen durfte, erholte sich rasch von den Folgen dieses kriegerischen Intermezzos; die 241 Toten und 1276 Verwundeten waren bald vergessen. 1868 trafen sich wie eh und je die Großen dieser Welt: Zar Alexander von Rußland mit Gemahlin und mehrere Großfürsten, die Könige von Bayern und Württemberg und etliche Großherzöge; 1869 wurde das Actien-, das spätere Luitpold-Bad, eingeweiht, 1871 bekam Kissingen Eisenbahnanschluß, und seit 1874 kurte auch Otto von Bismarck hier. Zwar sollte er sich auf strenge Weisung seines Leibarztes jeder politischen Aktivität enthalten, doch sprach sich in diplomatischen Kreisen herum, daß er sich nie daran hielt, und so zog seine Anwesenheit stets interessante Persönlichkeiten aus ganz Europa an diesen Ort. Die »Neue Wiener Presse« schrieb am 1. April 1874, »der Schwerpunkt des Deutschen Reiches sei nunmehr für 5 Wochen nach Kissingen verlegt worden«. Mit dieser Bemerkung spielte sie auf die Leibesfülle des erlauchten Kurgastes an; Bismarck brachte immerhin 247 Pfund auf die Waage. Sein Ausspruch, er verdanke nächst dem lieben Gott den Quellen von Kissingen stabile Gesundheit, erwies sich als durchaus werbewirksam.

Auch Künstler suchten das Bad gern auf, so Leo Graf Tolstoi, Viktor von Scheffel, Franz Lenbach und die Fontane-Freunde Paul Heyse und Adolph von Menzel; letztere überzeugten den von gastrischen Beschwerden Geplagten, sich auch einmal eine Kur zu gönnen. So fuhr Fontane am 27. Juni 1889 von Berlin über Halle nach Kissingen. Nach zehn Stunden traf er in dem empfohlenen Logierhaus Gottfried Will ein, einer bescheidenen, aber angenehmen Pension. Er nahm die Kur ernst, aber nur Brunnen trinken und in sich hineinhorchen war nicht sein Fall: »... die Langeweile ... wäre noch kolossaler, wenn ich nicht das Menschenbeobachten zu einer mir lieben, unterhaltlichen und lehrreichen Kunst ausgebildet hätte. Ja, es steckt ›was von Genuß‹ drin, von einer ganz feinen Sinnlichkeit, wie sie der künstlerisch beanlagte Mensch immer hat und haben muß, so lange er als Künstler sieht und empfindet. Die Toiletten, ihre Schönheit und Sonderbarkeit, interessiren mich gleichermaßen, und am meisten die Frauengesichter, aus denen man lange, schreckliche Romane herauslesen kann, schrecklich durch Schuld und schrecklich durch Sühne. Mitunter sieht auch ein Gesicht nach Buße aus, nach Reue nie.« (an Emilie Fontane, 2. 7. 1889)

Das entzückend ironische Gedicht »Brunnenpromenade« könnte unmittelbar nach diesem Brief entstanden sein. Und der Leser erinnert sich, daß Effi Briest in einer sehr ähnlichen Umgebung den Brief empfing, der ihr Leben jäh verändern sollte.

Am 4. Juli war es mit der Langeweile vorbei: Frau Emilie, deren Galle, Milz und Leber oft unerträglich rebellierten, reiste an und mit ihr Adolph von Menzel mit Schwester und Schwager. Vom 27. bis 29. Juli leistete sich Fontane einen Abstecher nach Bayreuth, um das »Weltentreiben« um Richard Wagner einmal mitzuerleben.

Die Kur muß dem Ehepaar Fontane gut bekommen sein, denn im darauffolgenden Jahr ging es wieder nach Kissingen, das erneut die erhofften Wunder tat: »... meine Frau traf recht elend und ich recht müde hier ein... Schlaf aber und dann ein Abend in einer Altdeutschen Weinstube (Menzels Lieblingslokal) haben uns wiederhergestellt.« (an Moritz und Sarah Lazarus, 18. 6. 1890)

Im Schaufenster der Buchhandlung Weinberger entdeckte Fontane »Stine«, sein Sorgenkind, das jahrelang in der Schublade geschlummert hatte, weil die Verleger die Darstellung des »Demi-monde-Milieus« nicht guthießen. Friedel, Fontanes jüngster Sohn, hatte es als einen der ersten Titel in seinem 1888 gegründeten Verlag herausgebracht.

Nicht ohne Stolz, wenn auch mit einem charakteristischen Schuß Ironie, berichtete Fontane seinem Sohn, daß man ihn um Eintragung ins »Berühmtheitenbuch« gebeten habe: »...erst Menzel mit einem Bild, dann ich mit einem Vers auf Kissingen. Das Menzelbild taxiere ich auf wenigstens 500 Mk., meinen Vers auf 50 Pf.; das kennzeichnet die Stellung der Künste untereinander; die Reimerei, auch die gute, ist immer Aschenbrödel.« (an Friedrich Fontane, 29. 6. 1890)

Mit dieser Einschätzung traf er es so falsch nicht: Als 1989 die Festschrift »100 Jahre Goldenes Buch der Stadt Bad Kissingen« erschien, prangte Menzels liebenswürdige Hommage auf Kissingens Wässer und Weine auf dem Titelblatt; der Dichter Theodor Fontane mit seinem »50-Pf.-Vers« erschien inmitten der hundert Jahre langen Liste illustrer Namen (aber immerhin *hinter* einer Prinzessin von Anhalt und *vor* dem Erzbischof von Erlau und dem Fürsten Bismarck). Am Johannistag 1890 hatte er Kissingen zu Ehren gereimt:

»Max, Rakoczi und Pandur,
Thun immer die Hälfte nur
Andre Sprossen auf der Leiter
Führen auf dem Heilsweg weiter:
Lindesmühle, Bodenlaube,
Unentwegter Saalwein-Glaube,
Memmel, Zoll und Messerschmitt,
Alles wirkt zum Siege mit,
Und das fränkische freundliche Wesen
Fügt den Schlußstein zum Genesen.«
(»In das goldene Buch der Stadt Kissingen«, Gedichte III)

Sehenswertes heute

Mit einem Stadtplan auf dem Altenberg stehend, kann man noch heute die Kriegspfade der Preußen nachvollziehen, ja, man kann sie nachgehen: über den Preußensteg, am Denkmal für den unseligen »Bruderkrieg 1866« vorbei, weiter die Lindesmühlpromenade entlang der Fränkischen Saale, dann durch den Kurgarten, die sanft ansteigende Ludwigstraße hinauf, am Theater vorbei bis zum Kapellenfriedhof. Dort, in der Nähe des von den Preußen erstürmten Seitentores, gemahnen mehrere Soldatengräber an das schreckliche Geschehen. »Hier ruhen in Frieden Bayern, Preußen und Westphalen. Gefallen am 10. Juli 1866.« Doch den Frieden fanden die zu Feinden erkärten deutschen Brüder erst im Tode. Unwillkürlich hält der nachdenkliche Besucher Ausschau nach jenem repräsentablen Erbbegräbnis, das in dem Gefecht von 1866 dem »sicheren Manne« als rettendes Asyl diente. Er sollte bei den Kindergräbern unweit des Seiteneingangs ein wenig verweilen: Fontane war so tief von ihnen beeindruckt, daß er achtzehn Jahre später noch einmal darauf zurückkam, und zwar in der Novellette »Eine Frau in meinen Jahren«. Darin läßt er einen Herrn und eine Dame, Kurbekanntschaft, den Lindesmühlsteg hinaus bis zum Friedhof spazieren. Beide sind nicht mehr jung, glauben, vom Leben nicht mehr viel erwarten zu dürfen, wagen daher nicht, einander näherzukommen. Der Gang über diesen Friedhof bringt jedoch die unverhoffte Wendung:

»›Hier ruht das unschuldige Kind...‹ immer, wenn ich es lese, gibt es mir einen Stich ins Herz, daß gerade *dies* die Stelle war, wo die Preußen einbrachen, *hier,* durch eben dieses Kirchhofstor, und das erste, was sie niedertraten und umwarfen, das waren diese Kreuze mit ihrer schlichten, so herzbeweglichen Inschrift...« Angesichts der Vergänglichkeit alles Irdischen begreifen sie, die längst abgeschlossen zu haben glaubten, daß »nicht das Maß der *Zeit* entscheidet, wohl aber das Maß des *Glücks.* Und eine Stunde, wenn sie glücklich war, ist viel. – Eine Woche später wechselten sie die Ringe.« Der Friedhof ist noch immer ein Ort der Selbstbesinnung.

Freundliche Erinnerungen wecken Luitpoldbad, Kurgarten und die berühmten Mineralquellen: »Max« (nach dem ersten bayerischen König), »Rakoczi« und »Pandur« (wegen ihrer Wildheit und durchschlagenden Wirkung). Sie erfreuen sich ebenso gleichbleibender Beliebtheit wie die Ausflugsorte Lindesmühle und Bodenlaube. Auch der Glaube an die Heilkraft des an den Hängen der Fränkischen Saale gereiften Weines ist ungebrochen. Man genießt ihn in zahllosen Cafés und Weinstuben (darunter noch immer die guten Namen »Zoll« und »Messerschmitt«); einige bewahrten das behagliche Plüsch-Ambiente des ausgehenden 19. Jahrhunderts.

Auch im Kurgarten mit seinen Wasserspielen und dem Musikpavillon fühlt man sich in die Fontane-Zeit versetzt, als der Dichter hier seinen Brunnen trank und das Defilee der eleganten Welt beobachtete:

»... Kaum wollt ich meinen Augen traun,
So viel des Herrlichen war da zu schaun...
... Die Badekapelle
Spielt eben eine Wagnerstelle,
Lohengrin-Arie...«

Natürlich Lohengrin »Nie sollst du mich befragen«, das galt auch für die Favoritin der Saison von 1890:

»Ihr Aug ist wie getaucht in Glut,
Rot ist ihr Kleid und rot ihr Hut,
Ein Hut, wie die Kirchenfürsten ihn tragen,
Breitkrempig, ein Schleier umgeschlagen.
Der Schleier *auch* rot, – am Arme Koralln,
Rot alles, worauf die Blicke falln,
Eine Römerin (flüstert man) soll es sein,
Andre sagen: aus Frankfurt am Main...«

Im ersten Augenblick fühlte sich der Dichter benommen und erhoben von so viel Glanz und Glamour:

»... und die Frage kommt mir: ›was willst *du* hier?‹«

Doch beim genaueren Hinsehn erkannte er:

»... Mummenschanz alles und Fastnachtsorden,
Selbst der rote Hut ist mir komisch geworden,
Ob aus Rom oder Frankfurt, – ich seh in Ruh
Jetzt lieber dem Paukenschläger zu...,
Und während mir Scheuheit und Demut entschlummern,
Zähl ich mich zu den ›besseren Nummern‹.«
(»Brunnenpromenade«, Gedichte I)

Kurhotels wie Preußischer Hof und Fürstenhof stehen wie eh und je als mondäne Gesundheitsburgen einem internationalen Publikum offen; das Logierhaus Gottfried Will, dessen »prunklose Solidität« Fontane in drei Sommern schätzen lernte, existiert längst nicht mehr.

Verfolgen wir Fontanes Wege vom morgendlichen Brunnen bis zum Dämmerschoppen: Zunächst hielt er an dem neobarocken, mit Säulen und Säulchen bestückten Eckhaus Am Kurgarten. Sein Besitzer hatte das Monopol auf die für alle Kurgäste obligatorischen Frühstücksbrötchen. In dem gleichen Prachtgebäude befand sich auch die Buchhandlung Weinberger, in deren Schaufenster »Stine« auslag. Wenige hundert Schritte weiter (Untere Marktstraße 12) schaute Fontane gewiß ab und an in die Boxberger Apotheke hinein. Als Lehrling und Provisor hatte er in Leipzig, Dresden und Berlin durchaus renommierte Apotheken kennengelernt, doch diese hier erschien ihm wie ein Palais. Jahre zuvor hätte der Dichter-Apotheker vielleicht noch etwas wehmütige Betrachtungen daran geknüpft. Nun nicht mehr. Er hatte den ihm gemäßen Platz im Leben gefunden.

Dort, wo Untere Marktstraße und Weingasse aufeinanderstoßen, liegen rund um den Marktplatz die Lokale, in denen Fontane und Adolph von Menzel ihren »Saalwein-Glauben« erneuerten. Ob die »kleine Exzellenz« heute noch die Altdeutschen Weinstuben sein Lieblingslokal nennen würde, steht dahin; bei Weigand oder Karch an der westlichen Seite des Marktes, könnte man sich die beiden ungleichen Freunde eher vorstellen, in einer lauschigen Ecke, in angeregte Gespräche vertieft. In den Weinstuben Karch (heute Werner-Bräu), leicht zu erkennen an dem anheimelnden Fachwerk-Erker, gibt es sogar eine Menzel-Stube.

Teils aus Gewohnheit, teils auch aus Langeweile besuchte Fontane mehrmals das Kissinger Theater (»ein Cigarrenkistchen zu 500 Stück«). Nachdem er zwanzig Jahre lang Kritiker der »Vossischen Zeitung« für das Königliche Schauspielhaus gewesen war, genoß er es, hier nichts über die Aufführungen schreiben zu müssen. Lediglich seiner Tochter Mete gegenüber bemerkte er am 13. Juni 1891: »Vorgestern sah ich ›Fall Clemenceau‹, morgen wollen wir ›Drei Paar Schuhe‹ von dem guten alten Görlitz ... sehn. Ich sorge hier für meine Bildung.« (Mete hörte sehr wohl die Anführungsstriche heraus.) Das »Cigarrenkistchen« wurde 1904 abgerissen und an gleicher Stelle das heutige stattliche Theater errichtet.

Die Kuren erwiesen sich als so anstrengend, daß Fontane nicht sein gewohntes Schreibepensum erledigen konnte; 1891 arbeitete er lediglich an letzten Korrekturen zu »Frau Jenny Treibel«, und Frau Emilie schrieb das Manuskript leserlich ins Reine.

Wir »sitzen halbe Nachmittage lang im ›Schweizerhaus‹ wie auf der Brühlschen Terrasse und sehen auf den Dampfschiffsverkehr hernieder...« (an Karl Zöllner, 9. 6. 1891). Heute steht dort ein neues Schweizerhaus und nicht weit davon legt »das Dampferle« an, mit dem man durch die liebliche Auenlandschaft bis zur Oberen Saline fahren kann.

Die Obere Saline war damals eine Art Wallfahrtsort für Unzählige, die hofften, Bismarck, der seit 1876 hier zu wohnen pflegte, einmal von nahem zu sehen. Im Sommer 1890, als der junge Kaiser den alten Kanzler sang- und klanglos wie einen Bediensteten entlassen hatte, versuchte Bad Kissingen, seinen berühmtesten Gast durch besondere Ehrerbietungen zu entschädigen.

Am 5. Juni 1891 schrieb Fontane an Mete: »Am 20. trifft Bismarck hier ein; *hier* ist er noch immer unentthronter Gott, – die Huldigungen hier im vorigen Jahr, besonders von Seiten der Damen, sollen doch was Erschütterndes gehabt haben. Ich freue mich darüber, ohne daß die Bedenken schweigen.«

Bismarck und »der sprichwörtliche Undank der Hohenzollern« war in der Familie Fontane ein beliebtes Gesprächsthema, wobei sich der Dichter weitaus kritischer zu Bismarck stellte als Bad Kissingen, das ihm schon zu Lebzeiten alle erdenkliche Ehrung erwies: Bereits 1874 bekam der im höchsten Maße geschäftsfördernde Kurgast ein Denkmal an der Salinenpromenade in der Nähe des Gradierwerks; und schließlich wurde 1913 auf dem Sinnberg der Bismarckturm errichtet.

Viele Gäste, die mit dem weißblauen »Kurbähnle« von der Stadt zum Wildpark Klaushof hinausfahren, steigen an der Oberen Saline aus, um sich in dem – merkwürdig vernachlässigten – Gemäuer die Wohnung des »Eisernen Kanzlers« anzuschauen.

Wer in Bad Kissingen so ganz den Geist der Fontane-Zeit atmen will, der kann sich mit der original nachgebauten Postchaise vierspännig durch die romantische, sanft hügelige Landschaft nach Bad Bocklet kutschieren lassen und im dortigen Biedermeier-Museum seiner Phantasie freien Lauf lassen. Denn das wußte schon der Wanderer durch die Mark zu schätzen: »Das Beste ist *fahren*; mit offenen Augen vom Coupé, vom Wagen, vom Boot, vom Fiaker aus die Dinge an sich vorüberziehen lassen, das ist das A und das O des Reisens.« (an Frau Emilie, 9. 8. 1875)

Bayreuth

Am 27. Juli 1889 kam Fontane von Bad Kissingen aus für zwei Tage in die Festspielstadt. Die markgräfliche Residenz, die noch den barocken Prägestempel Wilhelminens, der Lieblingsschwester Friedrichs des Großen, trug, interessierte ihn merkwürdigerweise überhaupt nicht. Er war einzig und allein gekommen, um sich über das Phänomen Richard Wagner, an dem sich in allen gutbürgerlichen Salons die Geister entzündeten, ein eigenes Urteil zu bilden. In seinem Bekanntenkreis, zu dem Musiker wie Julius Stockhausen und Kritikerkollegen wie Paul Lindau und Ludwig Pietsch gehörten, hatte er sich diplomatisch zurückgehalten; denn auf dem Parkettplatz 23 des Königlichen Schauspielhauses, den er als Kritiker der »Vossischen Zeitung« innehatte, konnte er sich auf sein untrügliches Gespür für das Echte und Wahre verlassen, das Musiktheater aber war fremdes Terrain. Er gestand offen ein, sein Auge sei fortschrittlich, es hasche nach dem Neuen, aber das Ohr sei konservativ und lasse ungern ab von liebgewordenen Klängen. (»Aus den Tagen der Okkupation«, Bd. II)

Bereits 1881, als Angelo Neumann den »Ring der Nibelungen« in Berlin inszenierte und selbst Emilie Fontane von der allgemeinen Begeisterung erfaßt wurde, beschloß der Dichter, der Sache auf den Grund zu gehen: Mit vier Wagnerschen Textbüchern im Gepäck fuhr er in den Harz, wo er sich erholen und an »Cécile« arbeiten wollte.

Am 28. Juni 1881 berichtete er Emilie aus Thale: »Ich beschränke mich darauf, Vormittags drei Stunden zu arbeiten; Nachmittags geh ich dann in den Waldkater und lese. Gestern hab ich mit ›Rheingold‹ begonnen, heute soll die ›Walküre‹ folgen. Es interessirt mich doch; im Detail ist vieles kindisch, geschmacklos, prätensiös, aufs Ganze hin angesehn scheint es aber doch eine groß angelegte Sache, gedankenhaft, und für musikalische Behandlung eminent geeignet ... es sind menschliche Leidenschaften und Charakterzüge die uns vorgeführt werden: Angst, Muth, Schlauheit, Intrigue, vor allem (Wagners persönliche Hauptleistungen) Goldgier und Liebesgier. Er ist ganz Wotan, der Geld und Macht haben, aber auf ›Lübe‹ nicht verzichten will und zu diesem Zwecke beständig mogelt.«

Wagner ließ ihn nicht los, vielleicht weil er von dessen Werk und Persönlichkeit gleich stark angezogen und abgestoßen wurde. Sein Resümee: »...es ist eine wirkliche Arbeit, ernst gemeint, kein Schwindel... Was er gewollt hat, ist über die Banalität eines gewöhnlichen Operntextes hoch erhaben, überall erkennt man den Mann von Geist ... überall möcht er philosophisch das Welträthsel lösen ... und überall zeigt sich ein ordnender Geist, dem die Kunst der Composition kein leerer Wahn ist... Dazu behandelt er Vers und Sprache, wenigstens gelegentlich, mit wirklicher Meisterschaft ... Und doch!«

Er moniert nicht nur »den totalen Mangel an Witz und Humor«, sein Haupteinwand ist: Wagner habe sich mit der »Verschmelzung zweier Sagen oder Fundamentalsätze, von denen jeder einzelne gerade Schwierigkeiten genug bot«, vollkommen übernommen. »*Erster Fundamentalsatz:* An der Gier, an dem rücksichtslosen Verlangen, hängt die Sünde, das Leid, der Tod. Wer den Goldring der Nibelungen hat, hat ihn immer nur zu Unheil und Verderben. *Zweiter Fundamentalsatz:* Die Götter sind gebunden und regieren nur durch Vertrag. Auch dem Himmel kann gekündigt werden. Wächst der Mensch, so sinken die Götter... Ich habe gegen beide Sätze nichts einzuwenden, aber wenn man sie des Schwulstes und der Dunkelheit entkleidet, worin sie sich bei Wagner geben, so bleiben zwei ganz gewöhnliche Sätze übrig. Satz 1 ist die alte Eva-Geschichte, sündiges Verlangen und die bekannten Consequenzen. Satz 2 hat durch Feuerbach einen viel prägnanteren und viel geistreicheren Ausdruck empfangen: ›Ob Gott die Menschen schuf, ist fraglich, daß sich die Menschen ihren Gott schaffen, ist gewiß‹... Hätt es Wagner beliebt, seine vier Operntexte auf den einen oder andern dieser Sätze zu stellen, besonders auf den erstren, der mir der geeignetere erscheint, so, glaub ich, wäre er bei seinem großen Talent der Mann gewesen, die Sache siegreich durchzuführen; an der gleichzeitig und nebeneinanderher zu lösenden *Doppel-Aufgabe* aber ist er gescheitert und hat seinem Leser als letztes Angebinde nichts weiter hinterlassen, als Kopfweh und Verwirrung und Unbefriedigtsein.« (an Karl Zöllner, 13. 7. 1881)

In zwei wesentlichen Anschauungen trafen sich die Antipoden Fontane und Wagner: Beide – jeder auf seine Art – warnten vor der Gier nach dem Gold, und beide waren fasziniert von der Macht des Schicksalhaften, des Elementaren.

Nicht von ungefähr geistert Melusine in vielerlei Gestalt durch Fontanes Roman-Ideen. Im Winter 1888/89 befaßte er sich mit »Oceane von Parceval«, einer modernen Melusine, die »statt des Gefühls nur die *Sehnsucht* nach dem Gefühl« hat, eine Elementargestalt, der das Menschliche versagt bleibt und die nur Erlösung finden kann, indem sie ins Wasser zurückkehrt, dem sie entstammt. Oceane könnte als Gegenentwurf zu Kundry in Wagners »Parsifal« gesehen werden, der im gleichen Jahr uraufgeführt wurde. Bezeichnenderweise beließ Fontane »Oceane von Parceval« als Fragment. Der Besuch des »Parsifal« in Bayreuth mag ihn in diesem Entschluß bestärkt haben.

Die Idee, von Bad Kissingen aus einen Abstecher in die Wagner-Stadt zu machen, scheint spontan gewesen zu sein, denn Fontane bestellte drei Karten im voraus (von denen er jedoch nur eine wahrnahm), aber kein Hotelzimmer. So mußte er mit dem Gasthof Zur Post, gegenüber dem Bahnhof, vorliebnehmen. Um den Geräuschen und Gerüchen des Sonnabend-Putzes zu entgehen, aß er auswärts, im Reichsadler, einem Hotel ersten Ranges, und schrieb noch am selben Abend an Emilie: »Die Stadt und das Leben hier sind hochinteressant: vergorene Residenz, malerisches Drecknest und dazwischen das denkbar feinste und intelligenteste Publikum. Engländer aller Arten und Grade, sehr vornehme und daneben kolossale Karikaturen... Ich freue mich, daß ich hier bin, sehe aber ein, daß die ganze Geschichte doch nur für Lords und Bankiers inszeniert ist. So daß man eigentlich nicht hineingehört... Wer mit keinem Tonnengewölbekoffer ankommt, ist von vornherein unten durch. Zwei Tage wird es aber gehen.« (27. 7. 1889)

Am nächsten Tag kaufte er, gewohnheitsmäßig, »die letzten drei Fremdenlisten« und fand seinen ersten Eindruck bestätigt: »Zwei Drittel sind

Engländer und Amerikaner ... viele aus Denver, wo die zweite Hälfte meines schlesischen Romans spielt.« Den Rest des denkwürdigen Tages schilderte er drei Wochen später seinem Freund Karl Zöllner: »Sonntag ›Parsifal‹, Anfang 4 Uhr. Zwischen 3 und 4 natürlich Wolkenbruch; für zwei Mark ... hinausgefahren. Mit aufgekrempten Hosen hinein, alles naß, klamm, kalt, Geruch von aufgehängter Wäsche. 1500 Menschen drin, jeder Platz besetzt. Mir wird so sonderbar. Alle Thüren geschlossen. In diesem Augenblicke wird es stockduster, nur noch durch die Gardine fällt ein schwacher Lichtschimmer, genau wie in Macbeth, wenn König Duncan ermordet wird. Und nun geht ein Tubablasen los, als wären es die Posaunen des Letzten Gerichts. Mir wird immer sonderbarer, und als die Ouvertüre zu Ende geht, fühle ich deutlich: ›noch 3 Minuten, und du fällst ohnmächtig oder todt vom Sitz‹. Also wieder 'raus. Ich war der Letzte gewesen, der sich an 40 Personen vorbei bis auf seinen Platz, natürlich neben der ›Strippe‹, durchgedrängt hatte und das war jetzt kaum 10 Minuten. Und nun wieder ebenso zurück. Ich war halb ohnmächtig, aber ich that so, als ob ich's *ganz* wäre, denn die Sache genirte mich aufs äußerste. Gott sei Dank, wurde mir auf mein Pochen die Thür geöffnet und als ich draußen war, erfüllte mich Preis und Dank. Nur das Dankgefühl des Thürhüters konnte mit dem meinigen vielleicht rivalisiren, denn er kriegte nun mein Billett das er sofort für 15 Mark oder auch noch theurer (denn es wurden ganz unsinnige Preise bezahlt) an Draußenwartende verkaufen konnte. Mein Tristan-Billett schickte ich am andern Morgen zurück und vermachte den Betrag einer ›frommen Stiftung‹... Die ganze Geschichte – außerdem eine Strapatze – hatte grade 100 Mark gekostet und doch bedaure ich nichts; Bayreuth inmitten seiner Wagner-Saison und seines Wagner-Cults gesehn zu haben, ist mir so viel werth.« (19. 8. 1889)

Dieses druckreife, mit Selbstironie gewürzte Feuilleton kann durch Briefpassagen an Emilie ergänzt werden, so daß sich Fontanes Wanderungen durch Bayreuth recht genau nacherleben lassen: Er fuhr mit der Droschke die knapp zwei Kilometer zum Festspielhaus; nach einer Viertelstunde schlenderte er, mit aufgekrempelten Hosenbeinen, den ungepflasterten Weg wieder zurück, um in dem ungemütlichen Hotelzimmer ein wenig zu lesen. »…dann bin ich in die Stadt gegegangen und habe erst bei einem Konditor in der Nähe der großen Brücke … dann bei dem vielgenannten Sammet zum zweiten Male Kaffee getrunken, weil ich doch 'was tun mußte. Dann wieder nach Hause, wo ich zwei Briefe schrieb. Diese Briefe brachte ich zur Post und ging wieder eine halbe Stunde spazieren. Dann las ich, wieder zu Hause angekommen, eine ganze Stunde und habe eben auf meinem Zimmer mein Abendbrot und meinen Tee zu mir genommen… Jetzt ist es 9 Uhr 20, aber Parsifal spielt noch immer…« »Die 1500, die heute drin waren, müssen wundervoll gesund sein, oder 750 davon haben nach drei Tagen – denn es regnet und ist hundekalt – Kartarrh, Brechdurchfall, Magenerkältung und Rheumatismus. Der passionierte Mensch hält alles aus…« (an Emilie Fontane, 28. 7. 1889)

Fontane hat nie wieder versucht, eine Wagner-Oper zu überstehen, doch die eigenartige Faszination blieb. Keine andere zeitgenössische Persönlichkeit – nicht einmal Bismarck – bietet in Fontanes Romanen so beharrlich Gesprächsstoff wie Richard Wagner; und verlief nicht der Ehe-Ausbruch Melanie van der Straatens nach ähnlichem Muster wie bei Tristan und Isolde? Graf Petöfy hört »schon den Marsch aus Tannhäuer«, als er die junge Franziska heiratet; vergebens hofft er, sein Schloß Arpa in eine Wartburg zu verwandeln; »Tannhäuser« steht auf dem Spielplan, als Gordon Cécile in fremder Herrenbegleitung wiedersieht; auf Wunsch Innstettens spielt Effi »etwas aus Lohengrin oder Walküre« – auch sie endet tragisch in unerfüllter Sehnsucht; Jenny Treibel hingegen schwärmt für Lohengrin und Tannhäuser, einfach, weil es en vogue und weil sie eine gefühlsduselige Person ist.

Die Auseinandersetzung mit Wagner reicht bis in den »Stechlin«, in dem noch einmal Melusine erscheint; doch hat sie mit Oceane von Parceval nur das Schicksalhaft-Leitmotivische gemeinsam. Melusine findet im sozialen Engagement den Ausweg aus einem von unerfüllbarer Liebessehnsucht geprägten Leben. Das ist das Credo des alt und weise gewordenen Rationalisten Fontane.

Sehenswertes

Über die in Reiseführern aufgeführten Sehenswürdigkeiten Bayreuths findet man bei Fontane nichts: kein Wort über das Alte oder das Neue Schloß, das prächtige Barocktheater der Markgräfin Wilhelmine; kein Wort über Jean Paul. Die Renaissancehäuser mit den schönen Erkern erwähnt er nicht und auch nicht die Bauten Gontards in der Friedrichstraße, die ihn doch lebhaft an Berlin und Potsdam erinnern mußten.

Er war eben ganz auf Wagner eingestellt. Seine Spaziergänge, »während Parsifal spielte«, lassen sich »nachlaufen«. Etliche Häuser wurden allerdings gegen Ende des Zweiten Weltkriegs Opfer der Bomben; so das Hotel Zur Post gegenüber dem Bahnhof. Es stand neben der Apotheke. Das Café Vogel und die Brücke gibt es nicht mehr, der Rote Main wurde unter die Erde verbannt. Architektonische Atmosphäre des 18. und 19. Jahrhunderts findet man noch auf Fontanes Weg über den Luitpoldplatz zur Opern- und Maximilianstraße. Ob er weiter südlich bis zum Hofgarten ging, wissen wir nicht. Das Wetter war gar zu schlecht, und der Genius loci blieb stumm.

Das Café Sammet im Seitenflügel des Alten Schlosses, dessen Makart-Plüsch im Lauf der Zeit durch Requisiten berühmter Künstler eine »höhere Weihe« bekam, existiert leider nicht mehr. Doch allen Stürmen trotzte das *Festspielhaus.*

Der 1876 eingeweihte Zweckbau, der so gar nichts von einem Tempel an sich hat, ist nach wie vor das Mekka der Wagner-Enthusiasten aus aller Welt. Er liegt noch immer abseits vom städtischen Treiben, auf einer kleinen Anhöhe, eingebettet in Parkanlagen, Wiesen und Wald. Während auf der Bühne die gewagtesten Experimente stattfanden, blieb die Inneneinrichtung fast unverändert; die Sitzreihen sind noch immer eng, die Sitze unbequem, die fehlende Klimaanlage bereitet manchem empfindlichen Besucher noch heute Probleme, aber die Akustik ist wie eh und je hervorragend und: »Der passionierte Mensch hält alles aus.«

München

Den ersten Aufenthalt in München am 9. und 10. Oktober 1856 verband Fontane mit heiteren, unbeschwerten Erinnerungen; er war mit Dr. Metzel, dem Direktor der preußischen Zentralstelle für Preßangelegenheiten, seinem unmittelbaren Vorgesetzten, gereist. Am 6. Oktober war Fontane, nach sechs Wochen Berlin-Urlaub, aufgebrochen, um in einem gewaltigen Bogen über München, Stuttgart, Heidelberg, Mannheim, Paris und Versailles endlich am 19. Oktober wieder in London einzutreffen. Dort erreichte ihn das erhoffte Angebot der »Kreuz-Zeitung«, als England-Korrespondent zu arbeiten. Gut gelaunt brachte er – wahrscheinlich als kleine Dedikation an Dr. Metzel – seine »Erinnerungen an Süddeutschland« zu Papier:

»Erst Münchner Bräu aus vollen Krügen,
Die Deckel klappten wie ein Reim,
Dann Neckarwein in vollen Zügen
Und endlich Rot von Ingelheim.

Und all die Zeit kein regentrüber
Verlorner Tag, kein nasser Schuh,
Die Bilder zogen uns vorüber,
Wir taten nichts als schauten zu.

Und graue Dome, bunte Fresken
Und Marmor reichten sich die Hand,
Und weinlaubdunkle Arabesken
Zog drum das Rhein- und Schwabenland.«
(»Unterwegs und wieder daheim« 1, Gedichte I)

Demnach muß diese Tour eine höchst angenehme Mischung aus Dienstfahrt, Bildungsreise und Herrenpartie gewesen sein.

Als Fontane am 24. Februar 1859 erneut in München eintraf, lagen die Dinge, aus politischen Gründen, sehr viel ungünstiger: Friedrich Wilhelm IV. hatte nach einem Schlaganfall seinem jüngeren Bruder die Regentschaft überlassen, der als erstes das Kabinett Manteuffel stürzte. Mit ihm gingen viele über Bord, auch Metzel und Fontane, das heißt, Fontane selbst kündigte seinen Londoner Vertrag, vorschnell, wie er bald erkennen mußte, denn in den allgemeinen Turbulenzen fand er in Berlin keine Anstellung. Auch die »Tunnel«-Freunde bemühten sich vergebens. Während seine Frau Emilie in London die Wohnung auflöste, bewohnte er in der Dessauer Straße »eine elende Räuberhöhle«. Er war nervlich »total abattu«, hinzu kamen Herzirritationen. In dieser Misere war ihm die Einladung Paul Heyses nach München ein willkommener Lichtblick. Heyse deutete an, daß der Historiker und Reiseschriftsteller Dr. Franz Löher demnächst an die Universität wechseln und seine Stelle als Privatbibliothekar des Königs frei würde. »Wir wissen, daß der König noch immer einen literarischen Amanuensis sucht, der ihm Berichte über Novitäten, kleine Auszüge od. dergl. macht. Ist ein solcher nebenbei ein Poet, um so besser. Ist er gar ein Poet wie Ew. Liebden, um so tausendmal besser… Bei dieser Stelle kommt aber natürlich, da sie so persönlich ist, *alles* auf die Persönlichkeit an. Wie wir den König … kennen, zweifeln wir alle nicht, daß gerade Du ihm mächtig zusagen würdest. …die Aussichten sind durchaus günstig, obwohl ich mich gleich dagegen verwahren muß, als *eröffnete ich Dir irgendwelche Aussichten.*« (11. 2. 1859)

Fontane übersah den letzten Satz geflissentlich und fuhr hoffnungsvoll nach München, bezog eins der hundert Zimmer des Augsburger Hofes nahe dem Bahnhof und legte sich dort fiebergeschüttelt ins Bett; kurierte sich mit Tee und Zwieback. Draußen herrschte Wind und Regen, »halbfuß tiefer Schmutz in den Straßen«, alle Welt verschnupft, auch Heyse »katarrhlisch« und Geibel »zahnschmerzig verschwollen«. In die Einsamkeit des Hotelzimmers drangen nur die Geräusche von Billardsaal und Bierkeller, die ihn zusätzlich störten. Alles schien sich gegen ihn verschworen zu haben. Nach Hause schrieb er betont heitere Briefe: »Man begegnet mir durchweg mit Freundlichkeit« und »ich komme den Leuten näher«. Er habe mit Geibel, den er vom »Tunnel« her kannte, auf einem langen Spaziergang über altdeutsche Dichtung geplaudert und bei Heyse »Rindfleisch mit Meerrettig-sauce und hinterher ›Dampfnudeln‹« gegessen, und heute seien sie beide bei Geibel eingeladen, der »einen exquisiten Weinkeller führt und überhaupt ein gourmand ist.« (an Emilie Fontane, 11. 3. 1859)

Es schien alles zu stimmen: Die Freunde bemühten sich um ihn, luden ihn ein, dennoch war Fontane unzufrieden, denn auch nach neun Tagen war er in seiner Angelegenheit noch nicht drei Zoll vorangekommen. Und jeder Tag kostete Geld. Seinem Freund Wilhelm von Merckel gegenüber äußerte er sich ungeschminkt: »Was wir aus Pauls Brief schlossen, war das: ›Die Dinge sind vorbereitet, Fontane kommt, präsentiert sich dem König, und der König erklärt hinterher, ob ihm Fontane gefallen hat oder nicht.‹ So fand ich aber die Sachen hier keineswegs. Wenig oder nichts ist vorbereitet, die Gunst und Zustimmung von drei, vier Herrn hab ich mir erst zu erobern, der König weiß von nichts, wie man mich überhaupt an ihn heranbringen will (bloß zur Audienz), ist eine schwebende Frage, und ob Dr. F. L. geneigt sein wird, das Feld zu räumen, ist eine andre… *Mit Manier,* d.h. warm empfohlen und herzlich empfangen, hätt ich mich hier recht gern verwendet gesehn, wenn ich aber überall erst herumschnurren und mir ein paar Chancen gewinnen soll…« Man erwartete von ihm, was ihm am wenigsten lag und wozu er auch nicht die geringste Begabung hatte: Er sollte, antichambrierend, sich ins beste Licht setzen. »Hätt ich gewußt, daß die Dinge hier so stehn, wie sie stehn, so wär ich nicht gereist.« (5. 3. 1859)

Paul Heyse tat alles, was in seinen Kräften stand. Sein Tagebuch verzeichnet Ausflüge nach Nymphenburg, Neuhausen und in die Menterschwaige, drei Sitzungen bei den »Krokodilen« und Gastlichkeiten bei Künstlern und Wissenschaftlern, die zu dem honorigen Kreis gehörten, den Maximilian II. um sich versammelte, »um an den höheren Genüssen eines geistreichen Umgangs Theil zu nehmen«. So hatte er es selbst formuliert, als er 1853 den hoch dotierten Paul Heyse für diesen Kreis gewinnen wollte. Neben Geibel sollte er über die Literatur der Gegenwart unterrichten. Heyse hatte es nicht bereut, er genoß die versprochene »großherzige Unterstüzung« des Königs – 1000 Taler Jahresgehalt – und blieb ein freier Mann, nur verpflichtet, an den königlichen Symposien teilzunehmen. Deren Rahmen war denkbar zwanglos: Man spielte Billard, es wurden Bier und belegte Brote gereicht, und jemand hielt einen Vortrag über ein vom König vorgegebenes Thema, über das anschließend diskutiert wurde. Jeder der auserwählten Herren hatte ein Spezialgebiet: Justus von Liebig war für die Natur-, Wilhelm Heinrich Riehl für die Sprachwissenschaften zuständig, Heinrich von Sybel für Geschichte, Friedrich Bodenstedt für neueste Reiseberichte, Heyse und Geibel für Gegenwartsliteratur. Löher führte Protokoll.

Einige dieser Herren waren auch Mitglied der »Krokodile«, die Heyse 1854 nach dem Muster des »Tunnel über der Spree« gegründet hatte, um »Nordlichter« und Einheimische einander näherzubringen. Den Namen entliehen sie Hermann Linggs Gedicht »Das Krokodil von Singapor« mit dem (nicht ganz ernst zu nehmenden) Wunsche, auch so gepanzert und unempfindlich gegen äußere Unbilden zu werden. In diesem Kreise, in dem gepflegtes klassizistisches Epigonentum überwog, hatte Fontane am 10. März mit drei Balladen allgemeine Zustimmung gefunden, Felix Dahn hielt sogar seine »realistisch-alerte Manier mit etwas Volkston« für das »eigentliche preußische Genre«. Beim nächsten königlichen Symposion trug Heyse drei Gedichte Fontanes vor: »Prinz Louis Ferdinand«, »Der alte Dessauer« und »Der alte Zieten«. Maximilian II. zeigte sich »sehr enchantirt«; er hatte schon mehrfach den Wunsch geäußert, Persönlichkeiten und Begebenheiten aus der bayerischen Geschichte in Balladenform behandelt zu sehen, doch weder Geibel noch Heyse fühlten sich angesprochen. Nun schien der rechte Mann gefunden.

Gespannt wartete Fontane auf eine Einladung. Doch was für ihn eine Frage von existentieller Bedeutung war, war für den König nur eine Nebensache. Ganz andere Dinge forderten seine Aufmerksamkeit: Österreich hatte die sardinisch-piemontesische Regierung ultimativ aufgefordert, die Rüstung einzustellen, was prompt abgelehnt worden war.

Würde Frankreich zu Sardinien halten und Österreich den Krieg erklären (was sechs Wochen später tatsächlich geschah), so war auch die Stellung Maximilians bedroht. Trotz des aufziehenden Unwetters am politischen Horizont pflegte dieser seine geistreiche Herrenrunde, und auch der möglicherweise künftige Sänger bayerischer Balladen erhielt seine Audienz. Fontane schilderte sie noch am gleichen Tage (19. 3. 1859) seiner Frau, Stolz und Freude nur leicht mit Selbstironie übertünchend: »Heut um 3 3/4 Uhr stieg ich also die marmornen Stufen hinauf; die weiße Krawatte saß untadelhaft und mit Hülfe von 3 Paar wollnen Strümpfen hatt' ich meinen Fuß so dick und elastisch gemacht, daß alle Risse und Falten in meinen Lackstiefeln wie ausgeplättet waren. Dies machte mich sehr glücklich und war mir eine gute Vorbedeutung. ... Majestät empfing mich sehr gnädig, sprach zunächst über die 3 Gedichte, die ihm außerordentlich gefallen hätten, ging dann über (halb geleitet immer durch meine Antworten) zu meinen Balladen, schottische Ballade, Schottland, England, Aristokratie und Manchester-Parthei ... orientalische Frage, meine publizistische Thätigkeit in London, Manteuffel, altes Cabinet neues Cabinet, italienische Frage, Krieg oder Frieden, die wahrscheinliche Haltung Preußens, die Beziehungen Preußens zu England ... die Gefahren für den Fortbestand eines ungeschwächten Königthums in Preußen, die Intentionen des Regenten ... u.s.w. Dann (die Audienz hatte fast 1/4 Stunde gedauert, wo nicht länger) noch ein verbindliches Wort von Seiten des Königs und – Verschwindung nach entgegengesetzten Himmelsgegenden.« Spätestens beim Schreiben dieser Zeilen mochte Fontane bewußt werden, daß der in diplomatischen Kreisen gut unterrichtete Publizist dem König in diesem Moment interessanter war als der Balladendichter. Er schloß daher, wenig euphorisch: »Was ich für einen Eindruck gemacht, kann ich natürlich nicht wissen; doch deutet die lange Dauer der Audienz und das ganze Verhalten des Königs darauf hin, daß ich ihn wenigstens nicht gelangweilt habe.«

Die Einladung zum kommenden königlichen Symposion am 24. März bestärkte Fontanes Hoffnungen. Er las »Seydlitz«, »Der letzte Yorck« und »Marie Duchatel«, fand allseitig Anerkennung und hatte überdies die

Freude, General von der Tann vorgestellt zu werden, er schätzte ihn aufgrund seiner Mischung aus Überlegung und Draufgängertum, mit der er 1848 bis 1850 den Schleswig-Holsteinern gegen Dänemark beigestanden hatte. Fontane, dessen Herz für die Freischaren schlug, verfaßte damals ein begeistertes Gedicht, das er nun, zehn Jahre später, dem General in München überreichte. Er ahnte nicht, daß sich ihre Wege im Deutschen Krieg von 1866 noch einmal kreuzen würden.

Am 28. März 1859 reiste Fontane nach Berlin zurück. Emilie hatte in der Zwischenzeit eine bessere Sommerlaube vor den Toren der Stadt gemietet, »vorne Levkojen, hinten Jauchekute«, wo sie bis zum Umzugstermin am 1. Oktober kampieren wollten. Der äußere Rahmen war Fontane gleichgültig, wenn er nur einen ungestörten Platz fand, um seine »Bilder und Briefe aus Schottland« niederzuschreiben. Dann wollte er sich intensiv in die bayerische Geschichte vertiefen und im Herbst einige Balladen schreiben.

Aber von München kam kein Zeichen. Dr. Löher blieb im Amt, und überhaupt steckten, wie Heyse schrieb, »höchsten Orts die Waltenden ihre Köpfe über ganz andere Dinge zusammen als über Marie Duchatel. Vorige Woche kein Symposion! Und diese Woche werden die Musen wohl erst recht zu schweigen haben, da es mit dem inter arma bittrer Ernst wird.« (an Theodor Fontane, 3. 5. 1859) Er versuchte, seinen alten Freund zu trösten, doch dieser hatte das Kapitel München für sich abgeschlossen. »So vieles mir dort gefallen hat, so sehr fühle ich doch, daß es auf die Dauer kein Boden für mich wäre.« (an Paul Heyse, 28. 6. 1859)

Drei Wochen später brach er zu seiner ersten märkischen Wanderung auf.

Wien

Am Ende seiner zweiten Italien-Reise, September 1875, machte Fontane einen Abstecher nach Wien. Der profunde Kenner preußisch-berlinischer Denkungsart wollte vermutlich auch einmal das berühmte k.u.k.-Flair erleben, da wo es am reinsten auftrat; ganz gewiß aber wollte er als Kritiker der »Vossischen Zeitung« Einblick in den Theaterstil an der »Burg« gewinnen.

Die mit der Weltausstellung von 1873 einhergegangenen städtebaulichen Veränderungen werden merkwürdigerweise in Fontanes Notizbuch überhaupt nicht erwähnt; da heißt es nur, ziemlich lapidar:

»*Freitag, d. 3. September* ... Ankunft 10 Uhr abends. Abgestiegen im *Hôtel Müller,* Ecke von Graben und Kohlmarkt.

Sonnabend, d. 4. September – Frühstück im Hôtel. Gang in die Stadt: die Burg, der Ring, einige Parks, Aspern-Brücke, Leopoldstadt und wieder ins Hôtel. Am Abend ins Theater; ›Uriel Acosta‹, Fräulein *Frank* als Judith.

Sonntag, d. 5. September – Wie am Tage vorher flaniert, Kaffe getrunken und Eis gegessen. In die Hofkapelle zum Hochamt; nach St. Stephan; in die Kapuziner-Gruft, nach dem Belvedere; nach dem Prater; ins Theater: ›Arria und Messaline‹, Frl. Wolter als Messaline, Tee getrunken im Café Daum...

Montag, d. 6. September – Gepackt. Gefrühstückt bei Daum; kleine Einkäufe, wieder Regenwetter. Ins Hôtel, gefrühstückt, gezahlt. Abreise von Wien 1 Uhr 48 Min., über Brünn, Prag, Dresden. Ankunft in Berlin am 7. September 8 1/2 Uhr früh.«

Trotz des schlechten Wetters empfand er die drei Tage in Wien als »sehr angenehm«. Er ahnte nicht, daß er fünf Jahre später aus aktuellem Anlaß seine Wien-Erinnerungen noch einmal hervorholen sollte, denn am 21. Mai 1880 fiel ihm bei der Morgenlektüre der »National-Zeitung« folgender

Artikel auf: »Die ehemalige kaiserlich-österreichische Hofschauspielerin Frl. Johanna Buska, welche bei den Berlinern aus der Zeit ihres Engagements am Königlichen Schauspielhause im besten Andenken steht, hat nunmehr der Bühne Valet gesagt und ist gestern in den Ehestand getreten. Die nunmehrige Gräfin Török verabschiedete sich am Dienstag im Wiener Burgtheater vom Publikum als ›Elsa‹ in Bauernfelds ›Moderne Jugend‹. Die Rolle ... empfahl sich ... durch den vielfachen Dialogs-Anlaß zur heiteren Analogie, welcher ... vom Publikum lebhaft und lachend ergriffen wurde. So z.B. da Elsa davon spricht, daß sie nicht für junge Männer inkliniert, sondern den ›gesetzteren‹ den Vorzug gibt (Graf Török steht an der Grenze der Siebzig) – oder da sie in jugendlicher Skepsis meinte: ›Geheiratet ist bald, aber wie lange es dauert‹ – oder da sie sagt: ›Er liebt mich so sehr, der Graf‹... Es fehlte nicht an zahlreichen Beweisen der Teilnahme aus den Kreisen des Publikums und der Kollegen der scheidenden Künstlerin.«

Fontane hatte damals als Theaterkritiker die Sympathien der Berliner für »die kleine Buska« geteilt und z.B. über ihre Darstellung der Emilia Galotti geschrieben: »Mit aufrichtigem Vergnügen sprechen wir es aus, daß hier, über die natürliche Anlage fürs Naive hinaus, danach vielleicht noch etwas mehr aus der Tiefe Schöpfendes werden kann.« (2. 3. 1871) – Nun hatte also »die kleine Buska«, die von Berlin aus über Petersburg an die Wiener Burg gegangen war, den 38 Jahre älteren Generalmajor Graf Török geheiratet. Was die Zeitung verschwieg und Fontane demzufolge nicht wissen konnte: Die Ehe war auf Befehl des Kaisers Franz Joseph zustande gekommen, der dadurch eine Liaison des Kronprinzen mit der Schauspielerin unterbinden wollte. In Unkenntnis dieses pikanten Hintergrunds liefen Fontanes Überlegungen in eine andere Richtung. Was lag einem solchen »Pakt« zugrunde? Wie würde er bei so eklatanten Unterschieden in Alter, Charakter, Stand und Lebenserfahrung ausgehen? Würde die katholische Adelsgesellschaft Wiens die als Künstlerin Gefeierte jemals als »Dame ihresgleichen« akzeptieren? Und würde ein Boykott nicht auch den vom Leben verwöhnten Grafen treffen, der gerade unlängst als Arrangeur des »Carrousels« zu den Vermählungsfeierlichkeiten des Kronprinzen Rudolf hochgelobt worden war? Und – damit begann es für Fontane noch spannender zu werden – inwieweit war der bei Hofe so Beliebte in seinem Herzen Ungar geblieben? Wo mochte er im Sommer 1849 gewesen sein, als der österreichische General Haynau das ungarische Revolutionsheer bei Temesvár vernichtend schlug? Die Geschichte begann Fontane immer mehr zu beschäftigen, ließ ihn sogar auf seinen Harz-Wanderungen nicht los. Am 10. August 1880 schrieb er aus Wernigerode an Frau Emilie: »Während der letzten 3 Tage ... hab ich an meiner neuen Novelle gearbeitet und mich in Wien hineingelebt. Ich kenne jetzt in der Altstadt jede Gasse und weiß ganz genau, wo meine Personen wohnen. Dies lokale sich Einleben bedeutet furchtbar viel; das andere findet sich schon, selbstverständlich wenn man einen Stoff als *Keim* des Ganzen hat.«

Je tiefer er sich in Leben und Umfeld der authentischen Personen hineindachte, desto mehr entfernte er sich von ihnen: aus der 1848 in Königsberg geborenen Johanna Buska wurde die aus Swinemünde stammende Franziska Franz; und aus dem Grafen Nikolaus Török von Szendrö wurde Adam Graf Petöfy. Ob dieser Name glücklich gewählt ist, darf bezweifelt werden, er erinnert zu vordergründig an den ungarischen Nationalhelden und Dichter Sándor Petöfi, mit dem der Romanheld wenig gemeinsam hat. Dieser war – nach dem Willen des Autors – »gut kaiserlich und gut wienerisch, aber freilich auch gut ungrisch. Und wenn es zum letzten geht, gut ungrisch über alles.« (Kapitel 18) Darum ließ er ihn 1848 als Offizier demissionieren und in die Welt gehen, um nicht gegen seine eigenen Landsleute kämpfen zu müssen. Es kam Fontane darauf an, über den Ehekonflikt hinaus die historischen Ereignisse der Jahre 1848/49 in die Romanhandlung einzubeziehen, denn sein Herz schlug seit eh und je für die freiheitsliebenden Magyaren genau so wie für die Schleswig-Holsteiner, die sich gegen dänische Bevormundung wehrten. »...ich freue mich stets, ... wenn die getretene Schlange siegreich nach jener Stelle zischt, wo die überlegene, aber rohe Kraft verwundbar geblieben ist.« (an Henriette von Merckel, 20. 9. 1857) Bereits im April 1850, also wenige Monate nach dem tragischen Ende der

Honvéd-Armee, hatte er als Berliner Korrespondent für die »Dresdner Zeitung« geschrieben: »Der ungarische Feldzug ... hat gezeigt, welcher unendlichen Kraftanstrengungen ein begeistertes Volk fähig ist und ... auf wie *tönernen Füßen* der Riese steht, mit welchem man jene Kraft niederhalten und ... vernichten will. Der Himmel bedient sich immer der Kleinen und scheinbar Machtlosen zu seinen größten Zwecken. Goliath unterlag dem David.« Und der 1854 in der »Argo« erschienenen Erzählung »Tuch und Locke« ist eine Rahmenhandlung beigefügt, die am Vorabend der Schlacht von Temesvár spielt.

Die erste Begegnung mit einem ungarischen Rebellen geschah allerdings zufällig: 1846, als sich Fontane im Berliner Laboratorium des Professors Sonnenschein aufs Apotheker-Examen vorbereitete, war neben ihm ein »etwa dreißigjähriger Herr mit hellen blitzenden Augen und von sehr distinguierter Erscheinung ebenfalls mit analytischen Arbeiten beschäftigt«: es war Arthur von Görgey, der bald darauf in die revolutionäre Nationalarmee Kossuths eintrat, wo ihm die unglückliche Rolle zufiel, im Sommer 1849 die Kapitulationsurkunde unterzeichnen zu müssen. Auch Kossuth verbrachte die Jahre danach im Exil und warb in England und Schottland für die ungarische Sache. Als Pressekorrespondent in London hatte ihn Fontane öfter gehört und über ihn geschrieben.

Der entscheidende Anstoß, sich mit ungarischer Dichtung und Volkspoesie zu beschäftigen, aber kam durch Károly Kertbény, der Fontane im April 1851 das epische Gedicht »Die Eroberung von Murany« von János Arany übersandte mit der Widmung »Dem deutschen Dichter Theodor Fontane als ein Zeichen«. Kertbény, der sich als Publizist und Übersetzer die Verbreitung der ungarischen Nationalkultur angelegen sein ließ, hatte gerade Fontanes »Schöne Rosamunde« ins Ungarische übertragen und dabei gewisse Gemeinsamkeiten zwischen den fast Gleichaltrigen entdeckt: beide anglophil, beide mit Vorliebe für das Balladeske, beide bestrebt, in Nachdichtungen altenglischer Stoffe *das* dem heimischen Leser zu überbringen, was unter dem Knebel verstärkter Restauration im eigenen Land nicht anders gesagt werden konnte. Arany, vom Volke als bedeutendster Balladensänger geliebt und verehrt, starb 1882, also in einer Zeit, als Fontane an »Graf Petöfy« arbeitete. Der historische Petöfi war Aranys Freund gewesen und Toldi der Titelheld seiner populärsten Dichtung, die 1848 entstand und bis 1879 zur Trilogie erweitert wurde. Ihm zu Ehren erfand Fontane den Gärtner Toldy auf dem Stammsitz der Petöfys, Schloß Arpa; von ihm läßt sich die wißbegierige Franziska erzählen, wie er damals unter Kossuth gekämpft hatte. Nach Ansicht Toldys war Görgey ein »Hund und Verräter«, weil er nicht bis zum letzten Blutstropfen gefochten hatte; denn: Warum wurde er als einziger vom Zaren begnadigt, alle andern Honvéd-Generale aber am Tor von Arad gehenkt? »Es stehen sieben vor Arads Tor« war denn auch sein Lieblingslied. »Solcher Lieder aus der Revolutionszeit kannte Toldy sehr viele, daneben aber auch alte Lieder, die schon im Volksmunde lebendig waren, als von Schloß Arpa ... noch kein Stein auf dem andern stand.« (Kapitel 19)

Es ist beachtlich, daß Fontanes tiefgefühlte Anteilnahme am Schicksal der Magyaren über Jahrzehnte anhielt, daß drei Tage Wien-Aufenthalt ausreichten, um das Zwiespältige im Wesen der Doppelmonarchie zu erspüren, und daß es ihm gelang, diesem Widersprüchlichen künstlerischen Ausdruck zu verleihen.

Im Sommer 1884, »Graf Petöfy« erschien gerade im Vorabdruck in der »Deutschen Roman-Bibliothek zu Über Land und Meer«, fand Fontane in der »National-Zeitung« unter der Rubrik »Vermischtes« eine Mitteilung, daß Graf Török, der sich nach seiner Vermählung mit der Hofburgschauspielerin Johanna Buska vom gesellschaftlichen Leben fast ganz zurückgezogen hatte(!), im 72. Lebensjahr vom Schlag getroffen worden war. »Zum letzten Male sah man den General im Theater an der Wien bei einer Wohltätigkeits-Vorstellung ... in welcher seine Gemahlin mitwirkte.« – Nun wird sie »gewiß irgend einen Egon heiraten«, bemerkte Fontane (an Emilie Fontane, 11. 6. 1884). Und in der Tat, »die kleine Buska« war eben nicht Franziska Franz, sie tauchte wieder in ihr vertrautes Milieu und heiratete noch im gleichen Jahr den Direktor des Deutschen Landestheaters in Prag. Fontanes Franziska nahm pflichtgetreu die freiwillig übernommene Rolle (»halb Scheherazade, halb Heilige

Elisabeth«) über den Tod des alten Grafen an, sie »kann den Schritt nicht rückwärts tun« und sieht ihren künftigen Wirkungskreis in Ungarn, da, wo die Petöfys recht eigentlich hingehören, an die Seite der Toldys. »... ich kann hier nicht wirken als eine Fremde. Was dieser Leute Sinnen und Trachten ausmacht, muß auch *mein* Sinnen und Trachten ausmachen; wir müssen eins sein in diesen Dingen, sonst geht es nicht.« (Kapitel 35) Der Roman endet bei ihrer Entscheidung für schwarze Kleider und Rosenkranz. Aber es bleibt offen, ob sie es durchhält. Vielleicht gesteht auch sie eines Tages wie der alte Graf am Ende seines Lebens: »Es tut nie gut, sich in künstliche Situationen hineinzubegeben und sich auszurechnen, wie's kommen müsse. Die Rechnung stimmt nie.« (Kapitel 34)

Mitte Oktober 1884 erschien Fontanes Roman »Graf Petöfy« bei Steffens in Dresden. Er verkaufte sich schlecht. Die Kritiken waren, wie der Autor seinem Tagebuch anvertraute, »jammervoll, das Lob öde, der Tadel unsinnig, böswillig«. Ausnahmen, wie die Kritik Ernst Schuberts in der »Vossischen Zeitung« vom 13. Dezember 1884, bestätigten die Regel. Große Freude bereitete ihm, was Konrad Telmann (Mentone) am 14. März 1885 im »Magazin für die Literatur des In- und Auslands« über »Graf Petöfy« schrieb: »Fontane überrascht immer. Wen wird es nicht überraschen, den Entdecker der Schönheiten unserer Mark als Bewunderer Wiens, als Schilderer ungarischer Landschaftsreize, als Halbmagyaren wiederzufinden? Und wen nicht, in dem protestantischen Märker einen Verteidiger des südlichen Marienkults, des farbenfrohen Katholizismus ... zu entdecken? Aber gerade aus solchen kleinen Zügen leuchtet es ja am besten auch den verständnislosesten Laien entgegen, daß Fontane in seiner Vielseitigkeit und in seiner Enthaltsamkeit Tugenden besitzt, um die ihn die größten unter unseren Romanciers beneiden können. Sein ›Graf Petöfy‹ ist ein Werk von bedeutsamer, eigenartiger, imponierender Dichterkraft.«

Und dank dieser Dichterkraft ist der Leser des Romans heute noch in der Lage, den Spuren Fontanes in Wien zu folgen; es spielt sich ja alles in dem Dreieck von Hofburg, Staatsoper und Stephansdom ab: »In einer der

Querstraßen, die vom ›Graben‹ her auf den Josephsplatz und die Augustinerstraße zuführen, stand das in den Prinz-Eugen-Tagen erbaute Stadthaus der Grafen von Petöfy mit seinem Doppeldach und seinen zwei vorspringenden Flügeln. ... Die beiden letzten Petöfys, Graf Adam und seine Schwester Judith, eine seit vielen Jahren verwitwete Gräfin von Gundolskirchen, bewohnten das Palais in getrennter Wirtschaftsführung und benutzten in Gemeinschaftlichkeit nur die dem Corps de logis angehörigen Repräsentationsräume.« Die Gräfin protegierte Persönlichkeiten der kirchlichen, der Graf der Theaterwelt. »Nur selten, daß man eine Vereinigung beider Elemente wagte.« So beginnt der Roman mit einer klaren Ortsangabe, die allerdings in die Irre führt, denn ein solches Palais gab und gibt es nicht in Wien. Doch drumherum stimmt alles und man kann den Weg Franziskas nach ihrem Debüt im Palais Petöfy zu Fuß nachvollziehen: Sie kamen (der junge Graf Egon begleitete sie) an dem »hell erleuchteten und noch vollbesetzten Café Daum vorüber«, wo wie üblich die Klatschbasen beiderlei Geschlechts beisammensaßen, waren »bis an den Kärntnerring und die Schwarzenbergbrücke gekommen und gingen nun auf die Salesinergasse zu, deren vorderstes Eckhaus Franziska bewohnte.« (Kapitel 4)

Diese (bei Fontane leicht verfremdete) *Salesianergasse* bewahrt noch heute in manchen Häusern ihr k.u.k.-Flair; schlendert man am Abend dort entlang, erblickt vielleicht am erleuchteten Fenster einer oberen Etage einen weiblichen Schatten, so denkt man unwillkürlich an Franziska.

In unmittelbarer Umgebung der Hofburg, in der *Augustinerkirche,* fand die katholische, etwas außerhalb, in der *Gustaf-Adolf-Kirche,* die protestantische Trauung statt, denn Franziska war als Norddeutsche natürlich Lutheranerin. Die Kirche liegt in der Gumpendorfer Straße, zwischen Linker Wiener Zeile und Mariahilfer Straße, nahe dem Krankenhaus der Barmherzigen Schwestern (symbolträchtiger Hinweis auf Franziskas zukünftige Bestimmung).

Viele Eindrücke, die Fontane auf seinen ausgedehnten Spaziergängen im September 1875 gesammelt hatte, finden sich im Roman wieder: Da reitet der alte Petöfy (im 34. Kapitel) noch einmal durch sein geliebtes

Wien, »wie jemand, der aus einer schönen Gegend scheidet und im Abschiede sich das Bild derselben ... fest und warm ins Herz prägen will ... über den Josephsplatz auf den Kärntnerring und die Schwarzenbergbrücke... Das Eckhaus der *Salesinergasse,* darin Franziska gewohnt hatte, lag in einem grauen Novembernebel... Auf dem Heumarkt, am Fluß und seiner Brücke hin herrschte schon das lebhafte Treiben, das hier allmorgendlich anzutreffen ist... An der Tegethoffbrücke bog er wieder ein und lenkte sein Pferd am Stadtpark hin auf die große Franz-Josephs-Kaserne zu, die grau verschleiert wie eine Wolkenburg dastand. ... So ritt er durch die Leopoldstadt bis in den Prater.«

Am Tage zuvor (Kapitel 33), als er schon entschlossen war, die Rechnung seines Lebens zu begleichen, hatte er sich noch einmal in den Stephansdom begeben, »wo man eben ein Hochamt zelebrierte, ging dann den Kohlmarkt hinunter und trat in die Kirche der Augustiner... Ein paar Lichter brannten, ein Wispern und Murmeln ging, und er sah still auf die Stelle vor dem Altar und gedachte ... des Tages seiner Vermählung, an dem er das letzte Mal hier gestanden hatte.« – Wenige Tage später las Pater Feßler hier für ihn die Totenmesse. »...über das, was seinen Tod verschuldet, wurde gemutmaßt: es habe sich um ein Hofamt gehandelt, das eben vakant geworden und in früherer Zeit immer bei den Petöfys gewesen sei, der Kaiser aber hab es nicht gewollt, entweder wegen der jungen Gräfin oder noch von Neunundvierzig und der Revolution her. Und das habe der alte Graf nicht verwinden können.« (Kapitel 35)

Wer sich ein Bild von der Glanzzeit des kaiserlichen Wiens machen möchte, als die Welt um Franz Joseph und Elisabeth noch heil war, der muß ins *Historische Museum der Stadt Wien* gehen, nahe dem Schwarzenbergplatz. Ein Sandkastenmodell zeigt dort, wie sich die Stadt nach der Weltausstellung von 1873 herausputzte: Kulissenwände verschwundener Häuser, Gemälde, zeitgenössische Portraits, Kostüme, Bühnenbilder, altes und neues Burgtheater, Figurinen, Programmzettel, darauf immer wiederkehrend die Namen Charlotte Wolters und Fräulein Franks... Es ist die Welt Franziskas, bevor sie Gräfin Petöfy wurde. Der Leser ist versucht, auch nach ihrem Namen Ausschau zu halten, erst im zweiten Moment erinnert er sich, daß es sie ja nie gegeben; dennoch steht sie lebhafter vor seinem geistigen Auge als ihr Modell, »die kleine Buska«, und alle die wirklich gelebt und zu ihrer Zeit die Wiener zu Begeisterungsstürmen hingerissen haben.

Bad Vöslau

In Bad Vöslau, im Roman »Graf Petöfy« von Fontane Bad Öslau genannt, erholt sich die Schauspielerin Franziska Franz von einem nervösen Fieber. Sie bewohnt mit ihrer Jugendfreundin und zugleich Dienerin Hannah und ihrer Kollegin Euphemia, die »das Fach der hohen Tragödie kultivierte ... ein halbes Parterre, das nach der Rückseite hin einen einfachen Garten mit Kaiserkronen und Feuerlilien, in Front aber eine durch Glasfenster und Leinwandwände geschützte Veranda hatte. Schräg gegenüber von ihnen befand sich ein großes, mit Oleanderbäumen umstelltes Hotel, und zwischen hüben und drüben lief ein chaussierter Straßendamm, auf dem ... ein beständiges Fahren war. Denn der Ort war nicht nur Eisenbahnstation, sondern von alter Zeit her auch Knotenpunkt vieler Straßen, die von hier aus strahlenförmig in die steirischen Vorberge hineinführten, ein entzückendes Hügelland, über das hinweg, sobald die Sonne zu sinken begann, das Hochgebirge in blauem Dämmer aufragte.« (Kapitel 5)

Franziska beginnt, sich mit dem Gedanken, Gräfin Petöfy zu werden, vertraut zu machen und erklärt ihrer skeptischen Freundin (Kapitel 12): »Wenn es keine Gräfin sein kann, so kommt nach der Gräfin gleich die Schauspielerin... Denn worauf kommt es in der sogenannten Oberschicht an? Doch immer nur darauf, daß man eine Schleppe tragen und einen Handschuh mit einigem Chic aus- und anziehen kann. Und sieh, das gerade lernen wir aus diesem Grunde. So vieles im Leben ist ohnehin nur Komödienspiel, und wer dies Spiel mit all seinen großen und kleinen Künsten schon von Metier wegen kennt, der hat einen Pas vor den anderen voraus und überträgt es leicht von der Bühne her ins Leben.« – Ein Irrtum, den die Jugendlich-Naive bald teuer bezahlen mußte. Für Fontane ist der Passus Gelegenheit, seine eigene Meinung über die sogenannte Oberschicht, die er sehr wohl studiert hatte, an den Leser zu bringen.

Solche kleinen, gemütlichen Pensionen findet man heute noch in dem noblen Bad Vöslau, und natürlich gibt es auch überall noch »etwas Krausgebackenes oder einen Napfkuchen oder … Gugelhupf«. Nur wenn sich Wiener Schauspielerinnen heutzutage hier erholen, dürften sich die Gespräche um andere Themen ranken.

Böhmen

»...über dem Ganzen ein Ziehen und Wehen, ein Himmel und ein Luftton, die einem sagen: das ist historisches Land!« Diese fast schwärmerische Liebeserklärung an eine Landschaft finden wir nicht in den »Wanderungen durch die Mark Brandenburg«, sondern in den »Reisebriefen vom Kriegsschauplatz Böhmen 1866«. Fontane war durchaus nicht mit fliegenden Fahnen dorthin geeilt, im Gegenteil: Er hatte gerade die Arbeit über den Krieg 1864 beendet und sich aufatmend wieder seinem ersten Roman zugewandt, als – am 14. Juni 1866 – der Krieg gegen Österreich ausbrach. Was lag für den Hofbuchdrucker von Decker näher, als den Autor des jüngsten Kriegsbuches zu ersuchen, nun auch das nächste zu schreiben.

Seufzend packte Fontane das Roman-Manuskript in die Schublade und bat den Verleger Hertz um Geduld. Dieses Kriegsbuch sei ihm zwar *»keine Herzenssache«*, versicherte er, aber er wolle es doch schreiben, »einmal weil ich das Schleswigholstein Buch dadurch erst zu einem rechten Abschluß bringe, zweitens weil ich eine Lust und ein gewisses Talent für solche Arbeiten, drittens weil ich einen erheblichen pekuniären Vortheil davon habe...« (11. 8. 1866)

Der »pekuniäre Vortheil« sollte entschieden unter den hochgestellten Erwartungen bleiben, ansonsten hatte er Recht: Dieser Krieg war die Fortsetzung des Schleswig-Holsteinischen Krieges von 1864, aus dem Österreich *und* Preußen als Sieger hervorgegangen waren. Seitdem schwelte, diplomatisch mehr oder weniger verdeckt, der Kampf beider um die Vormachtstellung. Eine Entscheidung war unausweichlich. Im Juni 1866 schien Österreich die besseren Karten zu haben, denn alle »Mittelstaaten« von Bayern bis Niedersachsen standen auf seiner Seite. Doch Moltkes genialer Plan, drei preußische Armeen »getrennt marschieren und vereint schlagen« zu lassen, führte nach mehreren Vorgefechten von dramatischen Ausmaßen zum Sieg von Königgrätz.

Überall in Preußen wurde auf Wohltätigkeitsfesten für Verwundete und Hinterbliebene gesammelt; auch die Loge Royal York zu Berlin bat Fontane um einen entsprechenden, zu Herzen gehenden Prolog. Dieser endete:

»... Ja, Sieg! Er hat die Herzen uns erhoben,
Er gab uns viel, – er hat auch viel genommen;
Ein Tag des Ruhmes, aber schwer erkauft,
'nen Schleier über Not und Tod und Wunden;
Es ziemt uns nicht, das Elend hier zu malen,
Es ziemt uns nur, zu trösten und zu lindern.
In Tod zu gehn, war unsrer Brüder Pflicht,
Die unsre heißt: ›*Vergeßt zu helfen nicht*‹!«
(»Königgrätz«, Gedichte I)

Wie schwer dieser Sieg erkauft worden war, erkannte er wohl erst, als er es vor Ort mit eigenen Augen sah. Am 12. August begab er sich mit seinem Jugendfreund Hermann Scherz zunächst nach Dresden und Prag, wo er sich »militärischen Begleitschutzes« versicherte in Gestalt des Leutnants Babo von Rohr und des Majors Rudolf von Wechmar vom Stabe des Generals von Steinmetz, der sich den Ehrennamen »Löwe von Nachod« erworben hatte. Gemeinsam fuhren sie über die Gefechtsfelder von Münchengrätz, Podol, Podkost, Gitschin, Horsitz, Chlum, Stresetitz zum Schlachtfeld bei Königgrätz, wo drei preußische Armeen mit 221 000 Mann gegen 184 000 Österreicher und 22 000 Sachsen den entscheidenden Sieg errangen. Die Preußen hatten 9000 Mann Verluste zu beklagen, der Gegner 44 000 Mann. Bei strömendem Regen hatte er in immer neuen Wellen versucht, das von der 1. Gardedivision im Handstreich eroberte Dorf Chlum, Schlüsselposition der gesamten österreichischen Stellungen, zurückzugewinnen, doch den Preußen verschafften ihre neuen, schnell feuernden Zündnadelgewehre einen nicht wettzumachenden Vorteil. Als der Abend dämmerte, suchte jeder in heilloser Flucht das jenseitige Ufer der Elbe zu erreichen; unzählige versanken dabei in den Sümpfen der Flußniederung und mit ihnen Pferde und Wagen.

Wenige Wochen später stand Fontane am Rande dieser Sümpfe, aus denen vereinzelt Kanonenrohre, Lafetten und zerbrochene Wagenräder ragten. Das Bild vom Untergang der Grande Armée an der Beresina drängte sich ihm auf... Lange dürften sich die Herren hier allerdings nicht aufgehalten haben, denn die Augustsonne brannte und der Pesthauch der Verwesung brütete über dem Land.

Zwar war bereits Ende Juli ein Präliminarfrieden in Nikolsburg abgeschlossen und am 23. August in Prag bekräftigt worden, doch Reisen über den ehemaligen Kriegsschauplatz galten noch immer als gefährlich, denn die Cholera grassierte und in den Wäldern lauerten marodierende Banden.

Mit unglaublicher Intensität prägte sich Fontane in der kurzen Zeit vom 12. bis 31. August nicht nur die Schlachtfelder und Kriegsereignisse, sondern auch die Eigentümlichkeiten von Land und Leuten ein: Vegetation, Industrien, Geschichte historischer Städte, er interviewte gemeine Soldaten und Generalstabsoffiziere, Gefangene und Verwundete. Mit einer überwältigenden Fülle von Erlebnissen kehrte er nach Berlin zurück, und schon ab 19. September erschienen in »Deckers Fremdenblatt« die »Reisebriefe vom Kriegsschauplatz Böhmen 1866« in elf Folgen, die in Auszügen auch in den »Deutschen Krieg von 1866« aufgenommen wurden. Er widerlegte darin eindeutig das, vor allem bei Gardeoffizieren, weitverbreitete Vorurteil, »hinter Elsterwerda, spätestens aber hinterm Riesengebirge beginne der finsterste Balkan« und setzte aus eigener Anschauung dagegen: »Ich habe ... diese Gegenden zwischen *Elbe* und *Iser* durchfahren, über die so viele Klagen laut geworden sind, und ... muß ... sagen: reizende Bilder haben sich mir erschlossen und ... von Verwilderung und Verworfenheit ist nichts an mich herangetreten.«

Und die Menschen? »Ich habe sie so schlimm nicht finden können. Freund oder Feind, – der Wahrheit die Ehre... Der hervorstechende Zug im Volkscharakter schien mir eine *scheue, leise sprechende, leis auftretende Artigkeit* zu sein. Alles machte den Eindruck, als ob man sich auf Socken bewege, während unser preußisches Auftreten nur allzusehr an Stiefel und Sporn erinnert. Die Tczhechen, nach ihrer Erscheinung zu urtheilen, sind ein fein gebautes, glattes Volk. Sie haben ›Formen‹ und diesen Formen gegenüber wird der mehr oder weniger formlose Norddeutsche immer eine Neigung haben, von Falschheit und Tücke zu sprechen.« (»Der Deutsche Krieg von 1866«, Kapitel »Das Isergebiet. Land und Leute«) Diese Sätze kehren, fast wörtlich, in Band III der »Wanderungen« wieder, in dem Fontane über »Die Wenden in der Mark« Zeugnis gibt. Er hatte die Reise nach Böhmen genutzt, um den slawischen Volkscharakter in seiner tschechischen Ausformung zu studieren.

Noch während des Abdrucks der »Reisebriefe« muß energischer Widerspruch erhoben worden sein, denn der Autor schloß, einlenkend, aber nichts zurücknehmend, daß er vielleicht »in dem Streben nach Gerechtigkeit hier und da ›gerechter‹ geworden ist, als die Gerechtigkeit selbst gestatten würde. Durch wie freundliche Gläser aber auch der Briefsteller ... geblickt und wie mancherlei *nicht* zu Vertheidigendes sich seinem Auge entzogen haben mag, jedenfalls war es, – wie irrthümliche Auffassungen zu schildern versucht haben – kein Land der Noth, des Elends, der Uncultur, in das unsere Bataillone von den lausitzer und schlesischen Bergen niederstiegen. Ein lachender Garten war es, ein Parkland, auf dem die Würfel der Entscheidung fielen.« (ebenda)

Die eigentliche Arbeit an dem Buch erwies sich als ungeheuer mühevoll. Zeitweilig fühlte sich Fontane wie »unter Bergen von Büchern und Zeitschriften begraben«. (an Decker, 16. 1. 1867) Zehntausende Seiten trockenster Militärberichte mußten durchforstet und geordnet, umfangreiche Korrespondenzen mit Offizieren jener Bataillone und Regimenter geführt werden, denen im Kampfgeschehen Schlüsselpositionen zugefallen waren, mancher würdigte ihn keiner Antwort. In ihren Augen war er ein »Pequin«, ein Chinese, das war das verächtliche Wort für einen »gewöhnlichen Zivilisten«; auch der preußische Generalstab hielt sich merkwürdig bedeckt. So war der Autor nicht selten auf österreichische und sächsische Quellen angewiesen. Er wollte die Ursachen des Krieges und das Kriegsgeschehen durchschaubar machen, und lesen sollte es sich »wie ein Roman. Es muß fesseln, Interesse wecken wie eine Räubergeschichte«, schrieb er an General Franz von Zychlinski, einen seiner »Gönner«. Doch dieses Vorhaben ließ sich nicht durchhalten. Immer wieder war er gezwungen, »den Gang der Erzählung – meist an der interessantesten Stelle – zu unterbrechen, um sich nach detachirten Compagnien und abgekommenen Halbzügen umzusehen... (an Franz von Zychlinski, 22. 11. 1867)

Nach vier Jahren zermürbender Fleißarbeit lag das Werk vor: zwei Bände im Lexikonformat mit 1100 Seiten. Doch es vermochte keinen so recht zu befriedigen: Der »Zivile Leser« fand ganze Abschnitte mit Schilderungen von Truppenbewegungen langweilig, das Militär hingegen nicht detailliert genug. Immerhin erlebte das Werk eine zweite Auflage und die »Kölnische Zeitung« vom 2. 12. 1869 nannte es »neben dem Generalstabswerk die eingehendste Geschichte« und fand besonders bemerkenswert »die scharfsinnige und nicht minder unbefangene Kritik, die auch dem Feinde läßt, was des Feindes ist«. Aber gerade das nahm ihm das offizielle Preußen übel und das Haus Hohenzollern sah keinen Grund, »dem Verfasser dieses umfangreichen Werkes wohlzuwollen oder gnädig zu sein«. (an Mathilde von Rohr, 30. 11. 1876)

Einfach unerhört empfand man solche Passagen wie diese: »Wir sind uns bewußt, ohne alle Voreingenommenheit an die Frage herangetreten zu sein«; oder das Bekenntnis des Autors zu seiner »angeborenen Neigung, jedes Recht und jeden Vorzug zunächst auf Seiten des Gegners zu suchen«. Fontanes Verständnis von Fairneß und Toleranz, mit dem er Mut, Selbstverleugnung und Tapferkeit *auf beiden Seiten* schilderte, grenzte für viele »Patent-Preußen« an Landesverrat.

Seine gefühlsmäßige Einstellung zum militärischen Geschehen fand Fontane durch den preußischen Kronprinzen bestätigt, der, nachdem er das Schlachtfeld bei Königgrätz abgeritten, dem Tagebuch anvertraute: »Es lassen sich die entsetzlichsten Verstümmelungen, die sich den Blicken darstellen, gar nicht beschreiben. Der Krieg ist doch etwas Furchtbares, und derjenige Nicht-Militär, der mit dem Federstrich am grünen Tisch denselben herbeiführt, ahnt nicht, was er heraufbeschwört.«

Schenken wir uns die rein militärische Seite des Kriegsbuches und beschränken wir uns auf die kulturhistorische, genrehafte (denn manche Kapitel aus »Der Deutsche Krieg von 1866« lesen sich wirklich wie »Wanderungs«-Kapitel). Er faßte sie 1868/69 noch einmal in »Das Isergebiet. Gitschin, Nachod« zusammen und veröffentlichte sie im Wochenblatt der Johanniter-Ordens-Balley Brandenburg. Die dort beschriebene Reiseroute läßt sich mühelos nachvollziehen und man wird mit Erstaunen entdecken, daß vieles heute noch sein Ansehen und seine Berechtigung hat. So ist zum Beispiel die Landschaft entlang der »Eisenbahnstrecke zwischen Eisenbrod [Zelesny Brod] und Turnau [Turnov]« noch immer von eigentümlichem Reiz und jeder burgenbewehrte Berg scheint darauf zu verweisen: »... *das ist historisches Land.* So fand ich es in Brandeis [Brandys] und Münchengrätz [Mnichovo Hradiště], in Sobotka und Gitschin [Jičin]. Am schönsten ist Jung-Bunzlau [Mladá Boleslav] gelegen, das mit seiner Häuserfront und, vom höchsten Punkte des Hügels aus, mit seiner Kastell-Kaserne in das Isertal hinunterblickt.« Obwohl alle diese Städte heute von gesichtslosen Neubauten umstellt sind, blieben sie im Kern doch erhalten; und wie eh und je darf man sagen: »Sie sind klein, aber sie sind nicht unbedeutend... Alle sehen nach etwas aus, und der ›Ring‹ auch des kleinsten Städtchens macht in der Regel einen großstädtischen Eindruck. Hier stehen Kirche und Rathaus, in der Mitte erhebt sich eine Mariensäule, und Arkaden oder Lauben umziehen den Platz und steigern den stattlichen Eindruck des Ganzen. Man empfindet etwas von einer alten Kultur; alte Zusammenhänge mit dem Süden, mit Italien werden sichtbar.«

Und im »Wanderungs«-Plauderstil fährt er fort: »An diesem ›Ring‹ befindet sich denn auch der *Hostinec,* der Gasthof... Von Eleganz, diesem Schreckensartikel, keine Rede...« »Alles zeigt jenen verräucherten Ton, jene noch ununtersuchte Patina, die einem Gastzimmer so wohl kleidet, es so behaglich macht... Die Verpflegung ist im großen und ganzen vorzüglich: Kaffee, Weißbrot, Butter sind gut; das Bier ... ein Labsal, die Kipfel eine Delikatesse; Wildbret ist ausgezeichnet; die Fleischspeisen passieren.« (Die Art des Servierens weckte allerdings in ihm einige Bedenken.)

Dies alles wird der gegenwärtige Wanderer 128 Jahr später so oder ähnlich wiederfinden, jedenfalls »im großen und ganzen«. Und auch die Feststellung Fontanes stimmt noch: »Es fehlen die Bilder des Reichtums, aber doch auch die der Armut...«

Im Kapitel »Gitschin« erzählte er die grausige Geschichte der Adelsfamilie, die das Schloß besaß, bevor es Wallenstein erwarb. Der geniale Feldherr zeigte sich hier von seiner friedlichsten Seite, ließ das Schloß prächtig ausbauen, Park, Fasanerie und Musterstuterei anlegen und wünschte, »in der ›Kartause von Gitschin‹ begraben zu sein«. Doch er sollte hier keine Ruhe finden. Als der preußische Kommandant von Münchengrätz, Graf Leonhard von Schwerin, im Juli 1866 die Gruft öffnen ließ, war sie leer. Wo blieb der Leichnam des im Februar 1634 zu Eger ermordeten Wallenstein? Diese Frage beschäftigte Fontane mehr als alle Tagesgefechte, die zwei Jahre danach sowieso schon fast vergessen waren.

Nur einmal noch wehte durch Schloß Gitschin der Atem der Geschichte, als hier im Jahre 1813 das »entscheidende Bündnis zwischen Rußland-Preußen einerseits und Österreich andrerseits geschlossen wurde«.

Wer sich heutzutage noch ein Bild von den kriegerischen Ereignissen des Sommers 1866 auf böhmischen Fluren machen möchte, dem sei das Museum bei Chlum empfohlen, das bemerkenswerterweise von österreichischer Seite eingerichtet worden ist. (In der preußischen Geschichtsschreibung ist stets vom Sieg bei Königgrätz die Rede, wohl des edleren Klanges wegen, die Franzosen konnten den Namen nicht aussprechen und sprachen daher von der Schlacht bei Sadova. Das Kampfgeschehen spielte sich aber zwischen diesen drei Orten ab; so hat jedes seine Berechtigung.) In diesem Museum, einem schlichten, altersgrauen Haus, sind allerlei zeitgenössische Requisiten zusammengetragen: Uniformen, Bajonette, Kugeln, Fahnen, Schlachtenpläne, Aufmarschskizzen, Zinnfiguren. Wer sich davon inspirieren läßt, wird sich anschließend auf dem hohen, stählernen Aussichtsturm das Schreckensszenario besser vorstellen können – und danach den friedlichen Anblick dieser anmutigen »Parklandschaft« um so dankbarer genießen.

»Unter allen böhmischen Städten, die ich bis jetzt gesehen, ist Pardubitz die böhmischste, von großem malerischen Reiz. ... Hübsche Häuser mit italienischen Giebeln umgeben den geräumigen Ringplatz. An der Westseite fällt das Rathhaus in die Augen, an dem das Wappen der ehemaligen Herren von Pardubitz zu sehen, das zugleich das Wappen der Stadt ist: die Vorderseite eines weißen Pferdes im rothen Felde.« Es hat damit eine besondere Bewandtnis: Ein Ritter Pardubitz kämpfte unter dem Böhmen-König Wladislaus II. im Heer Friedrich Barbarossas, das 1158 Mailand eroberte. Aber die Stadt war auf Dauer nicht zu halten. Bei dem überstürzten Rückzug wurde das Pferd des Ritters vom herabsausenden Fallgitter in zwei Hälften gespalten. Er »nahm die Vorderhälfte auf die Schultern und trug sie vor seinen König, dem dieses Heldenstücklein so sehr gefiel, daß er dem Tapfern das halbe Pferd als Wappen verlieh.« Fontane fand diese Sage, die von böhmischer Königstreue und Tapferkeit zeugt, so schön und aufschlußreich, daß er sie in den »Deutschen Krieg von 1866« aufnahm. Das Wappen am Rathaus von Pardubice überdauerte die Jahrhunderte, ebenso wie die Burg, die zunächst als Zitadelle, aber schon zu Fontanes Zeiten »allerfriedlichsten Zwecken« diente. »...die Basteien sind in Gärtchen mit Pavillons, die Wallplateaus in Alleen und Wege, der Burggraben in Gärtchen verwandelt...« Was Fontane an Pardubitz jedoch am meisten rühmte, das waren die »*Wettrennen*. Anfangs Oktober ... strömen aus Böhmen, Wien, Ungarn, Preußen usw. hohe Cavaliere herbei, so daß um diese Zeit Pardubitz mehr hohen Adel beherbergt, als manche mittelgroße deutsche Residenzstadt.« – Pardubice ist heute noch wegen seiner Pferderennen berühmt, und seit neuester Zeit finden sich neben Unmassen »Schaulustige[r] aus Prag und der Umgebung« auch wieder »hohe Cavaliere« aus ganz Europa ein. (Kapitel »Durch Böhmen und Mähren«)

Fontanes Reisetagebuch verzeichnet unter dem 28. August 1866 »Nikolsburg« und unter dem 29. August »Brünn«. Sechs Tage zuvor war der Friedensvertrag in Prag unterzeichnet worden, doch in Mährens Hauptstadt war von Krieg nichts mehr zu spüren: »Hier fühlen wir uns wieder inmitten der Kultur... Sogar das Theater hat hier keine Unterbrechung erlitten... Gestern abend hörte ich ›Martha‹ ... sauber und präzis; Chor und Orchester waren vorzüglich... Heute morgen habe ich den berüchtigten *Spielberg* besucht.«

Fontane war – Schicksal aller Reporter – unter Zeitdruck. Außer Hotel und Theater scheint er nicht viel gesehen zu haben; was hätte er auch aus der Fülle historisch bedeutsamer Plätze, Palais und Kirchen auswählen sollen! So griff er nur den »berüchtigten Spielberg« heraus, dessen Schloß ein Jahrhundert lang als Staatsgefängnis diente. (»Man zeigte unter Anderm noch den Kerker, in dem der bekannte Panduren-Oberst v. Trenk gesessen.«) Schaudernd durchschritt Fontane die Gewölbe, »die großentheils unter der Erde liegen, ohne Licht und in eisiger Temperatur ... mit all ihren Spuren brutaler Tyrannei ... die kleine, enge, niedere, nur spärlich beleuchtete Zelle, in welcher Silvio Pellico von 1822–1830 unter allen möglichen Härten hinsiechen mußte«, mag ihn an eine ähnliche in der Festung Spandau erinnert haben, in der er im Herbst des Revolutionsjahres 1848 einen guten Bekannten, den Leutnant Techow, als Gefangenen des Königs besucht hatte.

Was war Pellicos »Verbrechen«? Er wollte »sein Vaterland Italien von der östreichischen Herrschaft befreien und zu einem großen, einigen, freien Reiche erheben...« Angesichts der »Schauergewölbe« bestreitet Fontane nicht die Notwendigkeit von Staatsgefängnissen (1848 dachte er anders darüber). »Aber solche Entziehung der Freiheit darf nicht in Grausamkeit ausarten, und die nothwendige Haft soll nicht zu einem Mittel wenigstens scheinbarer Rachsucht werden.« Ein Appell, der wohl nicht allein nach Wien adressiert war. Im Gegenteil, Fontane pries in dem Zusammenhang den »großen, menschlichen Kaiser Joseph«, der das Staatsgefängnis 1859 schließen ließ. »...Mauern und Bastionen wurden fortgerissen, und ... jetzt [ist] der Spielberg eine der beliebtesten Promenaden und ein sehr besuchter Belustigungsort für die Brünner geworden...« (ebenda) Das ist er heute noch. Mit einer schrecklichen Zäsur: Von 1939 bis 1945 hatte sich die Gestapo hier eingenistet. Die Kasematten sind noch zu besichtigen als düsterer Kontrast zu dem sonst so heiteren Treiben.

Vom Spielberg aus kann man weit ins Land hineinschauen und Fontane nutzte diesen Umstand natürlich für einen kleinen Exkurs in die Historie: »...eine Meile ostwärts das Schlachtfeld von Austerlitz, vor uns das Marchfeld, das die Römer und Ungarn schon kämpfen sah.« (ebenda)

Der enge Rahmen des Kriegsbuches verbot ein weiteres Ausleuchten der Vergangenheit, doch als Romancier kam Fontane noch einmal darauf zurück und ließ Schach von Wuthenow mit Freunden und Kontrahenten im Palais des Prinzen Louis Ferdinand über die berühmte Drei-Kaiser-Schlacht debattieren.

Alles in allem brachten die Reisen zum böhmischen Kriegsschauplatz literarisch nur geringe Ausbeute: abgesehen von dem dickleibigen Kriegsbuch, aktuellen Berichten und den genannten Reisebriefen nur ein Gedicht im Balladenton, in dem er den leidenschaftlichen Kampf der – üblicherweise nicht für Heroismus prädestinierten – »Gardemusik bei Chlum. 3. Juli 1866« besang.

Eines aber hatte sich in diesem Schicksalsjahr verfestigt: Fontanes Auffassung von »Heldentum«. Über diesen, in Preußen so oft strapazierten Begriff läßt er am Ende seines Lebens den alten Dubslav von Stechlin sinnieren: »Mein Heldentum – soll heißen, was ich für Heldentum halte –, das ist nicht auf dem Schlachtfelde zu Hause, das hat keine Zeugen oder doch immer nur solche, die mit zugrunde gehn. Alles vollzieht sich stumm, einsam, weltabgewandt. Wenigstens als Regel. Aber freilich, *wenn* die Welt dann ausnahmsweise davon hört, dann horch ich mit auf, und mit gespitzterem Ohr, wie ein Kavalleriepferd, das die Trompete hört.« (»Stechlin«, Kapitel 38)

Karlsbad

»Auch Städte, je nach dem Individuum das ihnen zupilgert, haben ihren Stern oder Unstern. Auf Friedrich Wilhelm IV. wurde regelmäßig geschossen (oder ein Wagenrad brach) wenn er nach dem von ihm so geliebten Rheinsberg wollte, so daß er's schließlich aufgab. Für mich ist ›das Karlsbad‹, wie man glaub ich zu Goethes Zeiten noch sagte, das volle *Gegenstück* dazu. Nur immer Liebes und Nettes widerfährt mir hier seit einer Reihe von Jahren... So was thut einem alten Menschen wohl.« Dieses launige Bekenntnis für Karlsbad stammt aus einem Brief Fontanes an Professor Friedrich Paulsen vom 2. September 1897. Er wäre gern schon eher dorthin gefahren, vor allem seiner an Leber, Milz und Gallensteinen leidenden Frau zuliebe, doch es reichte meist nur zu bescheidenen Sommerfrischen, in die man Kochtopf und Federbett mitbringen und »sich selber kochen« mußte.

Erst als Fontane die Siebzig überschritten und die chronische Schwindsucht im Geldbeutel überwunden hatte, konnte er mit souveräner Vergnügtheit an den Chefredakteur der »Vossischen Zeitung« schreiben: »...die Bauden und Fischerhütten sind wundervoll für Gymnasiasten, die steigen und schwimmen wollen und nur einen Nächtigungsplatz brauchen, von einem bestimmten Lebensalter an aber und wenn man so und so seinen Knax weg hat, braucht man ein Bett und ein Beefsteak. Lieber 3 Wochen gut, als 6 Wochen schlecht. Wasser allein tut es nicht und Luft auch nicht, so sehr ich beide liebe... Man braucht sein Stück Sommer-*Vergnügen* als Fundament für Gesundheit und Winterarbeit.« (an Friedrich Stephany, 12. 9. 1893)

Obwohl Fontanes vergleichbare Bäder wie Kissingen kannten, fanden sie Karlsbad vom ersten Augenblicke an entzückend, und weder ein über ihnen wohnender »Trampler«, der um vier Uhr morgens aufzustehen pflegte, noch Husten und Schnupfen konnten das Gefühl trüben: Hier ist es wohl sein. Sie wohnten – 1893, '94 und '95 – in der Silbernen Kanne, aßen zu Mittag im Österreichischen Hof und tranken »bei Pupp« Kaffee. Dieses Etablissement riß den Dichter zu beinahe euphorischen Schilderungen hin: »Pupp ist … nicht ein vornehmer Kaffeegarten, sondern ein Ding wie der Tuilerien-Garten, draus ein in gotischer Renaissance gehaltenes Riesenschloß als ›Grand Hôtel Pupp‹ aufragt; drum herum Terrassen, Veranden, Gärten – alles mit Tischen, an denen getafelt und getrunken wird, überdeckt. In tausend Lichtern strahlend, wirkte es am Abend feenhaft oder doch orientalisch, welche Wirkung durch den Stammescharakter seiner Gäste gesteigert wurde. Ich hätte nie geglaubt, daß es so viele Juden in der Welt überhaupt giebt, wie hier auf einen Hümpel versammelt sind. … Der Ort ist wirklich eine Sehenswürdigkeit und wäre Stoff für einen Essay; ein solcher, d.h. ein Etwas, das das Wesen dieser merkwürdigen Welt-Gasthaus-Stadt zusammenfaßt ist wohl noch nicht geschrieben. Die Sache selbst ist das kunstvoll Gewordene mehrerer Jahrhunderte.« (an Mete Fontane, 17. 9. 1893)

Die Juden aus aller Welt, die hier in so großer Zahl gastierten, beschäftigten ihn als gesellschaftliches Phänomen. In seinen Karlsbader Briefen griff er immer wieder dieses Thema auf; doch sind seine Bemerkungen, weil aus einer Augenblickslaune geboren, höchst widersprüchlich und nicht auf die Goldwaage zu legen; nicht ganz ernst zu nehmendes, weil dahingeplaudertes Resümee: »Anfangs außer mir, war ich doch bald so weit, daß ich erschrack, wenn ich einen Christen sah, namentlich Damen – alle sahen vergleichsweise wie Wassersuppen aus. Die Juden, selbst die häßlichen, haben doch wenigstens Gesichter…« (an Paul Schlenther,13. 9. 1895)

Das Menschen-Beobachten, das Fontane zu einer »lieben, unterhaltlichen und lehrreichen Kunst« ausgebildet hatte, muß ihn nach einiger Zeit doch gelangweilt haben; Mete gegenüber gestand er: »Wir haben zwar Grund, mit allem sehr zufrieden zu sein, sind es auch, aber die Einsamkeit ist groß und stempelt das Ganze doch zu einem grausamen Vergnügen. …Unser Tag verläuft wie folgt: um 6 1/2 auf, um 7 1/2 an den Theresienbrunnen … bis 9 Spaziergang bis zum ›Posthof‹, das Tepeltal hinauf, und dann auf dem Heimwege Gebäckeinkauf bei Domenico Mannl, Schweizer-Bäcker, von dessen ›Weltruhm‹ die Karlsbader mit Stolz sprechen. Und mit Recht. ... Von 9 bis 9 1/2 Frühstück. Dann schläft sich Mama viertelstundenweis durch den Vormittag ... während ich ... lese. Dann Toilette, d.h. bei Mama, das alte Spitzenkleid wird angezogen, bei mir ein neuer Hemdkragen wird umgebunden. ... Dann folgt das Diner: halbes Rebhuhn, hinterher eine Mehlspeise und ein Glas Pilsener. ...um 4 zu Pupp, um Kaffee bez. Milch oder auch blos Gieshübler zu trinken. ... Die Session bei Pupp dauert bis 6. Dann wieder Spaziergang bis zum ›Posthof‹, auf dem Heimwege Schinkeneinkauf ... gegen 8 Abendbrot und um 9 in die Klappe. ...ich sehe den Tag sehr nahe, wo der ›Posthof‹ wo Mannl und wo selbst Pupp ihre Zauber verloren haben werden.« (an Mete Fontane, 21. 8. 1893)

Nach der ersten Kurwoche hatten beide »mehr oder weniger den Brunnendusel«. Fontane beschränkte sich auf zwei kleine Gläser kalten Sprudel, Emilie wechselte vom Theresien- zum Markt- und Schloßbrunnen. Ihr Befinden pendelte zwischen »Schmerzen und Unbehagen«. Die ratlosen Ärzte verschrieben Moorbäder: »Eine gräßliche Modderei, aber ... es scheint die Schmerzen wirklich gemindert zu haben.« (an Mete Fontane, 22. 8. 1893)

Unter dem Einfluß schmerzlindernder Mittel schlief sich Emilie durch den Tag, Fontane korrigierte im Nebenzimmer die Druckfahnen zu »Meine Kinderjahre«, die zu Weihnachten erscheinen sollten. Auf der Brunnenpromenade lernte er den Breslauer Geheimen Archivrat Professor Colmar Grünhagen kennen, der ihm gleich »einige Lobkugeln in den Leib« schoß. Der Naturwissenschaftler Victor Meyer, Nachfolger Bunsens, gesellte sich hinzu und alle drei entdeckten gemeinsame Vorlieben für historische und stilistische Spezialthemen, was stundenlange Gespräche und anschließende Korrespondenz mit Büchertausch im Gefolge hatte.

Im Jahr darauf stellte Fontane erfreut fest, daß »Frau Jenny Treibel« und »Meine Kinderjahre« schon vor ihm in Karlsbad eingetroffen waren. Mit ironisch verbrämtem Stolz berichtete er seinem jüngsten Sohn und Verleger: »Hier prange ich massenhaft in allen Schaufenstern (immer tapfer neben Tovote), geh' aber jedesmal im Bogen drum herum, um nicht etwa ertappt zu werden. Publizität ist doch eine sonderbare Sache.« (19. 8. 1894)

Tovote, ebenfalls zu Friedrich Fontanes Autorenkreis gehörend, war als Modeschriftsteller viel mehr gefragt als seinerzeit Theodor Fontane. Dessen Hochgefühl schmolz denn auch bald in der Karlsbader Sonne; nach neun Tagen schrieb er an Sohn Friedel: »Meine Bücher liegen hier immer noch im Schaufenster, woraus ich den Schluß ziehen muß, daß sie nicht gekauft wurden, sonst wären sie eben weg.« (28. 8. 1894)

Nur wenige Briefe schrieb er in diesem Sommer aus Karlsbad und in keinem ist von Monotonie und Langeweile die Rede. Fontane war zufrieden, er hatte die Korrekturbögen zu den »Poggenpuhls« zügig bewältigt und eine Reihe von Bekannten und Bekannten von Bekannten aus Berlin getroffen, mit denen sich trefflich plaudern ließ. Da war Dr. Sternfeld aus der Gesellschaft der »Zwanglosen«, mit der der Theaterkritiker Fontane sympathisierte. Sternfelds Lieblingsthema war Friedrich II. von Hohenstaufen. Und da war Direktor Goldschmidt, Reichstagsmitglied und Freund Friedrich Wittes, mit dem die Familie Fontane seit Jahrzehnten freundschaftlich verbunden war. Zu ihnen gesellte sich Leo Graf von Caprivi, seit März 1890, als Nachfolger Bismarcks, Reichskanzler. Mit seiner Politik des Ausgleichs bei der konservativen Mehrheit im Reichstag verpönt, stand sein Glück im August 1894 schon auf des Messers Schneide, Caprivi wußte es nur noch nicht. Er befragte Goldschmidt, der gerade aus Paris gekommen war, nach der dortigen Stimmung, interessierte sich aber auch für die Ansichten des »deutschfresserischen Monsieur Céres (kein Mensch weiß genau, wie er sich schreibt, denn er heißt eigentlich Rosenthal).« Alle bildeten im Bristol eine Art Debattierklub, zu dem sich ein Korrespondent der »New York Herald Tribune« und die jüngst Angetraute des Céres gesellten (übrigens die Witwe des Publizisten Paul Lindau). Auch Fontane wurde eingeladen, man schätzte dessen unvoreingenommene, über alle Fraktionen stehende Meinung. »Die Welt ist ein Dorf«, hieß es, »und Karlsbad ein Mikrokosmos.« Daran hat sich bis heute nicht viel geändert.

Da die Brunnen 1893 und 1894 ihre Schuldigkeit getan hatten, fuhren die Fontanes im Sommer 1895 erneut dorthin, wohnten wieder in der Silbernen Kanne und alles lief »nach dem alten Stiebel«: »Mühl- und Marktbrunnen, Kipfelfrühstück, Posthof, Schönbrunn, Jägerhaus ... galizische Juden, Vossische Zeitung und ein aus Preißelbeerencompott und Gieshübler bestehendes Abendbrot...« (an Karl Zöllner, 31. 8. 1895) Das war ein wenig untertrieben, denn Fontane las viel, schrieb einige Gedichte, die bald darauf im »Pan« erschienen, und konzipierte für Hardens »Zukunft« einen Aufsatz über Adolph Menzel.

Das stille Gleichmaß der Tage wurde von Direktor Goldschmidt unterbrochen, der Fontane zu einem seiner berühmten »forschen Diners« ins Bristol bat. »Natürlich lauter Juden: Friedbergs, Liebermanns, Magnus. ... Sie kümmern sich um alles, nehmen an allem Theil, erwägen alles, berechnen alles, sind voll Leben und bringen dadurch Leben in die Bude.« (an Mete Fontane, 30. 8. 1895) »Alle schwer reich, alle sehr liebenswürdig und sehr versirt. Das heißt, sie kannten ›alles‹. Mir fiel mein Cohn-Gedicht ein.« (an Mete Fontane, 29. 8. 95) Er spielte auf sein Gedicht »Als ich 75 wurde« an, als statt des erwarteten märkischen Adels, über den er jahrzehntelang geschrieben, die »fast von prähistorischem Adel« kamen:

»Die auf ›berg‹ und ›heim‹ sind gar nicht zu fassen,
Sie stürmen an in ganzen Massen...
Stellen mich freundlich an ihre Spitze,
Was sollen mir da noch die Itzenplitze!«

Und sie ließen es nicht bei einer Gratulation bewendet sein, nein:

»Jedem bin ich was gewesen,
Alle haben sie mich gelesen,
Alle kannten mich lange schon,
Und das ist die Hauptsache..., ›kommen Sie, Cohn‹.«
(Gedichte II)

Fritz Theodor Cohn, Berliner Verlagsbuchhändler, stand, des Reimes wegen, für viele andere, für Brahm, Schlenther, Lazarus, Rodenberg, Harden, Mauthner; alles Glanzlichter des Berliner Geisteslebens, die Fontane in seiner Jahrhundertbedeutung erkannt hatten. In Karlsbad waren es also die Friedbergs, Liebermanns, Magnus, die Leben in die Bude brachten.

Über die Geisteshaltung eines großen Teils der übrigen Gesellschaft urteilte er Mete gegenüber sarkastisch: »Bonvivants auf einer kleinstädtischen Bühne. Friesack in Frack und Claque.« (30. 8. 95) Fontane mokierte sich, wie die Karlsbader Buchhändler sich darauf einstellten: In allen Schaufenstern »stand voran ... eine Predigtsammlung. Drum herum gruppirte sich: Eifernde Liebe von Wildenbruch und Reine Liebe von der Eschstruth... Den Hauptplatz nahm aber ein: ›Unter dem rothen Adler, Roman aus der Berliner Hofgesellschaft‹. Ich denke mir, auf 6 ›Reine Liebe‹ wird wohl eine Predigtsammlung kommen. Die dicken Karlsbader Gestalten wirken sehr weltlich.« (31. 5. 1896) Klang da etwas wie Verstimmung durch? Seine im Herbst zuvor erschienene »Effi Briest« lag nämlich nicht aus.

1896 nahmen Fontanes in der Amsel Quartier; er korrigierte die Druckfahnen zu den »Poggenpuhls« und arbeitete am »Stechlin«.

Im September 1897 wohnten sie im Stadt Moskau. Dorthin ging die Bitte Ernst Heilborns um einen Beitrag – »sei's Prosa, sei's Verse« – für »Das literarische Echo«. Fontane hob die Hände: »...die Scheuer ist leer und das Feld draußen ist Brache. Zu meiner großen Freude habe ich einen umfangreichen Roman noch fertig gekriegt – fast gegen eigenes Erwarten – aber nun ist es auch vorbei. Die Kräfte sind hin...« (23. 9. 1897)

Oft hatte er gedacht, mit seinem Leben am Ende zu sein, diesmal fühlte er es unausweichlich. Im Winter plagten ihn Husten, Asthma und »eine totale Nervenpleite«. Eine Frühlingskur in Dresden, auf dem Weißen Hirsch, richtete ihn so weit auf, daß er sich im August noch einmal nach Karlsbad wagte. Er fand »alles reizend wie immer« und schaffte »trotz kannibalischer Hitze« die letzten drei, vier Korrekturbögen zum »Stechlin«. Schrieb noch einen langen Brief an James Morris in London, betonte dabei den Absender, »wo die Kaiser und Könige in den Gott sei Dank verschwundenen Tagen der Polizeialliance, die in der Geschichte den anspruchsvollen Namen ›Heilige Allicance‹ führt, ihre Karlsbader Tage verbracht haben. Vielleicht kommen ihre Thronnachfolger nun *wieder* hier zusammen, um über die Abrüstung und den Weltfrieden zu beraten. Es wird nicht viel draus werden...« (30. 8. 1898) Und er erläuterte die Ursachen des zwangsläufigen Scheiterns in einem weitsichtigen politischen Kommentar. Der Brief atmet tiefe Resignation – zu Recht.

Karlsbad/Karlovy Vary verleugnet noch heute nicht den Prägestempel der k.u.k. Monarchie: Von Wiener Architekten erbaut, prosperierte es durch jüdisches Geld und überstand durch deutschen Fleiß und böhmische Beharrlichkeit alle wechselvollen Zeitläufte. Der Besucher kann umittelbar Fontanes Spaziergängen folgen. Zwar wurde die Silberne Kanne an der Neuen Wiese/Nova Louka in den zwanziger Jahren abgerissen, aber gleich nebenan die Amsel existiert noch, und zwar zwischen dem Hotel Dvořák und der Weinstube/Vinarna Embassy. Fontanes »guter Eßplatz, der ›Östreichische Hof‹« ist heute das Sanatorium Regina; Theresien-, Markt- und Schloßbrunnen erfreuen sich im alten, erneuerten Gewande ungebrochener Beliebtheit, ebenso das Jägerhaus auf dem Berge oberhalb der Russischen Kirche; im Theater (immer noch dasselbe) steht nach wie vor »Der Zigeunerbaron« auf dem Spielplan; nach wie vor gibt es ein köstliches Kipfelfrühstück und Gieshübler Sauerbrunnen, der »für alle Schäden aufkommen muß«. Nur heißt er heute »Mattoni«. »Gieshübel gehörte bis vor 20 oder 30 Jahren einem Grafen, ... der das Quellwasser ruhig in die Tepel laufen ließ; er verkaufte dann seinen Besitz an einen Herrn Mattoni, ... der nun das Wasser auffing und es in den Welthandel brachte. Die Zahl der Millionen Gulden, die dabei gewonnen worden sind, ist so hoch, daß der gräfliche Vorbesitzer ... darüber verrückt geworden ist.« So erzählte Fontane – 22. 8. 1893 – seiner Tochter und fügte hinzu: »*Ich* wäre nicht verrückt geworden, aber wer etwas wacklig ist, kann es dabei werden.«

Diese Geschichte kommt einem unwillkürlich in den Sinn, wenn man heute bei Pupp oder im Posthof seinen »Mattoni« trinkt. Denn das »Riesenschloß« Pupp gibt es noch oder wieder, auch den reizvollen Spazierweg entlang der Tepla zum Posthof, zum Kaiser-Park und über die Berge zurück. Die weitverzweigte Familie des Schweizer Zuckerbäckers Mannl verführt noch immer zur Völlerei; nur die alte Buchhandlung in der Stára Louka, der Alten Wiese, ist nicht mehr da. Und was sich heute Bristol nennt, ist ein gesichtsloser Neubau, das alte »Bristol«, in dem Goldschmidts berühmte Diners stattfanden, ist das auf dem Schloßberg gelegene und selbst wie ein Schloß wirkende Richmond.

Fontane liebte die »Welt-Gasthaus-Stadt« an der Tepla und ihre bergige Umgebung (für einen kranken Mann weit über die Siebzig eine Herausforderung!), und er liebte die Häuserzeilen entlang der Promenade, die aussehen, als wären Dutzende Zuckertorten aneinandergereiht; und »die vielen Erinnerungstafeln an den Häusern: ›hier wohnte Goethe, hier wohnte Peter der Große, hier wohnte Heinrich Laube‹.« (an Emilie Zöllner, 19. 8. 1893) Inzwischen sind einige hinzugekommen: für Gogol, Turgenjew, Dvořák ... und 1993 auch eine für Theodor Fontane.

An dem Hause Marienbader Str./Márianskolázenská ulice N° 479/19, schräg gegenüber dem pompösen Kaiserbad und nicht weit vom Grand Hotel Pupp, am Haus Florencie, wo einst das Hotel Stadt Moskau gewesen, verkündet eine Tafel in deutscher und tschechischer Sprache:

DER DICHTER THEODOR FONTANE
WOHNTE UND ARBEITETE IM
SOMMER 1898 IN DIESEM HAUSE.

ALLES ALTE, SOWEIT ES ANSPRUCH DARAUF HAT,
SOLLEN WIR LIEBEN, ABER FÜR DAS NEUE
SOLLEN WIR RECHT EIGENTLICH LEBEN.
FONTANE GESELLSCHAFT
1993

Eger

»...Wir haben auch eine Partie nach ... Eger gemacht, wo wir uns die berühmten Ermordungslokalitäten ansahn. Bekanntlich ist man an solchen Orten immer besonders heiter und vergißt, daß einem jeden Augenblick auch eine Deveroux-Partisane in die Brust fahren kann. Der Mensch laboriert (Gott sei Dank) an einem unverwüstlichen Leichtsinn.« (aus Karlsbad an Friedrich Stephany, 12. 9. 1893)

In einem erstaunlich saloppen Ton ist hier von einem Manne die Rede, der über Jahrhunderte die Gemüter von Dichtern und Historikern bewegte: Wallenstein.

Fontane hatte in frühen Jahren, als er noch in Balladenstoffen aus der englisch-schottischen Geschichte schwelgte, offenbar unter dem Eindruck der Schillerschen Wallenstein-Trilogie, ein Gedicht über das gewaltsame Ende dieses genialen Feldherrn verfaßt. »Es ist das einzige meiner Gedichte, das ich in wenigen Minuten aufs Papier geworfen habe, buchstäblich stante pede... Habe auch später nichts daran geändert.« (»Von Zwanzig bis Dreißig«)

Als Theaterkritiker kam er aus gegebenem Anlaß öfter auf Wallenstein zurück. So schrieb er im Mai 1878 in einer Rezension, man wisse nie so recht, »ob wir mit ihm sympathisieren oder ihn detestieren, ob wir seine Klagen über ›Undank‹ und ›Untreue‹ teilen oder uns entrüstet von dieser Komödianterei abwenden sollen...« Er unterschied sehr wohl zwischen dem historischen und dem »poetischen« Wallenstein; der historische hatte aus Gier nach Reichtum und Macht bedenkenlos Konfession und politische Fronten gewechselt, sich mit der böhmischen Kriegskasse die Gunst des Kaisers in Wien erworben; in den Reichsfürstenstand erhoben, stampfte er in kurzer Zeit Manufakturen aus dem Boden, rüstete so das kaiserliche Heer aus, das mit ihm als Oberbefehlshaber halb Europa in Angst und Schrecken versetzte. Fortuna ließ ihn hoch steigen und tief fallen; der Wiener Hof verlor dem genialen Emporkömmling gegenüber nie das Mißtrauen. Zu Recht; denn als die aufständischen Böhmen »ihrem Waldstein« in aller Heimlichkeit antrugen, König von Böhmen zu werden, entschied er sich – wieder mit der Kriegskasse im Gepäck – für des Kaisers Opposition. Doch dieser, den Verrat witternd, bestach führende Offiziere aus Wallensteins Lager und so geschah, was Fontane 1849 zur Ballade verdichtete:

»Schloß Eger

Lärmend, im Schloß zu Eger,
Über dem Ungarwein,
Sitzen die Würdenträger
Herzogs Wallenstein:
Tertschka, des Feldherrn Schwager,
Illo und Kinsky dazu,
Ihre Heimat das Lager,
Und die Schlacht ihre Ruh.

Lustig flackern die Kerzen,
Aber der Tertschka spricht:
›Ist mir's Nacht im Herzen,
Oder vorm Gesicht?
Diese Lichter leuchten
Wie in dunkler Gruft,
Und die Wände, die feuchten,
Hauchen Grabesluft‹.«

Die drei versuchen, die dunklen Vorahnungen herunterzuspülen und trinken auf Wallenstein, den »König der Tschechen«, der ihrer Meinung nach an Kaisers Stelle gehört, denn:

»Das erst ist der Kaiser,
Wer den Kaiser macht;«

Da dringen mit Getöse die Buttlerschen Dragoner ins Schloß:

»Tertschka fällt; daneben
Kinsky mit Fluch und Schwur;
Mehr um Tod wie Leben
Ficht selbst Illo nur
...
Bald in Schlosses Ferne
Hört man's krachen und schrei'n; –
Schau nicht in die Sterne,
Rette dich, Wallenstein!«
(Gedichte I)

Das Düster-Menetekelhafte entsprach ganz dem Zeitgeschmack und so kam diese Ballade in Schullesebücher und Almanache. In schlichter Prosa erzählt, war folgendes passiert: Der Stadtkommandant von Eger hatte die wenigen Unbestechlichen, Třcka, Kinsky und Illo, zu einem Gelage auf die Burg geladen und sie dort umbringen lassen. Wallenstein schlief zu der Zeit im oberen Stockwerk des Pachelbel-Hauses, einem Palais am Markt. Wenn wir dem Maler Hofreuther Glauben schenken wollen, so trafen ihn die Mörder dort höchst unheldisch im Nachthemd.

Vielleicht war es die bilderbogenhaft-naive Darstellung Hofreuthers, die Fontane animierte, im gleichen Ton über seinen Besuch in Eger zu berichten. Man habe ihm, so schrieb er seinem Sohn Theodor, noch »die Hellebarde gezeigt – an der Spitze blutrostig – mit der Deveroux den Wallenstein niederpiekte...« Fontane bezweifelte die Echtheit der Mordwaffe und meinte, damit würde nur erreicht, »daß das fossil gewordene Schrecknis als eine Art Mumpitz an einen herantritt.« (30. 8. 1893) Man müsse, um das Grauen auf die Nachwelt zu übertragen, »das Blut tischbreit auf die Diele mal[en]. Auch die Vorstellung kann nicht retten, daß es vielleicht das *echte* sei.« (»Jenseit des Tweed«, Kapitel »Holyrood-Palace«)

Das Pachelbelhaus, seit 1874 Museum, zeigt noch heute alles, was Eger / Cheb mit Wallenstein verbindet. Die Stadt hatte keinen Grund, ihn zu lieben, so beschloß sie 1736, ihn wenigstens gewinnbringend zu vermarkten und beauftragte Hofreuther, die Mordszenen in Öl zu malen.

Kernstück des Museums ist das Sterbezimmer mit der Originalmöblierung: Tisch, Armstuhl, Truhe und Baldachin-Bett; auch die eisenbeschlagene Kriegskasse ist zu besichtigen und die Hellebarde des Rittmeisters Deveroux; die ist nun nicht mehr »blutrostig«, sondern – wie alle andern Gegenstände auch – sorgfältig restauriert. Die ganze Szenerie wirkt so frisch lackiert und gefirnist, daß den kritischen Besucher von heute Bedenken anfliegen, doch der hochengagierte Museumsführer bekräftigt im Brustton der Überzeugung: Alles original!

Unter den zahlreichen Wallenstein-Darstellungen beeindruckt vor allem das Portrait aus der Werkstatt van Dycks: mephistophelisch, düster, sensibel, machtbesessen und skrupellos. Etwas verunsichert steht man davor und fragt sich, wie Fontane wohl dazu kam, eine gewisse Ähnlichkeit mit Bismarck zu konstatieren. Natürlich war es nicht das Äußere, sondern bestimmte Charaktereigenschaften und Verhaltensweisen. Er hat diesen Vergleich mehrfach geäußert, am krassesten und prägnantesten Mete gegenüber, und zwar wenige Monate nach seinem Besuch in Eger: Bismarck »hat die größte Ähnlichkeit mit dem Schillerschen (der historiche war anders) Wallenstein: Genie, Staatsretter und sentimentaler Hochverräter. Immer ich, ich, ich und wenn die Geschichte nicht mehr weiter geht, Klage über Undank und norddeutsche Sentimentalitätsthräne. Wo ich Bismarck als Werkzeug der göttlichen Vorsehung empfinde, beuge ich mich vor ihm; wo er einfach er selbst ist, Junker und Deichhauptmann und Vortheilsjäger, ist er mir gänzlich unsympathisch.« (29. 1. 1894)

Vor dem van Dyckschen Bildnis Wallensteins stehend ist es dem Betrachter selbst überlassen, über die Berechtigung dieses Zitates nachzudenken.

Riesengebirge

Das Hirschberger Tal

Die Sommerfrischen: »Sie fingen en famille mit dem Jahre 70 an und haben sich durch zwanzig Jahre fortgesetzt... In Schlesien war ich mit besonderer Vorliebe. Überall herum im Hirschberger und Schmiedeberger Tal: Hermsdorf, Schreiberhau, Erdmannsdorf, Buchwald, am häufigsten in Krummhübel. In diesen Sommerfrischen habe ich viele meiner Romane geschrieben und überhaupt sehr glückliche Tage gelebt.« (»Kritische Jahre – Kritiker-Jahre«, Kapitel »Die Sommerfrischen«)

Fontane war bereits 1868 und 1869 in Schlesien gewesen, allerdings allein. Nach monatelanger unersprießlicher Fleißarbeit an dem Manuskript »Der Deutsche Krieg von 1866« fühlte er sich nur noch als »Schreibe- und Erwerbs-Maschine, in steter Besorgniß, daß der Kessel platzt« (an Emilie Fontane, 5. 9. 1868); um sich ein wenig zu erholen, hatte er sich für zwei Wochen bei Familie Brey in dem romantischen Erdmannsdorf eingenistet, doch auch hier arbeitete er »ziemlich fleißig«, von dem Wunsch erfüllt: Nur fertig werden!

Auf dem Rückweg machte er einen Umweg über Trautenau, Nachod und Skalitz, um nachzurecherchieren, was ihm 1866 auf seinen Reisen über die böhmischen Kriegsschauplätze entgangen war. In den zwei Erdmannsdorfer Wochen versuchte er, soweit wie möglich »abzuschalten«; sein Fenster bot ihm den Blick hin zum Ameisenberg, der von einer sanften Hügellandschaft umgeben war. Darin eingebettet lagen die Dörfer Erdmannsdorf, Zillerthal, Buchwald und Fischbach. Die Schloßgärtner der jeweiligen Herrschaft hatten unter Anleitung Lennés diese Landschaft zwischen den Parkanlagen behutsam »durchkomponiert«, Schinkel und Stüler Schlösser und Kirchen neogotisch umgebaut oder »angeputzt«. Dies alles mutete Fontane heimatlich an, deutete es doch auf »hohenzollerngeschichtlichen Grund und Boden« hin. Schloß Erdmannsdorf zum Beispiel, das 1832 aus dem Beseitz Gneisenaus an Friedrich Wilhelm III. übergegangen war, hatte allerhöchste Gäste empfangen: 1830 den Zaren Nikolaus mit Gefolge, 1846 den König der Niederlande, 1860 Ludwig I. von Bayern. 1868 gehörte es Prinzeß Luise, der einzigen Tochter Wilhelms I. In Abwesenheit der königlichen Hoheit wachte als Schloßhauptmann Oberst von Münchhausen über das Wohl und Wehe; seine Gemahlin, eine geborene von Scharnhorst, hatte sich 1866 – bei Freund und Feind – wegen ihres bewundernswerten Einsatzes für die Verwundeten den Ehrennamen »Engel von Trautenau« erworben. So ergab es sich, daß der Autor des Buches über diesen Krieg gern gesehener Gast bei Münchhausens wurde. Die Sympathie hielt über Jahrzehnte; 1881/82 besuchte man sich gegenseitig in Berlin und Fontane erhielt von der Baronin wertvolles familiengeschichtliches Material für sein Scharnhorst-Kapitel in den »Wanderungen«.

Natürlich fühlte sich Fontane durch die freundliche Aufnahme in Erdmannsdorf geehrt, doch das Schloß war »kellerkalt« und er »bezahlte« prompt mit Erkältung und Magenverstimmung; er fastete mehrere Tage und lenkte sich ab durch Spaziergänge nach Buchwald, mit dem berühmten Park der Gräfin Reden, und nach Fischbach, wo ihn alles an die hoffnungslose Romanze des Prinzen Wilhelm mit Elisa von Radziwill erinnerte. Nach arbeitsreicher Woche gönnte er sich schließlich eine »Parthie nach der norwegischen Kirche Wang«. (an Emilie Fontane, 5. 9. 1868)

Das malerische Land rund um den Ameisenberg (Mrowiec, 501 Meter) lädt heute noch – beziehungsweise wieder – zum Wandern ein. Das neogotische Schloß Erdmannsdorf (Mysłakowice), in dem Fontane oft zu Gast gewesen, dient seit fast einem halben Jahrhundert als Schule. Im Foyer des ersten Stockwerks zeugt eine umfangreiche Ausstellung alter Ansichten und Urkunden von dem Bemühen, die so lange ausgesparte Geschichte des Ortes aufzuarbeiten. Besondere Eigentümlichkeit dieser Gegend sind die Häuser in Tiroler Bauweise: Unter Friedrich Wilhelm III. wurden hier Zillerthaler Glaubensflüchtlinge angesiedelt und eigens für sie die klassizistische Kirche erbaut, in der man heute allerdings katholisch betet. Das Haus der Familie Brey, von dem aus Fontane zum Ameisenberg sehen konnte, läßt sich nicht mehr identifizieren, es scheint aber keines dieser Tiroler Häuser gewesen zu sein, das hätte er sonst wenigstens in seinem Tagebuch vermerkt.

Schloß Buchwald (Bukowiec) gehörte damals Gräfin Friederike von Reden, von der man noch immer mit Hochachtung spricht; sie unterstützte die Tiroler Bauern nicht nur großzügig, unter ihrer Regie blühte auch die Landwirtschaft der Gegend auf, und sie sorgte dafür, daß die aus dem 13. Jahrhundert stammende und zum Abriß verurteilte norwegische Stabkirche 1844 gerettet und im Riesengebirge wieder aufgebaut werden konnte.

Schloß Buchwald ist heute Staatseigentum und wird mit denkmalpflegerischem Respekt so gut wie möglich in Stand gehalten. »An dem berühmten Park«, so darf man Fontane zitieren, »konnt' ich nicht viel finden, der Weg hin war aber sehr hübsch und die Beleuchtungseffekte, sonnige breite Streifen unter schwarzem Gewölk, gaben dem Gebirge einen großen Zauber.« (an Emilie Fontane, 2. 9. 1868)

Im Sommer 1869 mietete sich Fontane für drei Wochen bei Emilie Seifert in Hermsdorf ein. Er arbeitete täglich bis 13 Uhr und ging dann zum Essen in das benachbarte Hotel Tietze. An der Table d'hôte saßen lauter Berliner Bekannte: die Familie von Wangenheim, daneben Fontanes Verleger Hertz mit Tochter und Hofrat Herrlich, Sekretär des Johanniter-Ordens mit Sitz in der Beletage des Johanniter-Hauses Berlin, Potsdamer Straße 134c, jenem Hause, in das Fontane drei Jahre später, drei Treppen hoch, einziehen und wo er bis zu seinem Tode wohnen sollte.

In dieser anregenden Gesellschaft unternahm man Fahrten in die Umgebung: nach Warmbrunn, Stonsdorf oder auf den Kynast. »Am *Sonntag* war ich Nachmittags in Warmbrunn, wo ich mich bei Kaffee und Sodawasser in die Halle setzte und 3 Stunden lang Tom Jones las.« (an Emilie Fontane, 1. 9. 1869)

Das so lange vom preußischen und böhmischen Adel bevorzugte Hirschberger Tal wurde damals gerade erst vom Bildungsbürgertum angenommen; es steht nunmehr im Begiff, seine Anziehungskraft auf Berliner,

Märker, Sachsen, ja, auch auf Hessen und Westfalen wiederzuerlangen. Hermsdorf (Sobieszów) ist heute Hirschberg (Jelenia Góra) eingemeindet, ebenso Warmbrunn (Cieplice), das sich neuerdings auch um ausländische Kurgäste bemüht. Im Musikpavillon des Kurparks spielt man noch die gleichen Orchesterstücke wie anno 1869, im Kurtheater (fast) noch die gleichen Operetten und im Edward-Pavillon kann man noch immer ungestört bei Kaffee und Sodawasser drei Stunden lang sitzen und lesen. Stonsdorf (Staniszów) lockt noch mit seinem berühmten Kräuterlikör und die nicht minder berühmten Glashütten von Petersdorf (Piechowice) und Schreiberhau (Szklarska Poręba) mit ihrem funkelnden Kristall. Empfehlenswert ist auch, Fontanes Spuren auf die sagenumwobene Burgruine Kynast zu folgen.

Ungeachtet der zahlreichen Ausflüge in angenehmer Gesellschaft war Fontane in den drei Hermsdorfer Wochen produktiv: Es entstanden »die ersten 5 Kapitel zum dritten Theil meiner Wanderungen«. (Tagebuch 1869)

In das Jahr 1872 fällt nun wirklich die erste schlesische Sommerfrische »en famille«. Es war eine Zeit des Ausatmens für Fontane; gerade hatte er den ersten Teil des Kriegsbuches 1870/71 und einen langen Essay über Willibald Alexis beendet und nun große Lust, zur Erholung etwas gänzlich anderes zu tun: Er las Heinrich von Kleists sämtliche Dramen und Erzählungen, Jean Paul und Achim von Arnim; Berliner Freunde wurden empfangen und man wanderte mit Kind und Kegel. Das Tagebuch vermerkt lediglich: »Vier Wochen in Krummhübel. Sehr schöne Zeit.«

Krummhübel wurde ihm für die nächsten Sommer »so angenehm wie kaum irgendein Sommeraufenthalt früherer Jahre, was zur Hälfte an der Bravheit und Freundlichkeit der Wirtsleute, zur andern Hälfte an den netten Leuten lag, die wir dort trafen...« (Tagebuch August–September 1884) Das Quartier selbst war einfach. »Thee muß man sich selber machen«, schrieb er 21. Juli 1884 an Emilie, die erst drei Wochen später nachkam. Er mußte bis Schmiedeberg fahren, um sich »eine Kasserolle und Spiritus-Lampe [zu] kaufen«. Das Haus der braven Familie Schreiber ist leider nicht mehr auszumachen; Gästelisten gab es damals noch nicht,

Archive sind verloren oder verschlossen, Namen und Jahreszahlen an den Häusern getilgt; aber bei genauerem Hinsehen findet man noch etliche kleine Pensionen mit holzverzierten Veranden, in denen Fontanes oder die anderen »netten Leute« gewohnt haben könnten. Fontanes Tagebuch gibt interessanten Aufschluß darüber, mit wem er am Ufer der Lomnitz spazierenging oder im Gerichtskretscham plauderte: »An der Spitze Dr. Schwerin und Frau [Privatgelehrter aus Berlin, der Fontane wertvolles Material zum Scherenberg-Essay lieferte], dann Reichsgerichtsrat v. Graevenitz mit Frau und Tochter... Frau Oberforstmeister Müller und Tochter...«, weiterhin zwei Professoren vom Grauen Kloster, ein Kunsthändler und ein Bankier, alle aus Berlin; und die Witwe eines Oberst »von Wietersheim mit 5 hübschen Töchtern... So ging man aus einer Hand in die andere, hatte Anregung und Zerstreuung.« (Tagebuch 1884). Die Zerstreuung blieb dem Nachmittag und Abend vorbehalten, vormittags arbeitete Fontane zügig an der Rohfassung von »Cécile«.

Die folgenreichste Begegnung aber war die mit dem jungen Amtsrichter von Schmiedeberg, Georg Friedlaender. Er stammte aus einer alten Berliner Gelehrtenfamilie, sein Urgroßvater war Schüler und Freund Moses Mendelssohns gewesen, sein Großvater trat zum evangelischen Christentum über, sein Vater avancierte zum Königlichen Geheimen Archivrat; Georg Friedlaender war ein wundervoller, geistreicher Plauderer, ein Meister des Anekdotischen (wofür Fontane eine besondere Schwäche hegte). »Was mich an F. fesselt ist einfach seine ganz glänzende Beobachtungsgabe für *alles,* was ihn umgiebt, seine Schilderungen kleinstädtischer Kreise, die Aufgeblasenheit junger Referendare, der Dünkel durchschnittsmäßiger Seconde-Lieutenants, die hundert Formen des geaichten und abgestempelten Borussismus. ...die Bilder, die er entrollt, sind wunderbar gut, wenigstens sah' ich all das in ganz gleichem Lichte.« (an Mete Fontane, 24. 8 1893)

Mit dem Talent zum Unterhaltenden war Amtsrichter, später Amtsgerichtsrat Friedlaender natürlich gern gesehener Gast in den Häusern des Adels und der reichen Fabrikanten des Tales. Es schmeichelte ihm nicht wenig, und er beeilte sich, den Dichter Fontane in diese Kreise einzuführen, zum Beispiel bei Heinrich IX., dem Prinzen Reuß auf Schloß Neuhof bei Schmiedeberg. Der Prinz erschien dem kleinen Amtsrichter als eine Art höheres Wesen, auch Fontane bestätigte, der Prinz sei »ein wundervoller Knopp« und habe »eine große Liebenswürdigkeit« und »novellistischen Reiz«, aber historisch gesehen seien Leute wie er doch recht fragwürdige Gestalten. Nach einer Einladung auf Neuhof im Sommer 1885 schrieb Fontane an Mete: »Ich las gestern 3 neue Gedichte vor, von denen... ›Gulbrandsdal‹ am meisten gefiel.« Diese Einladungen »sind schmeichelhaft und auch nicht uninteressant, aber kostspielig, zeitraubend und anstrengend und stören mich ebenso in meiner Ruhe wie in meiner Arbeit«. (16. 7. 1885)

Dieser Sommer 1885 in Krummhübel war für Fontane besonders lang (1. Juni bis Mitte September) und besonders ergiebig: Am Ufer der eiskalten Lomnitz schrieb er das lange Bismarck-Gedicht »Zeus in Mission« und fast ein Dutzend »Nordische Balladen«, zu denen der Grund zwanzig Jahre zuvor an Øresund, Roskilde- und Limfjord gelegt worden war. Drei davon hatte er in Schloß Neuhof vorgetragen. Wichtiger als Prinz Reuß war ihm aber Lehrer Loesche aus Krummhübel, der ihm »in aller Seelenruhe« den Stoff zu einer neuen Novelle erzählte. Es ging um einen Mordfall: Am 21. Juli 1877 war in der Nähe der Hampelbaude der Revierförster Wilhelm Frey erschossen worden, als Täter galt ein gewisser Knobloch, der kurz danach außer Landes ging und in Amerika verschollen war. Was Loesche nicht wußte, konnte Friedlaender aufgrund seiner Kenntnis der Prozeßakten ergänzen. Bereits am 17. Juni berichtete Fontane freudestrahlend seiner Tochter: »Das Material für meine Novelle habe ich nun beisammen.« »...das Denkmal, das die Schaffgot'schen Förster ihrem durch einen Wilddieb erschossenen Kameraden gesetzt haben, steht nur 500 Schritt unter der Kleinen Koppe auf einem Felsenvorsprung, der das ganze Hirschberger Thal mit seinen Bergen, Kuppen, Städten, Dörfern, Parks und Schlössern beherrscht. Sehr schön, auch für meine Arbeit wundervoll zu verwenden, um so mehr als sich hoch oben schon alpine Sterilität, Krüppelkiefer, Knieholz und Moorgründe mit wucherndem Huflattig mit einmischen... Auf dem Denkmal steht ›ermordet durch einen Wilddieb‹. Ich finde dies zu stark. Förster und Wilddieb leben in einem Kampf und stehen sich bewaffnet, Mann gegen Mann, gegenüber; der ganze Unterschied ist, daß der eine auf d. Boden des Gesetzes steht, der andre nicht, aber dafür wird der eine bestraft, der andre belohnt, von ›Mord‹ kann in einem ebenbürtigen Kampf keine Rede sein.«

Bis zur Vollendung der Novelle »Quitt« sollten jedoch noch Jahre vergehen. Aus einem authentischen Kriminalfall machte Fontane ein »psychosoziales Lehrstück«, in dem dargestellt wird, wie eine Freiheit und Gerechtigkeit liebende, aber ständig gedemütigte Natur konsequent und beinahe gegen eigenen Willen zum Äußersten getrieben wird. Förster Frey, in Opitz umbenannt, vertritt in seinem Tal die Staatsautorität, nach oben kriechend, nach unten tretend. Überall wittert er Widerstand, besonders bei Lehnert Menz, seinem armen Nachbarn. Im Kriege 1870/71 hatte Opitz, als sein Vorgesetzter, verhindert, daß Menz aufgrund hervorragender Tapferkeit das Eiserne Kreuz bekam. Dieser hatte dafür gesorgt, daß alle Habenichtse seinesgleichen im Tal davon erfuhren. Zwar war es Opitz gelungen, den Menz wegen einer Lappalie für eine Weile ins Gefängnis zu bringen, doch das hatte den Rebellen nicht gebrochen, im Gegenteil. Als des Försters Jagdhund den Hahn des Nachbarn tötet, ist für Menz das Maß voll. Oben im Gebirge, am Gehänge nahe der Hampelbaude, wartet er mit geladenem Gewehr auf ein Gottesurteil: Läuft ein Hase oder Reh vor die Flinte, wird er schießen; kommt ihm aber Opitz ins Visier... Und Opitz kommt. Als man ihn findet, suchen die Gendarmen natürlich zuerst bei Menz, doch der kann, weil er im Tal viele Freunde hat, entfliehen; er gelangt nach Amerika, wo Fontane den zweiten Teil der Geschichte in einer preußischen Mennonitenkolonie spielen läßt. Paul Schlenther schrieb über »Quitt«, man merke wohl, daß der Dichter Oklahoma nur aus Büchern kenne, alles schwebe wie »Lichtgebilde(n), auf leichten Wölkchen« aber »für Schlesien waren des Dichters Quelle Land und Leute selbst...« (»Vossische Zeitung«, 21. 12. 1890)

Der schlesische Schauplatz wirkt heute noch so echt auf uns, daß »Quitt«-Leser, – wohl wissend, daß alles ja »nur Roman« ist, – Orte auffinden und Wege nachgehen können: In Arnsdorf (Miłkow) wird er, wenn auch als Ruine, die evangelische Kirche und dahinter die geretteten deutschen Grabsteine entdecken, daneben das Pfarrhaus des alten Pastors Siebenhaar, der vergebens versucht, den Streit zwischen Menz und Opitz zu schlichten; am Wege von Arnsdorf nach Krummhübel (Karpacz) das »prächtig gelegene Wirtshaus ›Zur Schneekoppe‹«, in das auch Fontane gern einkehrte; in Krummhübel selbst der »Gerichtskretscham«, wo in Abwesenheit des Angeklagten der Prozeß stattfand; gegenüber die gewaltige Gerichtslinde, unter der früher das Urteil verkündet wurde. In Wolfshau (Wilcza Poręba) an der Kleinen Lomnitz, heute zu Karpacz gehörend, entdeckt man hinter dichten Hecken das Forsthaus, in dem Frey als »Bismarck der Schaffgot'schen Jagdgründe« residierte und wo er aufgebahrt lag, nachdem man ihn oben im Gebirge erschossen aufgefunden hatte. Auch für das armselige Anwesen des Lehnert Menz bieten sich der Phantasie in der Nachbarschaft genügend mögliche Objekte an. Die Hampelbaude, in der Menz nach der Tat nächtigte, heißt nun Schronisko Strzecha Akademicka, und viele stärken sich dort für den steinigen Rest des Weges hoch zur Schneekoppe (Śnieżka).

Wer sich in »Quitt« (1. Teil) und »Die Poggenpuhls« (2. Teil) einliest und sich in die zahlreichen Briefe vertieft, die Fontane aus den schlesischen Sommerfrischen geschrieben, der wird überall noch Plätze finden, die an sein Leben dort erinnern: Am Eingang des Melzergrundes, zum Beispiel, schrieb er, auf einem Felsen sitzend, das emphatische »Grüß Gott dich, Heimat«, ein Gedicht, das die »Wanderungen durchs Havelland« einleitet; auf dem Pfaffenberg, beim Rauschen der Lomnitz, entstand der Nachruf für seinen Freund Bernhard von Lepel; im »Gerichtskretscham« zu Krummhübel besuchte er, meist Frau und Tochter zuliebe, Konzerte und Reunions. Von der Pension Schreiber wissen wir nur, daß sie am Ufer der Lomnitz, am Fuße des Pfaffenberges stand, altersmäßig kämen heute noch drei Häuser in Betracht, man kann nur vermuten... Hier arbeitete Fontane 1885 an den »Nordischen Balladen« und an »Cécile«, 1886 an »Quitt«, 1887 an dem »Quitzow«-Kapitel für »Fünf Schlösser« und an »Unwiederbringlich«.

1888 besuchte er in Krummhübel die Witwe Zoelfel. Sein Apothekerherz mag höher geschlagen haben angesichts der alten Offizin mit Mörsern, Destillierapparaten, handgeschriebenen Rezepten; Zoelfel galt weit und breit als Phänomen, »von dem ein berühmter Breslauer Arzt gesagt haben sollte: ›Wenn ich nicht mehr aus noch ein weiß, dann schreib' ich an [ihn]‹«. Er war nicht nur ein Segen für die Kranken, auch »für die Barfußkinder, die Beeren suchten, und mehr noch für die Reisig sammelnden alten Weiber, die ... auch mit den Gebirgskräutern trefflich Bescheid wußten...« (»Der letzte Laborant«) Ergebnis dieses Plaudernachmittags im Zoelfel-Haus war eine kleine Erzählung: »Der letzte Laborant«. Zwar gab Fontane dem Apotheker den im Riesengebirge verbreiteten Namen Hampel und verlegte die Beerdigung vom April in den Sommer 1884, aber nur, um ihr eine um so würdigere Ausschmückung zu geben: Unter Glockenläuten läßt er unzählige Menschen herbeiströmen, die Kinder »mit Erdbeerblüten im Haar, dann Feuerwehrmusik mit Posaunen und Tuba, danach die Schaffgotschen und Matuschkaschen Förster und Haideläufer und zuletzt die Kräuterweiber aus dem ganzen Gebirge, ... die ... auf Harken und Stangen all *das* trugen, was sie zeitlebens für den Hampelschen Kräuterboden gesammelt hatten: Enzian und Arnika, Fingerhut und Besingkraut und vor allem Isländisch Moos, das in langen wirren Flechten von den Harken herniederhing.« Eine Ära ging mit ihm zu Ende.

Das Zoelfel-Haus mußte wegen Baufälligkeit abgerissen werden, doch die schöne Jugendstil-Apotheke im oberen Teil von Karpacz bemüht sich, das Andenken an den bedeutenden Vorfahren der Naturheilkunde wachzuhalten.

Eine weitere kleine Geschichte, die von guter Orts- und Menschenkenntnis zeugt, nennt sich »Eine Nacht auf der Koppe« und schildert die Sterbestunde des alten Koppenwirts. »...es war Hochsommer, und jede Stunde brachte neue Besucher, die bis Mitternacht tanzen und singen und, nach dreistündigem Schlaf in einem engen Bett und in stickiger Stube, den Sonnenaufgang sehen wollten.« Niemand ahnte, daß nebenan der Koppenwirt im Sterben lag. »...einer von der Familie, der wohl sah, wie schwer er litt, sagte...: ›Sollen wir runterschicken und bitten lassen, daß sie nicht weiter singen?‹ Aber Pohl schüttelte den Kopf … ›die Leute, die auf die Koppe kämen, die wollten lustig sein, aber nicht traurig!‹.« Und man gewährte ihm den letzten Willen und brachte ihn unbemerkt auf einer mit spärlichem Grün bedeckten Bahre zu Tal, wo er den dritten Tag begraben wurde.

Mehrmals brannte die Koppen-Baude ab und immer wieder wurde sie aufgebaut; das heißt, eigentlich gab und gibt es deren zwei, eine auf der böhmischen und eine auf der schlesischen Seite. Das einzige Gemäuer, das hier in kahler Höhe von 1603 Metern alle stürmischen Jahrhunderte überdauerte, ist die Laurentius-Kapelle.

Viele Wege führen zur Schneekoppe, einer davon auch an der Brotbaude vorbei; hier mietete sich Familie Fontane vom 16. Juli bis 31. August 1888 ein, zeitweise mit acht (!) Personen. »Alle waren guter Stimmung«, aber zum Arbeiten kam Fontane unter *den* Umständen nicht. »…wenn man bis 10 1/2 Kaffe trinkt und nach einem Schinkenfrühstück um 12 sich um 1 zu Tische setzt, so hat man nicht viel Arbeitszeit.« (an Karl Zöllner, 3. 8. 1888) Sechs Tage später – er war »über ein bischen Correkturlesen noch nicht recht hinausgekommen« – beschrieb er Moritz Lazarus in Berlin seine Lage: »Die Brotbaude ist ein Korb, der wohl nicht höher gehängt werden konnte: 2500 Fuß [900 Meter], sehr respektabel. Um uns her liegt schon Schnee, … dazu die Kirchenglocken von Wang und die Kuhglocken der Hampelbaude; fehlt nur noch der Stier von Uri, um uns ganz in die schweizerisch alpine Welt zu träumen.« An kalten Tagen, wenn der Tourist im Tale bleibt, lebten sie in der Brotbaude »still und stumm wie am Nordkap und dann wieder an sonnigen Tagen wie im Prater oder beim Stralauer Fischzug… Dann nimmt das Geklapper der Kaffeetassen kein Ende…« Berliner und Sachsen bildeten damals »das Hauptkontingent«. Die alte Brotbaude hat eine jüngere und stattlichere Schwester erhalten und beide erlebten in neuester Zeit Restaurierungsarbeiten. Noch stellen Warschauer und Krakauer Touristen das Hauptkontingent, aber Berliner und Sachsen sind im Kommen.

Zu Fontanes Zeiten wimmelte es im Hirschberger Tal von sommerfrischenden Geheimräten, Großkaufleuten, Bankiers und Fabrikanten, von

Professoren, Finanz- und Kammergerichtsräten, Regierungspräsidenten und Oberappellationsratswitwen, pensionierten Generälen, Künstlern, Grafen und Prinzen; zuerst fand der Dichter diesen gesellschaftlichen Umgang abwechslungsreich, doch mit zunehmendem Alter »fühlte [er] neben dem Freundlichen und Angenehmen etwas Störendes heraus. Immer unterwegs und am Ende ›Wozu der Lärm?‹« (Tagebuch 1885) »In frühren Jahren ... unterzog ich mich den Unbequemlichkeiten, Verlegenheiten und Kosten mit einer Art Freudigkeit, weil ich glaubte, diese neuen Bilder im Kuckkasten meinem Schriftstellermetier schuldig zu sein, aber für die drei, vier Novellen, die ich noch zu schreiben habe, reicht mein Fond von Anschauungen und Erfahrungen aus.« (an Emilie Zöllner, 21. 8. 1887)

Mit dieser Prognose irrte er sich – zum Glück. Die Romane, mit denen er in die Weltliteratur eingehen sollte, standen noch aus. Und einige davon entstanden im Hirschberger Tal. »Unwiederbringlich« zum Beispiel korrigierte er im Spätsommer 1890 auf der Brotbaude: »Wir verbringen dort oben 7 wundervolle Wochen, so schön und ärgerlos, wie man's kaum glauben sollte... Partien machen wir nur höher hinauf ins Gebirge, bis zu den Teichen und auf die Heinrichsbaude... Friedlaenders sind drei Tage lang oben bei uns und wohnen in einer Nachbarbaude. Sonst kein Verkehr.« (Tagebuch 1890) An Maximilian Harden schrieb er, er genieße hier oben »so viel Schönheit und Glück, wie man nur irgendwie fordern kann. Glücklichstes Weltvergessen!« (20. 8. 1890) An Besuchen nannte er nur noch die Richter-Ebertys in Arnsdorf und Friedlaenders in Schmiedeberg. 1892 blieben nur noch Friedlaenders. – Das Jahr hatte so gut begonnen: »Frau Jenny Treibel« war im Vorabdruck erschienen, die Arbeit an »Effi Briest« ging voran, da warf ihn eine Influenza nieder und er erholte sich nicht wieder. Im Mai hatte Friedlaender für die Fontanes »Villa Gottschalk« im Zillerthal nahe Schmiedeberg gemietet; alle versprachen sich von der Gebirgsluft Genesung, »aber die Tage waren schrecklich und wollten kein Ende nehmen. Nach Berlin zurückkehren ging auch nicht, denn es herrschte eine tropische Hitze, dazu kam Cholera.« (Tagebuch 1892)

Professor Hirt, eine »Breslauer Autorität«, diagnostizierte Gehirnanämie und riet zur Elektroschock-Therapie. Danach ging es noch schlechter. »Ich ... bringe es nicht über 2 Stunden Schlaf... Den ganzen Tag über turkle ich müde umher und gehe öfter in den Wald, wo man doch ein bischen Schatten hat.« (an Mete Fontane, 29. 8. 1892)

Die zauberhafte Parklandschaft von Buchwald und Fischbach lag »in unmittelbarster Nähe ... noch vor 10 Jahren(,) hätte mich dieser liebesromantische Grund und Boden interessirt, jetzt ist es vorbei damit, wie mit vielem. Das einzig Nette ist noch: in der Sonne sitzen und blinzeln, also das vom Herm. Lingg besungene alte Krokodil. ›Am heiligen Teich von Singapur‹ etc.« (an Wilhelm Hertz, 22. 5. 1892) Er glaubte sich am Ende. Dem Besitzer der »Vossischen Zeitung«, Carl Robert Lessing, teilte er mit, »daß wir uns entschlossen haben, Berlin aufzugeben und uns nach Schmiedeberg für den Rest unserer Tage zurückzuziehen.« Seine Einnahmen waren auf die Hälfte geschrumpft. »Damit in Schmiedeberg zu leben, wird gehen. In Berlin wäre es unmöglich.« (15. 6. 1892) Schmiedeberg ist ihm der einzig denkbare »Platz zum Rückzug aus dem Leben« und Friedlaender die einzige mitfühlende Seele. »Vielleicht genese ich noch mal und kann Ihnen dann sagen ... wie sehr ich an Ihnen hänge.« (10. 6. 1892) Nie hat er den Beistand Friedlaenders in dieser traurigen Zeit vergessen, er blieb ihm bis zuletzt aufrichtig verbunden. Sie wechselten mehr als hundert Briefe – launige, übermütige, tröstende, bekenntnishafte. Friedlaender starb 1914. Als Tochter Elisabeth 1946 Schmiedeberg verlassen mußte, rettete sie in einem Köfferchen den kostbarsten Familienschatz: 280 Fontane-Briefe, die heute einen wertvollen Fundus für die Fontane-Forschung bilden.

Schmiedeberg (Kowary), das – wie das ganze Hirschberger Tal – 1945 abseits der Frontlinien lag und vom Krieg weitgehend verschont blieb, beginnt, sich seiner Geschichte zu erinnern; eine Gesellschaft der Freunde Schmiedebergs wurde 1993 gegründet, die mit dem Riesengebirgs-Museum in Hirschberg (Jelenia Góra) zusammenarbeitet und an die positiven Traditionslinien des 1880 gegründeten Riesengebirgs-Vereins anknüpft. Man ist allen Fragen gegenüber aufgeschlossen und zeigt bereitwillig Rathaus und ehemaliges Amtsgericht, die langjährige Wirkungsstätte Friedlaenders; nur wo er wohnte und Fontane oft als Gast empfing, ließ sich bisher nicht ermitteln.

Übrigens, auch die berühmte Schmiedeberger Teppichfabrik, in der Fontane für das Große Berliner Zimmer einen Teppich erwarb, produziert noch immer. In dem gepflegten Schloßpark von Neuhof, wo Fontane bei dem Prinzen Reuß, wie er Mete selbstironisch gestand, »den ›Fürstenknecht‹ spielte«, scheint die Zeit stillzustehen. Doch der Eindruck täuscht. Vieles, was unverrückbar schien, ist in Bewegung gekommen: In Arnsdorf (Miłkow) zum Beispiel, wo sich in der Villa Eberty die Musen ein Stelldichein gaben und Fontane lange, gesellige Abende verbrachte, ist heute ein staatliches Heim für behinderte Kinder; und Schloß Arnsdorf (im Roman Adamsdorf), in dem Fontane den Onkel Eberhard von Poggenpuhl ansiedelte, ist heute Hotel und Reiterhof; und dort, wo Sophie Poggenpuhl, die Malerin, mit der Tante die Rehwiese im Park umrundete, tummeln sich jetzt statt der Rehe Stuten mit ihren Fohlen. – Die Besitzer haben gewechselt, der Menschenschlag ist ein anderer, aber der Zauber der Landschaft ist geblieben. Und wer aufgeschlossenen Herzens hinfährt, wird mit Fontane sagen können: »Seit ich mich erholt habe, lebe ich hier wieder glückliche Tage und freue mich an allem, worauf mein Auge fällt. Ein Mütterchen, das mit dem Reisigbündel auf dem Rücken über den schmalen Steg geht, die Mädchen mit den feinen Fußknöcheln die Himbeeren oder Besinge zum Verkaufe bringen, die Gewitter die mit Sturm und Gekrach am Gebirge hin ziehn, die nach Mehl schmeckende Wassersemmel, … die blinde Harfenistin, die mit einer Stimme, daraus ein Elend und eine Seele spricht, kleine Lieder auf dem Hausflur singt, die Lomnitz, die rauscht, die Haide die blüht … alles erfreut mich und macht es mir schwer, mich von dieser schönen Stelle zu trennen.« (an Emilie Zöllner, 19. 8. 1886)

Jenseits der Oder

Küstrin

»Jenseits der Oder, wo zwischen Werft und Weiden die Warthe rechtwinkelig einmündet, liegt Küstrin, ein durch die Jahrhunderte hin in den Geschichten unseres Landes oft genannter Name. Oft, aber selten freudig. Etwas Finster-Unheimliches ist um ihn her, und in meiner Erinnerung seh ich den Ort, der ihn trägt, unter einem ewigen Novemberhimmel.«

So beginnt im zweiten Band der »Wanderungen« das Kapitel »Jenseits der Oder«. Das Finster-Unheilvolle des Ortes sollte sich fortsetzen: Nach dem ersten verlorenen Weltkrieg wurde Küstrin als Festung geschleift; am Ende des zweiten verlorenen Weltkriegs blieb auch von der Stadt Küstrin kein Stein mehr auf dem anderen. Wer heute durch die urwaldartige Wildnis irrt, empfindet das Motto, das Fontane 1879 dem Kapitel voranstellte, wie ein Menetekel:

»Die Wasser grau und schwer,
Und Wolken drüber her,
Und über den Mauern
Liegt es wie Trauern.«

Das Schicksal der Festungsstadt war über Jahrhunderte in Glanz und Elend mit dem der Neumark untrennbar verknüpft, und auf die Stadt entfiel stets der doppelte Anteil. Fontane berichtet in lakonischer Kürze: »...um die Wende des Jahrtausends ein slawisches Fischerdorf, um 1200 ein oppidum oder Flecken und um 1300 eine civitas oder Stadt... Wenig später (1319) trat mit Markgraf Waldemar das askanische Haus vom Schauplatz ab, und jenes bayerisch-luxemburgische Interregnum folgte, das gerade lange genug währte, die bis dahin blühende Mark in eine Wüste zu verwandeln. ...Fehden unter- und gegeneinander, Fehden mit den Pommern und Polen, Fehden mit Adel und Bischöfen und dazwischen Überschwemmungen und Feuersbrünste, Mißernten und schwarzer Tod.«

Selbst als mit den Hohenzollern eine Wandlung eintrat, reichte diese »nur bis an die Oder, und alles, was ›drüben‹ lag: die Neumark und das mit ihr dem Deutschen Ritterorden zugefallene Küstriner Land, hatte noch lange hin auf die Segnungen eines starken und wohlwollenden Regiments zu warten«.

Wenn Fontane in den »Wanderungen« eine Landschaft in ihrem geopolitischen und historischen Gewachsen- und Gewordensein darstellen wollte, ging er ähnlich wie ein Bildhauer zu Werke, der sich zuerst ein tragfähiges Skelett errichtet, um dann die Tonmassen aufzubringen und zu formen. Um das Skelett des reinen Faktenwissens aufzubauen, arbeitete sich Fontane durch dickleibige, staubtrockene Skripten und Annalen des 16., 17. und 18. Jahrhunderts; die formbaren Tonmassen, die erst die gewünschte Gestalt ergeben, entnahm er Biographien, Tagebüchern und »historischem Liederlichkeitsmaterial«. Ein Großteil des angelesenen Wissens mußte er zwar um besserer Lesbarkeit willen wieder weglassen, aber »es spukt hinter der Szene«.

Herausgehoben wird die Zeit von 1535 bis 1571, die spätere Generationen von Neumärkern »das Goldene Zeitalter« nannten; es waren die Jahre, in denen die Neumark samt einigen Teilen der Lausitz unter Markgraf Hans als eigenständiges Markgrafentum existierte. Fontane, in seiner Bewunderung für Gründernaturen großen Stils, widmete diesem Mann zehn Seiten: »Er war klug und scharfblickend, ein Mann der Ordnung und des Gesetzes, ein glänzender Haushalter und ein unermüdlicher Begründer eigenen und fremden Wohlstandes.« Unerkannt fuhr er überland, kontrollierte, lobte, strafte, das machte ihn volkstümlich, »und die Armen hatten ein Recht, ihn ihren ›Vater‹ zu nennen«.

Aber ähnlich wie sein Nachfahre Friedrich Wilhelm I., an den er überhaupt in seinen Tugenden und Fehlern lebhaft erinnerte, war Markgraf Hans jähzornig und »der Hang nach dem Gelde« verführte ihn dazu, den Herrenmeister des Johanniterordens und alle, die auf dessen Seite standen, in blindwütigem Zorn bis zur Anwendung der Folter zu strafen, nur weil sie die Ordensländereien nicht herausgeben wollten, auf die der Landesherr Anspruch zu haben glaubte. Dennoch schließt Fontane das Porträt des – im wahrsten Sinne des Wortes – Renaissancemenschen: »All dieser seiner Fehler unerachtet war der Markgraf ein bedeutender Fürst«.

Küstrin wurde von ihm zur Residenz erhoben, das heißt, er ließ am Zusammenfluß von Warthe und Oder, mitten in einer Sumpf- und Wasserwildnis, durch die nur zwei Dämme führten, eine Festung mit vier Eck- und zwei Mittelbastionen errichten. »Innerhalb der Festungswerke lag die Stadt mit Marktplatz, Kirche, Schloß, letzteres hart an den Wall gelehnt, und zwar zwischen Bastion König und Bastion Brandenburg.« Form und Ausmaße dieser als unüberwindlich geltenden Festung hielt Fontane bei seinen Besuchen 1860 und 1862 in ausführlichen Lageskizzen fest.

In der brandenburgisch-preußischen Geschichte spielte sie allerdings kaum eine militärische Rolle. Ihre Belagerungen, so umschreibt es Fontane, waren »leider keine leuchtenden Edelsteine im Wappenschilde preußischer Ehre«. Am 14. August 1758 – wenige Tage vor der Schlacht von Zorndorf – sah der damalige Festungskommandant Oberst Schack von Wuthenow (sic!) tatenlos zu, wie russische Geschütze die Stadt Küstrin in Brand schossen; und im Jahre 1806 – wenige Tage nach der Katastrophe von Jena und Auerstedt – kapitulierte Oberst von Ingersleben, bevor überhaupt ein Schuß gefallen war.

Aber weder Markgraf Hans noch die unrühmlichen Belagerungsgeschichten bewogen Fontane, das Küstrin-Kapitel für die dritte Auflage des Bandes »Oderland« umzuformen, sondern die Katte-Tragödie, die am 7. November 1730 auf Bastion Brandenburg geschah. Sie charakterisiert beispielhaft die Beharrlichkeit, mit der Fontane über Jahre, ja, über Jahrzehnte an der Aufhellung eines ihn bewegenden Geschehens arbeitete: Jedermann kannte damals die zu Herzen gehende Geschichte von dem armen, malträtierten Kronprinzen, der keinen anderen Ausweg sieht als die Flucht, der aufgegriffen und als Deserteur auf die Festung Küstrin gebracht wird, wo er auf königlichen Befehl der Hinrichtung seines Freundes und Fluchthelfers Hans Hermann von Katte zusehen muß. In dem Augenblick, da Kattes Haupt fällt, bricht der Kronprinz ohnmächtig zusammen. So stand es in allen Schullesebüchern, und Vater Louis Henri Fontane, in seiner Vorliebe für Historisch-Anekdotisches, hatte diese Szene dem kleinen Theo, lebhaft ausgeschmückt, wieder und wieder erzählt. Es ist zu vermuten, daß Theo später, als junger Rezeptar in der väterlichen Apotheke, von Letschin aus Küstrin besuchte, um den Schauplatz der Tragödie mit eigenen Augen zu sehen. Ganz gewiß aber führten ihn seine frühen »Wanderungen« dorthin. Notizbücher von Mai und September 1860 bezeugen, mit welcher Genauigkeit er vorging, um den authentischen Platz der Hinrichtung herauszufinden und das authentische Fenster zu identifizieren, von dem aus der junge Friedrich seinem Freund einen letzten Gruß zuwinkte.

Historiker diskutierten sieben verschiedene Variatianten. Fontane fertigte daher ausführliche Lageskizzen an und notierte: »Hauptgebäude nur ein Seitenfenster, und zwar das zugemauerte... Entfernung vom Schafott bis zum offenen Fenster zehn Schritt, Entfernung bis zum zugemauerten achtzehn Schritt.« Mit Befremden stellte er fest, daß die Stube, in der der Kronprinz gefangensaß, lange Zeit eine Kasernenstube wie tausend andere war; 1860 hatte man die Zimmer 21 und 22 zwar zu einem Offizierscasino vergrößert, allerdings ohne jeden Hinweis auf das historische Geschehen. Und auf dem achteckigen Fundament, das als Richtstatt diente und auf das Kattes Haupt fiel, war ein Fachwerkpavillon aufgeführt worden. Fontane notierte: »Das Fachwerkzimmer ist bewohnt, hat Blumen und eine entzückende Aussicht, ich bekenne nichtsdestoweniger, daß ich es nicht bewohnen möchte.« (Notizbücher 1860) Gipfel der Pietätlosigkeit aber war für ihn die Tatsache, daß das Fundament selbst als Rüben- und Kartoffelkeller benutzt wurde.

Das Küstrin-Kapitel mußte in ziemlicher Eile geschrieben werden, denn Verleger Hertz wollte den ersten Band der »Wanderungen« noch zum Weihnachtsgeschäft 1861 herausbringen; Fontane sah es ein, doch das unbehagliche Gefühl, einen historisch eminenten Stoff nicht genügend ausgeschöpft zu haben, blieb.

Im Juni 1862 bereiste er erneut das Land an Oder und Warthe, kam auch nach Küstrin, Sonnenburg, Tamsel und Zorndorf und fuhr, ein langgehegter Wunsch, mit dem Dampfschiff von Frankfurt bis Schwedt. Im August 1867 erhielt er die Möglichkeit, das Familienarchiv der Kattes im altmärkischen Wust einzusehen; das versetzte ihn in die Lage, »das Trauerspiel auf Bastion Brandenburg« von einer bisher unbeachteten Seite zu beleuchten.

Als Verleger Hertz 1879 die dritte Auflage des Bandes »Oderland« ankündigte, bestand Fontane darauf, das Küstrin-Kapitel entscheidend zu erweitern und zu verändern, denn: »... die *Katte-Tragödie* ... ist bisher immer nur auf den Kronprinzen Friedrich hin angesehen worden. Oder wenigstens vorzugsweise. Und doch ist der eigentliche Mittelpunkt dieser Tragödie nicht Friedrich, sondern *Katte*. Er ist der Held, und *er* bezahlt die Schuld. Es ist meine Absicht, ... *dem* die Ehre zu geben, dem sie gebührt.«

Hertz erklärte sich einverstanden und Fontane stürzte sich erneut in die Arbeit, fuhr im Dezember 1878 und im Februar 1879 noch einmal nach Küstrin und bat Friedrich Holtze, den Generalsekretär des Vereins für die Geschichte der Mark Brandenburg, um Rat und Literaturhinweise: »Was mir in diesem Augenblick zur Verfügung steht, ist: Poellnitz, Beneckendorf (der von Schacksche Bericht), Vehse, Foerster, Preuß und einige von Kattes Vater herrührende, sehr interessante Briefe... Sie werden hieraus am besten ersehen können, was mir wohl noch fehlt.« (9. 3. 1879)

Es stellte sich heraus, daß der Bericht des Majors von Schack, der auf Weisung Friedrich Wilhelms I. das Exekutionskommando leitete, mit den Lageskizzen Fontanes vollständig übereinstimmte. Auch die Memoiren der Markgräfin Wilhelmine von Bayreuth, an die er über Holtze herankam, erwiesen sich »von unschätzbarem Wert. Im einzelnen haben sie beständig unrecht, ... aber ... die Stimmung jener Tage ist in unübertrefflicher Weise wiedergegeben.«

Allein aus diesem umfangreichen Quellenstudium mag man ersehen, wie wichtig ihm dieses Kapitel war. Der Gedanke, daß einer sterben mußte, »damit das Recht nicht aus der Welt käme« (mit diesem Argument hatte der Soldatenkönig sein drakonisches Urteil im Katte-Prozeß gerechtfertigt), beschäftigte Fontane immer wieder; in »Schach von Wuthenow«,

»Stine«, »Mathilde Möhring« und im »Stechlin« wird Kattes Schicksal in Gesprächen erwähnt.

In den frühen »Wanderungen« übersetzte Fontane die berühmten Worte »Fiat justitia et pereat mundus« im Sinne Friedrich Wilhelms I. Später fand er heraus, daß dieser Wahlspruch auf Kaiser Ferdinand I. (1556–1564) zurückging, der ihn noch rigoroser auslegte: Die Gerechtigkeit nehme ihren Lauf, auch wenn die Welt dabei zugrunde geht. Von dieser Art Justitia, die nur dem Buchstaben des Gesetzes verpflichtet ist und das geistige Schicksal des einzelnen völlig ignoriert, distanzierte sich Fontane mit zunehmendem Alter immer mehr. In »Quitt« heißt es: »... Leute, die das Zeug dazu haben, die sind mir immer zu schade, um hinter Schloß und Riegel zu verkommen, bloß um fiat justitia willen. Gerechtigkeit! Was heißt Gerechtigkeit?« (Kapitel 16)

In dem Roman »Vor dem Sturm« spielt eine entscheidende Szene auf der Bastion Brandenburg, als der jugendliche Held Lewin von Vitzewitz zu Beginn der Befreiungskriege gegen Napoleon in französische Gefangenschaft gerät. Im Weißkopf, einem »Turmhäuschen ... fünf Schritt im Quadrat«, harrt er des Urteils und erinnert sich mit Schrecken der Katte-Tragödie. Er kann jedoch im letzten Augenblick gerettet werden.

Sehenswürdigkeiten

im Sinne eines Baedeker-Reiseführers wird man in Küstrin vergebens suchen, doch der poetisch veranlagte und mit dem Sinn fürs Historische ausgerüstete Wanderer dürfte hier ähnliche Schauder empfinden wie der Wanderer auf den Trümmern Karthagos.

Dreimal in der Geschichte war die Festungsstadt Küstrin gezwungen, sich zu verteidigen; 1758 und 1806 ergab sie sich beizeiten und blieb heil. Beim dritten Mal wehrte sie sich erbittert – vom 31. Januar bis zum 31. März 1945 – und ging im Hagel der Bomben und Granaten unter. Das Land »jenseits der Oder« fiel an Polen. Andere historische Städte wie Warschau, Danzig oder Breslau wurden mit großem Einfühlungsvermögen wiederaufgebaut; Küstrin nicht. Erst jetzt beginnt man das Herzstück – Pompeji gleich – wieder auszugraben.

Unnahbar und abweisend ragen noch immer die Bastionen König, Brandenburg und Philipp hoch über der Oder auf, dahinter dehnt sich urwaldartige Wildnis. Das Berliner Tor, gleich neben der Oder-Brücke, ist noch erkennbar, und am entgegengesetzten südlichen Ende das Kietzer Tor, allerdings nur noch das Gewölbe der Wachstube. Die Kietzer Straße, die ehemals geradewegs zu Markt und Schloßplatz führte, ist ein ausgetretener Trampelpfad. Uralte Baumriesen, von wildem Wein umsponnen und von Wildreben bekränzt, weisen auf Alleen hin. In dem undurchdringlichen Dickicht von Birken, Robinien, Kletten- und Brombeergestrüpp plötzlich ein brusthoher Mauerstumpf – hier stand die Marienkirche. Andeutungen eines Kellergewölbes. Geborstene Quader einer Freitreppe. Gehörte sie zum Schloß? Zur Schloßkaserne? Zur Pfarrkirche? Auf dem freien Platz, einst die Schloßfreiheit, stößt der stolpernde Fuß auf scharfkantige Granitbrocken, kundige Augen entdecken ein Fundament: Auf diesem stand einmal Markgraf Hans.

Fontanes Lageskizzen können in dieser grünen Wildnis noch immer hilfreich sein: vom Kietzer Tor ein paar hundert Schritt geradeaus, dann links einen Eselspfad hügelan, vielleicht ehemals die Badergassse, und weiter über Geröll und zerbrochene Stufen hinauf zum Katte-Wall. Plötzlich versperren roh behauene Planken den Weg. Dahinter ein paar Gemüsebeete, eine Robinson-Behausung, mehr Höhle als Hütte. Weltflüchtige, freiwillig oder unfreiwillig, haben hier Platz gefunden, teilen ihn mit Igeln und Füchsen, Kaninchen und Fledermäusen und Heerscharen gefiederter Sänger.

Wer in einem der überwucherten Schutthaufen stochert, wird bei einiger Ausdauer auf Zeichen vergangener Zivilisation stoßen, auf eine Ofenkachel vielleicht, darin eingeprägt der Name des Fabrikanten: »Hermann Strunk – Vietz«; das erinnert an das Roman-Schloß Hohen-Vietz in »Vor dem Sturm«. Und ganz nah kommt der Wanderer dem Gefangenen Lewin von Vitzewitz, wenn er nördlich von der Bastion Brandenburg durch die überwachsene Mühlenpforte ans Oderufer tritt; er legt den Kopf in den

Nacken, läßt den Blick emporschweifen über die trutzigen Mauern, in denen Findlingsbrocken, Feldsteine und Ziegeln für Ewigkeiten verbunden sind, und entdeckt den historisch-literarischen Ort: Da oben muß der »Weißkopf« gestanden haben, auf dem Kattes Haupt fiel; da oben wartete Lewin in Todesangst auf das Urteil. Die Wolken ziehen, die Mauern scheinen zu stürzen, historische und Romangestalten verweben sich; Hoppenmarieken schmuggelt dem jungen Herrn ein Knäuel zu, ein Seil wird heruntergelassen, unten wartet der Vater mit seinen Freunden, eine Strickleiter wird angeknüpft, an der sich Lewin herabläßt, bis das morsche Fensterkreuz des Turmhäuschens bricht und der Flüchtende ins Ungewisse stürzt. Zum Glück in Schneewehen, denn der Winter 1812 auf '13 war schneereich und die Oder zugefroren. Das war Lewins Rettung.

132 Jahre später, im Winter 1945, gab es für Unzählige, die in der Festungsstadt Küstrin Zuflucht gesucht hatten, keine Rettung; niemand weiß, wieviele in den eisigen Fluten versanken.

> »Deine Mauern / Haben Trauerns viel gesehn, /
> Hohe Warte an der Warthe / Mach' vergessen was geschehn«.

So hatte Fontane in der ersten Fassung das Küstrin-Kapitel überschrieben. Aber es wird nicht vergessen sein, hat er es doch mit seinen »Wanderungen« und durch den Roman »Vor dem Sturm« ins Gedächtnis der Nachwelt überliefert.

(Zitate, soweit nicht anders vermerkt, aus »Wanderungen« II, Kapitel »Küstrin«.)

Sonnenburg

Tuiscon Beutner, Chefredakteur der »Kreuz-Zeitung«, verpflichtete Fontane, von Montag bis Samstag gewissenhaft sein Pensum auf der Redaktionsgaleere abzurudern, Verleger Wilhelm Hertz hingegen erwartete von ihm so bald wie möglich den zweiten Band der »Wanderungen«. Es bedurfte einiger Winkelzüge, um beides unter einen Hut zu bringen, und einer fast generalstabsmäßigen Planung, um in der kurzen freien Zeit optimal recherchieren zu können.

Und so sah zum Beispiel ein Wochenablauf aus: »*Montag* Abend 10 3/4 reiste ich auf dem Frankfurter Bahnhof ab. … *Dienstag.* Um 6 Uhr in Sonnenburg zum Johanniter-Ritterschlag. … Um 2 Uhr zu Fuß nach Cüstrin zurück… Per Bahn nach Frankfurt weiter. … Einen Bericht für die Kreuz-Ztng geschrieben. Gut soupirt … *Mittwoch d. 25!* Um 5 mit dem Dampfschiff von Frankfurt bis Schwedt. Reizende Fahrt. … In Schwedt … Besuch von Schloß und Park. … *Donnerstag d. 26.* … nach Falkenberg. Dort herumgeklettert und dinirt. … Freienwalde. … Schloßberg, Ruinenberg. Spät zu Bett; in aller Frühe wieder auf. Nach Wriezen. *Freitag d. 27!* Von Wriezen nach Letschin. … *Sonnabend d. 28.!* Um 2 1/2 Uhr morgens nach Küstrin. … Um 10 nach Tamsel. … mit dem Grafen auf's *Zorndorfer* Schlachtfeld gefahren … dann Akten durchgestöbert; um 11 1/2 zu Bett um 1 wieder auf. Um 2 (der Schnellzug hält in Tamsel nicht an) nach Cüstrin. Um 4 in Frankfurt. Um 5 1/4 in Berlin. Um 6 zu Haus. … Unberufen ich habe viel Glück gehabt und während mir von allem was ich sehen und hören wollte … eigentlich nichts entgangen ist, habe ich vieles noch mit eingeheimst, worauf ich nicht gerechnet hatte.« (an Emilie Fontane, 30. 6. 1862)

So machte es ihm gar nichts aus, daß er während der ganzen Woche nur eine einzige Nacht »ordentlich geschlafen« hatte, »sonst nur Nachtfahrten und Sopha-Nicken«.

Um den Herrn Chefredakteur zufriedenzustellen, hatte er ihm pflichtschuldigst den verabredeten Bericht über den Johanniter-Ritterschlag per Eilpost zugesandt. Er wirkt »hingehuschelt«. Entgegen sonstiger Gepflogenheiten kein Exkurs in die Geschichte, kein Wort über den Charakter des Ordens, der zu Beginn des 12. Jahrhunderts, also noch während der Kreuzzüge, aus einem geistlichen Ritterorden hervorgegangen war und sich in Kriegszeiten den Verwundeten und in friedlichen Zeiten der Traditionspflege widmete. Als Besitzer der Insel Malta (1530–1798) nannte (und nennt) er sich auch Malteser-Orden.

Diesseits und jenseits der Oder gehörten ihm mehrere Komtureien, die in der Ballei Brandenburg zusammengefaßt waren. Hauptsitz war seit 1427 merkwürdigerweise das kleine Sonnenburg, das 1808 sogar Stadtrecht erhielt. 1810 wurde der Orden aufgelöst, zwei Jahre darauf als Königlich Preußischer Johanniterorden wiedergegründet. Die konfiszierten Ländereien erhielt er allerdings nicht zurück. Erst 1852 durfte die Ballei Brandenburg wieder ihren alten Namen tragen. Sie gab auch ein eigenes Wochenblatt heraus, in dem etliche »Wanderungs«-Kapitel im Vorabdruck erschienen. Als Fontane 1872 die Wohnung in der Berliner Hirschelstraße gekündigt wurde, fand er im Haus der Ordens-Ballei, Potsdamer Straße 134c, drei Treppen hoch, ein Zuhause, das er bis an sein Lebensende bewohnte.

Fontanes Stellung zum Johanniterorden ist nicht bekannt, doch darf man annehmen, daß sich seine Sympathie in Grenzen hielt. So nutzte er 1862 den Bericht »Sankt Johannistag in Sonnenburg« nicht, um über Wesen und Wirken des Ordens zu schreiben, es heißt nur: »Die Feierlichkeit selbst war erhebend und machte einen höchst würdigen Eindruck: zum Teil schöne Männer in der reichen und geschmackvollen Ordenskleidung, Orgelklang, Posaunen, ein guter Chorgesang (von Sonnenburger Damen; sehr brav), dazu die würdevoll graziöse Art Seiner Königlichen Hoheit des durchlauchtigsten und hochwürdigsten Herrenmeisters selbst – das alles mußte einen guten Effekt hervorrufen.« (in: »Dörfer und Flekken im Lande Ruppin«, »Wanderungen« VI) Es klingt wie die Besprechung einer mittelmäßigen Theaterinszenierung. Über den Inhalt kein Wort. Das deutet bei Fontane auf innere Distanz hin. Vielleicht war er nur nicht in der rechten Stimmung. Verwundern würde es nicht: Morgens gegen 6 unausgeschlafen in Sonnenburg angekommen, drei Stunden in einer Gaststube ausgeharrt, bis zur Öffnung der Kirche; um 11 Uhr endlich Beginn der Zeremonie, dann zu Fuß fünfzehn Kilometer bis Küstrin – wie sollte sich da weihevolle Stimmung einstellen. Das einzige, was ihn wirklich von Herzen freute und was auch zwei Drittel des Berichtes einnimmt, sind die heiteren Volksszenen, die sich zwischen Schloß und Kirche abspielten: Eichengirlanden überwölbten die Straße, über jeder Haustür hing ein Eichenkranz mit dem achtspitzigen Johanniterkreuz, Fischer standen mit ausgespannten Netzen Spalier. Tausende von Landleuten aus dem benachbarten Warthe- und Oderbruch waren zusammengekommen, in fröhlicher Neugier, die Damen mit Vergißmeinichtsträußchen, die Kinder mit klebrigen Händen und blauverschmierten Mündern, denn überall wurde der traditionelle Heidelbeerkuchen angeboten. »...halb Ordensfest, halb Volksfest«, konstatiert der Reporter Fontane, aber »vielleicht ist diese Vereinigung von scheinbar Widerstrebendem ein Glück, ein Vorzug; ein Fest kann nicht leicht zuviel von Volkeszutat haben, und die wiedererstandene Ballei Brandenburg hat es sicherlich als ein gutes Zeichen anzusehen, daß das Volk, wenn auch zunächst nur an der Szenerie, am Schauspiel Interesse nimmt«.

1880, als Fontane die dritte Auflage des Bandes »Oderland« vorbereitete, holte er Notizbücher und Lageskizzen aus dem Jahre 1862 wieder hervor, um Sonnenburg, ausgearbeitet, einzufügen:

»1. *Maifahrt*. Kleine Stadt. Frühlingsbild.
2. *Ritterschlag*. Am Johannistag. Großer Anstrich.
3. *Weihnachten*. Winterstille. Diakonissenhaus.«

Sogar der Anfang war schon konzipiert; doch das Kapitel blieb ungeschrieben.

Jahrhundertelang genoß das kleine Sonnenburg weit über die Neumark hinaus einen guten Ruf, denn viele Ordensritter hatten sich bei der Urbarmachung des Warthebruchs verdient gemacht. Aber nach 1933 wurde der

Name nur noch mit Scheu und Schrecken genannt, kaum jemand dachte dabei an die Johanniter, sondern an Zuchthaus und Konzentrationslager, in denen politisch Mißliebige interniert waren.

Und als dieser Alptraum vorüber war, fiel alles Land östlich der Oder infolge des verlorenen Krieges an Polen, und aus Sonnenburg wurde Słońsk. Das Schloß aus dem Jahre 1662, »ein einfaches Corps de logis mit zwei Risaliten … hat von allem Schmuck so wenig, daß es beinahe den Eindruck der Kahlheit macht«. Es blieb zwar bestehen, wie auch »ein Regierungsgebäude, das die Inschrift führt: ›St. Johannis-Malteser-Ordens-Regierung und Magistrat‹, und ein Krankenhaus«, aber die Porträt-Galerie ehrwürdiger Herrenmeister im Festsaal endete, wie vieles, das an deutsche Vergangenheit erinnerte, im Orkus der Geschichte. Das mehr als 300 Jahre alte Schloß brannte 1978 durch ein Unglück ab. Für den Wiederaufbau fehlte es eher an Geld als an gutem Willen.

Sehenswert

ist die Kirche, die von jeher Stadt- *und* Ordenskirche gewesen ist. Ihre weithin sichtbare Eigentümlichkeit erhielt sie nach einem Brand durch das Aufsetzen von vier Turmspitzen. Fontane erwähnt sie nicht, also muß es nach 1862 geschehen sein. Das Kircheninnere überraschte ihn »durch schwere alte Pfeiler und eine gotisch gewölbte Decke«, die im Gegensatz zu dem sachlichen Äußeren stehen. Auch das Sterngewölbe, mit floralen Motiven ausgemalt, muß er schon bewundert haben. Die von ihm bemängelten »nüchternen Weißglasfenster« wichen farbenfrohen Bleiverglasungen, darin eingefügt Wappenschilde und Namen der Rittergeschlechter, die dem Johanniterorden angehörten und noch angehören. Bestürzend zahlreich die Namen derer, die ihr Leben auf deutschen Schlachtfeldern ließen.

Erhalten blieben, wenn auch bis zur Unkenntlichkeit zerfallen, Epitaphe, reich geschnitztes und bemaltes Chorgestühl und überall Lilien und Johanniterkreuze. Die neuen Bewohner von Słońsk, fast ausschließlich arme Leute katholischen Glaubens, brachten zwar ihre obligaten Requisiten ein (leider nur billigste Imitationen), doch mit Respekt sei vermerkt, daß sie das Alte, für sie Fremde, weitgehend bestehen ließen.

Die Kirche, teilweise restauriert, steht auf einem weiten, kahlen, nur von wenigen Linden beschatteten Areal. Für religiöse Volksfeste mit Mummenschanz und Heidelbeerkuchen, wie Fontane es erlebte, wäre genügend Platz. Wie damals könnten »Landleute aus dem Warthe- und dem Oderbruch« zusammenströmen. Es müssen ja nicht unbedingt Eichenlaubkränze über dem allen schweben …

(Zitate, soweit nicht anders vermerkt, aus »Dörfer und Flecken im Lande Ruppin«, »Wanderungen« VI, Kapitel »Sankt Johannistag in Sonnenburg«.)

Tamsel

»Tamsel ist ein reiches, schön gelegenes Dorf, etwa eine Wegstunde nordöstlich von Küstrin. ... Die Küstriner hängen mit einer Art Begeisterung an Tamsel, und bei bloßer Namensnennung überfliegt ein Lächeln ihre Züge, nicht unähnlich jener stillen Heiterkeit, mit der echte Berliner ... den Namen ›Charlottenburg‹ auszusprechen pflegen.«

Spätestens bei diesem Satz malt sich ein wehmütig-müdes Lächeln auf die Züge des gegenwärtigen Besuchers von Schloß und Park Tamsel. Und nur, wenn er Fontanes »Tamsel«-Kapitel ganz gelesen hat, wird es ihm gelingen, die zunächst überwältigende Tristesse des Verfalls zu verdrängen und freundliche »Rückerinnerung an Park und Schloß, an Wasserpartien und Feuerwerke, an allerlei bunte Landschaftsbilder ... noch einmal an dem inneren Auge vorüberziehen« zu lassen.

Tamsel besaß für Fontane besondere Anziehungskraft, war es doch der Ort, den Kronprinz Friedrich, nach einem Jahr strenger Festungshaft hungrig an Geist und Seele, als Oase der Schönheit und espritvoller Umgangsformen erlebte. Nach einer an Demütigungen reichen Jugend fand der Neunzehnjährige hier eine andere, ersehnte Welt. Es verwundert nicht, daß sich zwischen ihm und der schönen 24jährigen Frau von Wreech ein »lyrisches Verhältnis« anbahnte. »War es ein intimes Freundschaftsverhältnis, oder war es mehr?« Auf diese Frage reduzierte sich das Interesse der Nachwelt. Niemand unterzog sich der Mühe, die Wahrheit zu ergründen, alle Veröffentlichungen beruhten auf den »Grumbkowschen Klatschereien« und ließen den Ruf der Dame »nicht allzu günstig« erscheinen.

Glückliche Umstände gewährten Fontane 1861 zum ersten Mal Einblick hinter die Kulissen der Ereignisse, die 130 Jahre zurücklagen: Durch Mathilde von Rohr war er mit Sophie Gräfin von Schwerin bekannt geworden, einer Urenkelin der umstrittenen Dame; in deren Besitz befanden sich die

»Lettres de Frédéric II. (comme prince royal) à Mad. de Schoening et à sa fille Mad. de Wreech«. Sie wurden als Familienschatz gehütet, und es zeugt von großem Vertrauen, daß Fontane sie lesen und übersetzen durfte. Diese Briefe, »auf gewöhnlichem groben Schreibpapier und oft bis an den untersten Rand hin vollgeschrieben; die Linien sind krumm, die Orthographie höchst mangelhaft«, faszinierten den Dichter, und zusammen mit anderen Notizen über Tamsel gab ihm die Gräfin »eine Art Schlüssel zu leichterem Verständnis des Ganzen«. (an Mathilde von Rohr, 28. 11. 1861)

Zwischen Herbst 1860 und Sommer 1862 besuchte Fontane mehrere Male Tamsel, auch in Berlin war er Gast im Hause Schwerin; schließlich hatte er eine solche Fülle bemerkenswerten Materials beisammen, daß er das Tamsel-Kapitel dreiteilen mußte: Teil 1 rankt sich um die atemberaubende Karriere des Feldmarschalls Hans Adam von Schöning im 17. Jahrhundert; Teil 2 schildert die wechselvollen Beziehungen zwischen Friedrich und Luise Eleonore von Wreech; Teil 3 beschreibt Kirche, Schloß und Park, wie sie sich darboten, als Fontane für einen langen Tag die Gastfreundlichkeit des Grafen Hermann von Schwerin genoß.

Wie dieser Tag verlief, kann man einem Brief an Frau Emilie entnehmen. Da heißt es im Zeitraffertempo: »Der Graf äußerst liebenswürdig. ...Nach dem Diner in den Weinkeller, um Liqueure ... und Ungarweine zu proben. Dann Kaffe. Dann in die Bildergallerie und Notizen gemacht. Dann mit dem Grafen auf's *Zorndorfer* Schlachtfeld gefahren ... dann zum Thee; dann Akten durchgestöbert; um $11^1/_2$ zu Bett...« (30. 6. 1862)

Fazit: »Es gibt märkische Schlösser, aus denen berühmtere Feldherren als Feldmarschall von Schöning, schönere Frauen als Frau von Wreech und glänzendere Poeten als ... Graf Hermann von Schwerin hervorgegangen sind, aber es gibt keinen Landsitz, der, wie Tamsel, durch *sechs* Generationen hin, in bewußter Ausübung und Pflege jeglicher Kunst sich immer gleich geblieben wäre.« (ebenda)

Die Kontinuität, mit der hier Traditionen gepflegt wurden, verfehlte ihre Wirkung auf den Wanderer durch die Mark nicht. In der Bildergalerie des Ahnensaales allein gelassen, vertiefte er sich in das lebensgroße Bildnis Hans Adam von Schönings, des »Türkenbesiegers«. Mit Siebzehn war er von Tamsel ausgezogen, um in Wittenberg, Straßburg und Paris die Rechte zu studieren; am Hofe Ludwigs XIV. geriet er in mancherlei Strudel und hatte, als er mit 22 heimkehrte, alles gesehen, »was es damals Großes und Ausgezeichnetes in Europa gab: den üppigen Hof des prachtliebendsten Königs, die Kunstschätze Italiens, den Glanz der Fastnachtsspiele in Venedig, das ritterliche Treiben auf Malta ... die Grandezza Spaniens und die junge Freiheit der Niederlande.« Mit 24 trat er in die Dienste des Großen Kurfürsten, half ihm bei Fehrbellin die Schweden aus Mark Brandenburg und später, über das Eis des Kurischen Haffs, auch aus dem Herzogtum Preußen zu vertreiben. Mit 36 Generalmajor, mit 42 Generalleutnant und Gouverneur von Berlin. Als der Kurfürst verpflichtet wird, dem Kaiser ein Heer von 8000 Mann gegen die Türken zu stellen, ist Schöning dabei. Er erlebt das furchtbare Gemetzel um die Befreiung Ofens (Budas) aus 150jähriger Türkenherrschaft, er ist und bleibt der Liebling seines Landesherrn, der tapfer und jähzornig ist wie er, nur nicht so hoffärtig. Als der Gönner stirbt, triumphieren die Neider Schönings; er muß das Land verlassen; August der Starke nimmt ihn mit offenen Armen auf. Doch auch da »erkaufte [er sich] die *Liebe* eines durch den *Haß* vieler. ...nur die Tamseler Fischer haben ihm eine poetisch-phantastische Erinnerung bewahrt ... sie erzählen daselbst von ihm, er sei an der Spitze eines märkischen Fichtenwaldes vor die Türkenfestung Ofen gerückt, habe durch einen Zauberspruch all seine Fichten in baumhohe Pikeniere verwandelt und dann ... die Türkenfestung gestürmt.«

Die Tamsler konnten ihn loben, weil sie ihn selten sahen; sie erlebten nur, wie Schloß und Park in nie gekannter Schönheit ausgestaltet wurden.

Dem berühmten Vater folgte ein glückloser Sohn. Er starb jung und hinterließ nur eine Tochter, eben jene Luise Eleonore. Mit sechzehn wurde sie an den Oberst Adam Friedrich von Wreech verheiratet; sie war 24 und bereits Mutter von fünf Kindern, als sie den Kronprinzen kennenlernte. Vom August 1731 bis zum Februar 1732 tauschten beide Briefe und Verse aus. Diese werfen »ein sehr vorteilhaftes Licht auf die Art des Verhältnisses. ...Wir sehen Frau von Wreech nicht nur im Besitz von Jugend, Schönheit und einer Respekt erzwingenden Haltung – wir gewinnen auch einen leisen Einblick in ihre geistige Begabung und in die Liebenswürdigkeit ihres Charakters ... und die vorsichtigste Prüfung..., selbst ein argwöhnisches Lesen zwischen den Zeilen, hat mich nur fester in der Überzeugung gemacht, daß das Ganze nichts anderes als die Huldigung eines etwas verliebten *poetisierenden* jungen Prinzen war – ein Huldigung, die, mal leichter, mal leidenschaftlicher auftretend, von Frau von Wreech abwechselnd als eine Zerstreuung, eine Ehre, eine Schmeichelei, aber gelegentlich auch als eine Last entgegengenommen wurde.« Zu diesem Schluß kam jedenfalls Fontane nach Lektüre der Briefe. Das, was als Romanze begann, endete Jahre später jedoch als Drama: »...erst sechsundzwanzig Jahre später sehen wir den Kronprinzen, nun *König* Friedrich, abermals in Tamsel. ...Es ist am 30. August 1758, fünf Tage nach der Schlacht bei Zorndorf. Das Schloß ist von den Russen ausgeplündert, alle Bewohner sind geflohen ... alles ist wüst, öde, halb verbrannt...« Der König versichert: »...wenn freilich die verdrießliche Lage, in der ich mich befinde, es ganz unmöglich macht, für all den Schaden aufzukommen, den die Feinde (*vor* mir) hier angerichtet haben, so will ich wenigstens nicht, daß von mir es heiße, ich hätte zum Ruin von Personen beigetragen, denen gegenüber ich die Pflicht, sie glücklich zu machen, in einem besonderen Grade empfinde.« Und er verspricht, ihr das zu ersetzen, was seine Armee zur Fouragierung in Tamsel requiriert hatte. Frau von Wreech betrachtet diesen Brief als Zumutung; ihr verletzter Stolz hindert sie aber nicht, den König mit immer dringlicheren Bittbriefen zu verfolgen. Einen davon empfängt er »kurz nach dem schwer erkauften Siege von Torgau,... wo die halbe Monarchie ziemlich ebenso verwüstet war wie die Güter der Frau von Wreech; aber seine Antworten zeigen nirgends Ungeduld oder jenen herben Ton, durch den er so schwer verletzen konnte ... »Madame, sie stellen sich die Dinge sehr anders vor, als sie sind. Bedenken Sie, daß ich seit einem Jahre weder Gehalte noch Pensionen zahle; bedenken Sie, daß mir Provinzen fehlen, daß andere verwüstet sind, denken Sie an die enormen Anstrengungen, die ich machen muß, und Sie werden einsehen, daß meine Ablehnung nur in der völligen Unfähigkeit ihren Grund hat, Ihnen zu helfen. Sobald die Dinge sich ändern, soll geschehen, was möglich ist.« Er befand sich mitten in den schlimmsten Turbulenzen des Siebenjährigen Krieges, nicht nur sein Leben, sondern die Existenz Preußens stand auf des Messers Schneide – doch Frau von Wreech beklagte sich, hart und ungerecht behandelt zu werden.

Fontane nannte ihre Handlungsweise »nahezu kleinlich, engherzig, egoistisch«. Gegen diese Formulierung legte Gräfin Schwerin ihr Veto ein, und Fontane milderte die Passage für den Vorabdruck in der »Neuen Preußischen Zeitung« vom 24. und 27. Juni 1862 und schrieb: »Mit der Jugend hatte Frau von Wreech auch die Poesie der Empfindung eingebüßt, und während die Jugendbriefe des Kronprinzen uns ungleich mehr mit der *Empfängerin* in Tamsel als mit dem Küstriner Verfasser sympathisieren ließen, wendet sich nun das Blatt.« Dieser Fassung stimmte Gräfin Schwerin, wenn auch schweren Herzens, zu.

Die Verbitterung der schönen Frau von Wreech ließ sich im Park Tamsel ablesen: »Der Friede kam, das verwüstete Tamsel blühte wieder auf,... und der Park, schöner werdend von Jahr zu Jahr, füllte sich mit Marmorstatuen. Dem Ruhme des Prinzen Heinrich wurden Tafeln und Obelisken errichtet... Nur dem Größten nicht. Kein Stein, keine Tafel trug damals den Namen König Friedrichs. *Hier*, wo er glücklich gewesen war und vielleicht auch glücklich gemacht hatte, sollte sein Name vergessen sein.« Aber – so leitete Fontane ins 19. Jahrhundert über – »die Zeiten üben Gerechtigkeit«: Sophie Friederike, Tochter der schönen Frau von Wreech, heiratete einen Grafen Dönhoff, deren Tochter einen Grafen Schwerin, einen Nachfahren des Reichsgrafen Otto von Schwerin, der des Großen Kurfürsten treuester Freund und Berater gewesen war, Nachfahre auch des von Friedrich II. hochgeschätzten Reitergenerals gleichen Namens. Seine Frau Sophie, geborene Dönhoff, hingegen hielt das Andenken der Wreechs und Schönings hoch. Und so trafen sich die Traditionslinien dieser Familien in Tamsel.

1840, am 100. Jahrestag der Thronbesteigung Friedrichs, enthüllte Graf Hermann von Schwerin ein Monument, gekrönt von einer vergoldeten Viktoria. »Ein alter Bauer, als er die Hüllen fallen sah, rief seinem Nachbar zu: ›Ick dacht, et süll de Olle Fritz sinn, un nu is et sine Fru.‹«

Diese köstliche Anekdote setzte Fontane als Kontrapunkt zu den künstlerischen Inszenierungen, in denen die Herrschaften Erinnerungspflege betrieben; so wurde z. B. an einem Rokokotempel im Außenpark die letzte Feldherrntat des Prinzen Heinrich von einer hochadligen Gesellschaft in bengalischer Beleuchtung nachgespielt. All diese Erinnerungen waren noch frisch im Gedächtnis, als Fontane im Juni 1862 Tamsel besuchte. Schloß und Park standen damals in vollem Glanze. Wir wollen seinen Spuren folgen und sehen, was blieb.

Die Kirche

»ist ein alter, gotischer Bau, der durch Schinkel restauriert und malerisch in die Landschaft einfügt wurde«. Im linken Querschiff befinden sich noch heute, »in einer Doppelnische, die überlebensgroßen Steinbilder des *Feldmarschalls* Hans Adam von Schöning und seiner Gemahlin«. Der kalte Marmor bringt noch deutlich zum Ausdruck, was Fontane vor dem Porträt im Ahnensaal empfand: »Ein schöner Mann, in dessen Zügen sich Soldatisches und Hofmännisches, Strenge und Glätte, Selbstbewußtsein und Lächeln über die Eitelkeiten dieser Welt in interessanter Weise mischten.« Ihm zur Seite die Marmorbüste des Sohnes, der als Johanniterordensritter und sächsischer Kammerherr mit 37 Jahren starb.

»Die Kirche hat *zwei Erbbegräbnisse:* das eine, ein neuerer Anbau ... ist das *Dönhoffsche Erbbegräbnis*«, in der gewölbten Gruft der Schönings »stehen elf zum Teil sehr prachtvolle Särge, darunter der der schönen Frau von Wreech«. Er trägt keinerlei Inschrift. Die Kirche wird restauriert. Das Innere ist mehr als schlicht, die Bänke rosenholzfarben, die hölzernen Stützpfeiler fußbodenbraun gestrichen. An der Empore eine moderne, künstlerisch eigenwillige, aber bemerkenswerte Darstellung des Leidensweges Christi; darunter noch einmal Christus, sich die Brust aufreißend und das flammende Herz darbietend, ein Druck billigster Art.

Das Schloß

»In seinen Umfassungsmauern ist es noch das, was vom Feldmarschall von Schöning gebaut wurde ... ebenso hat sich das Treppenhaus und der Ahnensaal erhalten.« – Allerdings – vom Zahn der Zeit und vom Schwamm zerfressen. Da und dort hilflos-rührende Versuche, den Verfall aufzuhalten. Im Vestibül noch eine Halbsäule zum Gedenken an »Henri, prince de prusse« und eine Gedenktafel mit der Inschrift »FR 1710«, dem ersten König in Preußen gewidmet.

Im Ahnensaal fand die für ein Dorf recht stattliche Bibliothek einen würdigen Platz. Doch das Parkett wölbt sich, und die Bücherregale stehen auf schwankendem Boden. Wo die prächtigen Bilder geblieben sind, weiß niemand. Aber der schön kassettierte Plafond und Boiserien sind erhalten, ebenso der säulengeschmückte Salon mit dem Kamin. Hier saß Fontane im Sommer 1862 dem Grafen Hermann von Schwerin gegenüber; der hatte soeben »Fingerzeige für Landwirthe über Sommer-Stallfütterung mit Schafen« auf den Büchermarkt gebracht. Ein Bestseller, wie der Dichter neidlos konstatierte. Neben ihm Gräfin Schwerin und Gräfin Finckenstein – diese Szene schildert er in einem Brief an seine Frau: »Im dicken Ueberzieher, mit ungeputzten Stiefeln ... Platz genommen; übrigens ungenirt mit Todesverachtung. (Eigentlich ist es ganz gleich wie man vor solchen Herrschaften erscheint; die Kluft ist doch einmal da und kein Lackstiefel der Welt ist im Stande sie auszufüllen; man ist nicht ihres Gleichen und weil man es nicht ist, ist es gleichgültig ob man in Büffel oder Cashmir vor ihnen erscheint.« (30. 6. 1862)

Der Park,

in dem Marmorbüsten, Obelisken und Gedenktafeln mit zierlichen Lobeshymnen wetteiferten, wirkt heute recht leergefegt. Am schönsten ist er, wenn die Dämmerung aus dem Unterholz steigt und die Silhouette der Siegesgöttin sich gegen das letzte Abendrot abhebt; dann scheinen die mächtigen Bäume ihre Geheimnisse dem preiszugeben, der zu hören versteht.

Die Inschrift an der Vorderfront des Denkmalsockels kann man bei Fontane nachlesen: »Hier fand Friedrich II. als Kronprinz von Preußen in seinem Duldungsjahre 1731 erwünschte Aufheiterung in ländlicher Stille.« Die Buchstaben – wie auch die Basreliefs – waren aus Bronze gegossen. Darum sucht man sie heute vergeblich. Die einstmals vergoldete, nun mit Patina überzogene Viktoria, pockennarbig von Gewehrkugeln durchlöchert, strebt noch immer einem fernen, imaginären Ziele zu.

Alle im Park aufgestellten Kunstwerke sollten »den kommenden Jahrhunderten den Ruhm des Helden unseres Jahrhunderts bezeugen«. Doch der Besuch in Tamsel führt aufs neue vor Augen, daß alle Ruhmestaten »nur ein Blättchen sind in der Geschichte«.

Aus Tamsel wurde nach 1945 Dąbroszyn.

Es vegetierte jahrzehntelang mühselig dahin. Endlich, 1993, drang wie ein Hoffnungsschimmer aus weiter Ferne die Nachricht: Tamsel soll als Mittelpunkt einer kulturellen Euroregion »Pro Europa Viadrina« zu neuem Leben erwachen.

(Zitate, soweit nicht anders vermerkt, aus »Wanderungen« II, Kapitel »Tamsel«.)

Zwischen Kunersdorf und Zorndorf

Das Land jenseits der Oder, etwa in Höhe Frankfurts bis über Küstrin hinaus, war für Fontane in erster Linie das Land, in dem sich im Siebenjährigen Krieg Preußens Schicksal entschied. Er kannte alle Höhen und Tiefen friderizianischer Kriegsführung so gut, daß er Friedrich Stephany schreiben konnte: »Ich bilde mir ein, über den Alten Fritzen einen Essay aus dem Stegreif schreiben zu können, und manche[!] sollen wirken, als ob ich bei Kunersdorf oder Torgau … mit dabei gewesen wäre.« (16. 7. 1887)

Vor allem die Schlacht bei Kunersdorf, mit der tollkühnen Rettung des Königs durch Rittmeister von Prittwitz, griff er gleich dreimal auf: in dem feuilletonistischen Reisebericht über eine Dampferfahrt »Von Frankfurt bis Schwedt«; im Kapitel »Quilitz« aus dem »Oderland« und in dem Roman »Vor dem Sturm«. Da reitet Lewin von Vitzewitz mit seinem Freund Tubal von Hohen-Vietz nach Küstrin. Der märkische Adlige erklärt dem wißbegierigen Polen, dem der Name Ötscher nichts sagt: »›Und doch spielt er in unserer Geschichte mit. Zwei Meilen weiter südlich liegt Kunersdorf, wo Kleist fiel und der König in die historischen, besser als alles andere den Moment schildernden Worte ausbrach: ‚Will denn keine verdammte Kugel mich treffen?' Hierher, auf Ötscher zu, zogen sich an jenem furchtbaren Augusttage die zu Compagnien zusammengeschmolzenen Regimenter, Schiffbrücken wurden geschlagen, und angesichts der Stelle, wo wir jetzt stehen, gingen die Trümmer über den Strom. Das hier zur Rechten ist Reitwein. Ein Finkensteinsches Gut. Dort übernachtete der König.‹ ›Es ist ein Glück, dich hier als Führer zu haben. Ich hätte dieser Öde jeden historischen Moment abgesprochen.‹ ›Sehr mit Unrecht… Es fehlt uns nicht an Geschehenem, kaum an Geschichte, aber es fehlt uns der Sinn für beides.‹« (»Vor dem Sturm«, II, Kapitel 10)

Lewin spricht aus, was Fontane zwanzig Jahre zuvor, unmittelbar vor Beginn seiner »Wanderungen«, in der »Kreuz-Zeitung« geschrieben hatte.

»Es fehlt östlich der Elbe noch durchaus die Wünschelrute, die den Boden berührt und die Gestalten erstehen macht.« Damals war ihm nicht bewußt, daß er selbst dieser Wünschelrutengänger sein würde.

Damals mußten alle Schüler im Geschichtsunterricht die Jahreszahlen der Schlesischen Kriege herunterschnurren können; doch fehlten Wille und Kraft, sich das Geschehene vorzustellen. Fontane wollte diese Leere ausfüllen, möglichst mit lebhaft ausgemalten Episoden vor historischer Kulisse. Die Schlacht bei Kunersdorf bot dazu ein geradezu klassisches Beispiel: Hintergrund war die verzweifelte Lage Friedrichs II. im Siebenjährigen Krieg; fast ganz Europa stand gegen ihn, von allen Seiten wurden seine zersplitterten Armeen bedrängt; während er in Schlesien General Dauns Truppen beobachtete, vereinigten sich Teile der österreichischen Armee mit den Russen und marschierten auf Berlin. Eilends rückte der König an, um seine Hauptstadt zu decken. »In Reitwein erschien am 10. August [1759] die Avantgarde,... um eine Schiffbrücke vom linken aufs rechte Oderufer zu schlagen. ... abends erschien der König selbst und führte seine Bataillone (sechzig an der Zahl) ans andre Ufer; die Kavallerie ging durch eine Furt. ... Zwei Tage später, am Abend des 12., befanden sich die Trümmer der geschlagenen Armee an derselben Furt, an derselben Schiffbrücke. Aber das Spiel war vertauscht; statt von links nach rechts, ging es jetzt von rechts nach links. ... Der König verbrachte die Nacht, eine Viertelmeile südlich von der Schiffsbrücke, im Dorfe Ötscher; er schlief auf Stroh in einer verödeten Bauernhütte. Auf dem Rücken Rittmeisters von Prittwitz, der ihn gerettet, schrieb er mit Bleistift die Worte an den Minister Finckenstein: ›Alles ist verloren, retten Sie die königliche Familie; Adieu für immer.‹ «

Bis hierher schilderte Fontane die Ereignisse im Kapitel »Von Frankfurt bis Schwedt«; weiter durfte er nicht ausholen, sonst hätte er den Eindruck einer Revue von historischen Reminiszenzen auf dem Hintergrund dieser Landschaft verwischt. Was aber an jenem unheilvollen 12. August 1759 geschah, als Friedrich seine marschmüden Truppen gegen das Mündungsfeuer von hundert feindlichen Kanonen führte, erzählt Fontane im »Quilitz«-Kapitel des Bandes »Oderland«. Der Besitz Quilitz war der königliche

Dank an Rittmeister von Prittwitz für die Rettung von Kunersdorf. Hier konnte der Autor ausführlicher über die beherzte Tat Joachim Bernhard von Prittwitz berichten: »Als gegen Abend die preußischen Truppen nach übermenschlicher Anstrengung und Tapferkeit endlich zurückgeworfen waren und fast aufgelöst das Schlachtfeld verließen, war der große König in Verzweiflung… Zwei Pferde waren ihm unter dem Leibe erschossen worden, und eine dritte Kugel hatte ihm ein goldenes Etui in seiner Westentasche zerdrückt. …dann ritt er weiter und kam spätabends nach dem Dorfe Ötscher. Auf dem Rücken Joachim Bernhards schrieb er hier mit Bleistift an den Minister Finckenstein in Berlin die berühmt gewordenen Worte: ›Alles ist verloren, retten Sie die Königliche Familie, Adieu für immer.‹ Während in Ötscher der unglückliche König, nur von wenigen Getreuen umgeben, sich aufs Stroh warf, sammelte Joachim Bernhard die aufgelösten Trümmer der Armee, etwa 3000 bis 4000 Mann, so daß ihm nicht nur der Ruhm gebührt, den König, sondern auch den Rest der Armee gerettet zu haben.« Fontane scheute sich nicht, einige Sätze wörtlich zu wiederholen, derart schöne, dramatische und legendenbildende Geschichten, so meinte er, könne man nicht oft genug lesen.

An der Oder bei Reitwein stehend, kann man sich – nach seiner Schilderung – heute noch die Ereignisse des Sommers 1759 vorstellen: die Schiffbrücke an der Schmälung, die bange Stille vor dem Sturm, die geschlagene Armee. Bilder aus jüngerer Vergangenheit drängen sich dazwischen: Im frostklirrenden Februar 1945 verharrten Teile der Roten Armee auf ihrem Weg nach Berlin für einen historischen Moment hier, am östlichen Ufer der Oder.

Das winzige Ötscher gibt es noch. Drumherum ist Wildnis: überwucherte MG-Löcher, verfallene Unterstände in wildromantischer Landschaft mit uralten Eichen und Buchen; lichte Birken und dichtes Erlengebüsch zwischen den Ufern von Odra und Czerwony Kanal; ein Ort des Friedens, ein Paradies für Angler und Ornithologen.

Nach langer Unterbrechung kann man heute wieder auf der Oder von Frankfurt nach Schwedt (und weiter) fahren und Fontanes Fahrtroute von 1862 nachvollziehen: »…wir verlassen eben das Kunersdorfer Terrain«, heißt es da, »um in das von Zorndorf einzutreten. Was wir zunächst erblikken, ist Küstrin, turmlos, grau, in dünne Nebel gehüllt, die alte neumärkische Hauptstadt, um deren Rettung es sich handelte, als am 21. August 1758 der König von Schlesien her am linken Oderufer erschien. Alle Namen zu beiden Seiten des Flusses erinnern auch hier an Tage bitterer Bedrängnis und schwer erkauften Siegs. ... Weiter flußabwärts die Fähre von Güstebiese. ... Hier setzte der König seine Regimenter über, als er von Küstrin aus jenen glänzenden Bogenmarsch ausführte, der ihn, genau da, wo der Gegner einen Frontangriff erwartete, plötzlich in den *Rücken* desselben führte.«

Bevor wir uns dem »Wanderungs«-Kapitel »Zorndorf« zuwenden, wollen wir dem gegenwärtigen Leser, der (glücklicherweise) nicht mehr Friedrichs Schlachten auswendig lernen muß, einige notwendige Erklärungen geben: Nach den Siegen von Roßbach und Leuthen 1757 glaubte der Preußenkönig, den Besitz Schlesiens endgültig gesichert zu haben. Aus seinem Winterquartier schrieb er an den Marquis d'Argens: »Es scheint gute Aussicht auf einen allgemeinen Frieden zu bestehen, und niemand wünscht ihn mehr als ich.« Doch im Januar 1758 fielen die Russen in Preußen ein, verheerten Westpreußen und Posen und begannen am 15. August, Küstrin in Brand zu schießen; sie drohten, die ganze Besatzung niederzumetzeln, sollte sich die Festung nicht ergeben. Überdies forderten sie die in Vorpommern lagernden Schweden auf, vorzurücken und sich mit ihnen zu vereinigen.

Trotz brütender Hitze kam Friedrich mit seiner kampferprobten Truppe von der böhmischen Grenze her anmarschiert (»Meine [Soldaten] sehen aus wie die Grasteufel, aber sie beißen.«). Überall stießen sie auf brennende Dörfer, wehklagende oder erschlagene Einwohner; der Zorn der preußischen Soldaten wuchs mit jeder Meile. So rückten sie über Tamsel, durch einen Hohlweg gedeckt, gegen Zorndorf vor. Es kam zu der blutigsten Schlacht des Siebenjährigen Krieges: Nach zwölf Stunden hatten die Russen 18 000, die Preußen 10 000 Tote und Schwerverwundete zu beklagen. Zwar verließen die Russen als erste das Schlachtfeld, doch für Friedrich war es ein Pyrrhussieg.

Fontane kannte den Hergang der Schlacht genau; außer zeitgenössischen Berichten hatte er auch Karl August Varnhagen von Enses »Leben des Generals Freiherr von Seydlitz« (1834) gelesen, jenes besonnenen Reitergenerals, der den König bei Zorndorf vor der völligen Katastrophe bewahrte. Die Persönlichkeit dieses Mannes beschäftigte Fontane über Jahrzehnte: Als »Hurra-drauf-und-dran-Haudegen« erscheint Seydlitz in den »Preußen-Liedern« (1847), die im »Tunnel über der Spree« einhellige Zustimmung fanden. Das zweite Seydlitz-Gedicht legt er in »Vor dem Sturm« (1877) dem Dichter Hansen-Grell in den Mund; und wenn es im dritten Gedicht (1888) heißt: »Klein im Kleinen, im Großen ein Genie«, so zeugt das einmal mehr davon, daß der alte Fontane die Helden von einst sehr viel differenzierter sah.

Ende Juni 1862 erhielt Fontane die Gelegenheit, mit dem Grafen Schwerin von Tamsel nach Zorndorf zu kutschieren. Man fuhr denselben Hohlweg, den auch die Truppen Friedrichs bei ihrem Umgehungsmanöver genommen hatten. »Unmittelbar hinter Zorndorf beginnt das Schlachtfeld. Es ist ein Viereck, das von der Neumühlschen Forst und dem Zicher Bach im Westen und Osten und von der Mietzel und einem Höhenzug im Norden und Süden gebildet wird. ... Der Boden ist wellenförmig, ... das ganze Terrain mit seinen Höhen und Tiefen [gleicht] einer Tischplatte, auf der eine Riesenhand mit gespreizten Fingern liegt. Das an jenem Tage den Mittelpunkt der russischen Stellungen bildende Dorf Quartschen entspricht dem Handgelenk. Hier trafen alle Höhen und Tiefen in einem Punkte fächerförmig zusammen.«

Fontane, der sich selbst als »Karten-Mensch« bezeichnete, verstand es, eine Landschaft dem Leser vorstellbar zu machen, bevor er in die (Kampf)handlung einstieg – eine Begabung, die ihm später als aktueller Kriegsberichterstatter zugute kommen sollte. In Zorndorf suchte er den Hügelrücken, von dem aus der König die Schlacht beobachtete; von hier aus gab er dem abwartenden Seydlitz auch Befehl, »›anzugreifen, bei Gefahr seines Kopfes‹.« Und Seydlitz antwortete: »›*Nach* der Schlacht stehe dem Könige sein Kopf zu Befehl; *während* derselben mög er ihm noch erlauben, davon in seinem Dienste Gebrauch zu machen.‹ Der Zeitpunkt war eben noch nicht da. In dem Moment aber, als die bereits siegreichen Russen ihre Reiterei vorschickten, um in die fliehenden preußischen Bataillone einzuhauen, schwenkte Seydlitz plötzlich rechts, passierte den Bach und stieg aus der Tiefe herauf. Und nun, wie Sturm über das Plateau zwischen dem Zaber- und Galgengrund hinfegend, führte er jene weltberühmte Attacke aus, die mit der Niederwerfung des zunächststehenden russischen Flügels endigte und, sechs Stunden später gegen den *andern* Flügel wiederholt, den Tag zugunsten des Königs abschloß.«

Wer heute den »Friedrichs«-Hügel aufsuchen will, um sich ein Bild von den damaligen Ereignissen zu machen, darf getrost der Beschreibung Fontanes folgen: »Die Chaussee von Zorndorf nach Quartschen läuft auf der Höhe des flachen Hügelrückens zwischen dem Zaber- und Galgengrunde hin und durchschneidet also genau denjenigen Teil des Schlachtfeldes, auf dem die Würfel fielen. ... Etwa 1000 Schritt hinter Zorndorf passieren wir einen altmodischen Bauernhof... Wieder 500 Schritte weiter fällt uns, rechts am Weg, ein ... das Kornfeld weithin überragendes Steinmonument auf...«

Nun, dieses Monument ist nicht mehr da, aber Überreste davon entdeckt, wer zwischen Heckenrosen, Kletten und wildem Hafer eine gewisse Höhe erklimmt. Der Blick schweift über wogende Getreidefelder, am Horizont der mächtige Turmstumpf der Johanniterkirche von Quartschen. Alles ist fast feiertäglich still. Mit etwas Glück erscheinen noch einmal Fontanes Visionen, veröffentlicht in der ersten Ausgabe des Bandes »Oderland«: »Die Sonne ist unter; aber noch ist es hell genug, um das ganze Terrain ... klar zu überblicken, und als ob das Übersichtliche des Feldes ... dem Heraufsteigen des ganzen Schlachtenbildes von ehemals zu Hülfe käme, so fängt das in Dämmer daliegende Feld an, sich mit russischen Carrés zu beleben. Aber sie stehen nicht lange: von links her, aus der schattigen Tiefe des Zabergrundes herauf steigen Seydlitz und die Gardes du Corps. Rittmeister von Wakenitz, mit gezücktem Pallasch allen anderen vorauf, fliegt über die Ebene hin. – Da klappert (sehr zur Unzeit) ein Wagen aus Quartschen die Chaussee entlang; er fährt mitten durch die blanken Schwadronen hindurch, und – Vision und Waffenglanz sind hin.«

Gegenwärtige Besucher dürften dieser Visionen noch früher verlustig gehen, denn sehr viel mehr Wagen passieren heute die Chaussee zwischen Zorndorf und Quartschen, polnisch: zwischen Sarbinowo und Chwarszczany.

Seit jüngster Zeit gibt es in Zorndorf/Sarbinowo in polnischer und deutscher Sprache Annotationen zur Geschichte und Gedenksteine auf dem früheren Schlachtfeld. Und nicht nur hier zeigen sich bescheidene, aber zielstrebige Anfänge einer Entwicklung, die hoffen lassen, daß die so oft geschundenen und gebeutelten Menschen diesseits und jenseits der Oder einmal so selbstverständlich miteinander leben werden wie heute schon Schleswig-Holsteiner und Dänen.

(Zitate, soweit nicht anders vermerkt, aus »Wanderungen« II, Kapitel »Von Frankfurt bis Schwedt«, »Quilitz« und »Zorndorf«.)

Editorische Notiz

Fontane soll dem Leser auf allen Wanderungen gegenwärtig sein, darum wurden im Text möglichst viele Originalzitate verwendet. Wird aus den »Wanderungen«, Romanen und autobiographischen Schriften zitiert, liegt die Fontane-Werkausgabe des Aufbau-Verlags, Berlin, zugrunde; Tagebuchaufzeichnungen sind der zweibändigen, Gedichte der dreibändigen Ausgabe des gleichen Verlags entnommen. Briefzitate beruhen – mit wenigen Ausnahmen – auf der Werkausgabe des Hanser Verlags, München. Hier wurden, um größerer Authentizität willen, Fontanes manchmal recht eigenwillige Orthographie und Interpunktion beibehalten. Aufsätze, Kritiken, Reisebriefe, kleinere Schriften und Zitate aus den Kriegsbüchern beruhen auf der Nymphenburger Gesamtausgabe.
Den Verlagen sei für die freundliche Genehmigung des Abdrucks gedankt.

In eigener Sache

Zu guter Letzt möchte ich mich bei allen freundlichen Menschen bedanken, die mir ihre Fontane-Kenntnisse »vor Ort« uneigennützig zur Verfügung stellten; für das große Niedersachsen-Kapitel gilt mein Dank Dr. Dietmar Storch; für Schleswig-Holstein und Dänemark Dr. Dietmar Albrecht und Wilhelm Sell; für Rostock Gunther Pistor; für Mecklenburg Brigitte Birnbaum; für Hannover und Bayreuth Gerda und Willy Langel; für Lütetsburg Hannelore Friebel; für Norderney Herrn Pauls; für Marienhafe Harms Bents; für Dresden und Leipzig Dr. Christa Lehmann-Schulze; für Wernigerode Dr. von Gynz-Rekowski; für Bad Harzburg Werner Douglas; für Bad Kissingen Karl-Ludwig Martin; für Karlsbad Dr. Stanislav Burachovic; für das Hirschberger Tal Wolfgang Schernetzki; für Küstrin, Tamsel und Zorndorf Jörg Lüderitz. Bedanken möchte ich mich auch bei meinem Mann Martin Schoelzgen, der mich über Zehntausende von Kilometern zu allen Fontane-Stätten kutschierte, mit mir verwunschene Wildnis, überwucherte Schlachtfelder und die Düppeler Schanzen durchquerte, auf der Suche nach »Authentischem«. Das größte Dankeschön aber gilt Dr. Manfred Horlitz und Peter Schaefer vom Fontane-Archiv; sie waren über viele Jahre verläßliche Rettungsanker, Leuchttürme in (Orientierungs-) Nöten; ohne sie wäre dies Buch nicht denkbar.

Register

sich in Lyrik und Dramatik; seit 1840 mit Fontane befreundet; »Tunnel«- und »Rütli«-Mitglied (»Schenkendorf«) 11, 17, 22, 38, 39, 68, 134, 147, 206, 363

Lessing, Carl Robert 1827–1911
Landgerichtsdirektor; Haupteigentümer der »Vossischen Zeitung« 367

Liliencron, Detlev Freiherr von 1844–1909
Schriftsteller, Dichter 219

Lindau, Paul 1839–1919
Schriftsteller, Publizist; gründete 1881 in Berlin die Wochenschrift »Die Gegenwart«, 1877 die Monatsschrift »Nord und Süd«; seit 1872 Korrespondenzpartner Fontanes 100, 132, 152, 213, 230, 258, 311, 347

Literaturblatt (1855–1858)
des »Deutschen Kunstblattes«, Zeitschrift für bildende Kunst, Baukunst und Kunstgewerbe. Organ der Kunstvereine von Deutschland; Hrsg. Friedrich Eggers 53

Lucae, Richard 1829–1877
Architekt; seit 1872 Direktor der Berliner Bauakademie; »Tunnel«-, »Rütli«- und »Ellora«-Mitglied (»Schlüter«) 96

Lübke, Wilhelm 1826–1893
Kunsthistoriker; schrieb »Geschichte der italienischen Malerei«; »Tunnel«-, »Rütli«- und »Ellora«-Mitglied (»Irus«) 194, 196, 198

Maltzahn, Karl Freiherr von geb. 1797
heiratete 1819 Karoline von Bilfinger; beide lebten auf Schloß Vollrathsruhe in Mecklenburg; ihre tragische Ehegeschichte gab den Stoff für »Unwiederbringlich« 47f.

Manteuffel, Otto Freiherr von 1805–1882
Innenminister von Preußen; 1850–58 Ministerpräsident 318

Mathieu, Césaire 1796–1875
seit 1834 Kardinal-Erzbischof von Besançon; wirkte an der Befreiung Fontanes aus französischer Kriegsgefangenschaft mit 38, 40, 56, 134

Mauthner, Fritz 1849–1923
Schriftsteller, Parodist; Kritiker in Berlin; in seiner Wochenschrift »Deutschland« erschien »Stine« im Vorabdruck 348

Maximilian II. Joseph 1811–1864
seit 1848 König von Bayern; Förderer von Kunst und Wissenschaft 318ff.

Menzel, Adolph 1815–1905
Maler und Illustrator; Schöpfer berühmter Historienbilder; »Tunnel«- und »Rütli«-Mitglied seit 1850 (»Rubens«) 135, 304f., 308, 348

Merckel, Henriette von 1811–1889
geb. von Mühler; Frau Wilhelm von Merckels, Patentante der beiden älteren Fontane-Söhne 295, 325

Merckel, Wilhelm Traugott von 1803–1861
Kammergerichtsrat und Schriftstel-

Inhalt